라이트 형제

라이트 형제
THE WRIGHT BROTHERS

데이비드 매컬로 지음 | 박중서 옮김

승산

고요 속에서 날아오르는 새는 없다.

— 윌버 라이트

CONTENTS

PART III

서론

고대부터 중세까지 줄곧 인간은 하늘로 올라가는 꿈을, 마치 새처럼 파란 하늘로 솟아오르는 꿈을 꿔 왔다. 875년에 에스파냐의 한 석학은 그 꿈을 이루기 위해 몸에 깃털을 두르고 활강을 시도했다고 전해진다. 다른 사람들도 나름대로의 설계에 따라 날개를 고안한 다음, 콘스탄티노플과 뉘른베르크와 페루자 같은 여러 도시의 지붕이나 탑에서 뛰어내렸다.(그리고 그중 일부는 결국 죽음을 맞이했다). 학식 있는 수도사들은 비행 기록을 기록해 두기도 했다. 1490년대경에 하늘을 나는 일을 가장 진지하게 연구한 사람은 레오나르도 다 빈치였다. 그는 비행 연구가 자신에게 부여된 운명이라고 느꼈으며, 어린 시절 누워 있던 요람에 연 하나가 떨어져 내려왔던 사건을 회고했다.

미국 오하이오 주 데이턴에 살던 윌버와 오빌 라이트 형제는 사건은 프랑스에서 건너온 작은 헬리콥터 장난감으로부터 시작되었다고 말했다. 아

버지인 밀턴 라이트 감독(Bishop Milton Wright)*은 장난감의 교육적 가치를
굳게 신봉하는 사람이었다. 19세기의 프랑스 실험가 알퐁스 페노가 만든
이 장난감은 기껏해야 막대기 하나에 프로펠러 두 개를 달고 고무 밴드를
꼬아놓은 물건이었으며, 아마 가격은 50센트였을 것이다. "이것 좀 봐라,
얘들아." 감독은 그걸 자기 손에 감추고 말했다. 아버지가 장난감을 손에
서 놓자, 장난감은 천장으로 날아갔다. 아이들은 그 장난감을 "박쥐"라고
불렀다.

오빌이 초등학생 시절 처음 만난 스승 아이다 파머는 그가 책상에 앉아
나무 조각을 가지고 뭔가를 만들던 모습을 기억했다. 그걸로 뭘 할 거냐고
묻자, 그는 훗날 형과 함께 하늘을 날 수 있게 해줄 만한 종류의 기계를 만
드는 거라고 대답했다.

* 개신교 일부 교파에만 있는 직책으로 가톨릭의 '주교'와 동방정교회의 '사교'에 해당한다-편집
자 주

제1부

...was electrocuted in Colum-
bus, Ohio, November 4th
1906, just after midnight.
He killed his father and
mother and his brother
November 4th, 1905, and
set fire to the house to
conceal the crimes. When
asked if he had any-
thing to say, he sim-
ply shook his head.
It is said, however, that
he never admitted his
guilt. Attempts have
been made to connect
him with the murder of
several women who were
mysteriously strangulated.
Also, he was said to have
been involved in the mur-

Dr. Oliver Crook Haugh was electrocuted in Columbus, Ohio, November 4th 1906, just after midnight. He killed his father and mother and brother November 4th, 1905, and set fire to the house to conceal the crime. When asked if he had anything to say, he simply shook his head. It is said, however, that he never admitted his guilt. Attempts have been made to connect him with the murder of several women who were mysteriously strangulated. Also, he was said to have

CHAPTER ONE

시작

어떻게 해야만 인생에서 성공할 수 있는지 젊은이에게 조언을 하라
고 한다면, 나는 이렇게 말할 것이다. 좋은 아버지와 어머니를 고른
다음, 오하이오 주에서 인생을 시작하라.

월버 라이트

I

라이트 형제가 함께 찍은 여느 사진들처럼 인상적인 그 사진에서 그들
은 오하이오 주 데이턴 서쪽 끝의 작은 곁길에 자리한 자택 뒤쪽 베란다 계
단에 나란히 앉아 있다. 때는 1909년이었고, 이들은 성공의 정점에 도달해
있었다. 월버는 42세였고, 오빌은 38세였다. 길고 무표정한 얼굴의 월버는
한쪽 옆을 바라보고 있는 것이, 평소에도 그러했듯이 다른 뭔가에 정신이
팔려 있는 듯한 모습이다. 그는 마르고 수척한 편이었는데, 코와 턱이 길
고, 깔끔하게 면도했으며 대머리였다. 수수한 검은색 정장과 편상화를 신
은 모습만 보면 성직자인 아버지와 상당히 닮았다.

오빌은 카메라를 똑바로 바라보며, 무심히 다리를 꼰 채 앉아 있다. 형에 비해 약간 땅딸막하고 젊어 보이며, 머리숱도 좀 더 많고 잘 다듬은 콧수염을 기르고 있다. 그는 더 밝은 색조의 옷을 입었는데, 한눈에 봐도 더 잘 만든 양복으로 보이고, 마름모무늬가 선명한 양말에 윙팁스를 신었다. 라이트 집안 남자들의 옷차림에서 가장 화려한 장식물이 있다면 기껏해야 이런 마름모무늬뿐이었다. 이들의 모습에서 역시나 두드러진 것은 이들의 손이었는데, 고도로 숙련된 그 손이야말로 이 사진이 촬영되었을 무렵, 전 세계에 기적적인 변화를 일으킨 그들의 작업 과정에서 중대한 역할을 담당하고 있었다.

얼굴 표정으로 미루어 짐작하자면 이들은 유머감각이 거의 없어보였지만, 실제로는 전혀 그렇지가 않았다. 둘 중 어느 누구도 사진 찍히는 것을 좋아하지 않았다. "솔직히 이야기해서, 이들 형제들은 카메라 앞에 서는 것을 좋아하지 않았다." 한 기자의 말이다. 하지만 사진 속 형제의 모습에서 가장 이들과 어울리지 않는 부분은 그들이 아무 것도 하지 않고 가만히 앉아 있다는 점이었다. 왜냐하면 평소의 라이트 형제는 그런 경우가 거의 없었기 때문이다.

데이턴의 이웃들은 라이트 형제가 독립적이었고, 항상 근면했으며, 사실상 서로 떼려야 뗄 수 없는 사이라고 말했다. "마치 쌍둥이처럼 떼려야 뗄 수 없는 사이였다." 라이트 형제의 아버지도 같은 의견이었다. 이들은 서로에게 "필요 불가결한" 사이였다.

라이트 형제는 한 집에 살았고, 일주일에 엿새 동안 같이 일했고, 식사도 같이 했고, 돈은 공동의 은행 계좌에 함께 예치했고, 윌버의 말처럼 심지어 "생각도 같이 했다." 두 사람의 눈동자는 똑같이 청회색이었지만, 오빌의 눈동자가 보다 덜 위압적이었고 양쪽이 서로 더 가까웠다. 두 사람은 필적도 상당히 비슷했고 (항상 똑바르고, 알아보기 쉬웠다) 목소리도 워낙 비슷했기 때문에, 다른 방에서 이들의 목소리를 듣는 사람은 과연 둘 중에 누가 말하고 있는 건지 제대로 분간하지 못했다.

두 사람 중에서 옷을 더 잘 입는 쪽은 오빌이었지만, 윌버는 키가 180센티미터로 동생보다 2센티미터쯤 컸다. 그리고 데이턴보다는 오히려 프랑스에서 더 자주 언급될 정도로 여자들은 그에게서 뭔가 신비스러운 매력을 발견했다.

두 사람 모두 음악을 좋아했다. 윌버는 하모니카를 불었고, 오빌은 만돌린을 연주했다. 일터에서 두 사람은 종종 즉흥적으로 똑같은 곡을 동시에 휘파람으로 불거나 콧노래로 흥얼거리곤 했다. 두 사람 모두 집에 강한 애착을 가졌다. 두 사람 모두 요리하기를 좋아했다. 오빌의 특기는 비스킷 굽기와 사탕 만들기였고, 윌버는 그레이비소스에 자부심을 가졌다. 윌버는 추수감사절과 크리스마스가 되면 칠면조 요리의 속은 자신이 채워야 한다고 주장했다.

아버지와 누이동생 캐서린과 마찬가지로, 라이트 형제의 에너지는 어마어마했다. 일요일을 제외한 날에는 열심히 일하는 것이 삶의 방식이었고, 일하지 않는 날에는 집에서 "개선" 작업을 실시했다. 근면은 곧 신념이었으며, 이들은 정장과 넥타이를 보호하기 위한 작업용 앞치마를 걸치고 허리 높이의 작업대 앞에 함께 서서 그들만의 프로젝트를 진행할 때에 가장 큰 자부심과 행복을 느꼈다.

모든 것을 고려해 보면, 라이트 형제는 서로 잘 지낸 편이었다. 각자는 당면한 과제에 상대방이 어떤 해결책을 가져올지 잘 알고 있었으며, 상대방의 특별한 성격에 오랫동안 친숙해 있었다. 아울러 네 살 위인 윌버가 이 파트너십의 연장자이며 큰형님이라는 것에 대해 암묵적 양해를 하고 있었다.

물론 그렇다고 해서 일이 항상 원활하지는 않았다. 그들은 서로를 심하게 닦달하거나 비판하기도 했고 심지어 서로에게 "끔찍한 말"을 외칠 정도로 의견이 대립하는 상황이 있기도 했다. 때로는 한 시간 이상 열띤 논쟁을 벌여도, 처음 논의를 시작했을 때와 마찬가지로 의견 차이를 조금도 좁힐 수는 없었지만, 그들이 처음 고수하던 입장에서 오히려 상대방의 입장으로 서로 의견이 뒤바뀌어 있기도 했다.

종종 이야기된 것처럼, 라이트 형제는 명성을 열망하지 않았는데, 이것이야말로 오하이오 주에서는 높이 평가받는 자질이었다. 이들은 세상의 이목을 얻고자 하는 열망이 없었을 뿐만 아니라, 오히려 피하기 위해 최선을 다했다. 그리고 세간에 그들의 명성이 점차 알려지기 시작할 무렵에도 두 사람 모두 눈에 띄게 겸손한 채로 남아 있었다.

하지만 여러 면에서 라이트 형제는 이란성 쌍둥이와 비슷했다. 이들은 공통점이 많았지만 차이점도 있었다. 오빌이 다소간 적당한 보폭으로 걸었던 반면, 윌버는 "굉장히 적극적으로" 움직였으며, 핵심을 강조할 때에는 양손으로 열심히 손짓을 하고, 항상 넓은 보폭으로 빠르게 걸었다. 윌버는 천성적으로 더 진지했고, 또한 더 신중하고 사색적이었다. 그는 기억력이 탁월하여, 자기가 보고 들은 것이며 자기가 읽은 것을 거의 잊지 않고 기억했다. "나한테는 기억력이라는 것 자체가 없다." 오빌은 솔직히 이야기했다. "하지만 형은 뭔가를 잊어버린다는 것 자체가 없다."

뛰어난 집중력의 소유자였던 윌버는 어떤 사람이 보기에는 약간 기묘해 보이기까지 했다. 그는 모든 사람들과 절연할 수 있었다. "사람들은 윌버 라이트가 대개 자기 자신만의 세계 속에서 살고 있다는 인상을 뚜렷이 받았습니다." 옛 동창의 말이다. 매일 아침마다 그는 생각에 잠긴 채 모자도 쓰지 않고 서둘러 문으로 달려 나갔다가, 5분 뒤에 다시 돌아와서 모자를 챙겨 갔다.

사람들은 윌버는 또한 "유별난 존재감"을 발휘했다고 말했다. 그 어떤 상황에서도 침착함을 유지했고, 아버지가 자랑스레 말한 것처럼 "결코 재잘거리지 않았다." 그는 특출하게 뛰어난 대중 강연자였으며 명료한 문장을 구사하는 작가였는데, 그런 그가 자주 침묵을 지켰다는 점은 상당히 의외의 사실이다. 하지만 비록 대중 앞에서 말하기를 꺼리기는 했어도, 일단 말했다 하면 예외 없이 또박또박 말했고, 핵심을 지적했고, 종종 기억에 남을 만한 발언을 남겼다. 윌버는 업무 관련 편지, 제안서나 보고서 또는 개인적인 편지를 쓸 때마다 언제나 예외 없이 최고 수준의 어휘와 언어를 사용했다. 이는 상당 부분 그의 아버지가 오랫동안 고집한 기준 때문이었다. 윌버의 언어 능력은 라이트 형제가 전례 없는 업적을 이루는 여러 과정에서 큰 도움이 되었다.

"윌은 글쓰기를 즐긴 듯 보였기에, 우리의 업무에서 문자와 관련된 부분은 모조리 맡겨 버렸다."라고 오빌은 말했다. 실제로는 동생인 오브 역시 글쓰기를 매우 즐겼지만, 대부분 가족에게 편지를 보내는 정도였고 특히 누이인 캐서린에게 편지를 쓸 때 활기와 유머를 제대로 발휘했다. 이들의 사업 초기 단계에서, 업무와 관련된 거의 모든 편지를 윌버가 1인칭으로 작성하여 급기야 그가 사업을 혼자서 운영하는 듯한 인상을 주었지만 오빌은 그에 대해 전혀 개의치 않았던 것으로 보인다.

둘 중 성격이 더 내성적인 쪽은 오빌이었다. 비록 집에서는 말이 많고 재미있었으며 종종 지분거리기까지 했지만, 집밖에 나오면 그는 끔찍하리만치 수줍어했으며 (이것은 돌아가신 어머니로부터 물려받은 성격이었다) 공적인 역할은 모조리 거절하고, 윌버에게 맡겨 버렸다. 하지만 오빌은 둘 중에서 더 쾌활한 사람이기도 했고, 더 낙관적인 동시에 천성적으로 더 사업가 체질이었으며, 그의 기계 다루는 재주는 아주 뛰어나서 이들의 모든 프로젝트에서 중요한 역할을 담당했다.

윌버가 자신을 겨냥한 다른 사람들의 생각이나 말에 거의 신경 쓰지 않았던 반면, 오빌은 자신을 향한 비판이나 조롱에 극도로 민감하게 반응했다. 식구들끼리는 "특유의 상태"라고 일컬은 그의 성격이 있었는데, 이 상태가 되면 오빌은 과로하거나 혹사한 듯한 느낌을 받은 나머지, 평소 성격과는 어울리지 않게 침울하고 짜증을 내고는 했다.

공적인 자리에서 사람들의 시선은 윌버에게 쏠렸다. 그가 대화를 주도하든 그렇지 않든 상관없이 사람들은 그에게 주목했다. "이와 비교해서 오빌 라이트 씨는 크게 두드러지는 개성을 전혀 보유하지 못했다." 한 관찰자의 말이다. "다시 말해서 우리가 수많은 사람들 가운데에서도 윌버 씨를 본능적으로 찾아내는 것과는 달리 본능적으로 오빌 씨에게는 시선이 가지 않는다는 것이다."

아버지와 마찬가지로 라이트 형제는 완벽한 신사였고, 자연스레 모든 사람들을 정중하게 대했다. 이들은 독주를 마시지도, 담배를 피우지도, 도박을 하지도 않았으며, 아버지가 즐겨 이야기한 것처럼 양쪽 모두 "독자적인" 공화당 지지자로 남아 있었다. 이들은 평생 독신으로 살았다. 여러 정황을 살펴보면 그들은 결혼할 의향이 없어보였다. 오빌은 형이 먼저 결혼해야 한다고 즐겨 말했다. 반면 윌버는 아직까지 아내를 얻을 만한 시간이 없다고 말하곤 했다. 다른 사람들이 보기에 그는 "여자 앞에서 수줍음을 타는" 것처럼 보였다. 한 지인의 기억처럼 윌버는 젊은 여자 근처에 있으면 "끔찍하게 신경이 곤두선 상태"가 되었다.

다른 무엇보다도 두 사람은 동일한 목적과 흔들림 없는 결의를 갖고 있었다. 이들은 함께 어떤 "사명"을 위해 나섰던 것이었다.

* * *

라이트 형제는 성인이 되어서도 여전히 (순회 성직자를 맡아 종종 교회 일로 외부에 있었던) 아버지, 누이동생과 한 집에 살았다. 오빌보다 세 살 어린 캐서린은 똑똑하고, 풍채 좋고, 자기 의견이 뚜렷했고, 가족 중에 유일한 대학 졸업자였으며, 아직 미혼인 세 자녀 중 가장 사교적인 사람이었다. 오하이오 주의 오벌린 대학을 1898년에 졸업한 이후, 데이턴으로 돌아와서 신설된 스틸 고등학교에서 라틴어를 가르쳤는데, 오빌의 말에 따르면 이 과정에서 데이턴의 미래 지도자들 가운데 상당수에게 낙제점을 주었다고 한다. "지독하게 나쁜" 아이들이라고 판단된 경우, "나는 이들의 똑똑함을 봉오리 시절에 잘라 버렸다"고 캐서린은 말했다.

깔끔하고 말쑥한 금테 코안경에, 검은 머리카락을 뒤로 틀어 올린 외모만 보면 그녀는 전형적인 학교 선생님이었다. 본인의 말에 따르면 "키가 작은 편에 속해서" 150센티미터가 조금 넘었지만, 지인들은 그녀가 대단한 힘을 갖고 있다는 사실을 잘 알았다. 남자 셋과 여자 하나로 이루어진 가정에서 캐서린은 단순히 자기 지위를 지키는 것 이상의 역할을 했다. 가족 중에서 가장 쾌활했고, 지칠 줄 모르고 항상 말이 많았다. 가족들은 이런 이유 때문에 모두 그녀를 좋아했다. 캐서린은 대학 동창들을 집에 데려와서 파티를 열었다. 나이가 엇비슷한 까닭에 그녀는 오빌과 특히 가까웠다. 두 사람은 생일도 8월 19일로 같았고, 태어난 곳도 이 집으로 같았다.

캐서린은 사람의 실수에 대해 오빠들보다 가차 없는 편이어서 자칫 "격분하기" 쉬운 성격이었다. 오빌이 만돌린 연습을 하면 그녀는 크게 화를 내곤 했다. "오빠가 옆에 앉아서 그놈의 만돌린을 뜯는 바람에 저는 결국 집에 있을 수조차도 없게 된다고요." 그녀는 아버지에게 불평했다. "너는 머리도 똑똑하고 마음씨도 착하다만," 아버지는 걱정스러워하며 딸에게 말했다. "부디 네가 정숙하고 여성스러운 태도를 기르고 네 성질을 다스릴 수 있기를 바란단다. 성질은 다스리기 쉬운 게 아니지만 말이다."

가까운 친구들은 삼남매를 윌, 오브, 케이티라고 애칭으로 불렀다. 삼남매끼리는 윌버를 '울람'(Ullam), 오빌을 '버보'(Bubbo)나 '법스'(Bubs), 캐서린을 '슈테르헨스'(Sterchens)라고 불렀는데, "여동생"이라는 뜻의 독일어 '슈베르헨스'(schwerchens)를 변형시킨 별명이었다. 삼남매보다 더 나이 많은 형제들인 루클린과 로린은 이미 결혼해서 각자 가정을 꾸리고 있었다.

루클린은 캔자스 주의 한 농장에서 살았다. 로린은 사무원으로 일하면서 아내 네타와 네 아이 밀턴, 이보네트, 리온틴, 호러스와 함께 길모퉁이 너머 호손가 7번지에 살았다. 로린과 루클린 모두 여러 가지 직업을 전전하고, 가족을 먹여 살리기 위해 고군분투했다는 사실은, 윌버와 오빌의 결혼관에 나름 영향을 끼친 것으로 보인다.

이들의 어머니 수전 코너 라이트는 버지니아 주에서 독일계 수레 제작자의 딸로 태어나, 어린 시절에 서부로 가게 되었다. 자녀들의 묘사에 따르면 그녀는 매우 지적이고, 애정 넘치고, 지독하게 수줍음이 많았다. 결혼 이후 처음으로 식품점을 방문했을 때, 누구 이름으로 배달해 드리면 되겠느냐고 주인이 질문하자, 수전은 결혼으로 바뀐 자신의 이름이 생각나지 않아 대답하지 못했다. 하지만 그녀는 동시에 쾌활하고 날카로운 재치를 지녔으며, 가족에게는 "확실한 천재"로 통했는데, 왜냐하면 뭐든지 직접 만들어냈기 때문이었다. 수전이 만든 장난감은 특히 훌륭했는데(심지어 썰매도 있었다) 딸 캐서린은 "가게에서 파는 것만큼 훌륭했다."고 회고했다.

어머니는 이 세상에서 가장 이해심이 많은 여성이었다. 우리 모두를 사랑하셨지만, 그래도 월과 오브가 뭔가 유별나다는 것을 인식하셨다. 그래서 오빠들이 만드는 물건은 단 하나도 없애지 않으셨다. 오빠들이 만드는 물건은 아무리 사소한 것이라도 바닥에 떨어져 있으면 그냥 집어서 부엌 선반 위에 올려놓으셨다.

오빌의 수줍음 못지않게, "형제"의 기계 관련 소질도 바로 어머니에게서 물려받은 것이라고 모두들 입을 모았다. 1889년에 그녀가 결핵으로 사망한 일은 가족이 겪은 일 중에서도 가장 심한 일격이었다.

밀턴 라이트 감독은 헌신적인 아버지였고, 현자들의 명언과 지혜를 풍부히 익힌 인물이었다. 중간 체격에 풍성한 반백의 가부장적 턱수염을 길렀지만 콧수염은 기르지 않았으며, 얼마 안 되는 반백의 머리카락을 신중하게 빗어 넘겨 벗겨진 부분을 가리기 좋아했다. 윌버와 마찬가지로 특유의 "엄숙한 표정"을 짓고 있었기 때문에, 표정만 봐서는 어떤 순간에 그의 감정이라든지, 그의 인생관을 제대로 짐작하기가 힘들었다.

밀턴은 1828년에 인디애나 주의 통나무집에서 태어나 변경 특유의 방식과 가치를 체득하며 자랐다. 비록 어머니 캐서린에 관해서는 알려진 바가 거의 없지만, 그의 아버지 댄 라이트는 농부이며 독립 전쟁의 영웅으로, 아들들에게는 최고의 영웅이었다. "당신은 표정이 엄숙하셨고, 태도가 침착하셨고, 말씀하시기를 삼가셨지만, 일단 말씀을 하시면 매우 정확하게 하셨다." 밀턴의 설명이다. 그는 엄격한 금주가였는데, 이것이야말로 변경에서는 오히려 드문 일이었다. 또한 그는 정직한 인물인 동시에 목표 의식을 가진 인물이었다. 이런 모든 자질이야말로 밀턴 본인은 물론이고 윌버와 오빌에 대한 묘사로서도 제격이었다.

열아홉 살 때에 밀턴은 개신교 교단 가운데 하나인 그리스도 형제 연합 교회의 신도가 되었다. 스물두 살 때에 첫 설교를 했고, 스물네 살 때에 성직자로 안수를 받았다. 비록 교단에서 운영하는 작은 대학에서 몇 가지 강의를 듣기는 했지만, 그는 정식 대학 졸업자가 아니었다. 남북전쟁 이전에 설립된 형제 연합 교회는 특정 대의를 철저히 지지했으므로 (예를 들어 노

예제 폐지 및 여성 권리 신장은 지지했으나, 프리메이슨 및 그 비밀 활동은 반대했다)
밀턴 라이트 역시 이런 신념을 유지했고 이런 사실은 그를 아는 모두가 알
고 있었다.

순회 설교자 업무 때문에 그는 말(馬)과 기차를 이용해서 멀리, 그리고
널리 여행했고, 같은 세대의 그 어떤 사람보다도 더 많이 방방곡곡을 구경
했다. 1857년에는 뉴욕에서 아직 운하가 없었던 파나마까지 배를 타고 가
서, 그 지협을 기차로 건너는 복잡한 여행 끝에 오리건 주까지 갔고, 그곳
의 교회 학교에서 2년간 가르치기도 했다.

밀턴과 수전은 1859년에 오하이오 주 경계선 부근에 위치한 인디애나
주 페이예트 카운티에서 결혼했고, 인디애나 주 페어몬트의 한 농장에 정
착해서 장남과 차남을 그곳에서 낳았다. 1867년에 이들은 인디애나 주 밀
빌에 있는 방 다섯 개짜리 판잣집으로 이사했고, 4월 16일에 윌버를 낳았
다(윌버와 오빌의 이름은 밀턴 라이트가 대단히 존경했던 성직자 윌버 피스크와 오
빌 듀이에게서 따온 것이었다).

그로부터 1년 뒤에 라이트 가족은 인디애나 주 하츠빌로 이사했고, 이
듬해인 1869년에는 데이턴으로 이사해서 호손 가에 새로운 집을 하나 구
입했다. 밀턴 라이트 목사는 데이턴에서 간행되는 형제 연합 교회의 전국
주간지 《릴리저스 텔레스코프》의 편집장이 되었고 연 수입이 900달러에
서 1500달러로 크게 늘어났다.

1877년에 밀턴이 감독으로 선출되어 맡은 임무가 더 늘어나자, 이들
부부는 살던 집을 세 주고 아이오와 주 시더래피즈로 이사했다. 이제 이 교
회의 미시시피 서부 구역을 총괄하는 책임을 맡게 된 밀턴은 미시시피 강

에서부터 로키 산맥까지 여러 곳을 다니며 총회를 계획하고 참석했으며, 그렇게 매년 수천 킬로미터를 여행했다. 그로부터 4년 뒤에 라이트 가족은 다시 인디애나 주 리치먼드로 이사했다. 이곳에서 당시 열 살이었던 오빌은 연을 만들어 날리기도 하고 팔기도 했으며, 윌버는 고등학교에 입학했다. 1884년에 이들 가족은 데이턴으로 돌아와 정착했다.

당시 인구가 거의 4만 명이었던 데이턴은 오하이오 주에서 다섯 번째로 큰 도시이며 꾸준히 성장하고 있었다. 새로운 병원과 새로운 법원이 설립되었고, 미국의 다른 지역들과 마찬가지로 전기 가로등을 사용하고 있었다. 멋진 로마네스크 양식의 웅장한 새 공립 도서관도 건설 중이었다. 앞으로 몇 년 뒤에는 새로운 고등학교가 설립될 예정이었고, 그곳에 세워질 성탑이 달린 5층짜리 벽돌 건물은 여느 대학 캠퍼스 건물에 견주어도 뒤지지 않을 만큼 훌륭했다. 데이턴에서 흔히 이야기되듯이, 이 건물이야말로 "단순한 물질적 화려함을 넘어선 무언가를 위한 헌신"을 분명히 보여주는 것이었다.

데이턴은 오하이오 주 남서쪽의 넓고 완만한 굴곡이 있는 범람원, 그러니까 마이애미 강의 커다란 굽이의 동쪽 강변에 자리하고 있었으며, 신시내티에서 북쪽으로 80킬로미터 떨어져 있었다. 18세기의 독립 전쟁 참전 용사들이 정착해서 만들었으며, 이 장소의 최초 투기자 가운데 한 명인 조너선 데이턴의 이름을 따 도시 이름을 지었다. 그는 뉴저지 주 연방 하원의원을 역임했고, 미국 헌법의 서명자 가운데 한 명이기도 했다. 철도가 들어서기 전에는 이 도시의 발전 속도는 느리기만 했다.

1859년에 딱 한 번, 그리스 부흥(Greek Revival) 건축 양식*으로 세워진 오래된 법원의 앞마당에서 에이브러햄 링컨이 연설을 한 적이 있었다. 이를 제외하면 데이턴에서 역사적으로 큰 관심을 끌 만한 사건이 일어난 적은 없었다. 하지만 사람들은 이곳이야말로 살고, 일하고, 가정을 꾸미기에는 좋은 장소라고 자랑스럽게 이야기했으며, 사실은 오하이오 주 전역이 실제로 그러하다고 이야기했다. 오하이오 주야말로 지금까지 무려 세 명의 대통령을 배출한 곳이 아니었던가?** 그리고 토머스 에디슨을 배출한 곳이 아니었던가? 데이턴이 낳은 저명한 작가인 《애틀랜틱 먼슬리》의 편집장 윌리엄 딘 하우얼스는 오하이오 주 사람들이야말로 "꿈을 품을 용기"를 가진 일종의 이상주의자라고 쓴 적이 있었다.

용기를 가진 그들은 자신들의 가능성을 최대로 실현했으며, 평소에는 사무적이고 실용적인 성격을 유지했지만 때로는 열광적인 태도를 보였고 심지어는 광신자적인 면모를 보였다. 이런 사실은 그들의 기질을 잘 보여준다.

여러 해 뒤에 윌버는 한 연설에서 만약 앞으로의 인생을 어떻게 살 것인지에 관해 젊은이들에게 조언을 한다면, 이렇게 말하겠다고 언급했다. "좋은 아버지와 어머니를 고른 다음, 오하이오 주에서 인생을 시작하라."

---

* 19세기 전반기에 유행한 건축 양식으로, 그 이름에서 알 수 있듯이 고대 그리스의 건축물을 모방한 것이 많았다.

** 미국 대통령 가운데 제9대 윌리엄 헨리 해리슨(1773~1841), 제19대 러더포드 B. 헤이스(1822~1893), 제20대 제임스 A. 가필드(1831~1881)를 말한다. 이후에 오하이오 주에서 배출한 대통령은 제25대 윌리엄 매킨리(1843~1901), 제27대 윌리엄 하워드 태프트(1857~1930), 제29대 워런 G. 하딩(1865~1923)이다.

비록 1884년에 새로운 기차역이 없었고, 도시의 거리 대부분이 여전히 포장되어 있지 않은 상태였다 해도, 미래에 대한 전망은 그 어느 때보다도 밝아 보였다. 가장 중요한 사실은, 내셔널 금전등록기 회사가 바로 이 도시에서 설립되어서 번창하고 있었다는 것이었다. 머지않아 이 회사는 그 분야에서 전 세계 최대의 제조업체가 될 것이었다. 라이트 감독은 길 위에서 보내는 생활이 앞으로 반년, 또는 그 이상 계속될 것임을 알고 있었다. 그럼에도 불구하고 데이턴이 자신의 고향이라는 사실에는 결코 의문의 여지가 없었다.

* * *

라이트 가족의 교육에서는 지리가 특히 중시되었고 이 분야는 이들에게 지속적인 호기심을 유발시키는 요인이었다. 라이트 감독이 여행 중에 그리고 종종 기차를 타고 가는 도중에 써 보낸 긴 편지들은 좋은 재료였다. 여행길이 아무리 멀어도 조국 각지의 장관에 대한 그의 풍부한 애정에는 영향을 주지 못했다. 미니애폴리스와 세인트폴을 가리켜 "놀라운 밀 생산 지역에서 어마어마하게 성장한 도시들"이라고 묘사했다. 감독은 열성과 감탄을 담아 편지를 썼다. 미줄라 서쪽의 산맥을 넘어가는 과정에서는 경사가 어찌나 급하던지 무려 세 대의 기관차를 가져다가 두 대는 앞에 놓고 한 대는 뒤에 놓았다고 고향의 식구들에게 보고했다. 그의 세계는 (그리고 결과적으로 식구들의 세계는) 계속해서 넓어져만 갔다. "어제 나는 오전 1시 40분부터 여기에 내려 머물렀단다." 감독은 캘리포니아 주 빅스에서 보낸 편지에서 이렇게 적었다.

어제 우리가 자동차에 올라타고 지나온 시스키유 산맥이 어떤지 너희들도 봤어야 했단다. 우리는 매우 높이까지 올라갔고, 그곳을 넘기 위해서 몇 킬로미터나 구불구불 지나갔지만 그다지 높이 오르지는 못했단다. 1.5킬로미터나 달린 뒤에도 우리는 이전에 있던 곳에서 겨우 60미터밖에는 못 올라오고 말았는데, 거기서 또다시 50미터나 더 올라가야 했단다. 우리는 몇 군데 길지 않은 터널을 지났고, 마지막으로 정상에 있는 가장 긴 터널을 지났지. 내가 겪은 것 중에서도 가장 웅장한 풍경이었고, 가장 대단한 급경사였단다.

폭넓은 독서와 삶에 대한 관찰 덕분에 라이트 감독은 행동에 관해서 (즉 좋고 나쁜 행동에 관해서, 삶에서 주의해야 할 것들에 관해서, 노력해야 할 목표에 관해서) 마치 소진 불가능한 분량의 조언을 갖고 있는 것처럼 보였다. 그는 옷차림, 청결, 경제에 관해서 강연했다. 집에서는 용기와 좋은 성품과 (본인의 말마따나 "좋은 기질"과) 가치 있는 목표와 인내에 관해서 설교했다. 지침을 제공하는 것이야말로 아버지의 역할이라고 이해했던 것이다.

젊은이들이 더 잘 알고 노인네들은 구닥다리라고들 가정하기 십상이다. 그 말이 사실일 수도 있지만 구닥다리에 대한 젊은이들의 비판이 일리 있듯, 새로운 유행에 대한 노인네들의 비판도 일리 있을 수도 있다.

일을 먼저 두고, 즐거움을 나중에 두어야 신중함을 유지할 수 있다. 사람은 남에게 짐이 되는 상황을 방지해 줄 정도로만 돈이 있으면 충분한 것이다.

라이트 감독은 집에 있는 세 아이를 동등하게 대했다. 세심하게 배려했고 모두에게 애정을 표현했다. 특별한 재능을 보이거나 가족 생활에 기여했을 때마다 일일이 칭찬을 베풀었다. 하지만 (캐서린의 표현을 빌리자면) 아버지가 "금지옥엽"으로 여기는 자녀는 바로 윌버였다.

또한 윌버는 아버지의 가장 큰 걱정이기도 했다. 젊은 시절에 그는 모든 면에서 탁월했다. 스타 운동선수였고 (풋볼, 스케이트, 그리고 특히 체조를 잘했다) 학생으로서도 두각을 나타냈다. 데이턴에서 고등학교의 마지막 1년 동안 윌버의 성적은 모든 과목에서 (즉 대수학, 식물학, 화학, 영작문, 지질학, 기하학, 라틴어에서) 90점대를 기록했다. 급기야 그를 예일 대학에 보내자는 이야기까지 나왔다.

하지만 그 모든 계획은 갑작스레 끝나 버렸다. 데이턴 재향군인회 건물 바로 옆에 있는 얼어붙은 호수에서 하키를 즐기던 윌버가 얼굴에 스틱을 맞아 윗니 대부분이 박살나 버렸기 때문이었다.

당시에 정확히 무슨 일이 있었는지는 단언하기 어렵지만, 그나마 확인된 몇 가지 사실로 미루어 보면 그 진상은 상당한 이야깃거리가 될 법해 보인다. 그로부터 몇 년 뒤인 1913년에 쓴 라이트 감독의 일기에 따르면, "스틱을 집어던져 윌버를 맞춘 바로 그 사람"은 오하이오 주의 역사상 가장 악명 높은 살인범 가운데 하나인 올리버 크룩 하프였기 때문이다. 그는 1906년에 자기 부모와 형제를 살해한 죄로 사형되었는데, 사람들은 이들

외에도 최대 십여 명을 더 살해했을 거라고 믿고 있었다.

하키 사건이 벌어졌을 때에 하프는 라이트 식구들이 사는 집에서 겨우 두 블록 떨어진 곳에 살았다. 그의 나이는 겨우 열다섯이어서 윌버보다도 세 살이나 어렸지만, 덩치는 어른만큼 커서 벌써부터 그 지역의 불량배로 통하고 있었다. 사형이 집행된 직후에 《데이턴 저널》에 나온 기사 내용처럼, "올리버는 미성년 시절부터 꾸준히 다른 사람들에게 고통을 주거나 최소한 불편함이라도 주고 싶은 욕구를 가지고 있었다."

과연 그가 윌버에게 스틱을 던진 것이 우연이었는지, 아니면 의도한 것이었는지는 판정하기 불가능하다. 그런데 당시에 하프는 웨스트 3번가의 약국에서 일하고 있었고, 약제사는 이가 썩는 고통을 덜어준답시고 그에게 당시의 대중적인 치료법을 제공했는데, 바로 "코카인 치통 물약"이었다. 머지않아 하프는 약물과 알코올에 크게 의존하게 되었고, 워낙 행동이 통제 불능이었기 때문에 심지어 데이턴 정신병원에 몇 달 동안 입원하기도 했다.

윌버가 하프를 알고 있었음은 의심의 여지가 없다. 하지만 두 사람이 얼마나 잘 알고 있었는지, 또는 가해자가 피해자에게 뭔가 원한을 품고 있었거나, 또는 사건 당시에 약물의 영향력하에 있었는지 여부는 하나같이 알 수 없다. 라이트 감독의 일기에 나오는 짧은 언급을 제외하면, 이 주제에 관한 이야기는 라이트 가문의 편지에서건 회고에서건 전혀 나오지 않기 때문이다. 이 사건으로 인해 윌버가 겪은 파멸적인 후유증에 관한 구체적이거나 직접적인 묘사도 역시나 전하지 않는다. 이 일화 전체는 뭔가 가족이 제쳐두고 싶어 하는, 따라서 윌버의 삶에서도 알려진 바가 거의 없는 어두운 한구석으로 남아 있었다.

그는 여러 주 동안 얼굴과 턱의 지독한 고통에 시달렸고, 결국 의치를 맞출 수밖에 없었다. 후유증으로 심각한 소화 문제를 겪게 되었고 이후로도 심계 항진과 우울증이 마냥 길어지는 것처럼 보였다. 주위 모든 사람이 점점 더 걱정했다. 예일 대학 이야기도 끝나 버리고 말았다. 몸이 아팠던 어머니는 아들을 위해서 최선을 다했지만, 본인의 체력이 꾸준히 나빠졌기 때문에, 급기야 아들이 어머니를 간호하는 신세가 되었다.

"아들로서 그런 헌신에 버금가는 사례는 거의 없을 것이다."라고 아버지는 말했다. 그는 윌버의 노력 덕분에 어머니의 생명이 최소한 2년은 더 연장되었을 거라고 단언했다. 아침이면 어머니도 힘이 충분했기 때문에 약간의 도움을 받으면 혼자서도 계단을 내려올 수 있었지만, 밤이면 아들이 어머니를 업고 위층으로 가야만 했다.

윌버의 행동을 못마땅하게 여긴 유일한 사람은 형 로린뿐이었다. "윌은 도대체 뭘 하고 있는 거야?" 자기 꿈을 좇아서 캔자스 주에 가 있던 그는 캐서린에게 보낸 편지에서 이렇게 말했다. "그 녀석은 뭔가를 해야만 돼. 지금도 요리며 허드렛일을 하는 거야?"

윌버는 꼬박 3년간 은둔 생활을 했으며, 대개는 집에만 붙어 있었다. 그리고 이 기간 동안 그는 전에 없던 맹렬한 태도로 책을 읽기 시작했다.

* * *

라이트 가족이 오랫동안 살며 많은 일을 겪은 호손가 7번지 자택은 규모와 외양도 수수했으며, 비교적 소박한 동네에 자리하고 있었다. 데이턴 대부분의 지역과 마찬가지로 호손 가는 19세기가 끝난 직후까지도 도로는 포장이 되어 있지 않았고, 두 그루의 피나무와 석제 고삐 말뚝이 앞에 자리한 7번지의 좁고 하얀 구조물은 그 거리의 다른 여느 주택과 마찬가지였다. 다만 라이트 형제가 만들어 놓은 장식적이고 넓은 현관 베란다만이 예외였다.

방은 일곱 개였는데, 세 개는 아래층에 있고 네 개는 위층에 있었다. 하나같이 작은 방들이었고, 사실은 주택 부지 자체도 작은 편이었다. 북쪽에 있는 옆집 5번지와는 겨우 60센티미터 떨어져 있을 뿐이었다. 결국 그 사이를 통과하려면 옆으로 서서 지나갈 수밖에 없었다.

이 집에 수도와 배관이 설치된 것은 이들 형제가 20대에 들어서고도 한참이 지나서의 일이었다. 따라서 초창기에만 해도 매주 목욕을 하려면 부엌 바닥에 욕조를 놓고 더운물을 채운 다음, 커튼을 쳐야만 했다. 뒤뜰에는 뚜껑 없는 우물과 목제 펌프와 변소와 마구간이 있었다. 집에는 전기도 없었다. 요리는 나무 스토브를 이용해서 했다. 난방과 조명만큼은 천연 가스를 이용했다. 주택과 부지 모두를 합친 가격은 1800달러쯤이었을 것이다.

현관문을 열면 작지만 격식을 갖춘 응접실이 나왔다. 하지만 거의 모든 식구들은 베란다에 난 옆문을 통해서 거실로 들락날락했다. 거실을 기준으로 응접실은 오른쪽이었고, 식당과 부엌은 왼쪽이었다. 카펫이 깔린 좁은 계단을 오르면 위층 침실이 나왔다.

1층은 빅토리아 시대 스타일의 저렴한 가구들로 꾸며져 있었는데, 이와 같은 가구들은 그 당시 오하이오 주 대부분의 주택에서 사용하고 있었고, 사실상 그 당시 미국 전역에서 사용하였다. 즉 응접실 창문에는 레이스 커튼이 달려 있고, 쿠션을 넣은 나무 흔들의자가 있고, 벽난로 선반 위의 탁상시계가 30분과 1시간 단위로 울고, 거울 달린 오크 목제 찬장이 있는 식이었다. 높은 천장과 수수한 규모와 가구의 단순성 때문에, 이 방은 실제보다 상당히 덜 비좁아 보였다.

위층의 실내 장식은 순전히 기본적인 것으로만 (즉 침대, 옷장, 요강 등으로만) 이루어져 있었고, 집 전면에 자리해 창밖으로 거리를 내다볼 수 있는, 감독의 어수선한 침실에 있는 책장과 접이식 뚜껑 책상 정도가 예외였다. 윌버는 가운데 방에서 잤고, 오빌과 캐서린은 집 뒤쪽에 있는 두 개의 방에서 각각 잤다. 아래층에 있는 가스난로가 유일한 난방 기구였기 때문에, 추운 날씨에는 위층의 침실 문들을 활짝 열어 놓아야만 했다.

불과 몇 블록 떨어진 곳에 웨스턴 앤드 유니언 철도가 지나갔기 때문에, 기차 경적 소리는 사시사철 밤의 일부나 다름없었다. 공기 중의 석탄 연기가 곧 집의 냄새이기도 했다.

하지만 라이트 가족의 장서만큼은 수수한 편도 아니었고 흔해빠진 편도 아니었다. 애서가였던 라이트 감독은 독서의 무한한 가치를 열정적으로 옹호했다.

학교 교육과 가정 교육 중에서 그는 후자를 더 가치 있는 교육이라 생각한 것처럼 보인다. 감독은 자녀의 학교 출석을 결코 과도하게 걱정하지 않았다. 만약 자녀 가운데 한두 명이 어떤 계획이나 관심사 때문에 하루 이틀 학교에 빠지더라도, 아버지는 가치 있는 일이라고, 따라서 괜찮다고 여겼다. 그리고 분명히 그는 독서 역시 가치 있는 일이라고 여겼다.

라이트 감독이 "매우 진지하게" 간주한 책들은 (대부분 신학 책들이었다) 그의 침실에 보관되었고, 그 외의 대부분의 책은 거실에 있는 높고 전면이 유리인 책장 안에 자랑스레 진열되어 있었다. 여기에는 디킨스, 워싱턴 어빙, 호손, 마크 트웨인의 작품이 있었고, 월터 스콧 경의 작품 전집, 베르길리우스의 서사시, 플루타르코스의 『영웅전』, 밀턴의 『실낙원』, 보즈웰의 『존슨의 생애』, 기번의 『로마 제국 쇠망사』, 투키디데스의 작품 등이 있었다. 박물학 책, 미국사, 여섯 권짜리 프랑스사, 여행서, 『철자법 지침서』, 다윈의 『종의 기원』, 그리고 백과사전이 두 종이나 완질로 있었다.

식구들 모두는 항상 책을 읽었다. 캐서린은 월터 스콧 경의 소설을 좋아했다. 오빌은 호손의 『일곱 박공의 집』을 좋아했고, 윌버는 (특히 집에 머물던 공백기 동안에는) 분야를 가리지 않고 다독했지만 그중에서도 역사책을 특히나 좋아했다.

라이트 감독은 집에 머무는 잠깐 동안에도 시간을 내서 책을 읽거나, 또는 공립 도서관에서 자신의 취미인 족보학 관련 자료를 뒤적였다. 가족의 중요성을 철두철미 신봉하는 사람이었던 그는 자기와 자기 자녀의 선조에 관해서 뭐든지 다 알고 싶어 했다. 아울러 자녀들 역시 이에 관해서 알고 있기를 바랐으며, 동시에 자녀가 개방적이고 수용적인 정신을 갖고, 또한 스스로 생각하는 습관을 갖기를 바랐다. 라이트 감독의 정신은 결코 느슨해지는 법이 없었다. "아버지께서는 온갖 주제에 관해 자녀에게 자유롭게 말씀하셨다." 오빌의 말이다. "다만 돈 문제에 대해서는 이야기하지 않았는데 왜냐하면 거의 신경 쓰시지 않은 주제였기 때문이었다."

침실 책꽂이에 있는 기독교 서적 중에는 심지어 "위대한 불가지론자"로 통하는 로버트 잉거솔의 저서도 있었는데, 형제와 캐서린 모두 아버지의 권유로 그 책을 읽어보았다. "모든 정신은 그 자체로 진실해야만 한다. 즉 스스로 생각하고, 탐구하고, 결론을 내릴 수 있어야 한다." 잉거솔의 말이다. 라이트 형제가 교회 출석을 중단한 것 역시 잉거솔의 영향이었는데, 아버지는 이런 변화를 이의 없이 받아들였던 것으로 보인다.

흥미로운 사실은, 감독이 교회 일에 헌신했음에도 불구하고, 그가 자녀에게 보낸 편지에서나, 자녀가 그에게 보낸 편지에서 종교가 언급되는 일 자체가 드물었다는 것이다. 액자에 넣은 성화라든지 성경 구절을 실내 장식의 일부로 꾸미지도 않았으며 예외가 있다면 성녀 도로테아의 색판화가 응접실의 벽난로 왼쪽에 걸려 있는 것뿐이었다. 하지만 그건 그곳이 오빌이 만돌린을 세워 놓는 곳이었고 그 성녀는 음악의 수호성인이었기 때문이었다.

여러 해 뒤에 한 친구가 오빌에게 말했다. 즉 당신네 형제야말로, 특별한 혜택을 받지 못하고 자란 미국인이 전 세계에서 두각을 나타낼 수 있는 한 가지 사례로 영원히 기억되리라는 이야기였다. "하지만 우리가 특별한 혜택을 받지 못했다는 건 사실이 아니야." 오빌은 힘주어 대답했다. "그리고 우리가 받은 혜택 중에서도 가장 큰 혜택은, 지적 호기심을 매우 권장하는 가정에서 자라났다는 것이었지."

II

1889년 초, 아직 고등학생이던 오빌은 집 뒤에 있는 마구간에 인쇄소를 차려 운영하기 시작했다. 이에 대해서는 감독도 전혀 반대하지 않았던 것으로 보인다. 한동안 인쇄술에 관심을 보이던 오빌은 두 해 여름 동안 그 지역의 한 인쇄소에서 견습생으로 일했다. 그 후 남이 버린 묘비석과 마차용 스프링과 쇳조각을 이용해서 인쇄기를 직접 만들었다. "아버지와 형은 인쇄업자가 되겠다는 내 결심을 보고는, 얼마 뒤에 나를 위해 작은 인쇄기를 하나 사 주셨다." 그는 훗날 이렇게 회고했다. 마침 삶을 재개할 채비가 되어 있던 윌버의 도움을 받아서, 오빌은 《웨스트 사이드 뉴스》라는 신문을 간행하기 시작했다. 이 신문은 데이턴의 서쪽 강변에 해당하는 자기네 지역에서 일어난 소식이며 관심사들을 기사로 실었다.

4페이지 분량의 창간호는 3월 1일에 간행되었고, 여기에는 17개 업체의 광고가 수록되어 있었다. 그중에는 F. B. 니프킨 약국, ("파격 할인"을 제공한다는) W. A. 링컨 포목점, 윈더 식품점, 클리블랜드 세탁소, H. 루즈 사료점 등이 포함되어 있었다. 오빌은 발행인으로 나와 있었다. 구독료는 1년에 45센트, 2주에 10센트였다.

신문 내용을 살펴보면, 대개 일반적인 관심사에 대한 짧은 기사 하나에 사소한 지역 뉴스 여러 개가 따라붙는 방식이었다. 기사는 윌버가 선정했던 것으로 보인다. 예를 들어 울프 천(川) 다리에서 화차 하나가 고장 났다는 소식이라든지, 근처 고등학교에서 C. L. 루스 선생이 개최한 셰익스피어 낭독회가 다수의 참석자들에게 좋은 반응을 얻었다는 소식이라든지, 또는 사우스 호손 가의 조지 라루가 지금까지 수집한 다량의 새알 컬렉션을 공립 도서관에 기증했다는 소식 등을 읽을 수 있었다. 또는 웨스트 3번가의 캐리 B. 오스터데이 양과 툴라 페이슬리 가의 G. J. 니콜라스가 장티푸스를 앓고 있다는 소식도 알 수 있었다. 또는 경찰관인 오브라이언, 어미, 키첼먼이 닭을 훔치던 소년들인 에드 키멜 외 1명을 체포했다는 소식도 알 수 있었다.

이와 동시에 펜실베이니아 주 존스타운에서 일어난 큰 홍수라든지, 또는 파리에서 완공된 에펠탑에 관한 언급도 찾아볼 수 있었다.

때때로 라이트 형제는 독자의 관심을 끌 만한 가치가 있다고 판단되는 기사들을 다른 정기 간행물에서 가져오기도 했다. 예를 들어 《아키텍트 앤드 빌딩 뉴스》에서는 「아들을 격려하는 방법」이라는 기사를 가져왔다.

아들이 다 자라나기를 기다리지 말고, 아들을 나와 동등한 사람으로 대하라. 적절한 신뢰, 그리고 격려와 조언의 말은 (…) 여러 가지 방식으로 보내는 당신의 신뢰를 아들에게 이해시킴으로써 체격으로나 햇수로나 아직 어린 아들을 어엿한 남자가 되도록 도와준다. (…)
만약 자기 힘으로 몇 가지 물건 만드는 법을 깨닫고 나면, 아들은 자신감을 갖게 되는 경향이 있다. 아울러 일을 실행하기 위해 반드시 필요한 계획을 세우는 일은 아들에게는 대단한 가치를 지닌 훈육과 교육이 된다.

4월 말에 이르러, 신문 사업에서 약간의 흑자를 거두자 오빌은 이 사업체를 이 도시의 전차가 오가는 거리인 웨스트 3번가에 있는 임대 장소로 옮겼고, 당시 22세였던 윌버는 편집장으로 자랑스레 이름을 올렸다.

오빌의 고등학교 친구인 폴 로렌스 던바는 학교의 유일한 흑인이었고 학생 시인이었는데, 급기야 《웨스트 사이드 뉴스》의 기고자가 되었다. 나중에 던바가 흑인 사회를 위한 주간 신문을 만들자 오빌과 윌버가 외상으로 인쇄를 맡아 주었지만, 정작 그 간행물은 오래 지속되지 못했다.

언젠가 던바는 형제의 인쇄소 벽에 다음과 같은 4행시를 분필로 적어 놓았다.

> 오빌 라이트 홀딱 빠졌네
> 인쇄 사업에.
> 남의 머리는 반도 못 되네
> 그의 머리에.

1893년에 라이트 감독의 연줄 덕분에 던바의 첫 번째 시집이 그리스도 형제 연합 교회에서 간행되었는데, 이를 위해 저자 스스로가 125달러의 비용을 부담했다. 그로부터 몇 년 뒤에는 《애틀랜틱 먼슬리》의 편집장 윌리엄 딘 하우얼스가 그를 발굴하여 던바는 전국적인 명성을 얻었다.

1889년 7월에 이 신문에는 수전 코너 라이트의 부고가 실렸다. 형제 가운데 누가 이 기사를 썼는지는 알 수 없다. 다만 둘이 함께 썼을 가능성이 크다. 이들의 어머니는 8년간 결핵으로 투병한 끝에 7월 4일, 58세를 일기로 자택에서 사망했다.

고인은 은둔 성향이 있었고, 매우 소심한 까닭에 대중 앞에 나서기를 꺼렸으며, 그리하여 고인의 진정한 가치와 지고한 성품은 대개 식구들만 알고 있었다.

이틀 뒤에 고인은 우드랜드 공동묘지에 안장되었고, 장례식에는 온 식구가 참석했다. 그때 이후로 이 가정에서는 마침 독립기념일이기도 한 7월 4일을 축하한 적이 한 번도 없었다. 이듬해 7월이 오자 라이트 감독은 이렇게 적었다. "4일에는 폭죽놀이가 벌어졌고 (…) 호손 가에서도 그런 광경이 몇 번인가 보였지만, 7번지는 애국적이지가 않았다. 이곳에 북소리도 들리지 않았고, 국기가 펄럭이지도 않았고, 폭죽이 터지지도 않았다."

* * *

그로부터 1년 뒤에 라이트 형제는 신문 제목을 《이브닝 아이템》으로 바꾸었고, 이듬해에 들어서는 《아이템》 간행을 중단하고 인쇄업자로서 돈을 버는 데에만 집중했다.

인쇄업은 애초부터 오빌의 아이디어였으며, 그는 이 일을 무척이나 즐기면서 최대한 열심히 일했다. 하지만 어느 한편으로는 윌버가 일을 하지 않는다고 생각했다. "지난 몇 주 동안은 너무 바빴기 때문에 편지를 쓸 시간조차도 거의 없었습니다." 오빌은 1892년 가을에 아버지에게 이런 편지를 보냈다. "저는 일터에서 하루에 최소 2달러에서 최대 3달러 25센트까지 벌었습니다. 하지만 그걸 월하고 나누어야 했기 때문에, 막상 제게는 남은 돈이 별로 없었습니다. 윌은 인쇄기 앞에서 일하고, 본인의 말로는 일했다고 하지만, 제가 보기에 외관상 그가 일을 했다는 증거는 거의 없다시피 했습니다." 하지만 집에서는 서로 "매우 잘 지낸다"면서 그는 감독을 안심시켰다.

이즈음에 캐서린이 집을 떠나 대학에 다녔기 때문에, 라이트 형제는 최선을 다해 집안일을 해내야 했다. 윌버가 캐서린에게 보낸 다음 편지에 근거해 판단하자면, 이들은 문제를 해결한 것은 물론이고 심지어 사기 또한 진작된 것으로 보인다.

네가 떠난 이후로도 우리는 잘 살고 있어. 한 주는 오빌이 요리를 맡고, 다음 한 주는 내가 요리를 맡지. 오빌이 맡은 주에는 빵과 버터와 고기와 그레이비소스와 커피를 하루 세 번씩 먹었지. 내가 맡은 주에는 더 다양한 종류를 내놓았어. 너도 알겠지만, 오빌이 맡은 주가 끝나면 먹다 남은 고기가 잔뜩 있게 마련이어서, 내가 맡은 주의 처음 절반 동안에는 빵과 버터와 "고기 부스러기"와 커피를 먹고, 나중 절반 동안에는 빵과 버터와 계란과 고구마와 커피를 먹었지. 이번 주에 누가 요리 담당이냐를 놓고 우리는 한 번도 다투지 않았어. 아마도 그 이유가 분명했기 때문인 것 같아. 만약 잭 스프래트 여사*가 온통 기름진 음식만 만들었다면, 내 생각에는 잭 역시 격주로 직접 요리할 기회를 걷어차지는 않을 거니까.

---

* 영국의 동요 「잭 스프래트」에서 남편 '스프래트 씨'는 오로지 살코기만 먹고, 부인 '스프래트 여사'는 오로지 비계만 먹는다고 묘사된다.

이즈음에 라이트 형제는 집에 중대한 변화를 주기로 작정했는데, 바로 널찍한 현관 베란다를 만든 것이었다. 이들은 아래층에 더 커다란 창문을 새로 달았고, 위층에는 창문에 덧문을 달았으며, 이 모두를 직접 해치웠다.

또 하나 중요한 사건은, 당시 미국에서 유행했던 자전거 타기에 라이트 형제 또한 매료되었다는 점이다. 윌버의 보고에 따르면, 이들은 최근 남쪽으로 "여행"을 떠나서, 신시내티 파이크를 따라 내려갔고, 카운티 페어 그라운즈에 멈춰 서서 경주로를 몇 바퀴 돌았다. 이들은 거기서 다시 마이애미스버그로 올라갔고, 여러 가파른 언덕을 넘어서 유명한 선사시대 유적인 아데나 마이애미스버그 구릉을 구경했는데, 이 구릉은 무려 2000년 전으로 거슬러 올라가는 아메리카 인디언의 사라진 문명이 남긴 오하이오 주의 유명한 원뿔형 유적 중에서도 가장 큰 것이었다. 모두 합쳐 이들은 50킬로미디나 달렸다.

자전거는 이 시대에 화제의 중심이었고, 사방에서 열풍을 일으켰다.(더 이상은 1870년대와 80년대의 "큰 바퀴 자전거"가 아니었고, 두 바퀴의 크기가 똑같은 이른바 "안전 자전거"였다). 자전거는 온 인류에게 주어진 혜택으로, 아름다운 물건으로, 사기에 좋은 것으로, 건강과 활기에 좋은 것으로, 사실상 삶에 관한 인간의 모든 전망으로 간주되었다. 의사들도 열성적으로 이를 입증했다. 《미국 여성 아동 산과학 및 질환 학술지》에서는 필라델피아의 한 의사가 본인의 관찰 자료를 근거로, "남성과 여성 모두의 신체 운동을 위해서, 자전거야말로 19세기 최고의 발명품 가운데 하나"라는 결론을 내렸다.

이에 반대하는 목소리도 높았다. 자전거는 도덕적으로 위험하다는 주장이 있었다. 이전까지만 해도 어린이와 청소년은 걸어 다니기만 했기 때문에, 집에서 아주 멀리까지 가서 배회할 수가 없었다. 그런데 한 잡지의 경고에 따르면, 이제 불과 15분 만에 몇 킬로미터나 갈 수 있었다. 이 기사에 따르면, 자전거 때문에 젊은이들은 독서를 해야 할 시간을 엉뚱한 데 써버리고 있었으며, 이보다 더 심각한 일은 교외와 지방에서의 자전거 여행 중에 "유혹이 동반하는 경우가 드물지 않다"는 것이었다.

이런 우려도 거의 효과가 없었다. 모든 사람이 타고 있었다. 남녀노소, 직종을 가리지 않고 모든 사람들이 자전거를 탔다. 자전거 동호회가 대학 캠퍼스마다 신설되었고, 크고 작은 여러 도시마다 생겨났으며, 데이턴에서도 마찬가지였다. 캐서린은 오벌린 대학에서 동료 여학생들과 함께 새로운 자전거 앞에서 기념사진을 찍었다. 모두가 매우 기뻐했지만, 그중에서도 가장 환한 미소를 지은 사람은 바로 캐서린이었다.

* * *

1893년에 윌버와 오빌은 자택과 가까운 웨스트 3번가 1005번지에, 자전거 판매와 수리를 하는 '라이트 자전거 거래점'이라는 작은 가게를 열었다. 사업이 잘 되었기 때문에, 머지않아 라이트 형제는 거리를 따라 더 내려간 1034번지에 더 넓은 장소를 얻어서, 이 사업체의 이름을 '라이트 자전거 상회'라고 다시 정했다.

라이트 형제 중에서는 오빌이 자전거를 더 좋아했다. 그와 알고 지내던 한 추종자가 훗날 이야기하는 바에 따르면, "초창기 '안전 자전거'에 장착된 핸들의 형태라든지, 페달의 유형이라든지 하는 주제를 꺼내면, 그의 만면이 환해졌다."

항상 모험심이 많았고, 게으름을 몰랐던 라이트 형제는 이제 쉬는 시간을 이용해서 호손 가 7번지의 실내 장식을 손보았다. 거실에 새로운 가스 벽난로와 선반을 설치했고, 계단을 재설계하고 재설치했으며, 모든 내부 장식을 다시 마감했고, 방마다 벽에 새 벽지를 바르고, 천장에도 발랐으며, 새로운 카펫을 만들었다. 대학에 다니던 캐서린도 집에 돌아 올 때마다 힘을 보탰다. 윌버의 공헌 중에서도 특히나 눈에 띄는 것은 계단 아래에 새로 설치된 벚나무 계단기둥의 목각 장식이었다.

이 작업은 1894년 봄의 도래와 발맞춰 마무리되었다. 3월 31일 토요일에 라이트 감독은 일기에 이렇게 적었다.

구름 끼었지만 선선한 날씨. 오빌과 캐서린이 집안을 정리했다. 드디어 들어가 앉을 방이 생겼다. 지금까지 온통 난장판이었지만.

* * *

라이트 형제의 사업은 계속해서 잘 되었지만, 시내에 더 많은 자전거 가게가 개업하게 되자 경쟁도 계속 늘어만 갔다. 판매가 침체되기 시작하자 윌버는 눈에 띄게 심란해 했고, 자기에게 더 어울리는 선택지를 찾기 위해 고민하기 시작했다. 그는 오래 전부터 교사가 되고 싶다고, 즉 그것이야말로 "영예로운 추구"라고 생각해 왔지만, 그러려면 대학 졸업장이 필요했다. 윌버는 사업에도 재능이 전혀 없다고 스스로 판단했다. 아버지에게 쓴 편지를 보면, 자기야말로 이 분야에는 영 맞지 않는다고 느꼈으며, 이제는 대학에 다니는 것의 "득실"을 저울질하고 있었다.

제가 어떤 사업에 특별히 잘 맞는다고 생각하지는 않습니다. 설령 적절한 개인적 및 사업적 영향력이 저를 지원해 준다 치더라도 말입니다. 물론 생계를 유지할 수야 있겠지만, 그 이상의 뭔가를 할 수 있을지에 대해서는 의구심이 듭니다. 지적 노력은 저에게 즐거움을 주기 때문에, 혹시 사업보다 오히려 어떤 종류의 전문직에서 어느 정도의 성공을 좇는 편이 더 잘 맞는 게 아닌가 생각됩니다.

형 로린에게 보낸 또 다른 편지에서 윌버는 또 이렇게 말했다. 그는 자기 시간의 상당 부분을 독서에만 쓰는 게 아니라 사업과 관련된 생각에 골몰하고 있었으며, 그로 인해 나름대로의 여러 가지 결론에 도달해 있었다.

사업에서는 공격적인 사람이, 즉 계속해서 자기 관심사를 주시하는 사람이 성공하게 마련이지. 사업은 단지 전쟁의 한 형태이며, 이때 각각의 전투원은 경쟁자들을 자기 사업에서 떨어트려 놓기 위해서, 그러는 동시에 자기가 있는 곳에 경쟁자들이 못 오게 하기 위해서 애를 쓰지. 이제껏 사업에서 성공한 사람들은 하나같이 공격적이고, 자기 확신이 있고, 심지어 약간은 이기적이기까지 했으니까. 만약 너무 지나치지만 않는다면, 공격적인 소질에는 비난할 만한 것이 전혀 없는데, 왜냐하면 바로 그런 사람들이 이 세상을 만들고 또 돌아가게 만드는 거니까. (…) 라이트 가문의 남자들이 하나같이 결의와 추진력을 결여하고 있다는 주장에는 나도 전적으로 동의해. 우리 가운데 어느 누구도 과거에나 미래에나 평범한 사업가 이상의 뭔가가 될 수 없는 이유도 바로 그래서이지. 물론 우리 모두는 상당히 잘 해나가고 있으며, 사실은 평균적인 사람들보다는 더 나을 수도 있지만, 그렇다고 해서 우리 가운데 어느 누구도 남보다 더 나은 어떤 재능을 특별히 잘 사용한 적은 아직까지 없단 말이지. 우리의 성공이 오로지 수수한 정도에 머물렀던 이유가 바로 이거야. 그러니 우리는 사업가가 되어서는 안 되는 거였어. (…)

이런 소질을 가진 사람에게는 항상 위험이 있어. 즉 혼자 알아서 하게 내버려둘 경우, 우연히 맞닥뜨린 첫 번째 모퉁이에 눌러 앉아서, 그저 생존을 위해서만도 평생 (어떤 지진으로 인해 더 유리한 장소로 튕겨 나가지 않는 한에는 말이야) 애를 써야 하는 거야. 하지만 그 사람이 적절하고 특수한 장비를 가지고 적당한 길로 접어들기만 했다면, 그보다 훨씬 더 멀리까지 나아갔을 거라 이거지. 많은 사람들은 스스로 기회를 만들어내기보다는, 오히려 자기에게 떨어진 기회를 더 향상시키는 데에 더 잘 맞는다는 거지.

하지만 평생 눌러앉을 "첫 번째 모퉁이"를 거절한다 치면, "적당한 길"은 도대체 뭐란 말인가. 윌버는 마치 덫에 걸린 느낌을 받았던 것 같다.

라이트 감독은 대학 등록금을 지원해 주겠다고 제안했다. "나 역시 사업이 너에게 잘 맞는다고는 생각하지 않는단다." 아버지도 아들의 의견에 동의했다. 그러다가 라이트 자전거 상회의 판매 실적이 다시 좋아져서 급기야 한 해에 약 150대의 자전거를 팔게 되자, 윌버는 결국 그 일에 계속 남게 되었다.

사업을 시작한 지 3년째인 1895년에 라이트 형제는 사우스 윌리엄스가 22번지의 모퉁이 건물로 가게를 옮겼는데, 1층은 전시실이었고, 2층은 작업실이었다. 이들 형제는 자체 모델 자전거를 주문 제작하기 시작했다. 이 신상품에 대한 공지 가운데 일부를 소개하면 다음과 같았다.

이 제품은 커다란 튜빙, 높은 차체, 공구강(工具鋼) 베어링, 고강도 철사 바퀴살, 좁은 바퀴 사이 폭(輪車)을 비롯해 최신형 자전거의 모든 특징을 갖추게 될 것입니다. 무게는 약 9킬로그램입니다. 현재 시중에 나와 있는 어떤 자전거 바퀴도 이 제품보다 더 손쉽게, 더 빨리 굴러가지는 못 할것이라고 확신합니다. 우리는 이 사실을 확실히 보장할 수 있습니다.

가격은 60달러 내지 65달러였고, 제품명은 '밴 클리브'였다. 이것은 데이턴에 정착한 최초의 백인 여성이었던 라이트 형제의 친가 쪽 고조할머니를 기리기 위해서 붙인 이름이었다. 밴 클리브가 제작에 들어가고, 갖가지 색상으로 주문이 가능해지면서 좀 더 저렴한 모델도 탄생했는데, 이번에는 과거 오하이오 주를 포함했던 북서 준주(territory) 최초의 주지사를 기리기 위해서 '세인트클레어'라는 이름을 붙였다. 이후 라이트 형제의 수입은 점점 늘어나서, 매년 2000달러 내지 3000달러의 상당한 규모가 되었다.

이들의 광고 가운데 하나는 "밴 클리브가 시작이었습니다."라는 점을 강조한다. 밴 클리브의 카탈로그에서 라이트 형제는 다음과 같이 설명했다.

우리는 공정하고 자유로운 거래를 통해서 크고 성공적인 사업을 구축했으며, 밴 클리브를 이용하는 고객들이 이 도시에서 자전거와 자전거 제작에 관해 가장 뛰어난 판단력을 가진 분들이라고 자신 있게 단언하는 바입니다. 밴 클리브의 명성과 칭찬이 입에서 입으로 퍼지는 과정에서 이분들의 지원이 없었다면, 우리도 대중의 평가에서 지금과 같이 높은 위치에 오를 것은 차마 기대도 못했을 것입니다. 이분들의 증언을 통해 밴 클리브는 자전거 제작에서 탁월함의 동의어가 되었습니다.

집에서는 로린의 아이들이 들락날락하며 자라나는 모습이야말로 윌버와 오빌 모두에게는 더욱 큰 기쁨이 아닐 수 없었다. 조카딸 이보네트의 말에 따르면, 특히 오빌은 조카들과 놀아주는 데에 결코 지치는 법이 없어 보였고, 혹시 놀잇감이 다 떨어지면 사탕을 만들어 주었다고 한다. 윌버 역시 이와 마찬가지로 진심을 담아 열심히 조카들과 놀아주었지만, 그렇다고 해서 하염없이 놀아주지는 않았다.

우리가 어쩌다가 삼촌의 무릎 위에 앉아 있으면, 삼촌은 긴 다리를 곧게 뻗어서 우리를 미끄러져 내려가게 했다. 그건 우리더러 이제 다른 할 일을 찾아보라는 신호였다. 우리가 장난감을 갖고 놀 만큼 컸을 때, 오브 삼촌과 윌 삼촌은 장난감을 말 그대로 망가질 때까지 갖고 노는 버릇이 있었다. 장난감이 망가지면 삼촌들은 다시 고쳐 놓았는데, 그들의 손을 거치면 처음 구입했을 때보다 상태가 더 나아지곤 했다.

어쩌면 라이트 감독은 대부분의 시간을 집밖에서 보냈기 때문에, 호손가 7번지에서 가정생활의 (즉 본인의 말마따나 "가정의 울타리" 안에서의) 중요성을 그토록 계속해서 강조했는지도 모른다. 그 결과, 각자의 삶이 제아무리 멀리까지 뻗어 나가도, 가정생활은 이들의 삶에서 매우 큰 부분을 차지하게 되었다.

CHAPTER TWO

꿈을 붙잡다

저는 이미 세상에 알려진 모든 것을 이용하기를 바랐습니다.

윌버 라이트,
스미소니언 연구소에 보낸 편지 중에서, 1899년

I

캐서린 라이트의 말에 따르면, 아버지는 걱정이 많은 편이었다. 자녀들이 기억하는 한 상당히 오래 전부터, 라이트 감독은 오염된 물의 위험성을 경고한 바 있었다. 그리고 신문 기사는 장티푸스의 발병 사례 모두가 물의 오염에서 비롯된 것임을 때때로 확증해 주었다.

1896년 여름, 25세의 오빌은 저 무시무시한 장티푸스에 걸리고 말았다. 며칠 동안이나 착란 증세를 보였고, 열이 무려 40도까지 올라가면서 자칫 죽을 뻔했다. 수전 라이트의 마지막 와병 때에 돌봐주었던 가족 주치의 리바이 스피틀러는 자기가 할 수 있는 일이 사실상 없다고 말했다. 윌버와 캐서린은 번갈아가며 침대 곁을 지켰다. 역시나 여행 중이던 라이트 감독은 그 소식을 듣고 곧바로 편지를 보냈는데, 단순히 오빌에 대해서만이 아니라 캐서린과 윌버도 크게 걱정했다. "그 아이를 제일 좋은 방에 눕혀서 공기가 잘 통하고 편안하게 해 주거라. 부드럽게, 그리고 신속하게 몸을 스펀지로 닦아 주거라. (…) 이제부터는 가게에 있는 우물물을 아무도 못 쓰게 하거라. 너희가 마시는 물은 모두 끓이거라."

한 달이 지나서야 오빌은 침대에 일어나 앉을 수 있었으며, 2주가 더 지나서야 침대에서 나올 수 있었다. 바로 이즈음에 윌버는 최근 사고로 사망한 독일의 활공기 연구가 오토 릴리엔탈을 다룬 기사를 읽기 시작했다. 그리고 자기가 읽은 내용의 상당 부분을 오빌에게도 읽어주었다.

소형 증기 기관의 제작자 겸 광산 기술자가 본업이었던 릴리엔탈은 무려 1869년부터 활공을 시작했다. 그 역시 동생과 함께 비행 실험을 실시했는데, 어쩌면 이런 사실이 윌버와 오빌에게는 뭔가 친근감을 심어주었을지도 모른다.

릴리엔탈은 새에게서 교훈을 얻었다고 말했다. 아울러 다른 "저명한 연구자들" 상당수가 미처 발견하지 못했던 "비행 기술"의 비밀을 자기가 발견했다고, 그리고 그건 바로 새들이 바람을 탈 때에 사용하는 아치형 날개라고 주장했다. 그는 기구(氣球)를 비행 수단으로 이용하기 거부했는데, 왜냐하면 새와 아무런 공통점이 없다는 이유 때문이었다. "우리가 찾고 있는 것은 공중에서 어느 방향으로나 갈 수 있는 자유로운 운동 수단이다." 이 과제와 관련한 모든 것들에 대한 "적절한 통찰"을 달성하기 위해서는, 일단 인간이 스스로 날아 보아야 했다. 또 그러려면 바람과 "친밀한" 사이가 되어야만 했다.

여러 해 동안이나 릴리엔탈은 열댓 가지 이상의 서로 다른 활공기, 일명 '노르말세겔라파라트'(normalsegelapparat, 일반 비상[飛翔] 장치)를 설계하고 제작했다. 이 가운데 그가 특히 선호한 기계는, 마치 그 당시의 식당 및 남성 클럽의 탁자에서 볼 수 있었던 "파리 쫓는 장치" 모양의 날개가 달려 있었고, 아울러 야자나무 잎사귀 같이 생긴 세로형 방향타도 달려 있었다. 이 서로 다른 모델들 가운데 단엽기는 겨우 몇 대뿐이었는데, 그 날개는 마치 새의 날개처럼 아치형이었고, 버드나무 뼈대 위에 하얀 모슬린을 팽팽하게 씌워 만들었다. 조종사는 날개 밑에 두 팔을 넣고 묶었다. 윌버가 알아낸 바에 따르면, 릴리엔탈의 비행 장소는 베를린에서 기차를 타고 북쪽으로 2시간쯤 걸리는 리노 산맥의 황량한 언덕 지대였다.

땅딸막한 체구에 붉은 머리카락과 수염을 기르고, 비행을 위해서 무릎에 두툼한 패드를 댄 바지를 걸친 릴리엔탈은 가파른 경사면에 자리를 잡고 날개를 머리 위로 치켜들었다. 한 미국인 목격자가 묘사한 장면대로, 그는 "마치 출발 신호를 기다리는 운동선수처럼 서 있었다." 그러다가 그는 경사면을 달려 내려와서 바람 속으로 뛰어들었다. 바람을 타고 땅에서 떠오른 순간 그는 몸과 다리를 이런저런 방식으로 휘저었으며 (그에게는 이것이야말로 균형 잡기와 방향 잡기의 방법이었다) 가급적 멀리까지 활공하다가 발로 땅을 딛고 내려섰다.

또한 릴리엔탈은 자기 활동을 거듭해서 사진으로 남겼는데, 이전까지의 활공 연구자들 가운데 어느 누구도 한 적이 없었던 일이었다. 사진 기술의 발전과 함께 비로소 건판 카메라가 사용되기 시작한 까닭이었다. 사진의 망판을 이용한 복제 역시 가능해지면서, 저 대담한 "날아다니는 사람"과 활공기의 모습을 담은 유례없는 사진들이 전 세계에 나타나게 되었던 것이다. 그의 명성은 세계 어디보다도 미국에서 높았다. 당시에 인기를 끌던 《맥클루어스 매거진》에 수록된 긴 기사에는 릴리엔탈의 비행 모습을 보여주는 사진이 일곱 장이나 들어 있었으며, 이를 통해서 수많은 독자가 그를 만날 수 있었다.

1894년에 릴리엔탈은 추락 사고를 겪고 간신히 살아남았다. 1896년 8월 9일에는 자기가 특히 좋아하는 "11번" 활공기를 타고 날다가 15미터 높이에서 또다시 추락 사고를 겪었다. 급기야 그는 다음날 베를린의 한 병원에서 척추 골절 진단을 받고 48세의 나이로 사망했다.

"새의 기술을 습득하는 데에만 우리의 욕망이 머물러서는 안 된다." 릴리엔탈의 말이다. "비행이라는 문제에 관한 완벽한 과학적 개념을 얻어낼 때까지 멈추지 않는 것이야말로 우리의 의무이다."

윌버가 훗날 회고한 바에 따르면, 그는 릴리엔탈의 사망 소식을 접하고 어린 시절 이후 줄곧 마음속에 묻어 두었던 호기심에 강렬한 자극을 받았다. 이후로 그는 새의 비행을 주제로 한 책들을 읽는 데 열중했다. 가족 장서가 진열된 책장에는 그로부터 무려 30년도 더 전에 프랑스의 의사 에티엔 쥘 마레가 지은 유명한 삽화본 『동물의 구조』의 영역본이 있었다. 라이트 감독도 새에 큰 관심이 있었기에, 이 책을 소장하고 있었다. 윌버는 이미 읽었던 이 책을 다시 읽어보았다. 서문은 이러하다.

인류는 언제나 공중 이동에 강한 호기심을 가졌다. 새와 곤충이 가진 날개를 인간이 항상 부러워만 하게 될 것인가? 인간 역시 지금 바다를 가로질러 항해하듯이, 언젠가는 공중으로 여행을 하게 될 것인가? 위와 같은 질문들이 끊임없이 되풀이 되어왔다. 이에 과학계의 권위자들은 서로 다른 시기에, 기나긴 계산 끝에, 이것이야말로 허무맹랑한 꿈이라고 선언한 바 있었다. 하지만 한때 불가능하다고 단언되던 목표가 결국 실현되는 모습 역시 지금껏 수없이 목격되었다.

마레의 진지하고도 대개는 기술적인 연구를 통해서 윌버는 그와 유사한 종류의 연구서를 더 많이 읽게 되었다. 그중에는 J. 벨 페티그루의 『동물의 이동: 걷기, 헤엄치기, 날아가기, 그리고 항공학에 관한 논고』도 있었다. 대부분의 독자들에겐 제목만 봐도 너무 만만찮아 보였다. 하지만 윌버에게는 이것이야말로 딱 필요한 내용이었다. 페티그루는 이렇게 썼다.

인위적 비행이 실현불가능하다고 간주하는 저자들은, 땅이 네발짐승을 떠받치고 물이 물고기를 떠받친다고 마치 현명한 척 말한다. 이것은 물론 사실이지만, 공중이 새를 지탱하는 것 역시 사실이며, 새의 날개의 선회야말로 땅의 네발짐승이나 물의 물고기 가운데 어느 쪽의 움직임 못지않게 안전한 동시에 훨씬 더 신속하고 아름답다는 것 역시 사실이다.

하지만 이 책에서는 "저 '공중의 독수리'의 방법이 본질적으로 수수께끼로 남아있을 것"이라고 강조했다. 왜냐하면 그 수수께끼를 풀기 위해서는 날개의 구조와 용도를 먼저 이해해야 할 것이기 때문이었다.

모든 동물의 움직임 중에서도 비행은 논의의 여지없이 가장 섬세한 움직임 이며 (…) 상당수의 고체와 마찬가지로 육중하고도 큼지막한 생물이, 그 날 개의 독자적인 움직임을 이용해서, 마치 대포에 버금가는 속도로 공중을 가로지른다고 가정할 경우, 우리의 머릿속에는 의구심이 떠오를 수밖에 없 다.

윌버는 이후 여러 해 동안 페티그루의 책을 참고하고 인용할 예정이었 다. 마치 위대한 교수의 영감 넘치는 강연과 마찬가지로, 이 책은 그의 눈 을 열어주었고, 이제껏 한 번도 해보지 않았던 방법을 생각할 계기를 만들 어 주었다.

오빌도 몸이 완전히 회복된 이후로는 형이 이미 읽은 것과 똑같은 책 들을 하나하나 섭렵했다. 라이트 형제는 "마치 의사가 의학서를 읽는 것과 비슷한 방식으로 항공학 관련서를 읽어 나갔다." 라이트 감독은 훗날 자랑 스럽게 증언했다.

* * *

자전거 사업은 날로 번창하고 있었다. 1897년에 라이트 형제는 회사를 더 넓은 장소인 웨스트 3번가 1127번지로 옮겼는데, 이들에겐 마지막이었 던 이 새로운 위치도 이전의 사업장들과 마찬가지로 집에서 겨우 몇 블록 떨어진 곳에 있었다. 붉은 벽돌로 지은 2층짜리 다세대 건물인 그곳의 절 반은 '페터스 앤드 섕크 장의사 겸 방부사'가 입주해 있었다. 상당한 개조를 거친 후, '라이트 자전거 상회'는 앞쪽에 전시장을 갖추고, 그 뒤에 작은 사무실을 갖추었으며, 작업실은 더 뒤쪽에 만들었다. 그 넉넉한 공간에는 천공기, 금속 선반, 띠톱 등이 설치되었으며, 모두 가스 엔진을 동력으로 사용했다. 여기에는 작업대를 놓을 공간도 설치했다. 위층에도 여전히 작업 공간이 더 있었다.

그로부터 1년이 채 되지 않은 1898년 봄에 데이턴에서는 40년 만에 최악의 홍수가 일어났다. 북부 지역에서는 2000명이 집을 떠나야 했다. 며칠 동안은 웨스트 엔드 역시 침수될 것처럼 보였다. "우리는 가까스로 모면했습니다." 오빌은 아버지에게 이렇게 알렸다. "500명이나 되는 사람을 교대 조로 투입해 작업한 끝에, 물을 막을 수 있을만큼 높은 제방을 쌓는 데에 성공했습니다." 만약 강물이 10센티미터만 더 높아졌더라도, 호손 가 7번 지는 물론이고 라이트 형제가 새로 얻은 가게 역시 물에 잠길 뻔했다.

몇 해 뒤, 인근의 철물점 주인 프랭크 햄버거는 홍수 당시를 회고했다. 그는 마침 새로운 사업을 막 시작하려던 참이었는데, 주력 상품이었던 쇠못이 지하실에 잔뜩 저장되어 있어서, 만약 큰물이 밀어닥치면 다 버릴 수밖에 없었다. 라이트 형제는 이웃의 곤경을 전해 듣고는 곧바로 달려와서, "각자의 외투를 벗어 던지고" 쇠못이 담긴 상자를 지하실에서 꺼내 옮기는 일을 도와주었고, "그러면서도 사례는 결코 원하지도 않았고 받지도 않았다."

그 와중에 데이턴에는 최초의 자동차가 나타났다. 라이트 가족의 친구인 코드 루스가 직접 만들었는데, 소음이 굉장히 심한 자동차였다. 그는 때때로 가게에 찾아와 일을 도왔으며, 라이트 형제와 함께 온갖 종류의 기계 문제와 해법에 관해 이야기하기를 즐겼다. 오빌은 루스의 자동차에 각별히 관심을 가지고, 어쩌면 자기네 형제 역시 비슷한 물건을 직접 제작할 수 있으리라 여겼다.

반면 윌버는 이 발상에 별다른 매력을 느끼지 못했다. 심지어 이렇게 소음이 심한데다가, 계속해서 어딘가가 고장 나기 일쑤인 발명품에 어떤 미래가 있으리라고는 차마 상상조차 할 수 없다고 단언했다. 그의 마음은 이미 딴 곳에 가 있었기 때문이었다.

II

1899년 5월 30일 화요일은 현충일이었다. 이날 데이턴의 날씨는 계절과 다르게 시원했고, 하늘은 구름으로 뒤덮였고, 라이트 가족의 집은 평소와 다르게 조용했다. 집에는 윌버 혼자 있었다. 감독과 캐서린은 수전 라이트의 무덤에 꽃을 심기 위해서 우드랜드 공동묘지에 갔다. 오빌은 아마도 다른 어디에 갔던 모양이다.

윌버는 응접실에 놓인 캐서린의 작은 여닫이 책상에 앉아서, 자기 평생에 가장 중요한 편지 가운데 하나가 될 편지를 쓰고 있었다. 이 편지 한 통으로부터 시작된 모든 일을 고려하면, 이 편지는 역사상 가장 중요한 편지 가운데 하나였다. 윌버는 '라이트 자전거 상회' 로고가 새겨진 옅은 청색 편지지에 두 장을 채 채우지 못한 분량의 편지를, 그의 유난히 명료한 필체로 작성해, 워싱턴에 있는 스미소니언 연구소에 보냈다.

"저는 기계 및 인간의 비행이라는 문제에 어린 시절부터 관심을 가져 왔으며, 케일리와 페노의 기계와 같은 방식의 장난감 박쥐를 다양한 크기로 여러 개 만들어 보았습니다." 윌버의 편지는 이렇게 시작된다.(편지에 언급된 조지 케일리 경은 명석한 잉글랜드의 준남작 겸 항공학의 개척자이다. 그는 알퐁스 페노의 것과 매우 비슷한 장난감 헬리콥터를 만들기도 했는데, 일찍이 라이트 감독이 라이트 형제에게 선물한 장난감 헬리콥터가 바로 그 장남감이었다).

그때 이후로 실시한 관찰 결과, 인간의 비행은 가능하고 또 실용적이라는 저의 확신은 더욱 확고해졌습니다. 저는 실용적인 연구를 위한 준비로서 이 주제에 관해 체계적인 연구를 시작할 예정이며, 이를 위해서 저의 업무 시간 이외의 시간을 모조리 쏟아 부을 예정입니다. 저는 이 주제에 관해서 스미소니언 연구소에서 간행한 논문들을 제공받기를 희망하며, 가능하다면 영어로 간행된 다른 자료의 목록도 제공받기를 희망하는 바입니다.

혹시 상대방이 자기에 대한, 또는 자기 의도의 진지함에 의구심을 품을 지도 모른다는 우려 때문에 윌버는 이렇게 덧붙였다. "저는 열성가이기는 합니다만, 그렇다고 해서 비행 기계의 적절한 제작을 위한 거창한 이론을 갖고 있다고 주장하는 괴짜까지는 아닙니다."

스미소니언 연구소의 부소장 리처드 래트번이 제공한 도서 목록이며, 스미소니언 연구소가 간행한 비행술 관련 소책자가 넉넉히 배달되어 오자, 라이트 형제는 그 내용을 열심히 공부하기 시작했다.

특히 도움이 되었던 글은 프랑스 출신의 미국 토목공학자 옥타브 샤누트의 저술이었다. 본업은 교량과 철도 건설이었지만, 그는 활공기 제작에도 일가견이 있었다. 저명한 천문학자이며 당시 스미소니언 연구소의 소장이었던 새뮤얼 피어폰트 랭글리의 저술도 역시나 도움이 되었다. 피츠버그 소재 앨러게니 천문대의 소장을 역임한 랭글리는 펜실베이니아 웨스턴 대학에서 천문학과 물리학 교수로도 재직했으며, 미국 내에서 가장 존경 받는 과학자 가운데 하나였다. 스미소니언 연구소의 넉넉한 자금 지원을 받은 그의 최신 연구는 기묘한 외관에 증기 동력 무인 조종 방식의 (본인의 말마따나) "비행체"라는 결과물을 낳았다. 앞뒤에 V자 모양의 날개가 달린 이 기계는 마치 거대한 잠자리 같은 모습이었다. 릴리엔탈이 사망한 바로 그해인 1896년에 포토맥 강에 띄워 놓은 집배 지붕에서 투석기로 발사한 이 물건은 800미터쯤 날아가다가 강물에 풍덩 빠져 버렸다.

릴리엔탈과 샤누트와 랭글리 외에도 19세기의 가장 저명한 공학자, 과학자, 그리고 독창적인 사상가 가운데 상당수가 조종 비행의 문제에 뛰어들었다. 그중에는 조지 케일리 경, 기관총의 발명자 하이럼 맥심 경, 심지어 알렉산더 그레이엄 벨과 토머스 에디슨까지 있었다. 하지만 어느 누구도 성공을 거두지는 못했다. 특히 하이럼 맥심은 거대한 증기 동력 무인 조종 비행 기계에 10만 달러를 쓴 것으로 알려졌는데, 정작 이 기계는 이륙 시도 과정에서 추락해서 망가지고 말았다.

그 와중에 프랑스 정부는 자국의 전자 공학자 클레망 아데르가 제작한다는 증기 동력 비행 기계에 막대한 돈을 투입했다. 비록 전체 프로젝트가 지극히 어설픈 결과만을 내놓으며 결국 좌초하고 말았지만, 그래도 아데르는 비행기를 뜻하는 단어 '아비옹(avion)'을 프랑스어에 추가하는 공적을 남겼다.

비행 실험에는 막대한 비용이 투입되었고, 굴욕적인 실패와 부상과 (당연한 이야기지만, 심지어) 사망의 위험도 있었으며, 자칫 괴짜니 정신병자니 하는 놀림을 받을 수도 있었다. 하지만 당시에는 충분히 그럴 만한 이유가 있었다.

이때까지 무려 50년 이상, 또는 라이트 형제가 이 분야에 뛰어들기 이전까지의 오랜 기간 동안, (언론의 보도 내용대로) 자칭 "공중의 정복자들"과 이들의 기묘한, 또는 유치찬란한 비행 기계들은 계속해서 웃음을 유발하는 원천으로 인기를 끌었다. 예를 들어 1850년대에 한 프랑스 발명가가 내놓은 기발한 발상이란, 의자 등받이에 날개 한 쌍을 붙이고 커다란 우산 하나를 매단 것뿐이었다.(과연 이 우산이 "상승력"을 제공하기 위한 장치인지, 아니면 단지 차양일 뿐인지 여부는 결코 설명되지 않았다). 1870년대에는 조지아 주의 미케이어 클라크 다이어라는 사람이 오리 모양의 비행 장치를 내놓았다. 1890년대에는 《샌프란시스코 크로니클》이 내놓은 요약 보도에 따르면, "비행 기계 괴짜"란 나이가 들수록 점점 어리석어져서 급기야 "우둔"의 수준에 도달하는 사람으로 묘사된다.

미국 특허청에 승인을 바라고 쏟아져 들어온 갖가지 정교하고 새로운 아이디어 중에는, 알루미늄 판 기체와 부채꼴 꼬리가 달린 "체공기(滯空機)"라는 이름을 붙인 거대하고 마치 물고기처럼 생긴 기계도 있었다. 《워싱턴 포스트》의 보도 내용을 인용하자면 다음과 같다.

기체 아래에 달린 앞뒤 방향으로 이어진 한 쌍의 날개가 기체를 지탱하고 기울기는 조종간으로 조종이 가능하다. 따라서 이 항공기는 원하는 만큼 상승 및 하강이 가능하다. 꽁무니에서 연이어 폭발을 일으키는 방식으로 추진되며, 작은 니트로글리세린 덩어리가 뒤쪽에 있는 컵 모양 구멍 속에 전자식으로 자동 주입 및 배출된다.

급기야《워싱턴 포스트》는 다음과 같이 단언한다. "인간이 날아다닐 수 없다는 것은 엄연한 사실이다."

조롱하기 위한 목적으로 보도되거나 이야기된 내용 가운데 가장 널리 웃음을 자아낸 것, 또는 가장 오래 기억되고 인용된 것을 꼽자면「더라이어스 그린과 비행 기계」라는 풍자시를 들 수 있다. 인기 있던 뉴잉글랜드 작가 J. T. 트로브리지가 쓴 이 시는 무려 30년 넘게 미국 전역의 대중 낭독회며 가족 모임의 공연 때마다 단골로 등장했다.

주인공인 머리가 둔한 농장 소년 더라이어스는 이런 생각을 품는다. "새들도 날아다니는데, 왜 나라고 못 날겠어? 설마 개똥지빠귀나 딱새가 우리보다 더 똑똑하겠어?" 그는 은밀하게 헛간의 다락에서 작업에 돌입했다.

(…) 골무와 실과
밀랍과 망치와 쇠줄과 나사처럼
천재들이 쓸 법한 모든 재료를 가지고
흥미로운 놈들인 박쥐 두 마리를 모범 삼아!
숯통과 풀무 한 쌍,

(…) 철사 조금에 낡은 우산 몇 개,

마차 덮개로 꼬리와 날개를 만들고,

마구(馬具)하나에 띠와 끈과 (…)

이런 것들과 다른 백여 가지 것들로.

더라이어스는 발명품을 가지고 헛간 다락에서 공중으로 펄쩍 뛰어내렸지만, 결국에는 "뒤얽힌 끈들, 부러진 버팀대들, 부러진 날개들, 번쩍 하는 별들과 갖가지 허깨비들"과 한 무더기가 되어서 아래로 떨어져 버리고 말았다. 이 이야기의 교훈은 결국 "제 분수를 지키라"는 것이었다.

이런 부정적인 의견들이 팽배했지만 라이트 형제는 낙담하거나 연구를 단념하지 않았다. 대학 교육이나 정식 기술 훈련을 받은 적도, 서로를 제외한 다른 누구와 함께 일한 경험도, 높은 자리에 있는 친구도, 경제적 후원자도, 정부 보조금도 전혀 없었고 모아놓은 돈조차도 별로 없었지만 라이트 형제는 개의치 않았다. 자칫하면 오토 릴리엔탈처럼 실험 중 어느 단계에 죽을 수도 있다는, 전적으로 현실적인 가능성도 있었지만, 라이트 형제는 개의치 않았다.

릴리엔탈이 사망하기 몇 해 전에 새뮤얼 랭글리는 비행을 시도할 의향이 있는 사람들 역시 영웅 취급을 받아야 마땅하다고, 즉 뭔가 유용한 목표를 위해 생명의 위협조차도 무릅쓰려는 사람들이 받는 것과 같은 종류의 주목과 관심을 받아 마땅하다고 강조한 글을 《코스모폴리탄》에 기고했다. 하지만 랭글리와 옥타브 샤누트는 나이 때문에 이런 위험을 직접 감수하지는 못했다.

마찬가지로 (역시나 중요하게도) 이 시대는 발명과 기술적 혁신과 온갖 종류의 새로운 아이디어가 살아 넘치는 시대였다. 조지 이스트먼은 "코닥" 상자형 카메라를 내놓았다. 아이작 메리트 싱어는 세계 최초의 전기 재봉틀을 내놓았다. 오티스 사는 세계 최초의 엘리베이터를 뉴욕의 한 사무실 건물에 설치했다. 미국 최초의 안전면도기, 미국 최초의 쥐덫, 미국 최초의 자동차도 이 시기에 만들어졌다. 이 모두는 오빌이 인쇄소를 시작하고, 윌버가 일종의 긴 잠에서 깨어난 지 10여 년이 채 지나지 않아 일어났다. 스스로 부과한 고립의 마법에서 깨어난 때로부터 대략 십여 년 사이에 일어난 일이었다.

게다가 뭔가를 발명하고 끊임없이 만드는 것을 생활양식의 핵심으로 삼는 분위기가 언제나 도시를 가득 채우고 있었다. 이즈음, 그러니까 세기의 전환 바로 직전에 나온 미국 특허청의 통계에 따르면, 데이턴은 미국 내에서 인구 대비 특허 창안이 가장 높은 도시였다. 이 도시의 큰 공장들은 계속해서 더 커졌고, 철도 차량과 금전 등록기와 재봉틀과 총신을 제작했다(한 가지 예를 들자면, '데이비스 재봉틀 회사'는 길이만 1.5킬로미터에 달하는 공장에서 하루 400대의 재봉틀을 생산했다). 뿐만 아니라 마구(馬具)와 코르셋과 비누와 셔츠와 빗자루와 수레바퀴와 갈퀴와 톱과 판지상자와 맥주통과 작업복을 생산하는 작은 상점과 작업장도 수백 개나 있었다. 물론 자전거를 생산하는 곳도 있었다.

월버는 스미소니언 연구소에 보낸 편지에서 새에 관한 관심을 언급했었다. 즉 인간이 비행에 성공한다는 것은 "단지 곡예에 관한 지식과 기술적 문제일 뿐"이며, 새야말로 "전 세계에서 가장 완벽하게 훈련된 체육교사로서 (…) 특히 그놈들이 하는 일에 딱 알맞게 훈련되어 있다"고 썼다.

스미소니언 연구소가 제공한 자료 중에는 1881년 파리에서 간행된 『공중 제국』이라는 책의 영역본도 있었다. 저자인 루이 피에르 무이야르는 프랑스의 농부 겸 시인 겸 비행술 연구자였다. 이 책은 월버가 지금까지 읽은 책 중에서 가장 감명을 받은 책이었다. 그는 이후로도 오랫동안 이 책이야말로 지금껏 간행된 "가장 주목할 만한 항공학 문헌 가운데 한 권"이라고 여겼다. 급기야 월버에게는 비행이 곧 "대의"가 되었으며, 무이야르는 이 대의의 위대한 "선교사" 가운데 한 명이, 즉 "마치 광야에서 외치는 예언자처럼, 인간 비행의 가능성에 대한 불신을 회개하라고 전 세계를 향해 훈계하는" 사람이 되었다.

『공중 제국』의 도입부에서 무이야르는 비행의 문제가 인간에 의해 해결될 수 있다는 생각이 중독성을 지녔다는 사전 경고를 내놓는다. "일단 이런 생각이 두뇌에 침투하고 나면, 급기야 두뇌를 완전히 장악해 버린다."

곧이어 무이야르는 비행 생물의 기적 이야기로 넘어가서, 전도자의 열성을 고스란히 드러내며 이렇게 쓴다.

오, 눈이 멀어버린 인간이여! 그대들이 눈을 뜨고 나면, 수백만 마리의 새들과 무수히 많은 곤충들이 대기를 가르고 나아가는 모습을 보게 되리라. 이 모든 생물들은 최소한의 구명대[지지대]조차도 없이 공중을 선회한다. 그중 상당수는 거기서 활공하면서도 높이를 잃지 않고, 여러 시간 동안, 날개를 꼼짝하지도 않고 피로조차 느끼지 않는다. 모든 지식의 원천이 제공하는 이런 실례를 목격하고 나면, 그대들은 비행이야말로 추구할 만한 경로임을 인정하게 될 것이며 (…)

날개 달린 종족이 그 위업을 어떻게 수행하는지를 단지 면밀하게 관찰함으로써, 우리가 본 것을 면밀하게 숙고함으로써, 그리고 다른 무엇보다도 우리가 실제로 본 것의 운용법을 이해하기 위해서 정확하게 분투함으로써, 우리는 결국 성공으로 이어질 그 경로에서 멀리 떨어진 곳을 헤매지는 않으리라고 확신하는 바이다.

따라서 "좋은 눈"을 갖는 것, 그리고 전속력으로 날아다니는 새들을 망원경이나 쌍안경을 이용해서 계속해서 바라보는 방법을 아는 것, 그리고 계속해서 "뭘 봐야 하는지를 아는 것"이 중요했다.

윌버는 도시 남부에 있는 마이애미 강둑을 따라 이어진 우툴두툴한 평지 '피너클스'에서 새들을 관찰했다. 일요일이면 자전거를 타고 나가 오랫동안 그곳에 머물며 무이야르가 설교한 대로 관찰을 했다.

무이야르는 생애의 상당 부분을 이집트와 알제리에서 보냈으며, 이 과정에서 하늘 높이 나는 아프리카의 독수리를 특히 애호하게 되었다. 이 새들을 수천 마리나 관찰했고, 머리 위로 높이 나는 놈을 종종 보았지만, 매번 감탄의 기분을 느끼지 않을 수가 없었다.

그놈은 날아가는 방법을, 떠오르는 방법을 (…) 어렵지 않게 바람을 타고 떠다니는 방법을 알고 있다. (…) 그놈은 떠다니면서 전혀 힘을 쏟지 않고 (…) 제 근육 대신에 바람을 이용한다.

무이야르는 이것이야말로 "저 광대한 공간을 인간이 항행하도록 이끌어 줄" 바로 그 비행 방법이라고 주장했다.

III

윌버와 오빌에게는 비로소 꿈이 생겨난 셈이었다. 훗날 라이트 형제가 시인한 것처럼, 릴리엔탈과 무이야르의 작업은 "그들의 차마 억누를 수 없었던 열의를 우리에게 전염시켰고 우리의 느슨했던 호기심을 적극적인 일꾼의 열정으로 변모시켰다."

라이트 형제는 자체적인 실험용 연을 설계하고 제작했으며, 이 과정에서 한편으로 문서 자료에 상당 부분 의존하고, 또 한편으로 관찰한 내용에 상당 부분 의존했다. 또 중요한 사실은 이들이 상당한 시간을 들여 숙고를 거듭했다는 점이었다. 이들은 항공학의 언어에도 이미 친숙한 상태였는데, 이때에는 "평형", 또는 비행 중의 균형을 달성하는 데에 관여하는 수많은 요인들을 설명하기 위해서 여러 가지 용어가 사용되었다. 자전거 타기와 마찬가지로 비행에서도 균형은 상당히 중요했기 때문이다. 우선 '양력'은 날개의 아치형 꼭대기 위로 더 빠르게 지나가는 공기로부터 비롯되는 것, 즉 날개 위의 기압이 날개 아래의 기압보다 더 적어지는 것이었다. '키놀이'는 비행기가 앞뒤로 기울어지는 것, 즉 앞머리가 위아래로 까딱까딱하는 것을 가리킨다. '옆놀이'는 날개가 흔들리는 것, 즉 마치 배가 흔들리듯 비행기 좌우로 기울어지는 것을 가리킨다. '빗놀이'는 비행 방향이 틀어지는 것, 즉 앞머리가 왼쪽이나 오른쪽을 향하며 비행기가 틀어지는 것을 가리킨다.

라이트 형제가 이해한 바에 따르면, 이 가운데서도 가장 중요한 요소는 바로 평형이었다. 특히나 어려운 문제는 공중에 떠오르는 것이라기보다는 오히려 공중에 계속 머무르는 것이었으며, 이들이 내린 결론에 따르면 릴리엔탈의 치명적인 문제는 조종 수단이 불충분했다는 점이었다. 즉 오빌의 말에 따르면, "공중에서 자기가 사용하는 기계의 균형을 적절하게 잡을 수 없었던 그의 무능"이 문제였다. 공중에서 사람이 다리를 휘젓거나, 또는 체중을 이리저리 옮기는 것만으로는 균형을 확보하기에 결코 충분하지가 않았다.

윌버는 날아다니는 새를 직접 관찰한 끝에, 자기 몸을 이용해서 무게중심을 옮기려고 시도하는 조종사들과 달리, 새들은 더 "적극적이고 정력적인 방법을 이용해 평형을 되찾는다"고 확신하게 되었다. 그는 새들이 그 날개 끝을 조정하여 한쪽 날개의 끝은 추켜든 각도에 놓고, 다른 한쪽 날개의 끝은 더 아래의 각도에 놓는다는 생각을 문득 떠올렸다. 그리하여 "무게를 옮기는 것 대신에 공기의 역동적 반응을 이용함으로써" 그 균형이 조종된다는 것이었다.

따라서 가장 필요한 것은 기계 장치라기보다는 오히려 요령이었다. 즉 하늘을 날기 위해서는 지식과 요령을 '모두' 가져야만 하는데 (윌버는 이 사실을 이미 확신하고 있었다), 이 가운데 요령은 오로지 경험을 (즉 공중에서의 경험을) 통해서만 얻을 수 있었다. 윌버의 계산에 따르면 릴리엔탈은 활공기와 활공 실험에 모두 5년이라는 시간을 바쳤지만, 정작 실제 비행 시간은 모두 합쳐 5시간에 불과했다. 그 정도면 결코 충분하지가 않았기 때문에, 라이트 형제는 그런 방식의 시험을 지양할 것이었다.

* * *

어느 날 저녁, 윌버는 집에서 작은 판지 상자의 양쪽 끝을 제거한 다음, 그걸 복엽식 활공기의 이중 날개로 간주하고 일종의 시범을 보여주었다. 마침 그 자리에는 오빌과 캐서린 말고도, 캐서린의 친구이며 오벌린 대학 동문인 해리엇 실리먼이 있었다. 윌버는 상자에서 서로 맞은편을, 즉 위와 아래를 나란히 누를 경우에 복엽식 활공기의 이중 날개가 뒤틀어지는, 또는 "휘어지는" 것을 보여주었다. 이럴 경우에 날개는 서로 다른 각도, 또는 높이로 공중에 떠올랐는데, 이것이야말로 새들이 하는 행동과 똑같았다. 만약 한쪽 날개가 다른 날개보다 더 큰 각도에서 바람과 만날 경우, 그쪽으로 더 큰 양력이 생겨서, 활공기는 옆으로 기울어지며 돌게 된다는 것이었다.

흔히 "날개 휘어짐", 또는 "날개 뒤틀림"이라고 일컬어지는 이 발견을 통해서, 윌버는 자신들의 목표를 향해 어마어마하게 중요하고 전적으로 독창적인 진전을 이미 이루어낸 셈이었다.

IV

1899년 여름, 웨스트 3번가의 자전거 가게 위층 방에서 라이트 형제는 첫 번째 비행기를 만들기 시작했다. 그건 바로 쪼갠 대나무와 종이를 이용해서 만든 연으로, 날개 폭이 1.5미터에 달했다. 복엽기 방식이어서 날개 두 개가 위아래로 달려 있었는데, 이것이야말로 옥타브 샤누트가 본인의 활공기에 사용한 설계였으며, 더 큰 안정성을 제공한다고 여겨지던 방식이었다. 두 개의 날개는 마치 교량의 트러스 같은 방식으로 연결되었는데, 소나무로 수직 버팀대를 세우고 철사를 대각선으로 연결하는 방식이었다. 또 여기에는 독창적인 연실 조종 시스템이 붙어 있어서, 지상의 조종자가 양손에 붙잡은 막대기를 이용해서 연 날개의 뒤틀림을 조종할 수가 있었다.

8월 초에 윌버는 이 모형을 시 외곽의 벌판에서 실험했다. 오빌은 어떤 이유에선지 이 자리에 참석하지 못했다. 이날의 목격자는 꼬마 몇 명뿐이었다. 오빌은 훗날 이 실험에 관해서 다음과 같은 기록을 남겼다.

이 실험에 대한 윌버의 설명에 따르면, 이 모형은 (…) 표면의 휘어짐에 곧바로 반응했고 (…) 형이 연실에 연결된 막대기를 조종해 위쪽 표면을 뒤로 움직일 경우, 의도한 대로 기계의 앞머리가 아래로 향했다. 하지만 기계가 아래로 곤두박질하면서 연실이 느슨해지는 바람에, 더 이상은 조종이 불가능했다. 이 모형은 땅으로 워낙 빨리 곤두박질했기 때문에, 그곳에 있던 꼬마들은 혹시나 부딪칠까봐 얼굴을 손으로 가리고 땅에 엎드렸다.

그럼에도 불구하고 라이트 형제는 이 실험이 자신들의 조종 체계의 효율성을 명백히 예시했다고, 그리고 유인 활공기를 제작할 때가 됐다고 생각했다.

* * *

1900년 4월에 윌버는 33세가 되었다. 그로부터 4개월 뒤인 8월에는 오빌과 캐서린이 각각 29세와 26세가 되었다. 여동생은 자기 생일에 "오빠들"이 월터 스콧 경의 흉상을 선물했다는 기쁜 소식을 아버지에게 전했다.

이제는 세 사람 모두 일을 하는 상황이 되자, 캐서린은 낮 동안 집안일을 도와줄 사람을 고용하기로 했다. 그렇게 해서 들어온 캐리 케일러는 14세였고, 키가 워낙 작아서 부엌의 가스등을 켤 때마다 의자에 올라서야만 했다. 오빌이 그 사실을 종종 놀려대면 소녀는 눈물을 터트리기 일보 직전까지 갔고, 그때쯤 되면 윌버가 끼어들어 이렇게 말했다. "그 정도면 된 것 같은데, 오브."

"그러면 오빌 씨도 놀리기를 곧바로 그만 두었어요." 캐리 케일러는 훗날 이렇게 회고했다. "오빌 씨는 윌 씨의 말씀을 항상 귀담아 들었지만, 다른 사람의 말은 '전혀' 듣지 않았어요." 그녀는 이후 거의 반세기 동안이나 라이트 가족의 일원으로 머물러 있었다.

1900년 5월 13일, 윌버는 옥타브 샤누트에게 편지를 써서 (이것이야말로 그가 이 저명한 공학자에게 보낸 첫 번째 편지였다) 비행 실험을 수행할 만한 장소에 대한 조언을 구했다. 즉 비나 궂은 날씨가 없는 곳이어야 하고, 또한 시속 25킬로미터 정도의 충분한 바람이 부는 곳이어야 한다고 그는 주장했다.

샤누트는 캘리포니아와 플로리다주에 좋은 장소가 있다고 답장했다. 하지만 양쪽 모두 연착륙에 필요한 "모래 언덕이 없다"고 말했다. 따라서 차라리 사우스캐롤라이나나 조지아 주의 해안을 찾아보면 더 나을지 모른다고 조언했다.

라이트 형제는 다른 무엇보다도 바람이 중요하다는 사실을 이미 인식하고 있었다. 만약 자기들이 의도한 대로 성공을 거두고자 한다면, 반드시 바람의 성질을 배워야만 (그것도 '경험'으로부터 배워야만) 한다는 점이 분명했다.

윌버는 미국 전역의 탁월풍에 관해서 기상청에 문의했고, 무려 100개소 이상의 기상청 관측소에서 확인된 지역별 월별 풍속의 방대한 기록을 얻었다. 이들 형제는 결국 데이턴에서 1100킬로미터쯤 떨어진 노스캐롤라이나 주 아우터뱅크스의 외딴 장소인 키티호크에 각별한 관심을 갖게 되었다. 이전까지만 해도 두 사람이 고향에서 가장 멀리까지 가본 것은 1893년 콜럼버스 박람회가 열린 시카고까지 다녀온 것뿐이었다. 물론 몇 번인가 야영을 "견딘" 적도 있었지만, 저 노스캐롤라이나의 해안에서 예상되는 일정은 전혀 차원이 달랐다.

키티호크가 과연 올바른 선택지인지 여부를 확인하기 위해서 윌버는 그곳의 기상청 관측소장에게 편지를 보냈고, 꾸준한 바람과 모래 해안이 충분히 보장되어 있다는 믿음을 주는 답장을 받았다. 지도를 들여다보면 쉽게 알 수 있듯이, 키티호크야말로 남의 눈에 띄지 않은 상태에서 실험을 수행하려는 사람에게는 딱 어울리는 고립된 장소였다.

1900년 8월 18일에 받은 전직 키티호크 소재 기상청 관측소장 윌리엄 테이트의 답장은 라이트 형제에게 더욱 큰 격려가 되었다.

이곳 기상청 소속 J. J. 도서의 요청으로 비행 기계 실행 또는 실험 장소로서 키티호크의 적합성 여부에 관하여 귀하께서 문의하신 편지에 답장을 드리는 바입니다.

우선 이곳에 오시면 귀하께서 찾고자 하시는 거의 모든 형태의 토양을 발견하실 수 있을 것입니다. 예를 들어 폭 1.5킬로미터에 길이 8킬로미터, 한가운데 높이가 24미터에 달하는 헐벗은 언덕으로 이루어진 모래땅이 있는데, 이곳에는 꾸준한 바람의 흐름을 방해할 만한 나무나 덤불이 단 한 그루도 없습니다. 제 의견을 말씀드리자면 이곳이야말로 좋은 장소일 듯합니다. 이곳의 바람은 항상 꾸준하고, 보통 시속 15킬로미터에서 30킬로미터에 달합니다.

이곳까지 오시려면 (여기서 55킬로미터 떨어져 있는) 노스캐롤라이나 주 엘리자베스시티에서 일반선을 이용하시거나 (…) 여기서 20킬로미터 떨어진 맨테오에서 매주 월, 수, 금요일에 운행하는 우편선을 이용하시면 됩니다.

이곳에는 전신 및 우편 연락이 가능합니다. 날씨도 좋은 편이어서 천막을 치기에도 좋은 장소가 있고, 혹시 일행이 많지 않으실 경우에는 가족과 함께 배에서 지내셔도 되겠습니다. 가급적 9월 15일부터 10월 15일 사이에 오시라고 조언 드리고 싶습니다. 11월까지 기다리지는 마십시오. 11월쯤이면 가을이라도 상당히 날씨가 거칠기 때문입니다.

귀하의 기계를 이곳에서 시험하시기 위해 찾아오실 경우, 귀하의 편의와 성공과 기쁨을 위해서 최선을 다할 것이며, 이곳에 있는 모두가 호의적으로 대해 드릴 것임을 약속드리는 바입니다.

이 편지를 읽고 라이트 형제는 결정을 내렸다. 키티호크로 낙점된 것이다.

* * *

8월 마지막 몇 주 동안, 이들 형제는 날개 두 개짜리 실물 크기의 활공기를 만들었고, 키티호크에서 재조립해서 날려보기로 작정했다. 처음에는 무인 상태로 날리고, 예상대로 잘 진행될 경우에는 자기들이 직접 탑승하기로 계획했다. 활공기의 날개 폭은 5.5미터였다. 물푸레나무 날갯살, 철사, 날개를 덮는 천 같은 필수 재료와 부품에 들어간 총 비용은 기껏해야 15달러를 넘지 않았다. 유일하게 빠진 것은 활공기에 사용할 긴 가문비나무 날개보였는데, 이 재료는 데이턴에서 찾기가 불가능했기 때문이다. 하지만 윌버는 동부 연안에 도착하면 적당한 제품을 구할 수 있으리라 자신했다.

모든 부품을 동부로 보내기 위해서 궤짝 안에 꾸렸고, 필수 공구와 천막도 챙겼다. 윌버는 먼저 가서 준비를 해 놓을 예정이었다. 다른 장비와 옷가지를 넣기 위해서 그는 캐서린의 여행용 가방을 빌렸다. 오토 릴리엔탈이 정립한 선례를 잊지 않으려고 상자형 카메라와 삼각대도 가져갔다.

캐서린은 오빠가 지금 그곳에 실제로 간다는 사실을 차마 믿을 수 없어 했다. "나로선 그처럼 외딴 장소는 이름조차도 전혀 들어 본 적이 없었다."

CHAPTER THREE

바람이 부는 곳

배 한 척은 동쪽으로, 또 한 척은 서쪽으로
완전히 똑같은 바람에 밀려간다.
이때에는 강풍이 아니라
돛의 형태에 따라
방향이 정해지는 것이다.

엘라 휠러 윌콕스,
「운명의 바람」

I

모래톱과 섬들이 가늘게 이어져 있고 노스캐롤라이나 주 해안으로 힘차게 몰아치는 대서양의 파도를 막아주는 저 전설적인 아우터뱅크스는 버지니아 주 노퍽에서 시작해서 남쪽의 케이프 룩아웃까지 무려 300킬로미터 가까이 뻗어 있다. 1900년에만 해도 이곳에는 어업을 하는 가족이라든지, 또는 해난구조대를 제외하면 사람이 거의 없었다. 심지어 본토와 이어지는 다리도 건설되지 않고 있었다. 따라서 아우터뱅크스로 가려면 배를 타야 했고, 키티호크에서 문명의 흔적이라곤 (서로 약 10킬로미터씩 떨어져 있는) 해난구조대 초소 네 군데와 기상청 관측소 한 군데가 전부였다. 이곳에는 제대로 된 도로도 없었다. 지평선에서 유일하게 두드러진 건축물은 내 그스헤드의 다 무너져 가는 피서용 호텔뿐이었다.

월버는 1900년 9월 7일, 열차에 타고 데이턴을 떠난 지 대략 24시간 만에 노퍽에 도착해서 한 호텔에서 하룻밤을 묵었다. 다음날 노퍽의 기온은 38도였기 때문에, 평소처럼 검은 정장에 높은 목깃에 넥타이까지 착용했던 그는 하마터면 기절할 뻔했다.

"기계"에 꼭 필요한 긴 가문비나무 장대를 구하는 임무가 여전히 남아 있었지만, 몇 군데 목재상에 찾아가 보았는데도 구할 수 없었다. 결국 스트로브잣나무로 대신하기로 타협한 다음, 월버는 모든 짐을 챙겨서 4시 30분 열차를 타고 엘리자베스시티로 갔다. 노퍽에서 남쪽으로 약 100킬로미터 떨어진 이 도시는 패스쿼탱크 강이 앨버말 사운드로 흘러들어가는 곳이기도 했다.

엘리자베스시티에 도착한 월버는 행인들에게 키티호크까지 가는 가장 편한 방법을 물었지만 사람들은 그저 멍한 눈빛으로 그를 쳐다볼 뿐이었다. 이야기를 나눈 사람 가운데 어느 누구도 키티호크에 관해서는 전혀 모르는 것 같았고, 그곳에 가는 방법 역시 전혀 모르는 것 같았다.

그렇게 4시간이 더 흐르고 나서야 월버는 부두에서 이즈레이얼 페리라는 뱃사람을 만났다. 알고 보니 그는 키티호크에서 태어나고 자란 사람이었기에, 기꺼이 이 손님을 거기까지 배로 데려다 주기로 했다. 페리는 또한 그를 도와줄 만한 친구도 알고 있었다. 월버의 무거운 여행용 가방과 스트로브잣나무 장대는 매주 운행하는 화물선을 통해 운반하기로 했다.

부두에서 페리의 스쿠너선까지는 일단 작은 보트를 타고 가야 했는데,

하필이면 무척이나 낡고 물이 심하게 새는 배였다. 이게 과연 안전하냐는 윌버의 질문에, 페리는 상대방을 안심시킨답시고 이런 대답을 내놓았다. "아, 그럼요, 저 큰 배보다는 이게 더 안전하답니다."

이들은 줄곧 물을 퍼내면서 5킬로미터를 저어간 끝에 스쿠너선에 도착했는데, 그 배는 정말로 더 처참한 형편이었다. "돛은 썩어 문드러져 있었다." 윌버의 말이다. "밧줄은 심하게 낡았고, 방향타 지지대는 반쯤 썩어 문드러졌고, 선실은 어찌나 더럽고 해충이 들끓던지, 나는 처음부터 끝까지 밖에 나와 있었다."

날씨는 하루 종일 좋았지만, 이들이 넓은 패스쿼탱크 강을 벗어나서 앨버말 사운드로 접어들 무렵에는 거의 날이 어두워진 상태였다. 가벼운 바람 때문에 애초에 예상했던 것보다 물도 훨씬 더 거칠어졌고, 이즈레이얼 페리가 여러 번 지적한 것처럼 "약간 불편한" 상황이 분명했다. 이들은 앞으로 65킬로미터나 더 가야만 했다.

바람의 방향이 바뀌더니 점점 더 강해졌다. 파도도 상당히 높아졌으며, "배의 바닥을 아래쪽에서 강하게 때려서, 이제껏 온 거리만큼 다시 뒤로 밀어버렸다."고 윌버는 당시 상황을 회고했다. 비록 항해 경험이 없었고, 거친 물에서의 경험은 더더욱 없었던 그가 보기에도 이 평저선은 그런 상황을 견디기엔 너무 낡은 배였다.

배는 옆놀이와 키놀이를 반복했고 물이 줄줄 새어 들어왔으며, 선수(船首)가 바닷물을 뒤집어쓰는 통에 계속해서 물을 퍼내야만 했다.

11시가 되어서야 바람이 강풍으로 바뀌면서 배는 점차 북쪽 해안으로 더 가까이 다가갔지만, 방향을 바꾸려 시도하다가는 자칫 전복될 위험이 있었기 때문에, 노스 강 등대를 돌아서 곶 뒤에 피난하는 것밖에는 방법이 없는 듯했다.

그러나 상황은 갑자기 좀 더 극적으로 변했다.

강한 바람에 앞돛이 활대에서 떨어져 나가더니 바람 부는 방향으로 펄럭이면서 끔찍한 울음소리를 냈고 (…) 그 즈음 우리는 곶의 끄트머리와 나란히 선 태세가 되었는데, 과연 여기서 등대를 돌아갈 수 있을지 의심스러웠고 (…) 큰돛도 활대에서 떨어져 나가 강풍에 격렬하게 떨면서 또다시 울음소리를 낸 후에도, 결국 그 긴장감도 끝나 버렸다.

이제 남은 유일한 기회는 큰돛을 접어 버리고, 선미(船尾)를 바람 쪽으로 돌아서게 한 다음, 오로지 삼각돛에만 의존해서 곧장 모래톱을 넘어가는 것뿐이었다. 윌버의 말에 따르면, 이것이야말로 이런 상태에서는 무척이나 위험천만한 기동법이었지만, 페리는 어찌어찌 전복되지 않고 넘어가는 데에 성공했다.

누가 1000달러를 주더라도 자기는 절대 모래톱에 상륙하지 않을 거라고 뱃사람이 윌버에게 말했다. 그래서 이들은 노스 강에 닻을 내리고 그날 밤을 보냈다. 페리의 배에 실려 있던 음식은 전혀 입맛이 당기지 않았던 까닭에, 윌버는 캐서린이 가방에 챙겨 넣어준 젤리를 꺼내 먹고 갑판 위에 누웠다.

다음날이 되어서도 반나절이 더 지나고 나서야 비로소 배가 최대한 제대로 정리되었다. 오후가 되어서야 이들은 또다시 여행에 나섰고, 그날 밤 9시에 비로소 키티호크에 닻을 내렸지만, 이때에도 윌버는 또다시 갑판에서 잠을 청해야만 했다.

다음날인 9월 13일에 그는 비로소 육지에 상륙했다. 엘리자베스시티를 떠난 지 이틀이 지난 뒤였다.

* * *

월버는 우선 이전에 편지를 주고받은 적이 있는 전직 키티호크 소재 기상청 관측소장 윌리엄 J. 테이트의 집을 찾아갔다.

키티호크에는 모두 합쳐 50채쯤의 주택이 있었으며, 대부분은 어부의 집이었다. 테이트 역시 물고기가 이동하기 시작하는 매년 10월부터 3개월 동안은 어업으로 생계를 유지했다. 그가 훗날 쓴 것처럼 "그 당시의 키티호크 공동체는 상당히 강인한 사람들로 이루어져 있었으며, 대개는 폭풍과 불운으로 인해서 노스캐롤라이나 주의 바닷가에 표류하게 된 난파 선원들의 후손들이었다." 테이트 역시 난파 선원인 스코틀랜드인의 아들이었다. 그가 강조한 바에 따르면, 그곳에서의 삶은 "이중의 고립"이 아닐 수 없었다.

그곳의 주택에는 가구라 할 만한 것이 거의 없었다. 맨바닥은 흰 모래로 문질러서 깨끗하게 유지했다. 식량은 대부분 작은 텃밭에서 직접 기른 것, 그리고 "남정네들"이 최대한 잡아 오는 것뿐이었다. 의복은 직접 만든 것뿐이었고, 거의 모두가 옷이라고는 기껏해야 두세 벌밖에는 갖고 있지 않았다("한 벌은 특별한 날에 입는 것이었고, 또 한 벌은 오늘 입은 것이었고, 나머지 한 벌은 내일 입을 것이었다"고 전한다). 우편은 매주 세 번씩 도착했다. 아이들은 매년 세 달쯤만 학교에 다녔고, 방학이 무엇인지는 아무도 모르는 듯했다.

테이트와 그의 아내 애디는 약속대로 이 손님에게 따뜻한 대접을 베풀어 주었다. 이 전직 관측소장의 회고에 따르면, 윌버는 엘리자베스시티에서 거기까지 오는 여정의 "고초에 관한 이야기를 풀어 놓기" 시작했다.

그는 바다 경험 면에서 초보였기 때문에, 우리에게 해줄 고생담을 갖고 있었다. 배의 옆놀이에 관한 생생한 묘사며, 하도 오랫동안 어딘가를 붙잡고 있어서 팔의 근육이 욱신거린다는 이야기도 흥미로웠지만, 그가 무려 이틀이나 굶었다고 말하자마자, 그것이야말로 곧바로 치료가 필요한 증세라고 생각되었다. 그리하여 우리는 얼른 아침식사로 신선한 달걀과 햄과 커피를 차려주었고, 장담컨대 그는 그것을 해치워버리는 일에 자비를 베풀지 않았다.

동생이 도착할 때까지 이 집에 머물러도 되겠느냐고 윌버가 묻자, 테이트 부부는 잠시 실례해도 되겠느냐며 옆방에 들어가서 서로 상의했지만 굳이 문을 닫지는 않았다. 누추하기 짝이 없는 자기네 집이 저렇게 좋은 옷을 입은 손님에게 어울릴지 모르겠다고 애디가 말하자, 그 말을 엿들은 윌버는 얼른 옆방으로 들어서며 어떤 대접이든지 간에 기쁘게 받겠다고 말했다.

아버지에게 보낸 긴 편지에서 윌버는 테이트의 집을 페인트칠이 되어 있지 않은 2층 목조 주택이라고 설명했다. 벽은 회칠이 되어 있지 않았고, "카펫은 아예 없고, 가구라고는 거의 없다시피 하고, 책이나 액자도 전혀 없는" 곳이었다. 그런데 키티호크에서는 이 정도만 해도 평균 이상이었다.

몇 사람은 1000달러의 돈을 모아 놓고 있습니다만, 이 정도면 꽤 오랜 세월 모은 결과물입니다. (…) 제 생각에 이들 가운데 매년 200달러를 버는 사람 도 많지 않을 듯합니다. 이들은 싹싹하고 친절하며, 제 생각에는 이들 사이 에는 진정한 고통은 사실상 없어 보입니다.

어업 외에도 이곳 주민들은 콩과 옥수수를 직접 재배하려고 시도한 바 있었다. 하지만 모래밖에 없는 땅이다 보니, 윌버에게는 이들이 농작물을 뭐라도 재배할 수 있다는 사실 자체가 놀라울 따름이었다.

오빌이 도착하기를 기다리는 동안, 윌버는 테이트의 집에서 800미터 떨어진 제법 큰 언덕 위, 그러니까 바다가 굽어보이는 장소에 야영지를 마련했다. 일단 그 일을 마친 후 비로소 활공기 준비에 착수했는데, 대부분의 시간을 날개 폭을 5.5미터에서 5.2미터로 줄이는 일에 썼다. 왜냐하면 가문비나무 날개보를 구하지 못한 까닭에, 그보다 60센티미터나 더 짧은 스트로브잣나무 대용품으로 만족해야 했기 때문이었다. 그 결과 날개를 덮은 천도 (멋진 흰색의 프랑스제 새틴이었는데) 크기를 줄이기 위해서 자르고 다시 꿰매어야 했다. 이 과정에서 그는 애디 테이트의 (발로 밟아서 가동하는 방식인) 재봉틀을 빌려 쓰기도 했다.

감독에게 보낸 또 다른 편지에서 윌버는 활공기가 어떤 의의를 갖고 있는지를 설명하면서, 여기에는 원동기가 달려 있지 않아서 오로지 바람에만 의존해야 한다고, 아울러 이번 실험의 중심 목표는 균형의 문제를 해결하는 것이며, 지금 자기가 무엇을 하려는지를 (즉 활공기를 만들어서 생기는 결과며, 이번 실험에서 자기가 달성하려 기대하는 결과 모두를) 분명히 알고 있다고 강조했다. 이 모든 설명은 매우 선명하고 간결했으며, 훗날 드러나게 되듯이, 비범한 예지력을 보여주는 놀라운 사례에 해당했다.

기계 제작을 거의 마무리했습니다. 기계에 원동기는 달지 않았기에 결코 진정한 의미의 '비행'이 가능하리라고는 기대되지 않습니다. 제 생각은 단지 평형의 문제를 해결하려는 의도에서 한번 실험하고 실행해 보려는 것뿐입니다. 이전의 실험가들이 시도했던 다른 방법들에 앞서, 제가 가진 계획에서 제발 많은 것을 알아낼 수 있기를 기대하고 있습니다. 일단 어떤 기계가 모든 조건하에서 적절한 조종이 가능해지고 나면, 원동기 문제는 금세 해결될 것입니다. 즉 그때가 되면 설령 원동기를 작동시키는 데 실패하더라도 추락 대신에 느린 하강과 안전한 착륙이 가능할 것입니다.

평형, 즉 균형은 자전거를 타기 위해서 필요한 요소였으며, 따라서 윌버와 오빌은 이 분야의 전문가이기도 했다. 아버지가 아들의 안전을 얼마나 걱정하는지를 잘 알았던 까닭에, 윌버는 땅에서 아주 높이 날아오를 의향은 없다고, 그리고 혹시나 자기가 "실패할" 경우에도 부드러운 모래 위에 떨어지게 될 뿐이라고 강조했다. 거기까지 간 이유는 단순히 짜릿함을 맛보기 위해서가 아니라 뭔가를 배우기 위해서라고도 했다. "뭔가 긍정적인 것을 진정으로 배울 수 있을 만큼 어떤 문제를 충분히 오래 파고들려는 사람이라면, 굳이 위험을 감수해서는 안 되는 법입니다. 부주의함과 과신이야말로 대개는 의도적으로 받아들인 위험보다 더 위험하기 마련이니까요."

훗날 드러나게 되듯이, 모든 사전 준비에서의 신중과 주의야말로 라이트 형제의 규범으로 자리 잡을 것이었다. 물론 필요한 경우에는 위험도 감수했지만, 이들은 묘기를 수행하러 나온 모험가가 결코 아니었으며, 또한 실제로도 결코 그렇게 되지 않을 것이었다.

또한 윌버는 식수에 관해서도 "최대한 주의" 하겠다고 아버지를 안심시켰다.

빌 테이트가 훗날 회고한 것처럼, 그곳 주민들은 이 손님에 관해서, 그리고 그가 직접 톱질하고, 풀칠하고, 묶어서 만들고 있는 "겁나 멍청해 보이는 기계 장치"에 관해서 점점 더 호기심을 느끼게 되었다.

그 사이에 사람들이 교묘한 질문을 통해 알아낸 바에 따르면, 앞으로 2주 안에 그의 동생이 찾아올 것이라고 했다. 두 사람은 천막에 들어가 지낼 것이며, 이 기계 장치를 가지고 비행 기술에 관해서 뭔가 실험을 할 것이라고도 했다.

테이트의 말에 따르면, 아우터뱅크스 사람들은 "각자의 방식을 확고히” 지키는 편이었다. “우리는 선하신 하느님과 악한 마귀와 불타는 지옥을 믿었으며, 이와 더불어 하느님께서는 결코 인간이 하늘을 날기를 의도하시지 않았다는 사실을 다른 무엇보다 더 철석같이 믿고 있었다.”

II

오빌은 9월 26일에 엘리자베스시티에 도착했고, 데이턴에서 그곳까지 아무런 사건이나 불편 없이 여행했다. 키티호크까지 오는 과정에서도 단지 바람이 없었기 때문에 약간의 지연이 있었을 뿐이며, 도착과 동시에 윌버가 “비상(飛翔) 기계”를 거의 다 준비해 놓은 곳까지 또다시 아무런 불편 없이 찾아왔다.

모든 부품이 조립된 기계에는 각각 폭 1.5미터에 길이 5미터인 고정식 날개 두 개가 위아래로 달려 있었다. 여기에는 휘어짐 제어장치와 면적 1 제곱미터의 움직이는 앞쪽 방향타가 (즉 “가로형” 방향타, 또는 승강타가) 달려 있었다. 이착륙을 위한 바퀴는 전혀 없었다. 대신 목제 활주부가 밑에 달려 있었는데, 모래 바닥에서는 이쪽이 훨씬 더 나았다.

전체 장비의 무게는 22킬로그램이 약간 못 되었다. 윌버가 “조종사”로 탑승하자, 모두 합쳐 약 85킬로그램이 되었다. 그는 머리를 앞으로 한 상태로 아래쪽 날개의 가운데쯤에 엎드렸고, 앞쪽 방향타를 이용해서 앞뒤 방향의 균형을 유지했다.

이때 가장 중요한 요소는 바람이었는데 “항상 등 뒤에서 바람이 불어오기를 바란다"는 아일랜드의 유서 깊은 축원과는 반대로, 이들에게 좋은 바람은 오히려 앞에서 부는 바람이었다. 훗날 이야기되듯이, 라이트 형제에게 바람은 결코 적대자가 아니었다.

이런 실험은 그 자체로도 새로웠기 때문에, 라이트 형제는 자기들이 하는 모든 일을 기록해야 할 필요성이 있음을 새삼 깨달았다. 하지만 집에 보낸 편지를 보면, 실험은 10월 3일에 시작된 것으로 보인다. "우리는 즐거운 시간을 보냈어." 오빌은 10월 14일에 캐서린에게 보낸 편지에서 말했다. "모두 합쳐서 사흘 동안이나 기계를 끌고 나갔고, 매번 2시간에서 4시간씩 실험했어."

라이트 형제의 실험이 시작되었을 때에는 무려 시속 50킬로미터 이상의 "무시무시한 바람"이 불고 있었다. "너무 강하고 불안정한 까닭에, 우리는 그걸 타고 올라갈 엄두가 나지 않았지." 결국 이들은 기계를 연처럼 날려 보았고, 거기 연결된 끈을 가지고 지상에서 조종 장치를 조작해 보았다. 가장 큰 어려움은 활공기를 대략 6미터쯤의 높이로 계속 유지하는 것이었다. 시속 25킬로미터 내지 30킬로미터의 이상적인 바람이 불 때에도, 이 연의 당기는 힘은 무지막지했다. "그놈이야 자연히 점점 더 높이 올라가고 싶어 한다." 오빌의 설명이다. "그놈이 너무 높이 올라가기 시작하면, 우리는 그놈을 상당히 세게 잡아당겼고 (…) 그러면 그놈은 무시무시한 속도로 땅에 곤두박질쳤지." 만약 아무 것도 고장 나지 않았다면, 이들은 다시 연을 날리고 공중에 뜬 모습을 사진으로 찍었다.

한 번은 라이트 형제가 활공기를 땅에 놓고 "조정"을 가하던 참에, 갑작스러운 강풍에 한쪽 귀퉁이가 떠밀려 날아가 "생각보다 더 빠르게" 6미터 떨어진 곳에 떨어지며 산산조각 났다. 마침 뒤쪽 귀퉁이에 서서 수직 날개보를 붙들고 있었던 오빌도 함께 끌려가서 6미터 떨어진 모래 더미에 떨어졌는데, 크게 놀랐지만 다치지는 않았다.

라이트 형제는 잔해를 사진 찍고, 모든 장비를 챙겨서 야영지로 돌아온 후 집으로 돌아갈까 의논했다. 하지만 하룻밤 자고 일어나자, 이들은 아직 희망이 있다고 결론 내렸다. 기계를 수리하는 데에는 사흘이 걸렸다.

라이트 형제가 시도하는 일에 관한 소문이 그 지역 사람들 사이에 퍼져 나가면서 점점 더 많은 사람들이 모여들어, 멀찌감치에서 구경했다. 빌 테이트 집안 남자들과 소년들은 필요할 때마다 기꺼이 도와주기도 했다.

윌버와 오빌은 고향에서와 마찬가지로 항상 나란히 서서 일했다. 예외가 있다면 어디까지나 상황이 좋아서 유인 비행을 시도할 기회가 생겼을 때, 즉 잠깐 동안 윌버 혼자만이 공중에 올랐을 때뿐이었다.

윌버가 아래쪽 날개의 공간 안에 들어가 있으면, 오빌과 빌 테이트가 양쪽 날개 끝에서 대기하고 서 있었다. 신호가 떨어지면 세 사람은 활공기를 붙잡고 앞으로 달리기 시작했고, 모래 경사면을 따라 달려서 곧바로 바람 속으로 뛰어들었다. 윌버는 장치에 올라타서 자리를 잡고, 납작 엎드려서 조종간을 붙잡았다. 오빌과 테이트는 날개에 연결된 끈을 붙잡고서, 활공기가 애초 의도보다 더 높이 날아오르지 않도록 방지했다.

***

라이트 형제는 많은 시간과 공을 들여, 천막을 편안하게 쉴 수 있는 공간으로 꾸몄다. 이들은 테이트의 집에서 윌버의 천막으로 거처를 옮겼는데, 공간이 넉넉해서 장비와 보급품을 천막 안에 들여놓을 수 있었다. 오빌이 캐서린에게 보낸 편지에 묘사된 것처럼, 모든 일이 고향에서와는 완전히 달랐다.

우리 천막이 있는 자리는 예전에만 해도 비옥한 계곡이었고, 키티호크의 옛 주민 몇 명이 농사를 지었다고 해. 그런데 지금은 과거에 이 계곡에서 자라나던 나무 꼭대기의 나뭇가지 몇 개가 썩은 상태로 모래 위에 튀어나와 있을 뿐이야. 바닷물에 씻기고, 바람에 날려 온 어마어마한 모래가 바닷가를 따라서 더미를 이루어서, 결국 집과 숲 모두를 완전히 뒤덮어 버렸거든.

때때로 테이트 가족과 식사하는 것을 제외하면, 이들은 각자의 식량과 요리에 의존했다. 물고기가 풍부했고 ("물속을 들여다보면 언제라도 수십 마리씩 보인다니까") 키티호크의 어부들은 몇 톤에 달하는 생선을 잡아서 볼티모어와 다른 도시로 운송했다. 하지만 형제가 생선을 얻는 유일한 방법은 직접 잡는 것뿐이었다. "북쪽에 있을 때하고 똑같아." 오빌의 말이었다. "우리 동네에서도 목수는 결코 자기 집을 완성하는 법이 없고, 페인트공은 결코 자기 집에 페인트칠을 하는 법이 없듯이, 이곳의 어부는 결코 생선을 갖고 있는 법이 없지."

이들의 자급자족은 결국 시험대에 올랐다. 이들은 주로 그 지역에서 생산되는 계란과 토마토 그리고 직접 구운 비스킷에 의존해서 살았는데, 그 지역의 암소들은 워낙 "딱한" 몰골이었기 때문에, 우유 없이 비스킷을 구워야만 했다. 오빌이 보기에 아우터뱅크스에서 유일하게 잘 자라는 것은 빈대와 모기와 진드기뿐인 듯했다. 윌버는 버터와 커피와 옥수수 빵과 베이컨을 특히나 먹고 싶어 했다.

그래도 천막 출입구에서 바라본 풍경은 (사실 그곳의 거의 어디에서나 풍경만큼은) 정말 뛰어났다. 바닷물과 모래 언덕과 해변이 끝없이 펼쳐져 있고, 머리 위로는 광활한 하늘이 펼쳐져 있었으며, 적운이 마치 성처럼 솟아올라 파란 바탕 위에 장관을 연출했다. 길고도 평평한 수평선과 지평선이 사방팔방으로 멀리까지 뻗어 있었다.

그리고 바람이 있었다. 그것도 항상 있었다. 이곳에서는 마치 바람이 결코 그치지 않는 것 같았으며, 일찍이 키티호크의 모래 언덕을 조각한 바로 그 힘이 계속해서 주위 경관 모두를 변화시키고 있었다.

고향에서 멀리 떠나, 일찍이 경험한 적 없던 방식으로 단둘이 살아가게 된 라이트 형제는, 자기들이 살면서 모험이라 부를만한 경험을 한 번도 해본 적이 없었음을 깨달았다. 훗날 오빌의 회고에 따르면, 온갖 어려움에 직면해야 했지만 그때가 이들이 평생 경험한 것 중에서도 가장 행복한 시간이었다.

온갖 종류의 새들이 수백 마리씩 날아다녔다. 독수리, 새하얀 가마우지, 매, 비둘기뿐만 아니라, 날개 폭이 최대 2미터에 달하는 칠면조수리도 있었다.(여기서 '칠면조수리'는 '말똥가리'를 일컫는 아우터뱅크스 특유의 이름이었다). 윌버는 새들이 바람 속에서 비행하는 모습을 몇 시간씩 관찰했고, 관찰 내용을 공책에 꼼꼼히 적어두었으며, 때때로 작은 삽화를 곁들였다. 새들이 무엇을 할 수 있는지는 (즉 새들의 '기적'은) 오랫동안 중요하고 매력적인 주제로 남아 있었다. 그런데 아우터뱅크스의 조류 생태야말로 이들이 상상했던 것을 훨씬 뛰어넘었으며, 무이야르의 『공중 제국』의 내용 가운데 일부를 연상시켰다.

말똥가리는 살아가는 데 많은 것이 필요없으며, 힘은 보통 수준이다. 그런 데도 그놈은 무엇을 알고 있는가? 그놈은 솟아오르는 방법을, 높이 떠 있는 방법을, 날카로운 시력으로 들판을 훑는 방법을, 힘들이지 않고 바람을 타는 방법을 알고 있다. (…) 그놈은 공중에서도 전혀 힘을 쓰지 않고, 결코 서두르는 법이 없으며, 바람을 이용한다.

하지만 저 날아오른 새는 어떻게 바람을 이용해서, 그것도 오로지 바람만을 이용해서, 하늘 높이 떠 있을 뿐만 아니라 자유자재로 기울어지며 도는 것일까? 말똥가리는 이 기술의 명수였다.

날개의 이면각(二面角), 즉 살짝 꺾인 V자 모양은 오로지 바람이 없을 때에만 이점이 된다. 윌버는 노트에 이렇게 적었다.

이면각을 이용하는 ⌄ 말똥가리의 경우, 날개를 수평으로 유지하는 ⋀⋀ 독수리며 매와 비교했을 때, 강한 바람 속에서는 평형을 유지하기가 훨씬 더 어렵다.

잿빛개구리매는 말똥가리보다 더 빨리 날아오르고, 움직임도 더 안정적이다. 이놈은 균형을 잡는 과정에서 아무런 어려움도 드러내지 않는다.

매는 말똥가리보다 더 잘 비상(飛翔)하는 편이지만 속도를 더 내기 때문에 날갯짓에 더 자주 의존한다.

강풍이 불지 않는 때에는 습한 날이 비상하는 데 더 알맞다.

잔잔한 바람에 비상하는 새는 없다.

또 윌버는 이렇게 썼다.

모든 새는 비상하며, 특히 말똥가리가 그렇게 하는데, 앞뒤 방향의 균형을 유지하는 과정에서는, 양력의 중심을 옮기기보다는 오히려 저항의 중심을 옮기는 경우가 더 많아 보인다. 만약 말똥가리가 관찰자의 위치에서 바람 불어가는 쪽으로 300미터 가량 비상할 경우 (…) 그 날개의 단면은 새가 관찰자로부터 멀어져 갈 때에는 그저 선이 될 것이고, 새가 관찰자에게 다가올 때는 날개가 넓적해 보일 것이다. 이것은 그 날개가 항상 위로 기울어 있음을 뜻하는데, 이것은 마치 상식에 반대되는 것처럼 보일 것이다.

일부 관찰자의 생각과는 달리, 비상하는 새는 상승과 하강을 번갈아 하지 않는 것으로 보인다. 상승과 하강은 하나같이 불규칙하며, 강풍으로 인해 생성된 앞뒤 방향의 평형을 오히려 교란시키는 것처럼 보인다. 가벼운 바람 속에서 새들은 아래로 선회하지 않고 꾸준히 상승하는 것처럼 보인다.

그 지역 사람들이 보기에, 오하이오 주에서 왔다는 이들 형제는 극도로 파악하기 힘든 인물들이었다. 존 T. 대니얼스라는 사람은 (역시나 이름이 '존 대니얼스'였던 아버지와 구분하기 위해서 보통 '존 T'로 통했다) 훗날 이렇게 말했다. "우리는 그들이 불쌍한 정신병자 한 쌍이라는 생각을 떨칠 수가 없었다. 매번 몇 시간이나 바닷가에 서서 갈매기가 날아가고, 비상하고, 강하하는 모습을 지켜보았기 때문이다." 날개 폭이 1.5미터 내지 1.8미터에 달하는 커다란 바닷새인 가마우지는 라이트 형제가 특히 관심을 가진 대상으로 보인다.

두 사람은 가마우지를 지켜보고, 자기네 팔과 손을 이용해서 날개 움직임을 따라했다. 그들은 가마우지의 날개 움직임 모두를 따라할 수 있었다. 우리는 그들이 미쳤다고 생각했지만, 그들이 팔을 이렇게 저렇게 움직이고, 팔꿈치와 손목을 위로 아래로 구부리는 모습이 가마우지와 똑같다는 사실만큼은 인정하지 않을 수가 없었다.

오빌은 말했다. "새를 지켜보면서 비행의 비결을 배우는 것은, 그저 마술사를 지켜보면서 마술의 비결을 배우는 것과 상당히 비슷한 데가 있었다."

오빌은 캐서린을 위해서, 천막 위로 가지를 드리운 나무에 살면서 하루 종일 노래하는 "아주 순한" 입내새에 관한 이야기도 적었다. 해가 지는 모습은 자기가 평생 본 것 중에서도 가장 아름다운 광경이고, 구름은 형형색색으로 빛나고, 밤에는 별빛이 어찌나 밝은지 책을 읽어도 될 정도라고 했다.

이제 라이트 형제는 거의 모든 것을 사진으로 남겼다. 천막, 풍경, 모래, 물, 심지어 나무에 사는 입내새까지도. 하지만 그중에서도 활공기의 작동 모습을 주로 촬영했다.

바람이 워낙 거셌기 때문에, 자다 말고 달려 나와 천막이 날아가지 않도록 붙들어야 했던 밤도 며칠이나 있었다. "뭔가를 고치기 위해 천막 밖으로 기어 나오면, 모래 때문에 앞이 전혀 안 보였어." 오빌의 말이다. "모래가 구름처럼 땅을 가로질러 날아다녔지." 하지만 이들로선 불평할 수가 없었다. "우리가 이곳에 온 이유는 애당초 바람과 모래 때문이었으니 뭐 어쩌겠어." 어느 날 밤에는 시속 70킬로미터짜리 폭풍이 마치 천둥 같은 소리를 내며 닥쳤고, 두 사람 모두 잠을 이루지 못했다. 게다가 바람은 차갑기까지 했다. "우리는 각자 이불이 두 채씩 있었지만, 매일 밤마다 얼어 죽기 일보직전이었어." 오빌의 말이다. "바람이 내 머리로 불어오면, 나는 이불로 머리를 덮었지. 발이 얼어붙으면, 발을 덮었어. 밤새도록 이렇게 하다가 아침이 되면, '지금 여기가 어딘지'조차도 분간이 되지 않을 지경이라니까."

이들의 일용할 양식도 바닥을 드러냈다.

음, 어떤 때에는 갓 구운 비스킷과 계란과 토마토를 먹지. 어떤 때에는 계란을, 또 어떤 때에는 토마토를 먹고. 지금 당장은 석유와 커피가 떨어진 상태야. 따라서 따뜻한 음료나 빵이나 크래커는 전혀 없지. 화요일에 보냈다는 주문 물품은 바람 때문에 도착이 지연되었어. 윌은 "거의 굶어 죽기 직전인" 상태야.

그럼에도 불구하고, 캐서린도 알고 있다시피 라이트 형제는 그곳에서 멋진 시간을 보내고 있었다. 일차적으로는 작업 때문이기도 했지만, 상당

부분은 "키티호크 사람들" 때문이기도 했다. 그곳 주민들은 항상 친근했으며, 기꺼이 도움을 주려고 했다. 게다가 그곳 주민들은 각자 지닌 사연은 물론이고 인생관과 의견 표명 방식조차도 무척이나 남달랐다. 이제 라이트 형제는 난생 처음으로 "잊다(forget)" 대신 "안 기억하다(disremember)"라는 특이한 단어를 접하게 되었으며, 또한 "내일은 우리 못보고 있을 거야(I'll not be seeing you tomorrow)" 같은 특이한 표현을 접하게 되었다. 또 이곳에서는 잔잔한 물을 "미끈하게 고요하다(slick calm)"고 표현했고, 높은 파도(high tide)를 "높이은 파이도(Hot toide)"라고 독특하게 발음했다.

오빌은 빌 테이트의 조카인 16세 소년 토미 테이트와의 대화도 기록했다. 소년의 말에 따르면, 키티호크에서 가장 부자는 콕스웰 "선생"이라는 "약제사"였다. 그 선생이 돈을 얼마나 갖고 있기에 그러느냐고 오빌이 물어보았다. "아이구, 그 선생이 동생한테 1만 5000달러나 꿔주었다니까요!" 토미는 마치 더 이상의 불필요한 질문을 막으려는 듯 대답했다.*

빌 테이트 역시 오하이오에서 온 양반들이 뭘 하려고 하는 것인지에 대한 관심이 줄곧 늘어만 갔으며, 이에 따라 도움을 주려는 열의도 늘어 갔다. 예전과 마찬가지로 가족을 부양해야 할 필요 때문에 하루에 두세 시간은 자기 일을 했지만, 그 외의 나머지 시간은 오로지 라이트 형제에게 바쳤다.

이 손님들을 구경하러 온 다른 사람들 역시 단순한 호기심 이상의 어떤

---

* 키티호크 주민 가운데 1000달러의 재산을 가진 사람조차도 드물었다는 사실이며, 라이트 형제의 연간 수입이 2~3000달러로 비교적 넉넉한 편이었다는 사실을 고려해 보면, 토미의 말은 당연히 허풍이다.

감정을 품고 있었다. 아우터뱅크스에서의 생활은 가혹하기 그지없었다. 생계를 유지하는 것조차도 항상 분투의 연속이었다. 따라서 부지런한 일꾼은 큰 존경을 받았는데, 존 T. 대니얼스의 말에 따르면 라이트 형제야말로 이들이 지금껏 본 사람들 중에서 "가장 열심히 일하는 두 사람"이었다. "그리고 두 사람이 일할 때에는, 정말 '일을 제대로' 했다. (…) 자기들이 하는 일에 온 마음과 영혼을 바쳤다."

***

10월 중순이 되자 시간이 빠듯해지기 시작했다. 윌버는 무려 6주째 데이턴에서 떠나 있었고, 캐서린은 오빌이 부재중에 자전거 가게를 맡겨 놓았던 청년을 해고할 수밖에 없었다는 소식을 전해 왔다. 하지만 라이트 형제는 유인 비행에 관한 실험을 중단할 수 없었다.

빌 테이트의 도움을 받아서 라이트 형제는 6킬로미터나 떨어진 킬데블힐스까지 활공기를 끌고 갔다. 세 개의 우뚝 솟은 모래 언덕으로 이루어진 이곳은 테이트가 8월 18일자 편지에서 "나무나 덤불이 단 한 그루도" 없다고 정확히 묘사한 바로 그곳이었다. '큰 언덕', '작은 언덕', '서쪽 언덕'이라는 세 개의 언덕은 각각 30미터, 9미터, 18미터였지만, 그 높이와 형태는 바람에 의해서 항상 변화하고 있었다.

'큰 언덕' 위에서 바라본 풍경은 사방팔방으로 정말 장관이었다. 동쪽으로 1.2킬로미터 떨어진 바닷가 너머에는 청록색의 대서양이 넓게 펼쳐져 있었다. 북쪽으로는 커다란 모래 언덕이 줄줄이 펼쳐져 있었다. 남쪽으로는 길쭉한 민물 호수와 짙은 숲이 펼쳐져 있었다. 서쪽으로는 로어노크 섬과 로어노크 사운드가 있어서 "단연 최고의 풍경"이 펼쳐져 있었다.

날씨는 맑았고, 바람은 딱 원하는 대로였다. 이날은 10월 19일이었고, 거의 4년에 달하는 집중 연구와 노력 끝에, 이들 형제에게 결국 운명의 날이 온 것이었다.

윌버는 단독 유인 비행을 연이어 실시했다. 횟수를 굳이 세지 않아 정확히 몇 번 실시했는지 알 수 없었다. 하지만 그의 기록에 따르면, 비행 거리는 90미터 내지 120미터였고, 착륙 순간의 속도는 약 시속 50킬로미터에 달했다.

비행에는 오로지 윌버만이 참여했다. 그런데 일의 진척을 기록하는 과정에서 '나'라고 1인칭 단수를 사용했던 평소와 달리, 이때부터는 '우리'라고 1인칭 복수를 사용하게 되었다. 이는 훗날 그가 옥타브 샤누트에게 보낸 편지에서도 마찬가지였다. "비록 외관상으로는 위험한 행동처럼 보였지만, 우리는 이것이야말로 완벽하게 안전하고 편안하다는 사실을 알아냈습니다. 물론 모래가 날리는 것만 제외하면 말입니다."

키티호크에서의 초창기에 윌버는 아버지에게 보낸 한 편지를 마무리하면서, 혹시나 이곳에서 사실상 아무 것도 달성하지 못하더라도 큰 실망까지는 아닐 것이라고 말했다. 자기는 이 실험을 단순한 "휴가"로 간주한다는 것이었다. 사실은 라이트 형제 모두에게 휴가였을 것이다. 지금껏 알던 것과는 완전히 다른 장소에서, 자기들에게는 무엇보다 중요한 일을 하는 셈이었기 때문이다. 이들은 그곳에서 매우 가치 있는 것들을 배우길 희망했고, 실제로도 예상을 뛰어넘는 것들을 배웠다. 라이트 형제는 앞으로 나아가는 방법을 찾았다고 느꼈다.

특유의 겸양을 발휘하며, 윌버는 이를 다음과 같이 요약했다. 즉 "우리의 거창한 이론이 실험의 가혹한 논리에 의해 완전히 박살나지는 않은 상태로, 그리고 우리의 두뇌가 덩달아 말살되지는 않은 상태로" 집에 돌아갈수 있게 되었다는 것이었다. 그러면서도 자기가 비행의 짜릿함을 난생 처음 경험했다는 사실에 대해서는 아무 말도 하지 않았다.

라이트 형제는 짐을 꾸리면서도 훗날 이곳에 다시 돌아오리라고 확신했다. 이들은 목적 이상의 역할을 해낸 자기네 기계를 남겨놓고 떠나면서, 빌 테이트에게 얼마든지 원하는 대로 사용해도 된다고 말해주었다. 애디 테이트는 날개를 덮은 새틴에서 손상되지 않은 일부를 뜯어내 두 딸에게 입힐 드레스를 만들었다.

III

이후 8개월 동안 윌버와 오빌은 평소와 거의 마찬가지로 자전거 가게에서의 업무며 가정에서의 가족 생활을 지속했다. 하지만 이들은 키티호크로 돌아갈 생각을 멈추지 않았고 자유시간엔 항상 그곳으로 돌아갈 준비를 하는 데 집중했다.

새로운 활공기를 만들려는 계획이 진행 중이었고, 라이트 형제는 여전히 풀리지 않은 문제에 정신을 집중했다. 또다시 옥타브 샤누트에게 보낸 편지에서 윌버는 새로운 활공기가 전반적으로 이전 모델과 동일한 계획에 따라 만들어질 것이며, 단지 더 크고 "세부사항에서의 향상된 구조"를 지닐 것이라고 말했다. 하지만 여기서의 '향상'이 정확히 무엇과 관련되어 있는지는 말하지 않았으며, 또한 이번 것이야말로 이들이 이때까지 만든 것 중에서도 가장 큰 활공기가 되리라는 사실도 말하지 않았다. "그 세부사항에서의" 추가적인 차이는 그 날개의 만곡이 더 커진다는 뜻이었으며, 이는 오토 릴리엔탈이 계산한 치수에 따른 결과였다.

샤누트가 조만간 데이턴을 지나갈 기회가 있을 것이라면서 그때 잠시 들르겠다고 답장하자, 윌버는 오빌과 함께 기꺼이 그의 방문을 고대하겠다고 응답했다. 때가 봄이다 보니 자전거 사업에 하루 12시간에서 14시간씩 전념해야 한다고 덧붙이면서도, 일요일에는 자기네 모두 "완전히 시간이 빈다"고 말했다.

당시 옥타브 샤누트 정도의 지위에 있는 사람이 직접 방문한다는 것은 대단한 경의의 표시였다. 그야말로 비행술에 관한 (특히 '활공기'에 관한) 세계 최고의 권위자 가운데 한 명이었을 뿐만 아니라, 철도와 큰 교량을 건설한 공학자로서 국제적 명성을 누리고 있었다. 예를 들어 미주리 강을 가로지른 최초의 교량인 캔자스 시티 다리도 그의 작품이었다. 샤누트는 6월 26일에 호손 가 7번지에 도착했는데, 그날은 일요일이 아니라 수요일이었지만 실제로는 아무런 문제가 되지 않았던 듯하다. 라이트 감독과 윌버와 오빌과 캐서린 모두가 대기 중이었으며, 현관 베란다로 올라온 손님을 집 안으로 맞이하여 점심을 대접했다.

당시 70세였던 샤누트는 키가 작고, 몸집이 땅딸막하고, 차림새가 말쑥한 인물이었으며, 흰 머리의 일부가 귀까지 내려왔고, 콧수염과 더불어

가늘고 긴 염소수염까지 길렀다. 태도는 친절한 동시에 극도로 말이 많았다. 캐서린과 캐리 케일러는 그를 위해 열심히 식사를 준비했지만, 거의 아무도 그들의 정성에는 주목을 하지 않은 듯하다. 왜냐하면 주인과 손님 모두 대화에 푹 빠져 있었기 때문이었다.

이들이 어떤 이야기를 얼마만큼 자세하게 나누었는지는 알려져 있지 않다. 분명한 것은 이때 샤누트가 형제에게 프랑스제 풍속계를 하나 선물했다는 점이다. 이 장비로는 바람의 속도를 정확하게 측정할 수 있었는데, 이전까지는 라이트 형제가 할 수 없었던 일이었기 때문에 매우 귀중한 선물이 되었다. 데이턴을 떠난 지 며칠 뒤에 샤누트는 라이트 형제에게 편지를 보내서, 나중에 키티호크로 돌아갈 때에 자기와 함께 일한 적이 있었던 다른 두 사람을 함께 데려가라고 제안했다. 비록 모든 사람이 실험 결과를 공개하여 협력하는 것이 과학의 진보에 최상으로 기여하는 길이라는 샤누트의 철학에 본질적으로 동의하는 것까지는 아니었지만, 라이트 형제는 그를 존경했으므로 그 제안을 받아들였다.

6월 중순에는 이들의 새로운 기계 관련 작업이 충분한 진척을 보였기 때문에, 키티호크로의 출발도 7월 초로 앞당겼다. 이번에는 라이트 형제가 없는 동안 자전거 가게를 믿을 만한 사람에게 맡겨 놓을 생각이었기 때문에 걱정이 없었다.

"찰리"라는 애칭으로 통한 찰스 테일러는 일리노이 주의 한 농가에서 태어나, 아직 20대였던 1896년에 기계공 일거리를 찾아서 데이턴으로 왔다. 처음에는 농기구 회사에 취업했다가 직접 철물 공장을 차렸으며, 때때로 라이트 형제를 도와서 자전거에 들어갈 역전(逆轉)브레이크와 기타 부품을 제작했다. 독신을 고수하는 라이트 형제와는 달리 찰리는 결혼해서 자녀가 둘이나 있었으며, 하루 종일 엽궐련을 입에 물고 있었다. 그 역시 라이트 형제만큼 열심히 일했으며, 흔히 보기 힘든 실력의 소유자였다.

본인의 말에 따르면, 찰리는 6월의 어느 날 저녁에 그냥 "타이어에 바람 넣으러" 자전거 가게에 들렀다가, 혹시 이곳에서 자기가 정규직으로 일할 수 있겠느냐고 물어보았다. "그들은 내게 주급 18달러를 제안했다." 훗날 그는 이렇게 회고했다. "그 정도면 상당한 금액이었다. (…) 게다가 나는 라이트 형제를 좋아했고 (…) 내가 생각하기에 윌과 오브가 나를 채용한 까닭은, 자전거 사업은 내가 대신 걱정하게 두고, 자기들은 비행 연구와 실험에 집중하기 위해서였던 것 같다. (…) 그들도 내 일에 만족했던 모양인지, 이후 8년 동안은 새로운 직원을 고용하지 않았다."

라이트 형제의 삶에 들어온 모든 사람들 중에서도, 테일러는 매우 유능하고 믿음직스러웠던 극소수의 사람 가운데 하나인 동시에, 캐서린을 가장 격분하게 만든 사람이기도 했다.

* * *

윌버와 오빌은 1901년 7월 7일 일요일 저녁에 데이턴에서 기차를 타고 키티호크로의 두 번째 원정을 떠났다. 이후 몇 주 동안 그들은 엄청난 불편을 겪었는데, 이전 방문 때 겪었던 불편은 이에 비하면 아무것도 아니었다.

라이트 형제가 엘리자베스시티에 도착했을 때는 역사상 최악의 허리케인 가운데 하나가 지나간 직후였으며, 시속 150킬로미터의 강풍이 불고 있었다. 이틀이 지나서야 이들은 키티호크로의 항해에 나설 수가 있었다.

테이트 가족의 집에서 하룻밤을 보낸 후 (그 하룻밤 동안 양측 모두 지금까지 겪었던 것 중에서도 가장 불편한 잠자리를 공유해야 했다) 라이트 형제는 킬데블힐스의 자락으로 출발했으며, 하루 종일 내리는 빗속에서 야영지를 구축했다. 그중에서도 가장 중요한 일은 바로 그 자리에 길이 3미터 내지 3.5미터의 파이프를 박아서 우물을 만드는 것이었는데, 반경 1.5킬로미터 이내에는 마실 물을 구할 곳이 없기 때문이었다.

"좋은 물" 구하는 방법을 이들에게 알려준 사람은 바로 빌 테이트였고, 토지 소유주들로부터 이용 허가를 얻어준 사람도 역시 빌 테이트였다.

새로운 활공기는 워낙 컸기 때문에, 그게 들어갈 창고 또는 격납고 역시 상당히 규모가 컸다. 오빌은 자기들이 지은 건물을 가리켜 "양쪽 끝에 차일이 달린 거대한 구조물로, 커다란 문이 경첩으로 위에 연결되어 있어서, 우리는 그걸 들어서 연 다음 막대기로 버텨놓곤 했다"고 자랑스럽게 묘사하곤 했다. 얼마 뒤에 엘리자베스시티에서 배송한 소나무 판자가 도착하자, 이들은 그걸 가지고 가로 5미터 세로 8미터에 높이 1.8미터 크기의 길쭉하고 튼튼한 창고를 지었다. 그곳 사람들은 이 작업을 두고도 상당한 위업이라고 생각했는데, 라이트 형제는 이것을 꽤 신속하게 만들어냈다.

곧이어 활공기 작업을 시작할 참에, 이들은 이전까지만 해도 결코 경험해 본 적이 없었던, 또는 상상조차 못했던 종류 및 규모의 고역을 경험했다.

내그스헤드 소재 호텔의 오랜 단골들 사이에서 전해지는 바에 따르면, 아우터뱅크스의 악명 높은 "각다귀 떼(skeeters)"는 대략 10년 내지 12년에 한 번씩 창궐하곤 했다. 그런데 하필이면 그해 7월 18일, 바로 1901년이 그 재앙의 해였다. 오빌의 말에 따르면, 모기떼는 "커다란 구름의 형태로, 거의 해를 가릴 정도로" 잔뜩 나타났다. 훗날 캐서린에게 말한 바에 따르면, 이것이야말로 그가 살면서 이때까지 겪은 가장 끔찍한 경험이었다. 이에 비하자면 장티푸스의 고통은 "아무 것도 아닐" 정도였다. 모기로부터 도망갈 방법은 전혀 없었다.

모래와 풀과 나무와 언덕을 비롯해 모든 것을 그놈들이 뒤덮고 있었지. 그놈들은 우리의 속옷과 양말까지도 뚫고 우리를 물었어. 내 몸 곳곳이 부어오르기 시작해서 상처가 마치 계란만 해졌어. 우리는 모기를 피해 일찌감치 자기로 했고, 다섯 시가 넘자마자 곧바로 실행에 들어갔지. (…) 우리는 차일 밑에 침대를 놓고 이불을 뒤집어 쓴 다음에, 그 틈새로 코만 내밀어 두어서, 공격당할 가능성이 있는 표면을 최대한 적게 만들었어.

이때까지만 해도 바람은 겨우 시속 30킬로미터밖에 되지 않았다. 그러다가 바람이 완전히 잦아들었으며, 여름의 열기는 점점 더 심해져만 갔다.

우리가 덮는 이불도 견딜 수가 없게 되어 버리고 말았어. 땀이 개울처럼 우리 몸에서 흘러내렸지. 우리는 부분적으로 이불을 걷어 버렸고, 그러자 모기가 떼 지어 우리를 덮쳐 버렸어. 우리는 자포자기한 기분으로 몇 번쯤 그놈들을 때려잡고 나서, 결국 또다시 이불 속으로 들어가 버렸지. 고역이다! 고역이야!

아침이 되어도 이런 고통은 별로 경감되지 않았다. 처음에는 라이트 형제도 일을 하려고 시도했지만 해충의 습격은 정말이지 가차 없었고 결국에는 포기할 수밖에 없었다. 저녁을 대비하여 이들은 침대에 설치할 모기장과 틀을 설치한 다음, 침대를 천막에서 6미터 내지 9미터 떨어진 곳으로 옮기고, 모기장 속에서 다시 이불을 덮어 썼다. 하지만 이 방법도 전혀 효과가 없었다. 이날 밤의 고통이 어찌나 심했던지, 오빌은 아침이 되자마자 고향으로 돌아가겠다고 맹세할 지경까지 갔다.

하지만 아침이 되자 라이트 형제는 특유의 결의를 회복했다. 악마 같은 모기들도 상당히 줄어들었으며, 이후 며칠 동안 점점 더 줄어들었다. 하지만 이들은 이때 겪은 고통을 평생 잊지 못했다.

마침 옥타브 샤누트의 추천으로 실험에 참여한 두 사람 가운데 한 명도 하필이면 모기떼가 창궐한 기간에 이곳에 도착한 까닭에 그 고역을 함께 겪어야만 했다. 테네시 주 처키시티 출신의 에드워드 허페이커는 원래 스미소니언 연구소에서 일하면서 《비상(飛翔) 비행에 관하여》라는 자체 간행 소책자를 집필한 인물이었다. 스승 샤누트의 자금 지원을 받은 그는 직접 설계한 활공기를 분해해서 가져왔다. 처음에만 해도 윌버와 오빌은 그의 합류에 기뻐했다.

또 한 명은 펜실베이니아 주 코츠빌 출신의 조지 알렉산더 스프래트라는 젊은이였는데, 사실 당면한 과제에 대해서는 적절한 배경이 사실상 없다시피 했다. 게다가 의학 공부를 했기 때문에 혹시나 사고가 날 경우에는 그 가치를 입증할 수 있으리라는 샤누트의 추천과 달리, 사실 스프래트는 이미 몇 년 전에 의과대학을 졸업하자마자 의학 분야에서의 경력을 포기한 상태였다. 따라서 그가 이 프로젝트에 참여한 이유는 비행이 자기 평생의 꿈이었다는 것뿐이었다. 물론 이것만큼은 전적으로 사실이었다. 스프래트는 모기의 공습이 끝나갈 무렵에 도착했다.

킬데블힐스에 자리한 격납고 겸 작업장에는 이제 네 사람이 머물게 되었다. 요리를 도맡은 오빌은 한쪽 구석에 부엌을 차렸으며, 금속제 통을 개조해 만든 가스스토브를 놓고, 찬장에는 각종 통조림을 (암앤드해머 베이킹소다, 체이스앤드샌번 커피, 로열퍼플핸드팩트 토마토, 골드더스트그린게이지 자두 등을) 늘어놓았다. 신선한 버터와 계란과 베이컨과 수박은 키티호크에서 구입했다.

허페이커는 라이트 형제의 "기계 설비"를 보고 감탄을 표시했지만, 실제로는 설거지 같은 일상 업무에 무관심하고 게으른 태도를 보여서 주위 사람들의 짜증을 유발했다. 게다가 그는 주인의 허락도 받지 않고 남의 물건을 멋대로 써버리는 경향이 있었다. 라이트 감독의 아들들이 가장 짜증스러워 한 것은, 허페이커가 근면한 노동 대신에 "인격 도야"를 일생의 최고 목표로 삼고 있다며 떠드는 이야기였다. 그가 직접 설계하고 실험도 계획했지만 정작 실행에는 옮기지 않았던 활공기에 관한 이야기를 거듭해서 들은 후, 라이트 형제는 그의 주장이 헛소리일 뿐이라고 점차 확신하게 되었다.

반면 스프래트는 모든 면에서 최대한 라이트 형제를 도왔으며, 훌륭한 동반자가 되어 주었다.

7월 27일, 마침내 활공기가 준비되자 실험이 시작되었다. 날씨는 맑았고, 킬데블힐스의 바람은 시속 약 20킬로미터였다. 허페이커와 스프래트말고도 빌 테이트와 그의 이복동생 댄도 여차 하면 도움을 주러 나와 있었다.

활공은 윌버가 도맡을 계획이었다. 첫 번째 비행 준비가 완료되자, 오빌과 스프래트는 모퉁이에 자리를 잡았다. 기대가 높았다.

하지만 기계는 잠시 떠오르는가 싶더니, 출발한 곳에서 몇 미터 떨어진 땅에 그대로 곤두박질했다. 아마도 윌버가 너무 앞쪽에 자리를 잡은 것이 원인인 듯 보였다. 그래서 두 번째 시도에서는 약간 뒤쪽으로 물러나 자리를 잡았는데도 별다른 차이가 없었다. 몇 번의 시도가 역시나 실패로 돌아간 이후, 그는 마침내 처음 자리를 잡은 곳에서 거의 30센티미터나 뒤쪽으로 물러났고, 그 결과 무려 100미터 이상을 날 수 있었다.

그곳에 있던 다른 모든 사람들에게는 대단한 성공처럼 보였지만, 윌버와 오빌에게는 아니었다. 라이트 형제에게는 오히려 실망스러운 일이었다. 이 기계는 예상대로 작동하지 않았을 뿐만 아니라, 사실은 1년 전의 기계만큼도 작동하지 않았던 것이다. 윌버는 땅으로 곤두박질하거나 하늘로 너무 높이 올라가 속도를 잃는 등의 일을 방지하기 위해 방향타를 전력으로 잡아당겨야 했다. 뭔가가 "단단히 잘못된" 모양이었다.

같은 날 더 나중에 이루어진 활공에서는 기계가 점점 더 높이만 올라가서 속도를 잃는 상황이 계속 벌어졌는데, 이것이야말로 오토 릴리엔탈을 죽음에 이르게 한 "조종 불능" 현상이었다. 오빌의 고함소리를 들은 윌버는 방향타를 최대한으로 움직였고, 그러고 나서야 활공기는 천천히 땅에 내려앉았다. 이때에는 수평 자세를 거의 완벽하게 유지했기 때문에, 아무런 손상이나 부상 없이 착륙했다.

윌버는 또다시 시도했다. 그리고 또다시 시도했다. 몇 번이나 똑같은 경험을 반복했고, 똑같은 경험이 도출되었다. 한 번의 활공 동안에는 기계가 심지어 뒤쪽으로 떠내려가기까지 했다.

"기계에 가한 조정이 어긋난" 까닭이라고 오빌은 캐서린에게 설명했다. 날개의 (앞전에서부터 뒷전까지 이어지는 부분을 가리키는) 곡률(曲率), 또는 "캠버"가 너무 컸기 때문에 변경이 필요했다. 라이트 형제가 가장 관심을 쏟았던 부분이 바로 날개의 앞전에서 뒷전까지의 이상적인 캠버, 또는 만곡의 형태였는데, 왜냐하면 중력에 저항하는 양력 대부분을 날개에 부여하는 요소였기 때문이다. 가장 골치 아팠던 점은, 이번에 라이트 형제가 적용한 비율이 과거 릴리엔탈의 권장 사항인 1대 12였던 반면, 1년 전에 '1호 기계' 활공기에 적용한 비율은 그보다 더 큰 1대 22였다는 점이다.

라이트 형제는 며칠 동안 활공을 포기하고 날개를 수리하는 (즉 '납작하게 만드는') 작업에 들어갔다. 결국 1900년과 유사한 캠버로 돌아가고 나자, 오히려 좋은 결과가 도출되었다. 이때에는 윌버가 딱 원하던 대로 공중에 비상하는 모습을 사진으로 찍었다. 그는 이렇게 적었다.

새로운 곡률을 적용한 기계는 방향타를 아주 살짝만 움직여도 곧바로 반응했다. 조종사는 기계가 땅을 거의 스치듯 지표면의 기복을 따라가게 할 수도 있었고, 시작 지점과 거의 같은 높이에서 항행할 수도 있었으며, 언덕 자락 높은 곳을 지나서 천천히 땅에 내려앉을 수도 있었다.

뿐만 아니라 이 상태에서는 시속 30킬로미터, 또는 그 이상의 속도에서도 상당히 부드럽게 착륙하는 데에 아무런 어려움이 없었다.

8월 첫 주는 날개를 작업하는 일로 보냈다. 그 사이에 옥타브 샤누트가 현장에 도착했다. 그의 제자인 허페이커는 라이트 형제를 바라보며 그저 감탄할 뿐이었다. 윌버는 라이트 감독에게 보낸 편지에서 이렇게 말했다.

허페이커 씨는 앞으로 6주 안에 바로 이곳에서 역사가 만들어지는 모습을 보더라도 놀라지 않을 것 같다고 말했습니다. 하지만 우리의 생각에 그만큼 우쭐할 만큼 낙관적인 상황은 아니었습니다. 그는 우리의 기계 장치를 보고 깜짝 놀랐으며, 자신의 실패를 이런 장치의 결여 탓으로 돌렸기에, 그런 어려움들이 (…) 극복되기만 하면 문제도 해결되리라 생각했습니다. 반면 우리는 장차 새로운 기계를 설계할 때 이론 부분에서 더 큰 어려움을 맞닥뜨리게 될 것이라 생각했습니다.

샤누트 역시 현장에서 본 모습에 깊은 인상을 받았다. 하지만 정작 당시에는 이 상황에 대한 기록을 거의 남기지 않고 질문도 거의 하지 않았는데 라이트 형제의 방법이 지난 여러 해 동안 그가 채택했던 방법과는 상당히 달랐기 때문이었다. 샤누트는 활공 연구에 많은 시간을 들였지만, 단 한 번도 공중으로 직접 모험을 시도하지는 않았다.

8월 8일에 재구축한 날개를 이용해 실험을 했다. 다음날 윌버는 다시 비행 장치에 탑승하여 공중에 떠올랐다. 하지만 또다시 문제가 발생했는데, 이번에는 앞서와 또 다르고 심지어 더 골치 아픈 종류의 문제였다.

왜냐하면 라이트 형제가 무척이나 자랑스럽게 여겼던 날개 휘어짐 방식이 예상대로 반응하지 않았기 때문인데, 그 이유는 이들도 알 수가 없었다. 윌버가 착륙 장소 가까이 날면서 왼쪽 날개를 아래로 내리려고 승강타를 세게 잡아 당겼지만 아무 효과가 없었다. 마치 강한 바람이 부는 와중에 창고 문을 열려고 애쓰는 것과도 비슷했다. 그러다가 갑자기 활공기가 모래 바닥으로 곤두박질했고, 윌버는 승강타 너머로 휙 나가 떨어졌으며, 급기야 한쪽 눈과 코에 멍이 들고 갈비뼈가 욱신거릴 정도로 다쳤다.

옥타브 샤누트는 이틀 뒤에 키티호크를 떠났다. 그는 라이트 형제가 이때까지의 어느 누구보다도 더 진전을 이루었고, 더 커다란 활공기를 가졌다고 확신했으며, 따라서 계속해서 작업을 진행하라고 격려했다.

이후 며칠 동안 끝없이 비가 내렸고, 설상가상으로 윌버는 감기에 걸렸다. 조지 스프래트가 먼저 떠나고, 에드워드 허페이커도 곧이어 떠났는데, 그 와중에 윌버의 이불 하나를 챙겨 떠나 버리기까지 했다.

8월 20일, 윌버와 오빌 역시 테이트 가족과 다른 주민들에게 작별을 고하고 고향으로 향했다.

* * *

오하이오 주로 돌아오는 길에 라이트 형제가 어떤 대화를 나눴는지는 그 당시에 기록되지도 않았으며, 구체적으로 논의되었던 적도 없다. 하지만 이후에 남긴 몇 마디 발언으로 미루어 보면, 이들은 실험 결과 때문에 사기가 저하된 상태였는데, 특히 윌버가 그러했다.

라이트 형제의 기계가 워낙 어설프게 작동했기 때문에, 또는 해결해야 할 것이 워낙 많이 남아 있기 때문에 그랬던 것은 아니었다. 다만 릴리엔탈과 랭글리와 샤누트 같은 사람들이 미리 마련해 놓았던 저 유서 깊은, 따라서 충분히 믿을 만하다고 추정된 (그리하여 이들 형제가 마치 계명처럼 받아들인) 계산 및 수치 가운데 상당수가 잘못된 것으로, 따라서 결코 믿을 수 없는 것으로 밝혀졌기 때문이었다. 다시 말해 저 유명한 권위자들 역시 어림짐작, 즉 "암중모색 중이었다는" 사실이 분명해졌다. 지금까지의 공인된 수치는 한 마디로 "쓸모없는" 자료일 뿐이었다.

여러 해 뒤에 오빌이 이 문제에 관해서 쓴 글에 따르면, 윌버는 워낙 사기가 저하된 상태였기 때문에, "앞으로 1000년 안에 인간이 하늘을 나는 일은 없을 것"이라고 단언하기까지 했다. 하지만 캐서린의 말에 따르면, 일단 집으로 돌아오자마자 라이트 형제는 에드워드 허페이커가 얼마나 형편없는 인간이었는지에 대해서만 주로 이야기를 나누었다고 한다.

CHAPTER FOUR

단호한 결의

우리는 계속 나아가야만 했고, 모든 것을 우리 스스로 발견
해야만 했다.

오빌 라이트

I

낙담하여 잠시 울적했던 분위기는 겨우 며칠 만에 사라져 버렸고, 그
자리에는 특유의 결의가 대신 용솟음치게 되었다. 이들은 새로운 시작에
나설 예정이었다. 기차에서 윌버가 겪은 우울도 단지 일시적인 것에 불과
했다. 오빌의 말마따나 "형은 다음날 일터에 나왔으며, 내가 보기에는 그
어느 때보다도 더 희망에 넘치고 결의가 굳어 보였다."

"우리 스스로 자료를 얻으려면 상당한 시간과 자금이 들게 되리라는
사실을 알고 있었다." 훗날 오빌은 이렇게 설명했다. "하지만 우리를 계속
지탱해 준 어떤 정신이 있었다."

"오빠들"은 매일 밤마다 "과학" 연구에 몰두하고 있다고 캐서린은 아버지에게 알렸다. "이 집에서는 오로지 비행 기계 이야기만 들리고 있어요. (…) 아침부터 저녁까지 말이에요."

이들이 사기를 유지하는 데 중요한 역할을 담당한 요소는 키티호크에서 찍은 사진의 유리판 음화(glass-plate negatives)였는데, 라이트 형제는 이것을 집 뒤편 마차고 안에 차려놓은 암실에서 현상했다. 윌버의 기록에 따르면, 암실에서 라이트 형제는 "현장에서와 마찬가지의 짜릿한" 순간을 겪었다. 왜냐하면 "유리판 위에 영상이 나타나기 시작했을 때까지만 해도, 과연 우리가 비행 기계의 사진을 제대로 찍었는지, 아니면 단지 텅 빈 하늘만 찍었는지 여부는 확실하지 않았던 까닭이었다."

8월 말에 윌버는 옥타브 샤누트로부터 초청을 받았다. 시카고에서 열리는 '미국 서부 공학자 협회'의 대회에 참석해서 활공 실험에 관한 강연을 해 달라는 것이었다. 난생 처음 받은 대중 강연 요청이었지만, 그는 가급적 거절할 작정이었다. 예정일인 9월 18일에 맞춰서 강연을 충실히 준비하기에는 시간이 너무 빠듯하다고 생각한 까닭이었다. 하지만 캐서린의 "잔소리" 때문에 윌버도 어쩔 수 없이 가게 되었다. 자칫 오빠가 강연자로서는 낙제점을 받을 수도 있으리라는 우려가 여동생의 머리에는 전혀 떠오르지 않은 모양이었다.

며칠 뒤인 9월 첫째 주, 윌리엄 매킨리 대통령이 뉴욕 주 버펄로에서 개최된 팬아메리칸 박람회에 참석했다가, 무정부주의자 레온 촐고츠에게 암살되었다는 소식이 전해졌다. 대통령은 며칠 동안이나 죽음의 문턱을 넘나들었다. "매킨리 위독." 9월 13일자 《데이턴 프리 프레스》의 1면에는 이와 같은 커다란 헤드라인이 나와 있었다. 다음날 아침에 대통령은 사망했고, 바로 그날 버펄로에서는 젊은 부통령 시오도어 루스벨트가 미국 제26대 대통령 취임 선서를 했다.

윌리엄 매킨리는 "오하이오 주의 아들"이었다. 오하이오 주에서 태어났고, 남북 전쟁 당시에는 제23오하이오 의용 연대에서 오랫동안 복무했으며, 오하이오 주지사로 2회 재직했다. 그의 사망일에 데이턴에서는 수천 명이 시내의 거리를 가득 메웠다. 이 도시의 역사상 유례가 없던 일이었다. 조종이 울렸다. 법원과 모든 관공서 건물마다 무거운 분위기 속에서 검은색 천을 내걸었다.

라이트 형제는 이때에도 평소처럼 가게에서 열심히 일하고 있었던 것으로 보이는데, 어쩌면 그것이야말로 이 비극에 대처하는 이들 나름대로의 방법이었을지도 모른다. 게다가 윌버에게는 강연 준비라는 추가적인 압박도 있었다. 9월 18일 오전, 그가 시카고로 가는 기차에 올랐을 때까지도 데이턴은 여전히 검은색의 추모 분위기를 유지하고 있었다. 매킨리는 그로부터 이틀이 더 지나서야 매장될 예정이기 때문이었다.

오빌과 캐서린은 윌버의 옷 중에 이처럼 중요한 대중 앞의 첫 무대에 어울릴 만한 것이 없다고 결론을 내렸다. 그리하여 여동생의 기록에 따르면 윌버는 "오브의 셔츠, 칼라, 커프스, 커프스 줄, 외투를 차려 입고" 길을 떠났다. 그로선 이처럼 "매우 멋쟁이였던" 적이 없었을 정도였다.

하지만 정작 윌버 본인의 느낌은 또 달랐던 모양이다. 옥타브 샤누트는 일찍이 그에게 편지를 써서, 예정된 협회 모임을 "여성 참석 가능 행사"로 공지해도 되겠느냐고 물어보았다. 그러자 윌버는 자기가 결정할 문제가 아니라고 대답했다. "지금의 저는 더 이상 상황이 어찌 돌아가든 이미 최대로 겁에 질린 상황이니 말입니다." 강연 내용이 과학적일지, 아니면 위트 있을지 여부에 대해 캐서린과 오빌로부터 질문을 받자, 윌버는 이렇게 말했다. "한마디로 애처로울 거야."

시카고에 도착한 윌버는 휴런 가에 있는 샤누트의 3층짜리 적갈색 사암 건물로 찾아갔고, 두 사람은 강연에 앞서 함께 식사를 했다. 윌버는 샤누트가 평소와 마찬가지로 친절할 뿐만 아니라 공동의 관심사를 갖고 있음을 재확인하고 안도했다. 샤누트의 집 꼭대기층에 있는 개인 연구실에는 갖가지 비행 기계의 모형뿐만 아니라, 윌버가 가까이서 자세히 살펴보기 어려웠던 다양한 새들의 박제가 잔뜩 들어차 있었다.

50여 명의 회원들과 그 부인들이 참석한 모임은 오후 8시에 모나드노크 빌딩에서 개최되었다. 짧은 소개말에서 샤누트는 "오하이오 주 데이턴 출신의 두 신사"가 항공 분야에서 이룩한 진전을 언급하면서, 이들이야말로 자기 자신이나 오토 릴리엔탈은 감히 시도조차도 못했던 일들을 시도할 만큼 대담했다고 추켜세웠다.

「몇 가지 항공 실험들」이라는 수수한 제목으로 이루어진 윌버의 강연 내용은 이후 여러 해 동안 거듭해서 인용되고 또 인용될 예정이었다. 해당 협회의 회지를 통해 최초 간행된 이래 《엔지니어링 매거진》, 《사이언티픽 아메리칸》, 《플라잉》 같은 정기간행물에, 그리고 스미소니언 연구소의 《연간 보고서》에도 전문 또는 일부가 게재되었다. 훗날 국회도서관에서 활동한 어느 항공학 전문가의 평가에 따르면, 이 강연은 "20세기 항공학의 성서 가운데 창세기에 해당하는 것"이었다.

이 강연문이야말로 솔직담백하면서도 명료한 윌버 라이트의 전형적인 설명 방식을 보여주는 것이었다. 비행 기계의 성공을 위해서 무엇보다 더 필요한 요건은 바람을 타는 능력, 즉 공중에서 균형을 유지하고 방향을 잡는 일이었다. 강연자는 만약 새가 하늘 높이 비상하는 방법을 설명하려고 한다면, 이날 강연 시간 대부분을 잡아먹을 것이라고 미리 경고했다. 대신 윌버는 종이를 한 장 꺼내서 바닥과 평행한 상태로 붙잡고 있더니, 곧이어 손을 놓아서 아래로 떨어트렸다. 그러자 종이는 "일정한 속도로 차분하게 떨어지지 않고, 수시로 뒤집히고 여기저기로 날리며 제멋대로 떨어져서, 그 모습이 마치 길들여지지 않은 말의 움직임과도 상당히 비슷"했다. 그는 이 움직임이야말로 하늘을 날기 위해서는 반드시 길들여야할 말과 같아서, 이를 다루는 비결을 익혀야만 한다고 주장했다. 이를 배우는 데에는 두 가지 방법이 있었다.

하나는 일단 그놈의 등에 올라타서, 각각의 혼란스러운 동작에 어떻게 대응하는 것이 최선인지를 실제 연습을 통해 배우는 것입니다. 또 하나는 울타리에 걸터앉아 이 짐승을 한동안 관찰하다가, 집에 돌아가서야 그놈의 몸부림과 발길질을 극복하는 최선의 방법을 느긋하게 궁리하는 것입니다. 가장 안전한 방법은 후자이지만, 뛰어난 기수 대부분은 대개 전자를 택한 것으로 밝혀집니다.

만약 완벽한 안전을 추구하는 사람이라면, 울타리에 걸터앉아서 새들을 관찰하기만 해도 충분하리라고 윌버는 말했다. "하지만 정말로 배우고 싶은 사람이라면, 반드시 기계에 직접 탄 상태에서 실제 시도를 통해 그 움직임과 조종 방법에 익숙해져야만 합니다."

그는 릴리엔탈과 샤누트 모두의 업적을 칭찬했다. "릴리엔탈은 단지 생각만 했던 것이 아니라, 실제로 행동했고 (…) 공중에서 비행 실험을 실행하는 것이 가능하다는 것을 직접 증명함으로써 비행에 대한 회의를 성공 가능한 것으로 탈바꿈 시켰습니다." 릴리엔탈이 5년 넘는 기간 동안 실제 활공은 기껏해야 5시간도 채우지 못했음을 지적하면서, 그의 성과가 마치 별 것 아닌 듯 보이더라도, 사실은 오히려 대단하다고 평가해야 마땅하다고 설명했다. 만약 어떤 사람이 5년이라는 기간 동안 하루에 10초씩 자전거를 타서 간신히 5시간을 채운 다음, 인파가 북적이는 도시를 자전거로 가로지른다고 가정하면 어떨까?

윌버는 샤누트가 개발한 복엽기를 가리켜 "매우 뛰어난 구조적 진보"라고 칭찬하면서, 여기에 약간의 변화만을 가해 자기와 오빌이 아우터뱅크스에서 최대 풍속 40킬로미터의 바람 속에서 자체적인 복엽 활공기를 제작하고 실험하게 되기까지의 과정을 설명했다.

이 강연의 간행본에 수록된 이후의 내용은 매우 전문적이며, 날개의 곡률에 관한 수학 방정식과 도해가 수록되어 있다.("지나치게 전문적인 내용이 되어도 좋으니 걱정 말게나." 샤누트는 이렇게 독려한 바 있었다). 시카고에서의 강연 당시, 릴리엔탈과 샤누트가 취합한 신빙성 없는 자료에 대해 윌버가 어느 정도까지 비판을 가했는지는 알 수 없는데, 왜냐하면 실제 강연에 대한 속기록이 작성되지는 않았기 때문이다. 하지만 간행본에서 윌버는 샤누트에 대한 존경심 때문에서인지 비판을 상당 부분 억눌렀다. 릴리엔탈의 수치에 관해서도 그가 "약간의 오류"를 범했을 것이라고만 지적하고 말았다.

어쩌면 월버의 발언에 이의를 제기하거나, 또는 불쾌감을 느꼈을지도 모르지만, 샤누트는 전혀 내색하지 않았다. 오히려 간행을 앞둔 강연문 교정쇄를 읽어본 직후에 쓴 편지에서는 이를 가리켜 "무서울 만큼 훌륭한 논문으로, 장차 널리 인용될 것"이라고 말했다.

시카고에서 데이턴으로 돌아온 후에 월버가 샤누트의 우정과 조언에 더욱 고마움을 느끼게 되었다는 사실은, 둘이 편지를 나눈 횟수가 늘어났다는 사실에서 찾아볼 수 있다. 이때부터 연말까지 3개월 동안 월버는 샤누트에게 12회 이상 편지를 썼으니 거의 매주 한 번씩이었다. 편지 가운데 일부는 7페이지 내지 9페이지 분량의 긴 편지였고, 샤누트는 매번 지체 없이 답장을 보냈다.

그 와중에 인기 높은 《매클루어스 매거진》 9월호에는 사이먼 뉴컴이 쓴 기사가 하나 실렸는데, 저명한 천문학자이며 존스 홉킨스 대학 교수인 필자는 인간 비행의 꿈을 기껏해야 신화에 불과한 것으로 폄하해 버렸다. 설령 그걸 가능하게 해주는 기계가 발명된다 한들, 그게 과연 어떤 목적에 사용될 수 있겠느냐고도 의문을 제기했다. "최초의 성공적인 비행기구는 십중팔구 시계공의 수공품일 것이고, 그래봤자 곤충 한 마리보다 더 무거운 물체를 싣지는 못할 것이다."

　　　　　　　　　　　　　　＊＊＊

　릴리엔탈과 샤누트의 계산에 대한 종전의 믿음이 깨지면서, 라이트 형
제는 1901년 가을에 항공학의 암호를 직접 공략했다. 이것이야말로 용감
한 결정이었으며, 중대한 전환점이었다.

　그중에서도 가장 중요한 것은 날개 표면의 "양력(揚力)"과 "항력(抗力)"
의 정확한 수치를 얻는 방법을 찾아내는 일이었다. 그리고 라이트 형제가
이 실험에 끌어들인 방법은 이전까지의 어느 누구도 시도한 바 없는 것이
었다. 이들은 3개월 동안 자전거 가게의 위층에 있는 방들 가운데 한 곳에
서 작업했고, 거의 모든 시간을 이 "연구"에 집중해 놀라운 결과를 만들어
냈다.

　라이트 형제는 소형 풍동(風洞)을 고안하고 제작했다. 길이 1.8미터에
가로 세로 면적 1.4제곱미터인 목제 상자는 한쪽 끝이 트여 있고, 다른 한
쪽 끝에는 송풍기가 설치되어 있었다. 가게에는 전기가 들어오지 않았기
때문에, 극도로 소음이 심한 휘발유 엔진을 이용해서 동력을 공급했다. 이
상자는 다리가 네 개 달렸고, 높이는 허리 정도 되었다.

　비록 영국의 실험가 허버트 웨넘도 비교적 이른 1870년에 풍동을 사용
한 바 있었으며, 그때 이후로도 하이럼 맥심을 비롯한 다른 여러 사람이 풍
동을 사용한 적이 있었다. 하지만 이들의 실험과 달리 라이트 형제의 실험
은 완전히 독자적인 동시에 독창적으로 진행되었다.

　상자 안에 설치된 실험 기구를 제작하는 과정에서 이들은 함석용 가위
를 이용해서 낡은 쇠톱날을 서로 다른 크기로 잘랐고, 그걸 망치로 때려서

다양한 형태로 가공한 다음, 자전거 바퀴살용 철사에 매달았다(어떤 것은 평평하게, 어떤 것은 오목하거나 볼록하게, 정사각형이나 직사각형으로 만들었다. 그 면적은 각각 38제곱센티미터였고, 두께는 0.7밀리미터였다).

비록 외양은 대단해 보이진 않았지만 이 기구의 엄청난 가치는 곧 입증되었다. 라이트 형제는 2개월 가까이 38종의 날개 표면을 실험했고, 최대 시속 40킬로미터의 바람 속에서 "저울 장치"에 부착한 "날개 모형"을 (즉 쇠톱 날을 잘라 만든 금속판을 다양한 날개 형태로 가공한 모형을) 0도부터 45도까지의 각도로 설정해 보았다. 그야말로 지겹게 속도가 안 나고 싫증나는 과정이었지만, 오빌의 말마따나 "그 금속 모형들은 기체 제작 방법을 암시해 주었다."

옥타브 샤누트는 윌버의 보고를 접하고 깜짝 놀랐다. "자네들이 실험 기계로부터 그토록 신속하게 결과를 얻어내셨다는 사실이 경탄스럽네." 그의 말이다. "자네들은 그야말로 무수한 종류의 곡면을 실험하는 과정에서 이제까지 어느 누가 갖추었던 장비보다도 더 훌륭한 것을 갖춘 것이 분명하군." 윌버가 이렇게 긴 편지를 쓰게 된 것에 대해 사과하자, 샤누트는 오히려 자네의 편지는 항상 너무 짧기만 하다며 격려를 아끼지 않았다.

이 작업은 라이트 형제가 착수했던 그 어떤 일과도 달랐으며, 가장 시간과 집중력을 요구한 일이기도 했다. 이들은 종종 자정이 넘도록 실험에 몰두했다. 훗날 영국 항공 협회의《항공 학술지》에서 지적한 것처럼, "이와 같은 과학적 역량을 가지고, 또는 불굴의 용기를 가지고 이 문제를 공략했던 사람들은 역사상 단 한 명도 없었다."

*　*　*

그해 12월에는 과거 사이먼 뉴컴의 발언처럼 인간 비행의 꿈을 완전 헛소리라며 비판하는 한 과학 전문가의 목소리가 나왔다. 그것도 당시에 대단한 명성을 누리던 《노스 아메리칸 리뷰》라는 잡지에서, 그것도 당시에 미국 해군의 공병대장이었던 조지 멜빌 소장의 기고문을 통해서였다. "특정 자연 현상을 신중하게 조사해 보면, 공학자의 입장에서는 미래의 성공에 대한 모든 자신감 넘치는 예언들이 (비록 전적으로 터무니없는 것까지는 아니더라도) 상당히 허황된 근거 없는 말들이라고 단언할 수 있다. 심지어 지금 이 시간에도, 성공적인 비행 기계가 제대로 만들어지고 있단 사실을 과연 어디에서 확인할 수 있단 말인가? 오늘날 그 준비는 어디까지 이루어 졌단 말인가?"

*　*　*

그해 12월 말에 실험이 마무리되자, 라이트 형제는 경제적 압박을 이기지 못하고 다음 계절에 판매할 자전거를 제작하는 일로 돌아섰다. 찰리 테일러가 즐겨 강조한 것처럼, 이들은 실험 비용을 충당하기 위해서라도 사업을 유지해야만 했다. 옥타브 샤누트는 이 결정에 관한 소식을 전해 듣고 무척이나 아쉽다고 답장했다.

샤누트는 한동안 연구 자금 지원을 계속해서 제안했지만, 라이트 형제는 이를 감사하게 여기면서도 선뜻 받아들이려 하지는 않았다. "사실상 우리의 항공 실험에 들어가는 모든 비용은 우리가 거기 소비하는 시간에 달려 있으며, 우리에게 이 실험은 중요하지만 본업에 소홀하도록 만드는 유혹을 늘리고 싶지는 않기 때문입니다." 윌버는 이렇게 답장했다.

샤누트는 부유한 후원자로부터 매년 1만 달러씩을 받으면 어떻겠냐고 물어보면서, 그 후원자가 다름 아닌 앤드류 카네기라고 덧붙였다. "자네들이 원한다면 내가 그분께 부탁을 드려도 되겠나?" 역시나 윌버는 완곡하게 거절했다. 뿐만 아니라 카네기는 "스코틀랜드 출신답게 대단한 고집불통일 것이므로, 비행이라는 공상적인 추구에는 별로 관심이 없을 것"이라고도 덧붙였다.

윌버와 오빌 모두 "실험실 연구"로 아주 중요한 결과를 얻었다는 사실을 잘 알고 있었다. 매사에 그러하듯이 이들은 이 일조차도 독자적으로 해냈고, 그 비용도 자체 조달했으며, 앞으로도 계속 독자적으로 연구를 진행할 예정이었다.

이후 몇 달이 지난 1902년 봄이 돼서야, 라이트 형제는 풍동 실험으로부터 배운 결과 모두에 근거하여 새로운 활공기 제작을 시작할 수 있었다. 찰리 테일러의 도움을 받고 있긴 했지만, 여전히 자전거 제작 및 판매에 관심과 시간을 상당 부분 써야 했다.

그 와중에 라이트 형제의 작업에 대한 소문은 일부 서클에서 꾸준히 퍼져 나갔으며, 그 결과 비록 격려까지는 아니어도 조금은 인정하는 분위기가 만들어졌다. 1902년 1월 25일, 《데이턴 데일리 뉴스》에 게재된 짧은 무기명 공지를 보면, 그 지역의 "항공 전문가" 두 명이 "지금까지 비행 기계 서클에서 만들어 낸 이론 가운데 상당수를 결국 내버릴 수밖에 없음을 절대적으로 확실하게" 입증했다고 보도했는데, 이것이야말로 라이트 형제의 비행 실험을 다룬 사상 최초의 간행물 보도였다.

이들은 자전거 매매업자 겸 제조업자인 윌버와 오빌 라이트 형제로, 노스캐롤라이나 주에서 실험을 실시해 주목할 만한 성공을 거두었으며, 현재는 항공 실험 분야에서 전문가들의 연구를 혁신하려는 참에 있다. (…)
항공이라는 과제에 대한 완벽한 해결책을 낳을 수도 있는 실험을 데이턴 시 차원에서 뒷받침하는 것이 바람직할 것이다.

훗날 라이트 형제가 (어쩌면 캐서린이) 신중하게 스크랩한 이 공지야말로, 이들의 노력을 기록한 첫 번째 스크랩북에서도 맨 앞 장에 당당하게 자리할 것이었다.

II

같은 시기에 이들 가족은 라이트 감독이 처한 무척이나 불쾌한 상황에 직면해 있었다. 이 상황은 가족 모두에게 심한 부담을 주었으며, 특히 윌버에게 그러했다. 하지만 그는 이 부담을 불평 없이 감내했고, 심지어 이 일로 인해서 자기 시간 가운데 며칠, 급기야 몇 주가 허비되는 와중에도 그러했다.
이 골칫거리는 그로부터 15년 전쯤인 1880년대에 뿌리를 두고 있었는데, 그리스도 형제 연합 교회의 두 군데 경쟁 분파가 이 교단의 통제권을 장악하기 위해서 다툼을 벌였던 것이다. 쟁점은 이 교회의 전통적인 신념인 프리메이슨 반대 입장과 관련이 있었다. 한쪽에서는 그 입장을 확고히 고수했던 반면, 다른 한쪽에서는 프리메이슨과 그 비밀 수단을 이 시대의 현실 가운데 하나로 받아들이자고, 나아가 교회의 구성원과 수입을 증대하는 확실한 수단으로 받아들이자고 주장했다.

프리메이슨을 교회 구성원으로 받아들이는 쪽을 옹호하는 사람들은 이른바 '자유파'로 일컬어졌다. 이에 반대하는 사람들은 '급진파'로 일컬어졌으며, 그 지도자는 바로 밀턴 라이트였다. 그는 자기가 믿는 바에 대해 발언하기를 결코 두려워하지 않았으며, 심지어 윌버를 불러서 반대측의 공격에 응답하는 논설과 사설의 집필 과정에서 도움을 받았다.

하지만 대세는 자유파 쪽이었다. 라이트 감독은 결국 싸움에서 지고 말았다. 이 교회에서 그의 역할은 사실상 전무한 상태로 축소되어 버렸다. 이에 굴하지 않은 감독은 순회 설교사로 여행을 계속했으며, 부인 수전 라이트가 사망한 해인 1889년에는 '구(舊)헌법 교회'라는 새로운 교회를 설립하게 되었다.*

그로부터 여러 해가 지났다. 그러다가 1901년에 라이트 감독이 주도한 조사 결과, 구헌법 형제회의 출판 업무를 담당하던 밀러드 케이터 목사가 무려 7000달러 가까운 교회 공금을 개인 용도로 지출한 사실이 발견되었

---

* 이후 분쟁의 진행 과정에서, 쟁점 조항을 포함한 '그리스도 형제 연합 교회' 교단의 개정 헌법을 수용하느냐 마느냐에 따라서 '구헌법파'와 '신헌법파'로 나뉘었기 때문이다.

다.

1902년에 라이트 감독은 윌버를 시켜서 교회 회계 장부를 조사했고, 그 결과 케이터 목사가 교회 공금을 이용해서 개인 보험의 보험료, 개인 의복, 그리고 자택 건축 비용 가운데 일부를 충당했음이 밝혀졌다. 하지만 교회의 평의회가 소집되어 케이터에 대한 기소를 검토했을 때, 이런 증거에도 불구하고 이 사건은 협잡이 아니라 부주의에서 비롯되었다는 결론이 나오고 말았다.

"제가 가장 안타깝게 생각하는 것은, 15년 전 아버지께 심적 압박과 슬픔을 안긴 종단의 내홍이, 이제 와서 보니 전혀 사라지지 않았다는 점입니다." 윌버는 부친에게 쓴 편지에서 이렇게 말했다. "오히려 싸움의 격렬함만이 더 늘어난 것처럼 보입니다." 또한 윌버는 이 싸움이 이후로도 계속될 것임을 의심하지 않았다.

교회 관료가 교회의 재산을 훔쳤음에도, 교회의 평판과 수입이 염려된다는 이유로 이 사건을 사실상 방조한 채 덮어주고 넘어가려는 것은 교회를 기만하는 일이므로, 이번 기회에 확실히 해결해야 합니다. 눈 가리고 아옹 해서는 장기적으로 득 될 것이 없습니다. 허위 보고로 사람을 속이는 것이 도둑질 그 자체보다 더 부정하며, 교회 수익과 관련해서도 불이익이 더 많을 것입니다.

3월 중순에 윌버는 기차를 타고 인디애나 주 헌팅턴으로 가서 출판사의 기록을 조사한 다음, 이틀 뒤에 집으로 돌아와 케이터가 제작한 장부와

서류도 "매우 엉터리"라고 아버지에게 확인해 주었다.

윌버의 강력한 촉구에 힘입어, 라이트 감독은 자체적으로 조치를 취하기로 작정했다. 이들 부자는 하루를 꼬박 걸려서 (감독의 일기에 나온 표현에 따르면) "케이터의 공급 유용에 관한 폭로"를 준비했으며, 다음날 오빌이 첫 번째 소책자의 타자본을 만들었다.

라이트 감독은 교회로부터 승인을 기다릴 것도 없이 케이터의 범죄 행위를 고발했다. 그러나 케이터는 재판에 회부되었지만 유죄 선고를 받지는 않았다. 그러자 교회 내부에서도 감독의 과도한 행동을 반대하는 정서가 늘어났다. 아버지가 캐서린에게 보낸 편지에 따르면, 심지어 옛 친구들조차도 이제는 그를 등 뒤에서 "이기주의자"라고 불렀다. 그러다가 5월에 밀러드 케이터가 라이트 감독을 명예훼손 혐의로 정식 고소했다.

윌버는 이 상황을 가리켜 "전적으로 상상할 수도, 이해할 수도, 믿을 수도 없는 일"이라고 표현했다. 그는 계속해서 케이터의 장부를 조사했으며, 본인의 말마따나 "그의 새로운 절도 사례를 며칠에 한 번씩 발견할" 정도였다. 지치고도 걱정스러운 나머지, 라이트 감독은 급기야 잠을 이루지 못하게 되었다.

여름이 될 때까지 고소와 맞고소가 이어졌다. 8월 15일에 윌버는 아버지를 옹호하는 소책자를 간행했다.

아버지와 함께 기소 혐의를 검토해 보았을 때, 우리는 이 모두가 단순히 허위임을 단번에 알 수 있었다. 그 혐의란 워낙 사소한 것이어서 그냥 웃어넘길 수준이었고 (…)

비록 케이터 씨와 그의 추종자들의 전반적인 원칙은 조사와 재판에 반대하는 것이었지만, 그럼에도 불구하고 이들은 라이트 감독에 대한 핑계성 고발을 시도하는 것에 약간의 이점이 있음을 깨달았다. (…)

심지어 허위 사건을 도입하는 것만으로도, 라이트 감독의 품성이 의심스럽다는 점을 대대적으로 보도할 기회를 얻어낼 수 있기 때문이었다.

바로 그날, 다시 여행에 나선 아버지에게 쓴 편지에서, 윌버는 "일이 잘되어 가고 있다"면서 걱정하지 말라고 안심시켰다. 캐서린도 덩달아 따로 편지를 써서, 윌버와 오빌은 이 일이 결국 올바른 쪽으로 판명되리라고 굳게 확신하고 있다고, 따라서 오빠들이 다음 주에 키티호크로 떠날 이야기를 하고 있다고, 그리고 자기가 보기에는 이것이야말로 오빠들에게는 잠시 머리를 식힐 기회가 될 것 같다고 말했다. "윌은 몸이 전보다 여위었고 신경이 곤두섰는데, 오브도 마찬가지예요. 소금기 어린 바람을 맞으며 모래 위에 엎드려 있는 동안에는 두 사람 모두 괜찮을 거예요. (…) 두 사람은 키티호크에서의 생활이 모든 질병을 치료해준다고 생각해요."

***

8월 말에 라이트 형제는 새로운 활공기 제작의 마지막 단계에 도달했다. 바로 날개 덮개로 사용할 몇 미터길이의 흰색 모슬린을 꿰매는 일이었다. 이들은 호손 가 7번지 뒷마당에서 작업했는데, 이들의 모습은 이웃들 사이에서 수많은 이야기와 추측을 자아냈다. "어떤 사람들은 형제끼리 야영하러 간다고, 그래서 천막을 직접 만드는 거라고 말했다." 한 이웃의 말이다. "또 어떤 사람들은 그들이 하늘을 날려고 한다고 말했지만 나는 그들이 그만큼 어리석다고 믿지는 않았다."

"윌은 한 시간쯤 재봉틀을 밟았다." 캐서린의 말이다. "그 사이에 오브는 웅크리고 앉아서 꿰맬 자리를 표시했다."

8월 26일, 제3호 기계에 필요한 모든 물건을 포장하고 상자에 넣어 발송한 다음, 라이트 형제는 자전거 가게를 캐서린과 찰리 테일러에게 맡겨 두고 키티호크로 세 번째 원정을 떠났다.

여동생은 윌버가 떠나는 모습을 보고 각별히 기뻐했다. 왜냐하면 지금 상황에서는 오빠가 어딘가로 떠나는 것이야말로 최선이기 때문이라고 그녀는 아버지에게 말했다. "오빠는 완전히 무기력한 상태였어요. 뭔가가 머릿속에 떠오르면, 내내 그것만 생각하니까요."

또 캐서린은 자기도 오빠들만큼이나 가족이 처한 문제를 걱정하며 사사건건 오빠들과 함께 분투하고 있다는 것을 아버지께 알리고 싶어 했다. "우리는 싸움을 결코 멈추지 않을 거예요, 아빠. 우리가 그놈들에게 제대로 한방 먹일 때 까지는요."

머지않아 캐서린은 더 많은 싸움을 벌이게 되었다. 오빠들에게 전한 것처럼, 찰리 테일러가 그녀를 "너무 피곤해서 말조차 못할 정도로" 만들었기 때문이다. 이 남자는 모든 것에 관해서 모든 것을 알고 있는 척했다. "고용한 사람에게 휘둘리고 있는 상황이 짜증스러워." 다행히도 새 학기가 시작되고 강의가 재개되자, 캐서린도 학교로 돌아갔고 전보다 더 많은 주급을 받아 문제는 해결되었다.

* * *

　　교회와 관련된 일도 결국에는 라이트 감독에게 유리하게 흘러갔다. 2년 뒤인 1904년에 미시간 주 그랜드래피즈에서 열린 교회 총회에서 그는 3분의 2라는 다수의 찬성을 통해 면책을 얻었다. 그로부터 몇 년 뒤에 조카딸에게 쓴 편지에서 라이트 감독은 밀러드 케이터에 관해서 이렇게 말했다. "그의 옛 친구들도 그가 직분에 어울리는 성품을 갖지 못했다는 점을 인정하게 되었고 그는 결국 삼림 투기꾼이 되어서 테네시 주로 떠나 버렸지."

　　결국에는 라이트 감독의 명예를 지키는 과정에서 겪은 지속적인 걱정과 좌절을 통해서, 그리고 거기 소비된 수많은 시간을 통해서, 라이트 가족은 어느 때보다도 더 긴밀한 사이가 되었으며, "부적절한 성품"을 지닌 사람들을 더욱 경계하기로 굳게 다짐하게 되었다.

III

　　오빌은 키티호크에 도착한 이후 처음으로 캐서린에게 보낸 편지에서, 우선 찰리 테일러의 특징 가운데 일부에 대해서는 너도 익숙해질 필요가 있다고 조언했다. 그 다음으로는 이곳의 날씨가 좋고, 우리는 기계를 조립했고, 드디어 실험을 실시할 준비를 거의 마쳤다고 설명했다. 이 편지를 받았을 즈음에는 여동생이 학생들을 가르치러 학교로 돌아갔을 것이라고 생각한 그는 그녀의 "희생자" 명단을 보내 달라고 요청했다. "우리 말고도 너한테 당한 사람들을 보는 게 재미있거든."

9월 둘째 주에 키티호크에서 날아 온 소식은 점점 더 길어졌는데, 여동생이 가장 듣고 싶을 만한 소식을 전하느라 라이트 형제 모두가 노력한 까닭이었다. 더 이상은 모기떼로 인한 곤란도 없고, 킬데블힐스의 자기네 숙소에는 식탁에 유포를 깔고, 식탁 의자에는 삼베 쿠션을 놓았을 정도로 "왕족 같은 사치"를 누린다고 했다. 특히 캐서린이 좋아한 오빌의 편지를 보면, 그가 글쓰기에는 재능이 없다는 인상이 단숨에 사라진다. 그의 글에서 "어린 여동생"이 혼자 남게 되었다는 느낌을 받지 않도록 많은 애를 쓴 것이 느껴지기 때문이다.

캐서린이 가장 재미있어 한 부분은 이례적으로 꾀가 많았던 생쥐 한 마리를 철저히 괴롭혔던 일에 관한 오빌의 묘사였다. 이 짐승은 계속 부엌을 돌아다녔는데, 그 쥐를 괴롭히는 일이 라이트 형제에게는 유일한 오락거리였다.

"지난밤에는 그놈을 열렬히 환영해 주었지." 오빌의 말이다. "왜냐하면 그놈이 윌의 침대 위를 어슬렁거리기에, 이불을 흔들어서 헹가래를 쳐 주었거든. (…) 결국 그놈은 도망쳐 버렸어." 또 이런 일도 있었다.

오늘 오후에는 그놈이 우리 카펫에서 아늑하게 몸을 말고 있더라고. 우리는 숙소 곳곳으로 그놈을 열심히 쫓아 다녔지. 바닥에 커다란 틈새가 있기 때문에, 필요할 때면 그놈도 신속하게 들어갔다 나왔다 할 수 있어. 하지만 우리 둘이서, 한 명은 막대기를 들고 또 한 명은 총을 들고, 한 명은 바닥 위에 있고 또 한 명은 바닥 아래에 있다 보니, 그놈이 도망치기는 불가능한 것처럼 보였어. 마침내 그놈이 바닥 아래의 구석에 웅크리고 앉아서 숨을 돌리고 있는데, 내가 그놈을 향해서 총을 발사했지. 그놈이 서 있던 바로 그 모퉁이에는 총알 자국이 선명했지만, 그 작은 짐승은 뒤로 돌아서 천천히 걸어가 버리기에, 나는 놀란 나머지 그냥 멍하니 서서 그놈의 가는 모습을 쳐다만 봤다니까.

키티호크에서의 생활 수준은 크게 향상되어 있었다. 라이트 형제가 자리를 비운 사이에 폭풍이 불어와 야영지가 손상을 입어 즉시 수리가 필요했지만, 이들은 수리를 하며, 오히려 야영지를 더 안락하게 손 보았다. 그리하여 부엌은 "크게 향상되었고," 라이트 형제도 이제 서까래 위에 만들어 놓은 새롭고도 더 편안한 침대에서 잠잤다. 건물 곳곳의 틈새에 판자를 덧대어 못질했다. 더 깊은 우물을 파서 더 나은 물을 얻었다. 가장 좋은 점은, 모래 위에서도 예상보다 더 잘 달리는 자전거를 고안했다는 점이다. 그리하여 예전에는 도보로 키티호크를 한 바퀴 도는 데 세 시간이 걸렸었지만, 이제는 한 시간이면 키티호크를 한 바퀴 돌아볼 수 있게 되었다.

라이트 형제의 이런 행각을 지역 주민들은 거의 대부분 알아차렸다. 심지어 이들은 (존 T. 대니얼스의 말마따나) "그들을 좋아하게끔 되었다." 다른 무엇보다도 "그들이 무슨 일이든지 손만 대면 척척이었다"는 것이 그 중요한 이유가 되었다.

그들은 야영지를 직접 만들었다. 그들은 낡은 카바이드 깡통을 가지고 스토브를 만들었다. 그들은 자전거를 개조해서 모래 위에서도 탈 수 있게 만들었다. 그들은 요리와 빨래를 직접 했으며, 요리 솜씨도 훌륭했다.

"그밖에도 향상된 것들이야 너무 많아서 다 말하지 못할 정도야. 게다가 이번에는 허페이커도 없고, 모기떼도 없지." 윌버는 머지않아 재합류할 예정이었던 조지 스프래트에게 이렇게 알렸다.

이번에는 오빌도 근면한 작업을 통해 날마다 작업이 얼마나 좋아지고 있는지 일지에 기록했다.

9월 8일 월요일. 마침내 기계 작업을 시작했고 (…) 위쪽 표면[날개]의 틀을 완성해서, 이제 날개살을 넣으면 된다.

9월 9일 화요일. 8시간 동안 기계 작업. 틀에 날개살을 부착하고 천을 씌웠다.

9월 10일 수요일. 각자 5시간 반씩 작업. 천을 시침질 및 재봉질하고 (…) 표면 완성. 다만 뒤쪽 날개보를 덮어야 한다.

9월 11일 목요일. 뒤쪽 날개보 덮기 완료. 다양한 풍속에서 각도를 실험하기 위해서 장대 세워둠. (…) 오후에 아래쪽 표면 작업 시작. 날개보 연결하고, 날개 끝에 고정하고, 날개살 부착 준비 완료.

9월 12일 금요일. 각자 8시간 동안 기계 작업. 날개살과 천 부착. 정오 직전에 킬데블힐스의 '큰 언덕'으로 위쪽 표면 가져감. 기계를 땅에 끌어 봄으로써 더 나은 결과 발견.

9월 13일 토요일. 아래쪽 표면 완성. (…)

9월 15일 월요일. 각자 10시간 동안 작업. (…)

이번에는 각각의 날개, 또는 "표면"의 길이가 9.5미터에 폭이 1.5미터였고, 따라서 날개의 전체 면적은 29제곱미터에 달했다. 즉 이때까지 제작된 활공기 중에서 가장 컸으며, 윌버가 조지 스프래트에게 한 말마따나 "작년의 기계를 뛰어넘는 어마어마한 향상"이었다.

* * *

9월 19일에 라이트 형제는 기계를 낮은 언덕으로 옮겼고 처음에는 연처럼 날려 보아서 "매우 만족스러운" 결과를 얻었다. 킬데블힐스로 자리를 옮긴 후에는 사흘 동안 거의 50회의 활공을 실시했지만 (그중에는 유인비행도 포함되어 있었다) 이때에는 가급적 주의를 기했다. 가장 긴 비행조차도 60미터를 넘지 않을 정도였다.

오빌 역시 이번에는 처음으로 활공을 경험했으며, 그러면서 매우 자부심을 느꼈다. 그러다가 며칠 뒤에 기계가 갑자기 제어력을 상실하고 추락해 버렸다. 운 좋게도 그는 "멍이나 긁힌 상처조차도 없이" 걸어 나왔지만, 이것이야말로 이 실험 모두가 얼마나 위험한지를, 그리고 얼마나 갑작스럽게 잘못될 수 있는지를 새삼스레 상기시킨 사건이었다. 윌버는 옥타브 샤누트에게 보낸 편지에서 이렇게 설명했다.

제 동생은 앞쪽 방향타의 이용법을 너무 짧게 연습한 이후에, 날개 뒤틀림을 (즉 '날개 휘어짐'을) 이용하는 방법까지 무리해서 시도했고, 한쪽 날개가 약간 올라간 것을 바로잡으려는 와중에, 앞쪽 방향타에 집중하는 것을 완전히 잊어버리고 말았습니다 결국 기계는 앞쪽이 들리며 7.5미터쯤 상승했다가, 옆으로 기울더니 땅에 떨어지고 말았습니다. (⋯) 그 수리에만 며칠이 걸릴 것으로 예상합니다.

9월이 끝나갈 무렵에 이들의 형 로린 라이트가 야영지로 깜짝 방문했고, 머지않아 조지 스프래트도 찾아왔다. 같은 시기에 키티호크에는 며칠 동안이나 바람이 잦아드는 이례적인 일도 있었다.

실험이 모두 연기되자 로린과 스프래트는 함께 낚시를 하러 갔지만, 윌버와 오빌은 평소와 마찬가지로 계속 바쁘게 보냈다. 아울러 윌버는 아버지에게 긴 편지를 써서 이곳에서의 상황이 극도로 잘 돌아가고 있다는 사실을 보고했다. "우리는 건강 상태도 좋고, 즐거운 시간을 보내고 있습니다." 아울러 자기들은 "매우 신중하게" 행동하고 있다고도 덧붙였다. 뿐만 아니라 그는 자기네 새로운 기계가 "이제껏 누가 만든 어떤 기계보다도 훨씬 더 대단한 향상"을 이루었다고, "모든 것이 무척이나 더 만족스럽기 때문에, 비행에 관한 문제는 해결에 거의 가까워졌다고 믿게 되었다"고 자랑스레 보고했다.

이 편지는 10월 2일자였다. 훗날 오빌의 회고에 따르면, 바로 그날 밤에 야영지에서 벌어진 항공 이론 관련 토론은 무척이나 오래 지속되었기 때문에, 그는 평소보다 커피를 더 많이 마시고 말았다. 결국 잠이 오지 않는 바람에 밤새 뜬눈으로 더 나은 조종 시스템을 만드는 일을 궁리하다가, 오빌은 갑자기 한 가지 아이디어를 떠올렸다. 즉 뒤쪽[좌우] 방향타를 고정된 위치에 놓아둘 것이 아니라, 경첩을 달아 움직이게 하자는 것이었다.

아침 식사 자리에서 그는 이런 내용의 개조를 제안했다. 그러면서 오빌은 우선 로린에게 한쪽 눈을 찡긋했는데, 평소와 같이 윌버에게서는 비판적인 반응이 나올 것이 분명하다고 예견하는 신호였다. 조지 스프래트가 언젠가 옥타브 샤누트에게 말한 것처럼, 윌버는 "누군가가 내놓은 아이디어에 반대할 준비가 항상 되어" 있었고, 금방이라도 "양팔을 걷어 부치고 논쟁에 뛰어들" 태세였다. 윌버 본인이 스프래트에게 내놓은 설명에 따르면, 이는 자기가 "좋은 말다툼"을 신뢰하기 때문이라고 했다. 말다툼을 하면 "사물을 바라보는 새로운 방법"이 도출되고, "고비를 넘어가는"데에 도움이 되기 때문이라고도 했다. 무슨 일에서든지 약점을 바라볼 수 있는 것이야말로 자기네 가족의 특징이나 마찬가지라고도 덧붙였다. 물론 이것이 항상 "바람직한 특성"까지는 아닌 것이, "그러다 보니 우리는 너무 조심스럽게 되어 버려서 성공적인 사업가가 될 수 없었고, 우리의 우정을 매우 제한된 서클에만 한정시키게 되었다"는 설명도 덧붙였다.

하지만 이번에는 잠시 침묵이 흐른 뒤에, 난데없이 윌버가 그 제안을 긍정하는 발언을 내놓았다. 곧이어 그는 다음과 같이 제안해 오빌을 더 깜짝 놀라게 했다. 차라리 방향타의 제어와 날개 휘어짐의 제어를 연계시켜서 조종사의 업무를 단순화하는 게 낫지 않을까?

바로 그날부터 개조를 위한 작업이 시작되었다.

이때까지 사용하던 고정식 방향타 한 개 (즉 길이 60센티미터의 수직 꼬리날개) 대신에, 이후의 활공기에는 길이 1.5미터의 움직이는 방향타 한 개가 장착되었다. 조종사는 배를 깔고 엎드린 상태에서, 새로운 목제 "골반 받침대"를 이용해서 좌우 방향타와 날개의 휘어짐 모두를 조작했다.* 따라서 손을 움직일 필요도 없이, 골반을 움직이면 그만이었는데, 이는 자전거를 움직일 때에 골반을 이용하는 것과 유사했다.

그로부터 이틀 뒤에 야영지에는 더 많은 사람이 북적이게 되었다. 이번에는 옥타브 샤누트와 그의 지인 오거스터스 헤링이 함께 찾아왔다. 이제는 식사 때마다 여섯 명이 둘러앉았고, 서까래에 달아맨 취침 용구도 이전보다 서로 더 가까이 놓이게 되었다. 게다가 이 손님들은 직접 설계한 삼엽기(三葉機) 방식의 간이 활공기 행글라이더를 실험하러 가져왔는데, 라이트 형제가 내심 바란 것보다 훨씬 더 많은 시간과 관심을 할애했음에도 불구하고, 이 실험은 결국 완전 실패로 판명되었다. 헤링이 저 번거로운 날개 세 개짜리 기계를 이륙시키는 데에 몇 번이나 실패하자, 윌버와 오빌도 각자 한 번씩 시도해 보았지만 상황은 마찬가지였다.

* 조종사가 골반 받침대에 엎드린 상태에서 허리를 좌우로 움직이면, 골반 받침대에 연결된 철사가 당겨지거나 늦춰지면서, 결과적으로 그 철사와 연결된 좌우 날개와 꼬리날개(뒤쪽 방향타)가 함께 움직여서 날개 휘어짐 및 방향타 조작 효과를 발휘하는 방식이었다.

샤누트와 헤링은 일주일 동안 머물러 있었다. 비록 자신의 활공기 실험은 실망스러웠지만, 샤누트는 라이트 형제가 달성한 일의 중요성을 이해했다. 그리하여 시카고로 돌아가는 도중에 워싱턴에 들러서 새뮤얼 랭글리를 찾아갔고, 자기가 키티호크에서 본 것에 대해서 구체적으로 설명해주었다.

스미소니언 연구소의 대표인 랭글리는 내셔널 몰 소재 연구소 건물인 "캐슬(건물의 중앙 및 네 귀퉁이에 탑이 솟아 있어서 '성'이라는 별명이 붙었다)"에서도 유독 커다란 사무실을 차지하고 있었다. 두 사람은 비슷한 연배였다. 랭글리는 68세였고 샤누트는 72세였기에 라이트 형제보다는 30년 이상 연상이었다. 이들은 대단한 명성과 업적을 이룬 상태였으며, 새하얀 턱수염까지 기른 모습은 어느 면으로 보나 석학이 따로 없었다.

하지만 샤누트가 비행을 연구하는 사람들 간의 공개적인 지식 및 아이디어의 교환을 지지했던 것과는 달리, 랭글리는 자신의 연구 결과에 대해서는 극도의 비밀을 유지했다. 그가 막대한 비용을 들여가면서 추진한 스미소니언의 실험 역시 모든 내용이 여전히 비밀로 남아 있었다. 상냥한 성품이었던 샤누트와는 대조적으로 랭글리는 철저한 보스턴 상류층이었으며, 자기 친구들이 그나마 호의적으로 꼬집은 것처럼 "오만의 껍질"을 두르고 있었다.

1896년에 무인 증기 동력 비행체를 발진시킨 이후, 랭글리와 스미소니언의 "연구단"은 역시나 두둑한 자금 지원 속에서 앞서의 비행체를 더 크게 만드는 작업을 진행 중이었다. 다만 이번의 비행체는 휘발유 엔진으로 동력을 공급하고, 조종사도 한 명 탑승시킬 예정이었다. 이 사실은 이 계획에 직접 관여하는 사람들 이외에는 아무도 몰랐는데, 랭글리가 비밀 유지를 원했기 때문이다.

이때까지만 해도 랭글리는 라이트 형제며 이들의 노력에 대해서는 전혀, 또는 거의 관심을 갖지 않고 있었다. 하지만 샤누트가 전한 소식을 모두 듣고 나자, 갑자기 큰 관심을 드러내며 곧바로 라이트 형제에게 편지를 써서 직접 키티호크를 방문하고 싶다고 요청했다. 윌버와 오빌은 이 제안을 완곡하게 거절했는데, 그 이유가 무엇인지는 알 수 없다.

* * *

로린 역시 머지않아 키티호크를 떠났다. 10월 17일에 라이트 형제는 개조한 활공기를 스프래트의 도움을 받아 킬데블힐스로 옮겨 실험을 재개했다. 날씨는 이제 충분히 추워졌기 때문에, 밤새도록 불을 지펴야 했다. 식량 역시 다 떨어져서 콩 통조림으로 끼니를 때우는 형편이었다. 하지만 이런 모든 상황도 아무런 문제가 되지 않았다.

스프래트까지도 떠나 버리자, 라이트 형제는 다시 둘만 남게 되었으며, 이전에 여러 번 그랬듯이 이들을 돕는 사람은 충실한 빌 테이트 혼자뿐이었다. 열흘간의 실험 동안에 라이트 형제는 이전의 여러 주에 했던 것보다도 더 많은 활공을 실시했으며, 거리 기록은 점점 늘어나 180미터를 넘게 되었다. 아우터뱅크스에서 보낸 2개월 동안 이들은 거의 1000회에 달하는 활공을 실시했으며, 그로 인해 조종과 관련된 마지막 중대한 문제를 해결했다.

라이트 형제는 의기양양한 상태였으며, 여차 하면 그곳에 몇 주 더 머물러 있을 의향도 있었다. 하지만 머지않아 빌 테이트는 조업철의 개막과 함께 고깃배와 선원들을 이끌고 바다에 나가는 일에 전념해야만 했다.

10월 28일, 날이 밝자마자 라이트 형제는 차가운 장대비를 맞으며 야영지를 철거했고, 6.5킬로미터 걸어서 키티호크까지 돌아왔다. 집으로 돌아갈 때쯤에 이들의 마음가짐은 1년 전에 이곳을 떠날 때와는 완전히 달라져 있었다. 풍동 실험에 바친 시간과 노력이며, 세 번째 기계를 설계하고 만드는 일이며, 킬데블힐스에서 이루어진 가장 최근의 수정 등은 전적인 성공으로 입증되었다. 라이트 형제는 자기들이 달성한 것의 중요성을 정확히 알고 있었다. 즉 자기들이 비행의 문제뿐만 아니라 더 많은 문제를 해결했음을 알고 있었다. 라이트 형제는 비행을 위한 지식과 기술 모두를 습득한 것이었다. 이들은 비상할 수 있었고, 떠다닐 수 있었고, 상승하고 하강할 수 있었고, 선회하고 활공하고 착륙할 수 있었으며, 이 모두를 하나같이 자신 있게 할 수 있었다.

이제 남은 일은 모터를 만드는 것뿐이었다.

제2부

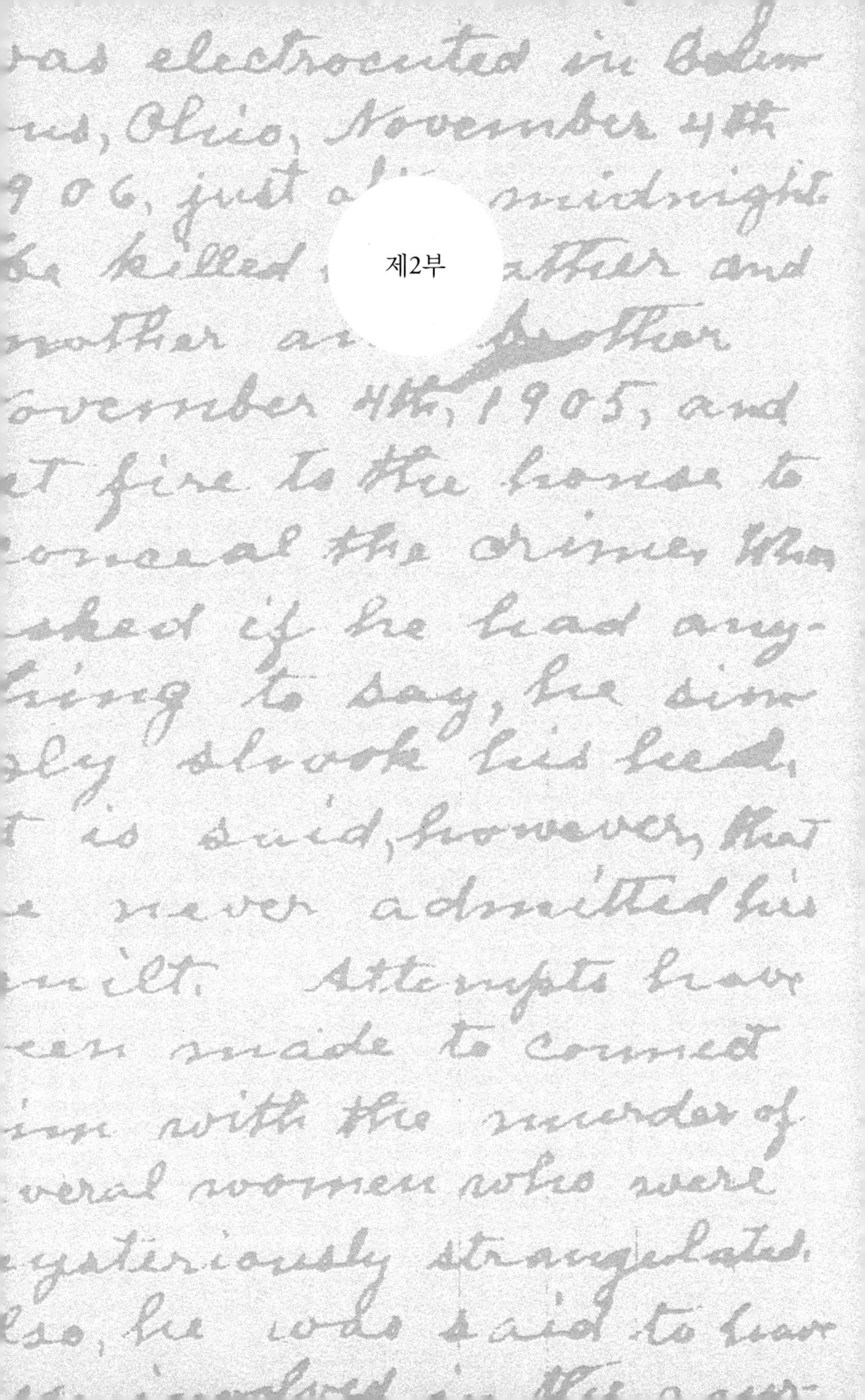

Dr. Oliver Crook Haugh was electrocuted in Columbus, Ohio, November 4th 1906, just after midnight. He killed his father and mother and brother November 4th, 1905, and set fire to the house to conceal the crimes. When asked if he had anything to say, he simply shook his head. It is said, however, that he never admitted his guilt. Attempts have been made to connect him with the murder of several women who were mysteriously strangled. Also, he was said to have

CHAPTER FIVE

1903년 12월 17일

깨어나 보니 시속 30킬로미터 내지 40킬로미터의 바람이 북쪽으로
부터 불어오고 있었다. 우리는 일찌감치 기계를 가지고 나가서, 초소
에 있는 사람들에게 신호를 보냈다.

오빌 라이트의 일기 중에서,
1903년 12월 17일

I

1903년 새해가 시작되었을 때, 데이턴의 전망은 그 어느 때보다도 더
밝아 보였다. 인구는 거의 10만 명에 도달해 있었고, 《이브닝 뉴스》에 따르
면 이에 버금가는 숫자의 외지인이 사업을 위해서 데이턴으로 향하고 있
었다. 이곳은 비관주의자를 위한 도시가 아니었다. "그래도 비관주의자가
이곳에서 어떤 희망을 품는다면, 아마도 그가 번영의 멋진 공기를 들이마
시고, 낙관주의의 정신을 흡수하며 치료되리라는 희망일 것이다."

미국에 사는 대부분의 사람들에게 미래는 약속으로 충만해 있었다.
《시카고 트리뷴》은 새해 사설에서, "이해력이 둔하지" 않다면 누구나 지

금 상황이 예전 어느 때보다 좋아졌음을 알 것이며, "새로운 과학과 새로운 방법 그리고 새로운 교육이 완벽하게 작동하는 날에는 지금보다 한층 더 나아질 것"이라고 했다. 당시에 인기를 끌던 노래의 박자도 이에 걸맞게 명랑했다. 남쪽과 북쪽의 피아니스트는 래그타임을 연주했고, 사람들은 「빌 베일리, 집에 돌아오지 않을 거야」며 「멋진 여름에」 같은 곡을 들으며 노래하고 춤추었다.

거의 모든 곳에서 고용이 늘어났다. 뉴욕 주에서는 사실상 노동력 전체가 일하고 있었다. 임금이 올라갔고, 국가의 부도 증대했다. 국가 부채 대신에, 4500만 달러의 흑자가 기록되었다. 워싱턴에서는 시오도어 루스벨트의 지도력하에 "새로운 속력"을 감지할 수 있었다. 이 나라는 프랑스가 이미 실패한 곳에서부터 다시 시작하는 파나마 운하의 건설을 개시할 참이었다. 《앨버커키 저널 데모크라트》에 따르면, 지금까지의 그 어떤 새해도 "이보다 더 고무적인 전망을 미국인에게 제공한 적은" 결코 없었다. 뿐만 아니라 수많은 사설과, 주일 설교와, 심지어 가정의 저녁 식탁에서도 지적되었던 것처럼, 이보다 더 세계가 평화로운 적은 없었다.

다만 《필라델피아 인콰이어러》에서는 몇 가지 의아한 질문도 고려해야 한다고 지적했는데, 그중 하나는 이러했다. "항공술"에 대해서 그토록 많은 관심이 쏟아졌는데도 불구하고, 왜 이토록 결과가 보잘 것 없는가?

***

새해 직전에 라이트 형제는 서로 다른 주에 있는 자동차 엔진 제조업체

일곱 군데에 편지를 보내서, 자기네 목적에 충분한 동력을 제공하면서도 무게가 보다 가벼운 기성품 엔진이 있는지 물어보았다. 이에 대한 답장은 단 한 통이었는데, 그나마도 너무 무거웠다. 그리하여 라이트 형제는 또다시 독창성을 발휘해야 하는 상황이 되었지만, 안타깝게도 이들은 엔진을 제작해 본 경험이 전혀 없었다.

훗날 라이트 형제는 '외관상 불가능해 보이는 기계적 문제를 해결하는 전통적인 미국 특유의 재주를 지닌 까닭에, 다른 많은 사람들이 실패한 분야에서 성공을 거둔 영리한 지방 자전거 수리공 두 명'으로 널리 묘사되었다. 물론 이런 묘사는 어디까지나 일부만 사실이다.

하지만 찰리 테일러는 이런 묘사를 거의 완벽하게 적용할 수 있는 인물이다. 나아가 그는 단순히 영리한 수준을 넘어서 탁월한 수준의 기술자였기에, 라이트 형제에게는 그야말로 하늘의 선물이 아닐 수 없었다. 비록 이들의 누이 캐서린은 마치 모든 정답을 다 아는 척하는 찰리의 태도가 못마땅했을지 몰라도, 윌버와 오빌은 그의 능력이 자기들에게 어마어마한 가치를 지니고 있음을 결코 망각하지 않았다. 테일러 역시 라이트 형제가 여러 면에서 자기보다 훨씬 뛰어난 사람들임을 잘 알고 있었다. 훗날 그는 이들에 대해서 다음과 같이 자랑했다. "그 두 사람은 물리학을 잘 알고 있었다. 자기네가 하는 일을 항상 제대로 알고 있던 이유도 그래서였고, 사실상 무엇에 대해서도 어림짐작하지 않았던 이유도 그래서였을 것이다." 또 엔진 제작에 관해서는 이렇게 설명했다.

그들도 공구를 능숙히 다루었지만, 기계 쪽 일은 결코 많이 하지 않았으며,

어쨌거나 그들은 기체 만드는 일 때문에 바쁘기도 했다. 그래서 내가 그 일을 도맡았다. (…) 우리는 도면을 그리지는 않았다. 우리 가운데 한 명이 부품을 스케치하면, 우리는 메모지를 펼쳐 놓고 이야기를 나누었고, 잠시 후에 나는 그 스케치를 내 작업대 위에 꽂아 놓았다.

찰리 테일러도 휘발유 엔진을 다룬 경험은 딱 한 번뿐이었고, 그나마도 몇 년 전에 자동차에 장착된 엔진을 수리하려 시도했던 것 뿐이었다. 하지만 그해 1월, 그는 가게 안쪽에서 자전거를 만드는 데에 사용하던 바로 그 금속 선반과 천공기를 가지고 작업에 돌입했고, 그로부터 6주 뒤에 마침내 작업을 마무리했다.

이 모터는 보어가 10센티미터에, 스트로크가 10센티미터인 실린더 네 개가 달려 있었다. 애초의 의도는 8마력의 힘을 발휘하고, 무게는 90킬로그램 미만이 되는 것이었으며, 비행 기계와 조종사를 합친 대략적인 무게인 300킬로그램을 운반하는 것이었다. 그런데 결국에 가서 찰리가 만든 모터는 무게가 겨우 70킬로그램에 불과했는데, 왜냐하면 엔진 몸체가 주조 알루미늄으로 이루어진 까닭이었다. 이는 피츠버그에 본사를 둔 진취적인 기업인 '아메리카 알루미늄 회사'에서 제공한 것이었다. 다른 재료들은 데이턴의 제조업자와 공급업자로부터 얻었지만, 각각의 실린더를 위해 알루미늄을 도려내는 작업이라든지, 주철 피스톤 링을 만드는 작업 모두는 아래로 축 늘어진 해마 수염(walrus mustache)을 기른 한 남자가 자전거 가게 안쪽 방에서 혼자 해낸 것이었다. 찰리 테일러는 훗날 이렇게 설명했다.

연료 시스템은 단순했다. 1갤런짜리 연료 탱크를 날개 버팀대에 묶어서 아래로 늘어트리면, 중력에 의해서 휘발유가 튜브를 타고 아래로 흘러 엔진으로 들어갔다. (…) 기화기는 없었고 (…) 연료는 다기관(多岐管) 속의 좁은 연소실 안으로 흘러 들어갔다. 이 연소실에서 연료가 공기와 혼합되는데, 이 연소실은 실린더 바로 옆에 있기 때문에 비교적 신속하게 덥혀져서, 그 혼합물을 증발시키는 데에 도움이 되었다. 실린더마다 연료를 몇 방울씩 마중물로 떨어트려 엔진을 가동했다.

이후의 엔진과 비교해 보면, 모든 것이 놀라우리만치 단순하고 조잡했다. 찰리의 표현에 따르면, 그런 점화 방식은 "만들고 고장 내는 유형"이었다는데, 아마도 고장이 나더라도 신속히 수리가 가능하다는 의미였을 것이다. 여기에 점화장치 따위는 없었다.

점화는 연소실 안에 있는 두 개의 접촉점을 열고 닫는 방식으로 이루어졌다. 이 접촉점은 주축과 기어로 연결된 축과 캠으로 작동되었다. 점화 스위치는 우리가 어느 철물점에서 구입한 일반적인 단극단투 나이프스위치였다.

라이트 감독이 "작은 가스 모터"라고 부른 이 엔진은 2월 중순에 마무리되었으며, 가게에서 처음 작동했을 때의 소음이며 연기는 차마 못 견딜 지경이었다. 다음날 더 오랫동안 시험했을 때에는 엔진 몸체가 갈라졌다. 휘발유를 떨어트리자 베어링이 얼어붙고, 엔진의 본체와 틀이 깨져 버렸다.

또다시 두 달이 지나서야 피츠버그에서 제작한 두 번째 몸체가 배달되었다. 이 엔진은 잘 작동했으며, 덤으로 무려 12마력이라는 의외의 성능을 발휘했다.

그 와중에 프로펠러 설계는 여전히 더 큰 도전으로 남아 있었다. "내 생각에 윌과 오브가 겪었던 가장 힘든 작업은 프로펠러와 관련된 것이 아니었을까 싶다." 찰리는 훗날 이렇게 회고했다. "그런데 어째서인지 그 물건의 개발과 관련해서는 그들도 마땅한 격찬을 받지는 못한 것 같다."

라이트 형제가 이 문제를 더 연구할수록, 문제는 더 복잡해지기만 했다. 놀랍게도, 공기 프로펠러에 관한 기존 자료를 전혀 찾아낼 수가 없었다. 여차 하면 선박용 프로펠러 제작을 위해 해양 공학자들이 사용하는 어림셈을 따라가는 한편, 데이턴 도서관에 있는 자료도 참고할 수 있으리라 추정했지만, 알고 보니 스크루 프로펠러가 사용된 지 무려 100년이 지난 그때까지도 그 물건의 정확한 작동 원리는 여전히 모호한 상태였다. 다시 한 번 라이트 형제는 이 문제를 스스로 해결하는 것밖에는 선택의 여지가 없는 상황에 놓이게 되었다. "우리는 그 문제에 워낙 정신이 사로잡혀 있어서, 다른 일은 거의 할 수가 없었다." 오빌의 말이다.

라이트 형제는 프로펠러라는 물건이 결국 나선 경로로 움직이는 비행기 날개일 뿐이라고 간주하기 시작했다. 만약 이들이 직선 경로를 여행하는 날개의 효과를 계산할 수가 있었다면, 나선 경로로 여행하는 날개의 효과도 계산할 수 있지 않을까? 오빌은 훗날 다음과 같이 설명했다.

하지만 고민을 이어가다 보면, 어디서부터 문제를 풀어가야 하는지조차 파악하기 어려웠다. 왜냐하면 프로펠러도, 또는 프로펠러가 작동하는 매질조차도, 잠깐 동안이라도 가만히 있지 않았기 때문이다. 추진력은 속도에 따라, 그리고 날이 공기를 때리는 각도에 따라 정해졌다. 또 날이 공기를 때리는 각도는 프로펠러가 돌아가는 속도에 따라, 그리고 기계가 앞으로 움직이는 속도에 따라, 그리고 뒤로 스쳐 지나가는 공기의 속도에 따라 정해졌다. 뒤로 스쳐 지나가는 공기의 속도는 프로펠러가 발휘하는 추진력에 따라, 그리고 거기 작용하는 공기의 양에 따라 정해졌다. 이런 요소들 가운데 어느 것 하나라도 변화되면, 나머지 모든 요소들도 변화되었는데, 왜냐하면 이 모든 요소가 서로 상호의존적이었기 때문이다.

몇 달 동안의 연구와 논의 끝에 라이트 형제는 정지 상태의 프로펠러에서 산출되는 추진력이 이동 상태의 프로펠러에서 산출되는 추진력을 전혀 나타내지 못한다는 사실을 이해하게 되었다. 그러니 어떤 프로펠러의 효율성을 실험하는 유일하게 현실적인 방법은 비행 기계에 설치해 직접 실험하는 것뿐이었다.

이 몇 달 동안 이들의 "논의"는 이전과 마찬가지로 격렬해졌다. 밤낮을 가리지 않고 라이트 형제 사이에 격한 말이 오갔고, 종종 목소리가 최고조로 높아졌다. "말다툼 그만 두지 않으면, 차라리 내가 집을 나갈 거야." 히스테리 직전의 상황이 된 캐서린이 결국에는 이렇게 소리치고 말았다.

찰리 테일러의 말에 따르면, 두 사람은 서로에게 진심으로 화를 낸 적이 결코 없었다. 언젠가 라이트 형제의 "격렬한" 대화 가운데 하나가 끝난 다음날 아침, 찰리가 평소처럼 7시 정각에 가게 문을 열자마자 오빌이 들어오더니 "자기가 틀린 것 같다고, 그러니 윌의 방식대로 해야 맞겠다고" 말했다. 잠시 후에는 윌버가 들어오더니, 자기가 거듭해서 생각해 보았더니 "아마 오브가 맞는 것 같다"고 말했다. 찰리의 말에 따르면, 여기서의 핵심은 "일단 논쟁을 마치고 나면 (…) 그들은 상황을 종합해서 다시 검토하곤 했고, 계속해서 하던 일을 해 나갈 수 있었다"는 것이었다.

'플라이어 호'라는 이름의 새로운 비행 기계는 조종사의 바로 뒤쪽, 즉 위 날개와 아래 날개 사이에 두 개의 프로펠러를 설치할 예정이었다. 한쪽 프로펠러는 시계 방향으로, 나머지 한쪽 프로펠러는 시계 반대 방향으로 돌아갈 것이었으며, 그리하여 한쪽의 선회, 또는 회전 동작이 나머지 한쪽의 동작과 균형을 맞출 것이었다. 적당한 직경과 각도와 표면적을 지닌 프로펠러를 만드는 것은 오히려 큰 문제가 아닌 것으로 입증되었다.

각각의 프로펠러는 직경이 2.5미터였고, 가문비나무 박판 세 개를 접착제로 붙인 다음, 손도끼와 바퀴살 대패를 (수레바퀴 전문 목수가 사용하는 "박피(剝皮)칼"을 말한다) 이용해서 수작업으로 다듬었다. 이 프로펠러가 그때까지 만들어진 그 어떤 프로펠러와도 다르다는 사실은 분명했으며, 이로써 마지막 중대한 문제도 해결되었다.

이번에도 기계 아래에는 바퀴 대신 활주부를 설치하고, 조종사는 아래쪽 날개 가운데에서 납작 엎드려서 조종할 계획이었다. 모터와 라디에이터는 조종사의 바로 오른쪽에 설치하고, 1갤런짜리 작은 연료통 하나를 조종사의 왼쪽에 있는 날개 버팀대 위에 매달아 놓을 것이었다. 프로펠러에 사용할 구동 체인은 인디애나폴리스 체인 회사에서 특별 제작하기로 했고, 날개와 날개 사이의 트러스로는 로블링 철사를 (브루클린 교를 건설한 로블링 부자가 만든 철사를) 사용할 것이었다.*

3월 23일, 라이트 형제는 자기들이 만든 비행 기계, 그리고 날개 휘어짐 시스템과 방향타를 특허 신청했다.

* * *

4월 말에 옥타브 샤누트가 파리에서 보낸 편지가 도착했다. 그는 아내의 사망 이후, 충격에서 벗어날 생각으로 유럽에서 장기간 여행 중이었다. 샤누트는 라이트 형제의 실험이 파리에서 많은 주목을 받고 있다고 전한 다음, 이렇게 덧붙였다. "지난 여러 해 동안 이루어진 그 모든 활공 시험을 깡그리 무시해 버렸던 프랑스인들이 이제 와서는 이에 과도하게 열광한다는 것이야말로 상당히 기묘하게 생각된다네." 파리에 있는 동안 샤누트는 이 주제에 대해서 몇 번인가 강연을 했는데, 그중 한 번은 프랑스 항공술 동호회에서 열린 공식 만찬 중의 회의에서 한 강연이었다.

그런데 파리에서의 강연에 관해 샤누트가 편지에서 미처 이야기하지 않은 내용도 있었다. 즉 이런 강연 때마다 자기도 이 실험의 참가자라고 설명했으며, 라이트 형제를 가리켜 자신의 "헌신적인 협업자들"이라고 지칭했던 것이다. 아마도 자기 동료들에 대한 자부심 때문에, 또는 항공술에 대

---

* 미국 뉴욕의 대표적인 상징물 가운데 하나인 브루클린 교는 세계 최초의 강철 케이블 현수교이다. 그 설계자인 존 A. 로블링(1806~1869)은 본래 철사와 케이블 생산 공장을 운영했으며, 브루클린 교는 그의 사후인 1883년에 아들 워싱턴 A. 로블링(1837~1926)이 완성시켰다.

한 관심이 대단했던 자신의 고국 프랑스에서 주목받는다는 뿌듯함 때문에 그랬을 것이다. 하지만 이 과정에서 샤누트는 마치 자기가 라이트 형제의 스승이며, 그들은 단지 "자신의" 작업을 실행에 옮기는 대담한 제자들에 불과한 듯한 인상을 심어주고 말았다.

이런 인상은 사실이 아닐 뿐만 아니라 어마어마하게 불공정한 것이기도 했다. 비록 샤누트가 큰 관심과 격려를 베풀기는 했지만, 라이트 형제는 어떤 면으로 보거나 그의 제자나 협업자가 아니었다. 이들이 달성한 모든 성과는 스스로 해낸 것이었고, 독창적인 연구와 노력을 통해 얻은 것이었다. 샤누트가 파리에서 한 발언을 라이트 형제가 언제쯤 알게 되었는지는 불분명하지만, 이들로선 달가운 일도 아니었고, 쉽사리 잊어버릴 일도 아니었다.

하지만 샤누트의 강연은 프랑스 항공계에 새바람을 불어넣었다. 그는 라이트 형제가 행한 활공기 비행의 중요성을 강조해 마지않았는데, 그 내용 모두는 프랑스인들에게 계시나 다름없었고, 당시 항공술 동호회의 지도자 가운데 한 명인 앙리 들라보의 말마따나 "심지어 약간은 동의할 수 없는" 내용이기도 했다. 따라서 이제는 프랑스의 비행술 실험가들도 "경쟁자에게 뒤지고 싶지 않으면 진지하게 일에 전념해야" 하는 상황이 되었다.

또한 샤누트는 프랑스 체류 중에 한 연설이며, 수많은 대화에서 라이트 형제의 활공기의 세부 내용에 관한 많은 정보를 제공했다. 그리고 이는 실제로 프랑스 항공술에 심오한 영향력을 발휘했다.

샤누트는 영향력 있는 정기간행물 《라에로필》에 기고하기로 약속했다고, 그렇기 때문에 라이트 형제의 사진이 필요하니 지체 없이 보내달라고 월버에게 알렸다. 그로부터 몇 주가 지난 뒤에야 보낸 답장을 보면, 월버는 당신의 이런 친절한 요구를 어떻게 거절해야 할지 모르겠다고 온화하게 말하는 한편, 자기네는 차마 카메라를 마주할 용기가 없었다고 덧붙여 놓았다.

5월 중순에 귀국한 샤누트는 새로 월버에게 연락을 취했다. 다시 한 번 시카고에 와서, 미국 서부 공학자 협회에서 강연할 날짜를 잡자는 것이었다. 또한 그는 가급적 빨리 데이턴으로 라이트 형제를 찾아가겠다면서, 자기가 직접 만나서 전할 정보가 있다고 덧붙였다. 샤누트는 6월 6일에 데이턴에 도착해서 바로 그날 밤에 시카고로 돌아왔다. 이날의 대화에서 그는 독자적인 실험을 포기했다고 라이트 형제에게 알렸다. 이제부터는 모두 당신들에게 달려 있다고 격려했던 것이다.

* * *

월버는 6월 24일 저녁에 시카고에서 열린 모임에 강연자로 참석했는데, 2년 전보다는 상당히 더 많은 자신감과 활기를 지니고 있었다. 그는 작년 가을에 키티호크에서 오빌과 함께 실험한 활공기를 통해 달성한 돌파구에 관해서 어느 정도 자세히 설명했다. 자기네 작업에서 새들에 관한 연구가 얼마나 큰 부분을 차지했는지에 관해서, 그리고 달성할 수 있었던 활공에 관해서 설명했고, 이전과 마찬가지로 조종 실력의 필요성을 각별히 강조했다. 또 이 일에는 단순히 기계를 다루는 실력 이상의 뭔가가 필요하다고 설명했다.

"비록 1000회 활공한다 가정하더라도 시간상으로는 4시간 꼬박 연습한 것과 매한가지입니다." 하지만 이것조차도 "한 사람이 비행술을 완벽히 터득하기에는 너무 부족한 시간"이라고 그는 지적했다.

왜냐하면 비상은 단순히 상승 기류를 타고 오르는 것이며, 만약 바람이 꾸준히 분다고, 또 충분히 떠받쳐 주는 힘으로 분다고 가정할 경우, 적당한 경사면을 지닌 언덕 앞에서는 언제라도 손쉽게 비상이 가능하기 때문입니다. 하지만 풍속의 변화로 인해 때로는 필요 이상으로 떠받쳐 주게 마련이고, 또 때로는 너무 적게 떠받쳐 주게 마련이어서, 비행 기계를 상승 기류에 계속 정확히 놓아두기 위해서는 실력과 경험과 판단력이 상당히 필요한 것입니다. (…) 위험한 높이까지 상승하려 시도하는 조종사라면, 그에 앞서 긴급상황이 발생할 경우, 의식적 노력보다는 본능에 따라서 근육이 작동하리라는 것을 알아야만 합니다. 왜냐하면 생각할 시간이 없기 때문입니다.

비상하는 새들에 관한 지속적인 연구 덕분에, 윌버는 인간이 새만큼(아니 새보다 더) 저항이 적은 날개를 만들 수 있다고 확신하게 되었다. 하지만 이것은 새로부터 얻은 핵심도 아니었고 교훈도 아니었다. "새들의 날개가 매우 잘 설계되었다는 사실이야 실제로도 의심의 여지가 없지만, 정말 놀라운 점은 그 비범한 효율성이 아니라 오히려 새들이 이용하는 경이로운 솜씨입니다."

마지막에 윌버는 다시 한 번 강조하며 다음과 같이 선언했다. "비상의 문제는 더 좋은 날개의 문제라기보다는 오히려 더 좋은 조종사의 문제인 것이 분명합니다."

짧은 토론 시간에, 알렉산더 그레이엄 벨이 커다란 연에 사람을 매달아 띄운 실험에 관한 의견을 묻자, 윌버는 이렇게 대답했다. "어떤 비행 기계 제작자의 실험에 관해서 다른 제작자에게 의견을 물어보는 것은 좋은 질문이 아닙니다. 왜냐하면 모든 비행 기계 제작자는 각자의 방법이 유일하게 올바른 방법이라고 생각하기 때문입니다."

이번에는 청중 가운데 한 명이 새뮤얼 랭글리가 사용한 날개의 이면각에 관해서 묻자, 윌버는 서슴없이 비판을 내놓았다. 즉 랭글리의 기계는 만만찮은 상대인 측면 강풍이 전혀 없는 전적인 고요 상황에서만 실험했을 뿐이지만, "보통은 바람이 불게 마련"이라는 사실을 반드시 기억해야 한다는 것이었다.

이날의 발언 가운데 어느 곳에서도, 윌버는 데이턴에 있는 자전거 가게의 안쪽에 휘발유 엔진이 놓여 있다는 이야기를 전혀 꺼내지 않았다. 자기들이 프로펠러 제작이라는 힘겨운, 종종 사람 미치게 만드는 작업에 전념하고 있다는 이야기도 전혀 꺼내지 않았다. 자기들이 앞으로 몇 달 안에 키티호크에 갈 예정이라는 이야기도 전혀 꺼내지 않았다. 토론 중에 모터에 관한 주제가 등장했지만, 윌버는 어디까지나 과거형으로 이렇게 말했을 뿐이었다. "우리의 실험 가운데 어떤 것도 동력 기계를 다룬 적은 없었으므로, 저의 판단이야 (…) 가치가 거의 없을 듯합니다."

* * *

　그해 6월 데이턴의 날씨는 라이트 감독의 말마따나 나날이 "맑고 온화한" 상태를 유지했다. 그가 보기에는 모든 것이 평소와 같았다. 감독은 서재로 갔고, 편지를 썼고, 교회에 갔고, 딸과 함께 고등학교 졸업식에 참석했다. 캐서린도 또 한 번의 졸업식 참석을 위해 오벌린으로 떠나자, 호손가의 집은 평소보다 더 조용해졌다.

　하지만 웨스트 3번가에 있는 자전거 가게의 상황은 달랐다. 라이트 형제는 찰리 테일러의 도움을 받아서 작업의 막바지에 접어들었으며, 새로운 기계의 모든 부품을 제대로 마무리하기 위해서 그 어느 때보다도 더 열심히 일하고 있었다.

　키티호크의 빌 테이트는 야영지에 휘발유 탱크를 하나 설치해 두었다는 소식을 전하면서, 두 사람이 언제쯤 올 것인지 물어보았다.

　7월 14일, 앞으로 며칠 안에 새뮤얼 랭글리가 자신의 "최신 발명품"을 실험할 예정이라는 소식이 전해졌다. 장소는 워싱턴에서 50킬로미터 남쪽에 자리한 버지니아 주 콴티코 인근 포토맥 강의 모기가 들끓는 강둑이었다. 이번에는 모터 구동 방식의 "어엿한 비행선"으로, 그 이름은 "그레이트 에어로드롬"이었으며, 조종사 한 명이 탑승하는 방식이었다. 그 제작에는 공공 자금 5만 달러가 투입되었는데, 그중 일부는 스미소니언의 자금이었지만, 또 상당 부분은 미국 전쟁부(department of war, 미 국방부의 전신)에서 지원한 것이었다. 랭글리 교수와 친구 몇 명도 (그중에는 알렉산더 그레이엄 벨도 있었다) 추가로 2만 달러를 기부했다.

실험 장소에는 기자들이 몰려들었고, 작은 돛배부터 증기선에 이르는 수많은 선박이 커다란 집배 주위로 몰려들었다. "방주"로 통하던 그 집배 위에는 랭글리의 기계인 "말똥가리"가 비행 준비를 갖추고 있었다.

워싱턴을 출발해 현장에 도착한 랭글리는 집배에 오르자마자 안으로 들어가 버렸으며, 인터뷰 요청이 무수히 많았음에도 모습을 드러내지 않았다. 그러다가 폭풍이 몰려오자, 그를 비롯해 기계공과 과학자로 구성된 연구단은 다시 워싱턴으로 돌아가고 말았다. 폭풍이 지나가자, 기계를 조종하기로 예정되었던 청년 찰스 맨리가 서둘러 워싱턴으로 달려갔지만, 다음날 돌아와서는 아무 말 없이 굳게 입을 다물고 있었다.

마침내 8월 8일 오전, 하늘이 완전히 갠 상태에서, 랭글리 기계의 4분의 1 크기인 무인 모형이 발사되어 300미터를 날아가다가 강물에 빠졌다. 《뉴욕 타임스》에서는 "잠수함이 된 비행선"이라고 조롱하는 헤드라인을 뽑았다. 맨리는 기자들 앞에서 이 비행이 전적으로 성공적이라고 단언했지만, 더 이상의 이야기는 전혀 하지 않았다.

이 모든 소동에 관해서 라이트 형제가 어떻게 생각했는지 (왜냐하면 이들은 자신들의 일에서 가장 중요한 단계를 곧 시도할 예정이었으니까), 또는 일터에서나 집에서 개인적으로 어떤 이야기를 나누었는지 여부는 전혀 알 수 없다. 기록에 남은 유일한 발언은 윌버가 옥타브 샤누트에게 쓴 편지 내용으로, 대개는 랭글리를 향한 동정의 표시였다.

랭글리 교수께서는 지금 저 성가신 기자들과 폭풍 때문에 필요 이상의 곤란을 겪으시는 것처럼 보입니다. 하지만 마침 기자들이 모여든 강둑에는 모기떼가 지독하게 날뛴다니, 그분께서도 약간이나마 위안을 얻으실 듯합니다.

* * *

라이트 형제의 말마따나 "터무니없는 비행 기계" 작업은 한여름의 더위가 최고조에 달한 동안에도 지속되었다. 윌버와 오빌과 찰리는 모든 부품에 대한 최종 손질을 세부 사항까지 하나하나 감독했다. 하지만 키티호크에 도착한 이후에도 이 모두를 조립하는 일은 여전히 만만찮을 것임을 이들은 잘 알고 있었다.

"데이턴에서는 그 기계 전체를 조립해 본 적이 한 번도 없었다. 그곳에는 공간이 넉넉하지 않았던 까닭이었다." 찰리의 설명이다. 가운데 부분만 완전히 조립해 놓아도 가게 앞쪽과 뒤쪽을 오가는 통로를 완전히 막아 버렸기 때문에, 손님이 올 경우에는 찰리나 라이트 형제 가운데 한 명이 일단 옆문으로 나간 다음, 건물을 빙 둘러서 거리 쪽의 출입문으로 다시 들어와야 했다.

운송 중에 손상이 없도록 모든 물건을 잘 포장하는 것 역시 그 자체로 만만찮은 일이었다. 모터와 뼈대와 부품 모두를 합친 무게가 300킬로그램에 달했기 때문이다. 9월 18일에는 모든 물건을 포장해서 기차에 실었다.

찰리의 회고에 따르면, 이들은 섣부른 예상이나 동요 없이 침착했다. "비행 기계가 제대로 작동하지 않으면 어쩌나 싶은 우려가 있었는지도 모르겠지만, 두 사람은 결코 내색하지 않았고 저 역시 결코 느끼지 못했습니다."

그로부터 닷새 후, 윌버와 오빌은 각자의 짐을 꾸려 동쪽으로 가는 기차에 올랐다.

II

사람 많고, 숨 막히게 덥고, 시끄럽기 짝이 없는 데이턴의 작업 공간을 벗어나서, 아우터뱅크스의 탁 트인 바다와 하늘로 무대가 바뀌었다는 사실은 무엇보다도 반가운 일이 아닐 수 없었다. 라이트 형제는 키티호크를 좋아했다. "매년 이곳을 다시 방문할 때마다 키티호크의 경이로움을 더욱 더 느낄 수 있었단다." 오빌은 도착 직후에 캐서린에게 보낸 편지에서 이렇게 말했다.

라이트 형제가 전해 들은 바에 따르면, 지난 겨울에 뱅크스의 날씨는 특히나 가혹했다. 폭풍이 연이어 지속되면서 비가 워낙 많이 내렸기 때문에, 이들의 야영지에서 몇 킬로미터 떨어진 곳에는 아예 호수가 하나 생길 정도였다. 시속 145킬로미터의 바람 때문에 라이트 형제가 지어 놓은 건물조차도 그 기초가 들썩거려서, 급기야 바다 쪽으로 몇 미터 밀려간 채로 서 있었다. 모기떼가 워낙 많아서 낮에도 밤처럼 어두컴컴했고, 번개가 워낙 심해서 밤에도 낮처럼 환했다.

하지만 그 바람 덕분에, 활공 실험에 사용할 모래 언덕은 라이트 형제가 이제껏 본 것 중에서도 최상의 상태로 형성되어 있었다. 게다가 9월의 날씨는 너무 좋았고, 실험 조건도 워낙 이상적이었기 때문에, 이들은 곧장 야영지를 세우는 대신에 작년에 사용했던 활공기를 다시 손보아서 "여태 껏 겪었던 비행 실험 중 최고의 날"을 보냈다. 이들은 75회 활공 실험을 했고, 약간의 연습을 거치고 나서는 비상이 예상보다 더 쉽다는 사실을 깨달았다. 모든 조건이 극도로 유리해 보였다.

이들은 댄 테이트의 도움을 받아서 가로 5미터, 세로 13미터의 새로운 건물을 세웠고, 그 안에서 새로운 플라이어 호를 조립하고 보관했다. 그렇게 일주일쯤 지나자 무시무시한 폭풍이 몰려와서 문짝이 덜렁거리고 삐걱거렸으며, 최대 풍속은 시속 120킬로미터에 달했다.

하지만 건물 안에서는 새로운 기계에 대한 작업을 계속했다. "위쪽 [날개 — 원주] 표면의 여러 부분을 연결하고, 뒤쪽 모서리에 철사를 연결하고, 경첩을 몇 개 달고, 그렇게 하루 종일 일했다." 오빌의 10월 12일자 기록이다. 같은 날 댄 테이트는 키티호크와 케이프 헨리 사이의 바닷가에 난파한 배가 다섯 척이나 되었다고 보고했다.

10월 18일, 윌버는 캐서린에게 보낸 편지에서 "선지자 엘리야가 기도로 불러낸 폭풍도 이 정도는 아니었을 것"이라고 썼다.*

바람이 갑자기 북쪽으로 불면서, 시속 65킬로미터까지 빨라지는데, 대개는 호우를 동반하게 마련이야. 이 지역에서는 보통 바람이 북쪽에서 불어오다

---

* 구약성서에 나오는 선지자 엘리야는 하느님의 명령을 받고 악한 왕 아합에게 가뭄을 경고했으며, 훗날 우상 숭배자들과의 대결에서 승리한 이후에야 기도를 통해서 큰 비를 내리게 만든다.

가, 곧이어 동쪽에서, 다음에는 남쪽에서, 서쪽에서, 또다시 북쪽에서 불어오곤 하지. 하지만 바람이 "역행하기" 시작하면, 즉 남쪽에서 동쪽이나 북쪽으로 방향을 바꾸기 시작하면, 그때는 조심해야 하는데, 왜냐하면 그건 결국 폭풍이 온다는 뜻이기 때문이야. (…)

그놈은 역행하기를 워낙 좋아하기 때문에, 때로는 또다시 "역행하는" 재미를 위해서 약간 잦아들 때도 있어. 나흘 동안에 이런 과정을 무려 일곱 번이나 반복했다니까.

두 번째 날은 강풍으로 시작되어서 지금도 여전히 그 상태이고 (…) 그 절정은 4시쯤에 도달했는데, 풍속이 시간당 120킬로미터에 도달했어. 갑자기 우리 건물의 타르지 지붕 한쪽이 무너져 내리는 바람에, 우리는 만약 이 상황이 계속된다면 지붕 전체가 날아가 버릴 수도 있다고 깨달았지.

오빌은 형의 두꺼운 외투를 걸치고, 사다리를 들고, 밖으로 나가서 무슨 방법이 없나 알아보았다. 윌버는 외투도 입지 않고 그 뒤를 따랐고, 맞바람을 뚫고 지나간 끝에 건물 북쪽 끝에서 동생을 찾아냈다. 오빌은 어찌어찌 사다리에는 올라갔지만, 외투가 바람에 날려 뒤집어지면서 머리를 온통 뒤덮고 말았다. 윌버는 폭풍이 지나가자마자 고향에서 기다리는 식구들에게 이 사건을 흥겹게 이야기해 주었다.

외투가 뒤집어지면서 주머니에 들어 있던 망치와 못이 졸지에 녀석의 머리 위로 올라가게 되자, 녀석은 연장을 주머니에서 꺼낼 수도 없고, 외투자락을 도로 내릴 수도 없었기 때문에, 결국 사다리를 다시 내려올 수밖에 없었어. 다음번에는 녀석이 못을 입에 물고 망치를 손에 든 상태였고, 나는 녀석을 따라서 사다리에 올라가 외투자락을 붙잡아 주었지. 녀석은 한동안 여기저기 두들기면서 못을 몇 개쯤 박아 보더니만 (…) 나중에 가서 설명하기를, 바람이 계속해서 망치 주위로 부는 바람에, 망치질 네 번 중에 세 번은 못이 아니라 지붕이나 자기 손가락을 때렸다는 거야. 드디어 작업을 끝내고 우리는 얼른 집안으로 달려갔지.

윌버의 보고에 따르면, 심한 바람과 비는 밤새도록 계속되었다. "하지만 우리는 오벌린 코치의 조언을 따랐지. '힘 내라고, 선수들, 희망이라곤 전혀 없으니까.'"

10월 18일에는 호손 가의 이웃인 조지 페이트가 신문 스크랩을 동봉해 편지를 보냈는데, 10월 7일에 또다시 실시된 랭글리의 실험이 실패했다는 내용이었다. 이번에는 그레이트 에어로드롬 호 실물에 찰스 맨리가 조종사로 탑승해서 정식으로 이루어진 실험이었다. 하지만 날개 폭 15미터의 "말똥가리"는 발사되자마자 곧바로 강물에 빠져버렸다. 맨리는 흠뻑 젖기는 했지만 다행히도 부상은 면했다.

"랭글리 씨가 시도하셨지만 실패하셨다고 들었습니다." 윌버는 옥타브 샤누트에게 보낸 편지에서 이렇게 말했다. "이제는 우리가 시도할 차례입니다만, 우리의 운이 어떨지 저도 궁금합니다."

같은 편지에서 윌버는 자기들의 자신감이 이전보다 더 높이 치솟았음을 강하게 나타냈다. "우리는 지금까지의 실험 시즌 가운데 어느 때보다도 더 흥미로운 결과를 기대하는 중이며, 약간의 사고나 불운에 시달리는 일

없이, 야영지를 철거하기 이전에 뭔가를 해낼 것이라고 확신하는 바입니다."

찰리 테일러에게 보낸 엽서에서 오빌도 이와 똑같은 자신감을 좀 더 가벼운 어조로 표현했다.

지난 이틀 동안 비행 기계 시장은 매우 불안정했어. 어제 오전에는 208퍼센트 정도로 개장했는데 (여기서는 100퍼센트가 성공 가능성 반반을 의미했다) 오후에는 110퍼센트로 떨어지고 말았지. 내 생각에 월스트리트에서라면 이런 동요 때문에 공황이 일어났겠지만, 이 조용한 장소에서는 우리끼리 조금 생각하고 궁리하고 말았을 뿐이야.

이들이 플라이어 호를 제작하는 방식은 마치 트러스교를 건설하는 방식과도 비슷했으며, 다만 시계 제조공처럼 세부사항을 면밀하게 살폈다는 것이 차이점이었다. 오빌은 일지에 하루하루의 기록을 남겼다.

10월 22일 목요일. 하루 종일 아래 날개 표면과 꼬리를 작업했다.

10월 23일 금요일. 오전에는 활주부를 작업했고, 식사 이후에는 경첩 부착을 마무리했다.

10월 24일 토요일. 날개 표면과 표면 사이에 버팀대를 넣었고, 가운데 부분도 트러스 작업을 했다. 철사 때문에 상당히 고생했다.

26일 월요일에는 오전 내내 다시 트러스 철사를 작업했다. 오후가 되어 바람이 북쪽으로 방향을 바꾸자, 라이트 형제는 그때부터 두 시간 동안 킬데블힐스에서 활공기를 날려서 기록을 다섯 배나 경신하고, 비행 거리도 최대 150미터까지 달성했다.

조지 스프래트도 합류했다. 10월 27일, 그와 댄 테이트는 기계에 설치할 엔진 관련 일을 돕기 시작했다.

11월 2일 월요일. 기계에 엔진을 설치하는 작업을 시작했고 (…)

11월 4일 수요일. 이제 앞으로 반나절이면 기계가 완성될 것이다.

하지만 그 다음날 모터를 작동시켰는데, 자석발전기가 (자석을 이용하는 작은 발전기를 말한다) 불꽃을 만들어내지 못해 점화에 실패하면서, 불발된 엔진의 진동으로 인해 축이 빠지면서 심하게 뒤틀려 버렸다.

가까운 시일 내에는 비행 실험을 할 가능성이 없어지자 조지 스프래트는 집에 가기로 작정했으며, 가는 길에 손상된 축을 노퍽까지 가져가서 데이턴의 찰리 테일러에게 부쳐주기로 했다.

그로부터 이틀 뒤에 옥타브 샤누트가 찾아왔다. 날씨는 지독하게 춥고 비까지 내렸기에, 이들은 그저 난로 주위에 모여 앉아 이야기를 나눌 수밖에 없었다. 샤누트는 라이트 형제가 마치 "맹목적 운명에 쫓기는" 듯하다고, 그리고 이들로선 거기서 도망칠 수조차 없는 듯하다고 말했다.

"그는 우리의 기계도, 그걸 다루는 우리의 태도도, 딱히 자신들의 작업보다 크게 더 우월하다고 생각하지는 않는 듯했습니다." 샤누트가 떠난 뒤에 오빌은 캐서린과 아버지에게 보낸 편지에서 이렇게 말했다. "우리가 단지 반대되는 의견을 지니고 있을 뿐이라고 생각하는 모양이더군요."

날씨가 너무 추워서 며칠간 작업이 불가능했다. 야영지 주위의 웅덩이에는 얼음이 얼었다. 그 와중에도 라이트 형제는 완전히 편안했으며 난방에 아무런 어려움이 없었다. 집으로 보낸 또 다른 편지에서 윌버는 이에 관해서 마치 안심시키듯 말하며, 야영 생활의 어려움에 대처하는 모습을 특유의 짓궂은 말투로 평소처럼 쾌활하게 이야기했다.

작년에는 추위에 따라 이불 1, 2, 3, 4개짜리 밤으로 구분했었는데, 올해에는 이불 5개짜리 밤, 그리고 이불 5개에 퀼트 2개짜리 밤이 추가되었습니다. 그 다음은 이불 5개에 퀼트 2개에 불 피우는 밤입니다. 그 다음은 이불 5개에 퀼트 2개에 불 피우고 온수 물병까지 동원하는 밤입니다. 우리가 지금까지 겪은 상황이 여기까지였습니다. 그 다음에는 옷을 그냥 입고 자는 밤, 그 다음에는 신발과 모자까지 착용하고 자는 밤, 마지막으로는 외투를 걸치고 자는 밤이 추가됩니다. 우리가 여기 있는 동안에는 편안히 지내려고 노력 중입니다.

11월 마지막 며칠 동안에는 눈까지 내렸는데, 아우터뱅크스에서 처음 보는 광경이었다. 대야의 물이 꽁꽁 얼어버렸다. 추위와 상관없이 이들은 엔진을 고속으로 가동시켜도 진동이 사실상 없는 상태를 만드는 데에 성공했다. 플라이어 호는 하나짜리 목제 선로에 놓고 이륙시킬 것이었고, 길이 18미터의 이 선로는 마치 철로와도 같은 역할을 담당할 것이었다. 이 혁신을 위해 들어간 전체 비용은 기껏해야 4달러였다.

모든 증거로 미루어 볼 때, 라이트 형제의 사기는 전혀 꺾이지 않은 상태였던 모양이다. "15일이라는 많은 시간이 지나고 나서야, 우리는 다시 작업을 시작했지." 오빌은 찰리에게 보낸 11월 23일자 편지에서 말했다. "하지만 실험 준비는 앞으로 며칠이 더 지나서야 완료될 터인데, 왜냐하면 기계에 몇 가지 변화를 주기로 결정했기 때문이야. 그 와중에 뭔가가 고장 나지 않는 한, 우리는 성공할 것이라고 자신한다고."

찰리가 만든 새로운 프로펠러 축이 도착했는데, 먼저보다 더 무거운 강철 튜브였음에도, 실내 실험 도중에 그만 갈라지고 말았다. 형제 중에서는 기계공으로서 실력이 더 뛰어났던 오빌이 이 문제를 확실히 처리하기 위해 아예 짐을 꾸려서 11월 30일에 데이턴으로 떠났다. 그리고 윌버는 뒤에 남아서 본인의 말마따나 "혼자 집을 지키는" 신세가 되었다.

*　*　*

12월 8일 오전, 워싱턴에서는 찬바람이 잦아들었다. 찰스 맨리가 보기에도, 또는 그와 함께 일하는 스미소니언의 기술자들이 보기에도, 명성과 조롱 모두를 동시에 얻은 새뮤얼 랭글리의 또 다른 실험을 실행하기에는 그나마 가장 좋은 환경이었다.

포토맥 강의 물살을 따라 얼음장이 둥둥 떠내려가고 있었지만, 날씨는 화창했고 바람은 잔잔했다. 이 프로젝트를 위해 투입된 자금이 거의 바닥

났기 때문에 더 이상 실험을 연기할 수는 없었다.

용감한 맨리는 다시 한 번 "조타수"를 맡았는데, 그는 이 실험에서 생명의 위협을 무릅쓴 유일한 사람이었으며, 이번 실험의 실시 여부를 최종적으로 결정한 사람이기도 했다. 그가 보기에는 "지금이 아니면 결코 못할" 것이기 때문이었다.

이미 공언한 대로의 이면각으로 날개를 설치한 거대한 비행선은 앞서와 마찬가지로 거대한 집배 꼭대기에서 투석기를 이용하여 발사할 예정이었다. 이번에는 집배를 시내에서 6.5킬로미터 하류인 아스널 포인트에 묶어 두었다. 최종 준비를 위해서 5시간 정도의 분주한 작업이 이루어졌다. 오후 4시가 되어서야 모든 준비가 완료된 듯 보였는데, 이때가 되자 이미 주위는 거의 어두웠고, 바람은 점점 거세어지고 있었다.

랭글리 교수와 동료 몇 사람은 작은 배에 나눠 타고 실험을 지켜보았다. 다른 각종 선박에는 기자들이 잔뜩 모여 있었으며, 아스널 포인트의 강둑을 따라서는 수많은 구경꾼이 늘어서 있었다.

위아래 한 벌짜리 옷을 차려 입은 맨리는 코르크 구명대가 부착된 재킷을 입은 다음, 비행기에 올라타 휘발유 엔진을 가동시켰다.

4시 45분 정각에 그는 투석기를 발사하라는 신호를 보냈다. 기계는 곧바로 선로를 따라 질주해 공중으로 18미터나 직선으로 날아오르더니 뭔가가 갈리는 듯한 위잉 소리와 함께 잠깐 주춤거렸고 결국 앞머리를 위로 향하고 날개가 떨어져 나가면서 뒤쪽으로 넘어가며, 집배에서 6미터쯤 되는 강물 위에 풍덩 하고 빠져 버렸다.

강물에 떨어진 맨리는 졸지에 물속에 갇힌 상태가 되었는데, 하필이면 그의 재킷이 망가진 기체에 끼어 있었기 때문이었다. 가까스로 벗어난 그는 뒤얽힌 철사를 헤치고 위로 헤엄쳤지만, 마지막에 수면으로 올라오는 과정에서 이번에는 얼음장에 부딪치고 말았다.

사람들은 맨리를 강물에서 끌어 올렸지만, 부상까지는 아니어도 거의 얼어 죽을 뻔한 상황이었다. 재빨리 이불을 덮어주고 위스키를 먹이자마자 그는 이런저런 말들을 쏟아냈는데, 스미소니언의 직원의 설명에 따르자면, 자기가 평생 들은 것 중에서도 "가장 유창한 신성모독적 발언들"이었다.

신문이 보도한 것처럼, 이번 실패는 10월 7일의 실패보다 상황이 훨씬 안 좋았는데 왜냐하면 랭글리에게는 물론이고 많은 돈이 투입되고 오래 지연된 이 프로젝트에 관련된 거의 모든 사람에게 굴욕이 아닐 수 없었기 때문이었다. 관련자들은 애매한 태도로 설득력 없는 해명을 내놓았으며, 실패의 원인은 발사 기구의 여러 가지 결함 때문이라고 주장했다. 몇몇 사람은 납득했지만, 랭글리는 졸지에 더라이어스 그린에 비교되었다. 앞에서 설명했듯이, 유명한 풍자시의 주인공인 이 우스꽝스러운 바보가 만든 황당무계한 기계는 오로지 한 방향으로만, 즉 아래쪽으로만 비행이 가능했다.

《워싱턴 포스트》에서는 이참에 이 실험과 관계를 끊으라고 정부에 조언했다. 무려 8년 내지 10년의 기간이 소요되고, 상당한 규모의 공적 자금이 투입되었는데도 희망의 근거를 단 하나도 드러내지 못했다는 것이 이유였다.

이 모든 일은 어마어마한 실패였음이 분명했지만, 《시카고 트리뷴》의 말처럼 랭글리에 대해서는 약간의 동정을 느낄 수밖에 없는 것도 사실이었다.

그는 자기가 이해한 대로의 과학적 원칙에 의거하여 비행체를 만들었다. 그는 상당한 비용을 지출했고, 대단한 인내와 끈기를 보여주었고, 열심히 일했고 (…) 그러니 과학적 원칙이 잘못되었거나, 아니면 그 원칙에 의거한 이 교수의 응용이 잘못되었거나, 둘 중 하나임이 분명하다.

이 실험에서 평판이 나빠지지 않은 유일한 사람은 찰스 맨리뿐이었다. 반면 랭글리는 이 패배와 굴욕을 끝내 극복하지 못하고 3년 뒤인 1906년에 사망했다.

이 사건에 관한 소문을 키티호크에 알린 사람은 바로 오빌이었다. 이 소식은 12월 9일에 전해졌는데, 바로 그날 오전에 그는 새롭고 단단한 강철 프로펠러 축을 여러 개 챙겨서 데이턴을 떠나려는 중이었다. 역에서 대기하던 도중에 오빌은 신문을 통해 모든 세부사항을 알게 되었다.

하지만 라이트 형제 가운데 어느 누구도 랭글리에 관해 비판적이거나 깎아내리는 발언을 하지 않았다. 오히려 자신들의 노력에서 그가 담당했던 역할에 대해서 존경과 감사를 표현했다. 그로부터 몇 년 뒤에 윌버가 옥타브 샤누트에게 쓴 편지 내용에 따르면, 당시 미국에서 가장 저명한 과학연구소인 스미소니언의 대표가 인간 비행의 가능성을 믿었다는 사실은 자신들이 작업을 계속 이어나가는 데 큰 동기 중 하나였다고 말했다.

랭글리의 실제 업적, 그의 성공과 실패를 윌버는 다음과 같이 평가했다.

정확한 평가를 내놓기에는 아직 이른 듯하지만, 이와는 완전히 별개로 그
는 선구자로서의 업적을 통해서, 그리고 본인의 사례의 영감을 통해서 이
기술을 진보시켰습니다. 그는 역사에 영향력을 발휘할 만한 종류의 정신적
이고 도덕적인 자질을 보유하고 있었습니다. 과학자들이 항공학이라는 분
야를 연구하는 일이 불명예스럽다고 간주했을 때에도, 그는 그 분야에서
가능성을 찾아내는 식별력을 보유했을 뿐만 아니라, 대중의 조롱과 동료들
의 변명에 직면하는 것도 마다않는 도덕적 용기를 보유하고 있었습니다.
이 분야에서 그는 지금까지 받은 것보다 더 많은 영예를 받아 마땅한 것입
니다.

랭글리가 언론으로부터, 그리고 전문가 동료 가운데 일부로부터 받은
대우는 "치욕적"이었다고 윌버는 말했다. "그의 업적에 대해서는 능욕도
변명도 전혀 가당치 않습니다."

III

오빌은 12월 11일 금요일 정오에 키티호크에 도착했고, 그날 오후에
윌버와 함께 "물건"을 풀어 보았다. 토요일에는 바람이 너무 약하게 분 까
닭에 지상에서 실험을 시작하기가 불가능했다. 일요일에는 항상 쉬는 날

이었기 때문에, 라이트 형제는 평소처럼 시간을 보냈다. 다시 말해 책을 읽거나 이웃을 만났다는 뜻인데, 이 경우의 이웃은 해난구조대 초소의 애덤 에서리지였다. 그와 부인과 아이들이 인사차 들러서, 많은 사람들이 이야기하던 그 새로운 기계를 구경했던 것이다.

14일 월요일 오후에는 마지막 수리 상황 모두를 살펴보고 나서, 드디어 라이트 형제도 준비가 되었다. 마치 집 한 채도 거뜬히 들어 올릴 것 같은 강인한 외모의 소유자인 존 T. 대니얼스와 관측소의 다른 사람 두 명이 무게 275킬로그램의 플라이어 호를 끌고 '큰 언덕'을 넘어서 400미터 떨어진 비탈면에 내려놓았는데, 그곳에는 길이 18미터의 이륙용 선로가 이미 설치되어 있었다.

요란한 소리와 함께 엔진이 가동되자, 뒤를 졸졸 따라왔던 꼬마 몇 명은 깜짝 놀라 언덕 너머로 도망쳐 버렸다.

모든 준비가 마무리되어 있었다. 형제 가운데 누가 먼저 탑승할 것인지는 논쟁이나 긴 논의가 불필요했다. 라이트 형제는 그저 동전을 던졌을 뿐이었다. 윌버가 이겼다. 그는 두 개의 프로펠러 사이, 트러스 철사 한가운데, 엔진 옆에 배를 깔고 엎드렸다. 골반을 날개 휘어짐 받침대에 넣어서, 자기 몸을 움직여 날개 휘어짐 철사를 조종할 수 있게 했다. 머리는 위로 들어서, 기계의 위아래 각도를 조종하는 가로형 방향타, 또는 승강타 너머 앞을 바라보았다.

오빌은 오른쪽 날개 끝의 수직 지지대를 붙잡고, 기계가 선로를 따라 앞으로 움직이기 시작하면 균형을 잡아줄 채비를 하고 있었다.

그들은 출발했다. 오빌은 최대한 빨리 달렸고, 더 이상은 따라갈 수 없을 때까지 계속해서 지지대를 붙잡고 있었다.

하지만 선로의 끝에서 윌버는 실수를 저질렀다. 방향타를 너무 세게 잡아당기는 바람에, 플라이어 호가 너무 가파른 각도로 위로 솟구쳐 버린 것이었다. 이를 보완하기 위해서 얼른 몸을 앞으로 숙였지만, 이번에도 너무 갑작스럽게 움직이는 바람에, 기계는 결국 선로 끝에서 30미터쯤 되는 모래밭에 충돌하고 말았다.

라이트 형제는 의기양양했다. 모터와 이륙 장치와 다른 모든 것이 신뢰할 만하다고 입증된 까닭이었다. 추락으로 인한 손상은 경미했다. 유일한 사고 원인이었던 윌버의 판단 실수는 이와 같은 종류의 기구에 대한 경험 부족에서 비롯된 것이었다. 그는 다른 사람들에게도 이렇게 설명하고, 캐서린과 감독에게 보낸 편지에서도 똑같이 설명했다.

기계를 수리하는 데에는 이틀이 걸렸다. 16일 오후 늦게야 재실험 준비가 끝났다. 라이트 형제가 건물 앞에 있는 선로에 기계를 준비시켜 놓고 마지막 조정을 가하는 사이, 낯선 사람이 다가와 기계를 살펴보더니 이게 뭐냐고 물었다. 오빌은 훗날 이렇게 썼다.

하늘을 나는 기계라고 우리가 대답하자, 그는 우리더러 그걸 하늘에 날릴 생각이냐고 물어보았다. 적당한 바람만 분다면 그럴 생각이라고 우리가 대답했다. 그는 몇 분쯤 더 기계를 살펴보더니, 제 딴에는 정중한 태도로 이렇게 말했다. 자기가 보기에는 이 기계가 정말 하늘을 날 것 같다고, 그러니까 "적당한 바람"만 분다면 그럴 것 같다고 말이다.

라이트 형제는 무척이나 재미있어하면서, 그 남자가 염두에 두었던

"적당한 바람"이란 분명히 최근에 있었던 시속 120킬로미터의 강풍과 비슷한 뭔가였을 것이라고 확신했다.

* * *

17일 오전에 그들을 보러 나온 사람은 다섯 명뿐이었다. 라이트 형제가 하얀 침대시트를 창고 옆에 걸어 해안구조대 사람들에게 도움을 요청해 보았는데도 그랬다. 오빌이 나중에 설명한 바에 따르면, 그곳 사람들은 "하늘을 나는 기계가 날지 못하는 광경을 또다시 구경하기 위해서 (분명 그들은 그렇다고 생각했을 것이다) 그 쌀쌀한 12월의 추위를" 굳이 감내할 의향이 없음이 분명했다.

하지만 그나마 달려온 사람들은 전혀 다르게 생각했다. "우리는 활공기가 엔진 없이도 날아가는 모습을 보았다." 존 T. 대니얼스의 회고이다. "그런데 그 양반들은 거기다가 엔진까지 달아 놓았기에, 우리는 저 양반들이 뭔가 일을 제대로 할 줄 아는 모양이라고 생각했다."

역시나 해안구조대 초소에 있던 애덤 에서리지와 윌 도우도 대니얼스를 따라왔다. W. C. 브링클리는 맨테오에 사는 낙농업자였으며, 마지막 사람인 18살 조니 무어는 우연히 근처에 있다가, 저 괴상해 보이는 기계에 대해 궁금한 생각이 들어 다가온 것뿐이었다.

평소에도 "익살꾼"으로 통하던 대니얼스는 저 기계가 "오리 잡는 덫"이라고 소년에게 말해주었다. 이제 잠시 후면 오빌이 그 위에 올라타고 수백 마리 오리가 노니는 만 위로 날아간 다음, 커다란 그물을 떨어트려서 모조리 잡아버릴 거라는 설명이었다. 그러자 이 소년은 그곳에 남아 구경하기로 작정했다.

빌 테이트는 훗날 후회했듯이, 하필이면 이때 엘리자베스시티에 가 있었다.

날씨는 얼어붙을 듯 추웠다. 인근의 연못 몇 군데에는 살얼음이 끼어 있었다. 북쪽에서 강한 바람이 불어오고 있었다. "바람은 항상 분다고 보면 됩니다." 윌버는 6월에 시카고의 청중에게 이렇게 상기시킨 바 있었다. 그 속도는 거의 시속 30킬로미터 내지 40킬로미터의 돌풍급이어서, 이상적인 조건과는 한참 멀었다. 이륙하는 과정에서는 큰 문제가 없겠지만, 날아오른 후 균형을 유지해야할 때 강풍은 큰 영향을 미친다.

오랜 세월이 지난 후, 이 순간을 회고하면서 오빌은 "그런 상황에서 전혀 새롭고도 시험조차 거치지 않은 기계를 가지고 비행을 시도한 우리의 대담무쌍함"에 대해 뒤늦게나마 전적으로 놀라워했다.

라이트 형제와 사람들은 힘을 합쳐 플라이어 호를 이륙용 선로에 올려놓았다. 세로 5센티미터, 가로 10센티미터, 길이 4.5미터의 각목 네 개를 잇고 철판을 덧댄 다음, 이번에는 야영지에서 서쪽으로 30미터 떨어진 평지에 수평으로 놓은 이 선로는 저 얼어붙을 듯한 바람이 불어오는 방향인 북북동쪽을 향하고 있었다.

모든 준비가 완료되고 출발할 때가 되자, 윌버와 오빌은 다른 사람들에게서 약간 떨어진 곳으로 가더니, 구름 뒤덮인 커다란 하늘 아래에서 한동안 나지막이 이야기를 나누었다. 검은 모자와 검은 겨울용 재킷을 걸치고, 그 재킷 아래에는 평소와 같은 흰색 셔츠와 빳빳한 흰색 칼라, 검은색 넥타이를 차려 입은 두 사람의 모습은, 마치 지금 당장 데이턴으로 돌아가 겨울 아침 길모퉁이에서 대화를 나누고 있어도 이상하지 않을 것만 같았다.

다른 다섯 명은 아무 말 없이 이들을 지켜보며 기다렸다. 존 T. 대니얼스의 회고에 따르면, 이들은 "진지한 무리"가 되었고, "아무도 말할 기분이 아니었다."

3일 전에는 윌버가 동전 던지기에서 이겼기 때문에, 이번에는 오빌의 차례였다. 두 사람은 마치 작별 인사라도 나누듯 악수했다. 곧이어 윌버가 다른 사람들에게 다가가더니, 무뚝뚝한 표정 짓지 말고 오빌이 가는 길을 격려해주라고 부탁했다.

"우리도 노력했지만, 무척이나 힘없는 고함소리였고, 그나마도 진심이 담겨 있지는 않았다." 대니얼스의 말이다.

윌버가 키티호크를 처음 방문한 1900년에 카메라를 장비 가운데 포함시킨 이래, 라이트 형제는 사진을 자신들의 비행 실험의 필수 요소로 간주해 점점 더 관심을 갖게 되었다. 이들은 심지어 자전거 가게에서 사진 장비를 판매하기 시작했다. 1902년에는 미국산 카메라 가운데 성능이 좋은 커다란 군들라크 코로나 V를 구입하느라 55달러 55센트라는 그들 나름대로는 적잖은 투자를 했는데, 이 카메라는 세로 12센티미터, 가로 18센티미터짜리 유리판을 사용하고, 공기식 셔터가 달려 있었다. 12월 17일, 그날 아침에 오빌은 코로나 카메라를 목제 삼각대에 올려놓고, 선로의 이륙 지점에서 9미터쯤 떨어진 곳에 세운 다음, 대니얼스에게 부탁해서 플라이어 호가 바로 그 지점을 지나는 순간에 고무공 스위치를 눌러 셔터를 작동하게 했다.

이제 오빌은 앞서 형이 한 것처럼 조종석에서 배를 깔고 자리를 잡았고, 윌버는 아래쪽 날개의 오른쪽 끝에 서서 기계가 선로를 따라 달리기 시작함과 동시에 균형 유지를 도울 채비를 하고 있었다. 몇 분이 흐르자 엔진이 예열되었다. 훗날 이들이 강조한 것처럼, 둘 중 어느 누구도 이 기계의 작동이나 조종 메커니즘에 대해 "사전 지식"을 갖고 있지는 못한 상태였다.

10시 35분 정각, 오빌이 플라이어 호를 붙잡아 두었던 밧줄을 풀자, 기계는 나아가기 시작했다. 하지만 강한 맞바람 때문에 속도가 아주 빠르지는 않았으며, 윌버는 왼손으로 날개를 붙잡은 상태로 충분히 기계를 따라잡을 수 있었다.

선로 끝에서 플라이어 호가 공중으로 떠오르자, 이제까지만 해도 카메라를 작동시킨 경험이 없었던 대니얼스가 셔터를 눌렀고, 이 세기의 가장 역사적인 사진 가운데 한 장이 촬영되었다.

오빌의 말을 빌리자면, 비행 경로는 "극도로 변덕스러웠다." 플라이어 호는 마치 몸부림치는 야생마처럼 올라갔다가, 떨어졌다가, 다시 올라갔다가, 흔들리다가, 다시 떨어져서 결국 한쪽 날개가 모래밭에 닿고 말았다. 비행 거리는 36미터로 웬만한 풋볼 경기장의 절반 길이에 약간 못 미쳤다. 비행 시간은 약 12초였다.

"겁이 나지는 않으셨나요?" 훗날 오빌은 이런 질문을 받았다. "겁이 났느냐고요?" 그는 미소를 지으며 말했다. "그럴 시간도 없었어요."

"겨우 12초 동안의 비행에 불과했고, 그나마도 아무리 좋게 이야기해보았자 불확실하고 불안정하고 어설픈 종류의 비행에 불과했다. 그럼에도 불구하고 마침내 이루어진 진정한 비행이었다." 오빌은 훗날 이렇게 강조했다.

사람들은 이 기계를 들어서 출발 지점으로 다시 가져왔다. 그런 다음에는 야영지에 들어가서 몸을 덥히며 잠시 휴식을 취했다.

* * *

오전 11시경에 바람이 약간 누그러지자, 이번에는 윌버의 차례가 되어서 53미터를 "마치 새처럼 날아갔다." 이번에는 다시 오빌의 차례가 되어서 60미터를 날아갔다. 정오가 가까웠을 때에 이루어진 네 번째 실험에서는 윌버가 직선거리로는 59초 동안 260미터나 날았는데, 강한 맞바람을 감안하면 사실상 공중에서 800미터 넘게 날아간 셈이었다.

무려 4년이나 걸린 일이었다. 라이트 형제는 격렬한 폭풍, 사고, 연이은 실망, 대중의 무관심이나 조롱, 그리고 마귀처럼 지독하고 구름처럼 무수했던 모기떼를 견뎠다. 데이턴에서 외딴 모래 언덕에 자리한 실험장까지 다섯 번이나 왕복했으며 (오빌이 더 강한 프로펠러축을 만들기 위해 집에 돌아갔던 것까지 포함해서 그랬다), 모두 합쳐 1만 1000킬로미터를 기차로 여행했다. 이 모두가 기껏해야 800미터가 조금 넘는 단거리 비행을 위해서였다. 하지만 상관없었다. 라이트 형제는 결국 해냈기 때문이다.

곧이어 다시 시도해 보자는, 심지어 바닷가를 따라 기상청 관측소까지 날아가 보자는 이야기가 나왔다. 그런데 갑자기 불어온 강풍에 플라이어호가 모래밭을 따라 떠밀려갔다. 존 T. 대니얼스의 회고에 따르면, "마치 바람 때문에 우산이 뒤집혀서 날아가 버리는 것과도 비슷한 광경"이었다.

대니얼스는 마침 날개 가운데 한쪽의 버팀대를 붙잡고 서 있었는데, 갑자기 철사 사이에 몸이 끼어 버리고 말았다. 사고 당사자의 표현을 빌리자면, 기계는 그 상태로 "바닷가를 따라 날아갔고, 바다로 향했으며, 처음에는 한쪽 끝이 땅에 닿고, 다음에는 다른 쪽 끝이 땅에 닿으며 데굴데굴 굴러갔고, 그러다 보니 내 몸이 점점 더 뒤얽히고 말았다." 기계의 무게만 270킬로그램 이상이었고, 대니얼스의 몸무게는 90킬로그램 이상이었지만, 바람은 마치 아무런 무게가 없는 것처럼 기계와 대니얼스를 휩쓸어 갔다.

기계가 잠시 날아가기를 멈추었을 때, 대니얼스는 가까스로 거기서 벗어날 수 있었다("그의 탈출은 기적적이었다." 훗날 오빌은 이렇게 썼다. "하필이면 엔진과 체인 사이에 끼어 있었기 때문이었다"). "나야 크게 다치지는 않았다. 여러 군데 멍들고 긁히기는 했고, 어찌나 겁에 질렸던지 몇 분쯤은 똑바로 걸을 수도 없었다." 대니얼스의 말이다. 라이트 형제가 "나에게 달려오더니, 내 다리와 팔을 끌어당겼고, 갈비뼈를 만져보더니 뼈가 부러진 곳은 없다고 말해주었다. 그들 역시 겁에 질린 표정이었다." 그날 이후로 대니얼스는 자기야말로 역사상 최초의 비행기 사고에서 살아남은 사람이라고 자랑스럽게 주장할 수 있게 되었다.

플라이어 호는 완전히 망가져 버렸다. 날개살이 거의 모두 망가지고, 체인 유도장치도 심하게 구부러지고, 버팀대도 부서져 버렸다. 플라이어 호를 가지고 또 한 번 비행할 가능성 역시 완전히 사라져 버렸다.

대니얼스와 사람들은 작별을 고하고 해난구조대 초소로 돌아갔다. 윌버와 오빌은 점심을 차려 먹고 설거지를 마친 후에야 6.5킬로미터 떨어진 키티호크 기상청 관측소로 가서 집에 전보를 보냈다.

* * *

그날 데이턴은 구름 끼고 얼어붙을 듯 추웠으며, 땅에는 눈이 쌓여 있었다. 날이 저문 후, 호손 가 7번지의 부엌에서 저녁을 준비하던 캐리 케일러는 누가 찾아온 소리에 현관으로 달려가 보았다. 웨스턴 유니온의 배달원이 전보를 건네주자, 그녀는 수신자 서명을 하고 위층의 감독에게 갖다주었다.

몇 분 뒤에 감독은 기쁜 표정으로 내려왔으며, 그렇다고 해서 흥분한 것까지는 아닌 목소리로 말했다. "아, 그 녀석들이 비행을 해냈다는구나."

전보 내용은 다음과 같았다(내용 가운데 '57초'라는 것은 '59초'의 오기이고, '오어벨' 역시 '오빌'의 오기이다).

> 비행 성공 목요일 아침 이십일 마일[33킬로미터] 맞바람 엔진 동력
> 만 이용 지상 이륙 평균 비행 삼십일 마일[50킬로미터] 최장 57초
> 언론 통보 요망 크리스마스 귀가 예정
>
> 오어벨 라이트

퇴근 후 집에 돌아온 캐서린이 전보를 보더니, 일단 자기가 로린 오빠에게 이 소식을 전하고 올 때까지 저녁식사를 미뤄 두라고 캐리에게 말했

다.

* * *

거의 확실한 성공이었다. 그리고 그 이상의 일이기도 했다. 1903년의 바로 그날, 아우터뱅크스의 강한 바람과 추위 속에서 불과 두 시간도 안 되는 시간 동안 드러난 사실은 역사의 전환점이었으며, 그 현장에 있었던 어느 누구의 상상보다도 훨씬 더 대단했던 세계적 변화의 시작이었다. 라이트 형제는 자작 기계를 이용해 인간이 하늘을 날 수 있음을, 그리고 (혹시 세계가 아직까지도 모르고 있다면) 바로 자기들이 그렇게 날았음을 의심의 여지 없이 보여준 것이었다.

그날 오전 있었던 라이트 형제의 비행은 인간이 탑승한 기계가 자체 동력으로 공중에서 온전히 비행한 사례로서, 그리고 속력의 감소 없이 항행한 사례로서, 그리고 이륙했을 때와 똑같이 빠른 속도로 착륙한 사례로서 사상 최초였다.

평소 성격에 걸맞게 라이트 형제는 그로부터 며칠 전에 있었던 새뮤얼 랭글리의 대대적인 실패와 자신들의 성공 사이의 뚜렷한 차이를 결코 언급한 적이 없었다. 사실 이들의 성공은 독자적인 노력으로 이룩했다는 점에서 더욱 주목할 만했다. 덧붙여 말하자면 랭글리 프로젝트에는 7만 달러가까운 비용이 들었고, 그중 상당수는 공적 자금이었다. 반면 라이트 형제가 1900년부터 1903년까지 그 모든 것을 만드는 데 들인 비용은 (키티호크까지의 여행 경비와 재료비를 모두 합쳐도) 1000달러가 채 안 되었으며, 하나같이 자전거 사업에서 얻은 이득으로 모두 충당한 것이었다.

17일 아침에 킬데블힐스에서 그 사건을 목격한 사람들 가운데, 자신의 감정을 가장 열렬하게 발언한 사람은 바로 존 T. 대니얼스였다. "지금 와서 생각해 보면 이렇다." 그는 여러 해 뒤에 한 인터뷰에서 이렇게 말했다. "최초의 비행기가 공중을 날아갈 때에는 (…) 우리가 보는 여느 새처럼 보였다. 내 평생 그보다 더 멋진 모습은 본 적이 없었다."

하지만 대니얼스가 키티호크 특유의 표현을 써가며 역시나 강조한 점은, 라이트 형제가 "일에 미친 양반들"(workingest boys)이 아니었다면, 비행은 결코 성공하지 못했으리라는 것이었다.

그들이 비행에 성공한 것은 단순히 행운 덕분이 아니었다. 오히려 근면과 상식 덕분이었다. 그들은 한 가지 발상에 진심과 영혼과 모든 정력을 쏟았으며, 또한 그들은 믿음이 있었다.

망가진 플라이어 호를 고향에 보내기 위해 포장하면서, 라이트 형제는 자신들이 기계적 비행의 문제에 숙달했다고 "절대적으로 확신"했다. 하지만 이들은 아직 해야 할 일이 많이 남아 있다는 사실, 그리고 아직 많은 향상이 필요하다는 사실, 지금과는 다른 타입의 기계를 날게 하는 방법을 배우는 것이 무척이나 필요하다는 사실, 그리고 그걸 배우기 위해서는 무엇보다도 무척이나 많은 경험이 더 필요하다는 사실 역시 다른 누구보다도 잘 알고 있었다.

최초의 플라이어 호는 이후 데이턴에 보관할 예정이었다. 하지만 두 번

다시 하늘을 날지는 못할 것이었다.

CHAPTER SIX

허프먼 평원에서

나는 그들이 풀밭에 있는 걸 보았다. (…) 때때로 실험 장면을 구경한 적이 있었던 몇 사람은 이것 역시 또 다른 더라이어스 그린에 불과하다고 간주하는 것이 분명했지만, 나는 그들이야말로 실제로는 일찍이 콜럼버스가 아메리카를 발견했을 때에 해낸 것과 매우 똑같은 방식으로 이 세계에 봉사하려는 '과학 탐구자들'이라는 사실을 곧바로 깨달았다.

에이머스 I. 루트

I

월버와 오빌이 키티호크에서 성공을 거둘 경우, 데이턴에서 언론 홍보 담당자 역할을 맡은 로린이 곧바로 지역 신문과 어소시에이티드 통신사에 이 사실을 통보하기로 합의되어 있었다. 그리하여 캐서린이 가져온 "성공"이라는 전보를 보자마자, 로린은 그걸 들고 시내로 가서 《데이턴 데일리 저널》의 사회부장 겸 어소시에이티드 통신사의 지점장이었던 프랭크 터니슨을 만났다.

그런데 터니슨은 전보를 읽고서도 아무런 관심을 드러내지 않았다. "57초라고요, 예?" 그가 말했다. "차라리 57분이었다면, 그건 뉴스거리가 되었을 수도 있겠죠."

이튿날《저널》에서는 그 사건에 관한 언급이 전혀 없었지만, 대신《데이턴 데일리 뉴스》에서는 안쪽 면에 짧게나마 언급되기는 했다. 곧이어 미국의 다른 모든 지역에서는 이들 형제가 해낸 일을 황당하리만치 부정확하게 쓴 보도가 많이 나왔는데, 그 발단은 노펄의《버지니안 파일럿》의 1면에 등장한 다음과 같은 헤드라인이었다. "캐롤라이나 해안 소재 키티호크에서 강풍에도 불구하고 비행 기계가 언덕과 파도 위로 5킬로미터나 비상하다."

그날 오후, 키티호크의 기상청 관측소에서 전보를 보내면서, 라이트 형제는 당직 전신기사 조지프 도셔에게 그 내용이 극비라고 신신당부했다. 그리하여 노펄 관측소의 전신기사가 이 소식을《버지니아 파일럿》에서 일하는 친구에게 알려도 되겠느냐고 묻자, 형제는 도셔에게 다음과 같이 전신을 보내도록 부탁했다. "당연히 안 됨."

그런데도 결과는 별 차이가 없었다. 전보에는 확실한 정보가 거의 없었기 때문에《버지니아 파일럿》의 편집자들은 거의 전적으로 상상해 낸 보도를 만들어냈다. 그 이야기에 따르면, 라이트 형제의 기계는 발사대에서 이륙했으며, 고도 18미터까지 비상했다. 아울러 그 기계는 여섯 날짜리 프로펠러를 두 개 장착한 것으로 묘사되었다. "날개 가운데 하나는 기체 바로 아래에 있어서, 작동 중일 때에는 '위로 가는 힘'을 발휘하고, 또 하나는 꽁무니에서 기체의 가운데를 향해 수평으로 뻗어 있어서 위로 가는 추진력을 발휘한다." 심지어 이 보도에 따르면, 5킬로미터를 날아가면서 윌버가 내놓은 첫 번째 역사적 발언은 다음과 같았다고도 했다. "유레카!"

《워싱턴 포스트》, 《시카고 트리뷴》, 《뉴욕 타임스》, 《신시내티 인콰이어러》 등에도 이 보도를 약간씩 변형시킨 기사가 수록되었지만, 반응은 없었다.

하지만 보스턴에서는 저명한 캐벗 가문의 사업가이며 형제지간인 고드프리와 새뮤얼 캐벗이 기사의 중요성을 곧바로 감지했다. 고드프리는 곧바로 라이트 형제에게 축하 편지를 보냈고, 더 자세한 내용을 알려달라고 했으며, 그로부터 며칠 뒤에 원하던 정보를 받아보았다. 자기가 읽은 내용에 상당히 만족스러워 한 그는 12월 31일에 매사추세츠 주 상원의원 헨리 캐벗 로지에게 편지를 보냈는데, 그와는 먼 사촌이었던 이 정치인은 시오도어 루스벨트 대통령과 가까운 친구이기도 했다. 캐벗은 이렇게 썼다.

내가 보기에 이들의 업적은 인간이 기구(ballons)의 도움을 받지 않고 이룩한 공중 비행의 시작을 나타낸다고 말해도 무방할 것 같다네. 그래서 미국 정부가 이 발명에 반드시 관심을 가져야 한다는 생각을 하게 되었네.

로지 상원의원은 이 편지를 전쟁부로 넘겨주었지만, 역시나 별다른 반응은 없었다. 데이턴에서도 역시 라이트 형제가 실제로 그들이 만든 기계로 하늘을 날았다고 믿는 사람은 백 명 가운데 한 명조차도 없었을 것이다. 설령 정말 하늘을 날았다고 쳐도, 그건 어디까지나 요행이었다고 여겼을 것이다.

＊ ＊ ＊

웨스트 3번가에 위치한 자전거 가게에서는 작업이 재개되었다. 찰리 테일러의 회고에 따르면, 라이트 형제가 달성한 결과가 결코 "춤을 출"만한 것까지는 아니라는 생각 때문이었다.

물론 그들도 비행 사실에 기뻐했다. 하지만 내가 기억하기로, 그들이 맨 처음 한 말은 기계가 바람에 날아가서 뒤집히는 과정에서 모터가 손상되었다는 것이었다. (…) 곧바로 새로운 기계를 만들기를 원했다. (…) 그들은 항상 다음 할 일을 생각했다. 과거에 대해 걱정하느라 시간을 많이 낭비하지는 않았다.

이제는 더 강력하고 효율적인 엔진을 지닌, 그리고 더 무거운 버전의 플라이어 호를 만드는 것이 목표였다. 한편으로 실험에 들어간 비용은 물론이고, 가게와 집 모두에 필요한 비용을 충당하기에 충분한 수입을 벌어들이는 일도 소홀히 할 수는 없었다. 찰리 테일러가 거듭해서 사람들에게 상기시킨 것처럼, "돈 나올 구멍이 따로 없었기 때문이었다."

1904년의 처음 몇 달 동안, 자전거 수리 일은 일주일에 15건 내지 20건으로 꾸준히 들어왔다. 그리고 가게의 커다란 장부에 "잡화"라고 지칭된 다양한 자전거 관련 상품의 판매도 있었다. 예를 들어 자전거용 타이어(개당 3달러 25센트), 자전거용 경적(개당 10센트), 조명장치(개당 1달러), 페달 보호대(개당 5센트), 바퀴살(개당 10센트), 자전거용 펌프(개당 35센트) 등이었다.

또한 겨울에 흔히 그러하듯이, 스케이트 날 세우기(켤레 당 15센트)도 꾸준한 추가 수입을 제공해 주었다.

주력 수입원이었던 라이트 형제의 자체 브랜드 자전거는 4월이 되어서야 판매량이 늘어날 것이었다. 따라서 가게의 안쪽 작업대에서는 충분한 재고를 미리 확보해 놓는 일에 대부분의 시간이 투입되었다. 충당해야 할 임금은 찰리 테일러가 받는 주당 18달러, 그리고 캐리 케일러가 받는 주당 2달러 50센트뿐이었다.

비행 기계 제작을 위한 지속적인 작업에 필요한 지출을 조금이라도 더 줄이기 위해서, 라이트 형제는 앞으로 키티호크로의 원정 대신 (즉 그곳까지 여행하는 비용이며, 공구와 재료를 운송하는 비용을 지출하는 대신) 집에서 가까운 곳에서 적당한 크기의 들판을 찾아보기로 결정했다. 한편으로는 윌버와 오빌이 찰리 테일러를 현장에 데려가고 싶어 했기 때문이었고, 또 한편으로는 키티호크의 바람에 흩날리는 모래가 엔진에 지장을 줄 가능성을 우려했기 때문이었다.

조사 끝에 라이트 형제가 선정한 "비행 장소"로 가장 유력한 곳은 도시에서 북동쪽으로 130킬로미터 떨어진 면적 35만 제곱미터 가량의 평화로운 목초지 허프먼 평원이었다. 오빌과 캐서린은 고등학교 시절 과학 교사 윌리엄 워스너의 인솔하에 친구들과 함께 그곳에서 체험 학습을 실시한 적이 있었다. 오빌이 이 야외 수업을 좋아했던 것도 그 결정에 적잖은 영향을 끼쳤을 것이다.

이곳은 넓고 비교적 조용한 편이었지만, 그래도 방대한 지평선이며 풍부한 바람이며 거의 절대적인 고독을 선사했던 키티호크와는 차마 비교가 되지 않았다. 이곳에서는 기동 공간을 제약하는 여러 가지 요소들이 있었다. 그 경계를 따라서는 철조망과 나무가 늘어섰고, 목초지 내부에도 적지 않은 나무가 자랐으며, 그중 한 그루는 가시로 뒤덮인 높이 15미터의 쥐엄나무였다. 윌버의 말에 따르면, 평원 그 자체도 한때 프레리도그의 집단 서식지였던 모양인지 여기저기 둔덕이 가득했다. 들판의 한쪽 면에는 데이턴에서 콜럼버스까지 오가는 도시 간 전차의 선로가 설치되어 있어서, 그리 오가는 승객들에게는 들판에서 벌어지는 일이 넉넉히 한눈에 들어왔다.

라이트 형제는 이곳에서 하는 작업이 자신들의 발명품을 개선시키는 최종적이고 결정적인 단계가 될 것임을 알고 있었다. 이곳에서 그들은 키티호크에서 했던 것보다 훨씬 더 많은 일을 해내야 했다. 안전하게 공중으로 날아오르는 기술을, 모터 추진 기계를 기울여서 도는 기술을, 그리고 안전하게 땅에 내려오는 기술을 반드시 숙달해야만 할 것이었다. 이 과정에서 상황에 맞게 적응하는 방법을 배우게 될 것이라고 윌버는 강조했다.

공간의 제약이 있었지만, 선회 조종 방법만큼은 반드시 배워야 했다. 도시 간 전차가 지나간다는 사실은 한편으로 매일같이 대중에게 노출된다는 뜻이었지만, 또 한편으로는 저렴한 운송 수단을 얼마든지 이용 가능하다는 뜻이기도 했다. 도시에서 평원까지의 요금은 5센트였고, 시간은 40분쯤 걸렸으며, 편리하게도 이 들판의 가장자리에 자리한 심스 정류장에 내리면 되었다. 또한 이들은 전차의 운행 시간표를 알고 있었기에, 아무도 그곳을 지나가지 않는 시간을 골라서 자기네 비행 시간을 조절하면 그만이었다.

이 목초지의 소유주는 데이턴의 포스 내셔널 은행 대표인 토런스 허프먼이었고, 마침 라이트 형제와도 잘 아는 사이였다. 그곳을 빌려서 사용하고 싶다고 문의하자, 그는 요금을 받지 않는 대신에, 이들이 기계로 비행하기 전에 울타리 밖으로 자기네 소떼와 말떼를 옮겨주기만 하면 된다고 답변했다. 비록 라이트 형제를 좋아하기는 했지만, 허프먼은 이들의 계획을 그다지 신뢰하지 않는 다수에 속해 있었다. "그 친구들은 바보야." 그는 인접한 땅에서 일하는 한 농부에게 이렇게 말한 적도 있었다.

그 와중에 라이트 형제는 남는 시간마다 새로운 기계에 사용할 날개살용 목재를 가지고 톱질과 대패질을 했고, 찰리 테일러와 함께 새로운 모터를 만들었다.

어린 시절에 삼촌들 주위를 종종 얼쩡거렸던 조카 밀턴은 훗날 이렇게 회고했다. "역사는 그분들의 자전거 가게와 자택에서 만들어졌지만, 그게 만들어지는 과정은 일상에 워낙 가려져 있었기 때문에, 나 역시 여러 해가 지나기 전에는 그 사실을 좀처럼 인식하지 못했다."

1904년 초봄에, 라이트 형제가 허프먼 평원에 나가서 풀을 베기 위해 낫질을 하거나, 둔덕을 없애기 위해 삽질을 하는 모습이 종종 목격되었다. 새로운 기계를 조립하고 보관할 창고를 세울 때에는 공간이 허락하는 한 전차 정류장에서 가장 먼 한쪽 구석을 골랐다.

첫 번째 시험 비행을 앞두고서는, 과도하게 비밀을 지키려 한다는 비난을 피하기 위해서 일부러 친구와 이웃을 초청했다. 언론사도 환영했지만, 사진 촬영을 허락하지 않는다는 단서가 붙어 있었다. 라이트 형제의 가장 큰 걱정은 혹시나 사진이 유포되어서 자기네 발명품의 여러 장치 및 조종 메커니즘을 남들이 연구하지 않을까 하는 것이었다. 왜냐하면 그것이 이들의 기계가 남들의 기계와 다른 핵심이었기 때문이다.

5월 23일 월요일, 아침 일찍 비가 내렸지만 허프먼 평원에는 50여 명의 관람객이 모여들었다. 라이트 감독, 캐서린, 로린네 가족 모두가 있었고, 기자도 열댓 명쯤 모여 있었다. 하지만 바람이 너무 약한 관계로 시험 비행은 결국 취소되고 말았다. 모터가 있다 해도, 아직까지는 바람이 꼭 필요했다.

수요일에 군중이 다시 모였지만, 이번에는 비 때문에 또 한 번 취소될 수밖에 없었다. 다음날인 5월 26일 오전에는 비가 더 많이 내렸다. 하지만 오후에 잠시 소강상태가 나타나고, 바람이나 또 다른 폭풍의 징조가 거의 없는 상황이 되자, 라이트 형제는 "시작하기로" 작정했다. 오빌이 조종을 담당한 플라이어 2호는 이륙 선로를 떠나자 지상 2.5미터까지 떠오르더니 불과 몇 초 만에 착륙하고 말았다. 모터가 뭔가 잘못된 것이 분명했다.

감탄을 이끌어낼 만한, 또는 의심하는 사람들의 입을 다물게 할 시범 장면까지는 아니었다. 몇몇 기자는 그래도 뭔가 흥미로운 내용을 보도하려는 생각에 그 기계의 튼튼함을 칭찬하거나, 또는 사실을 왜곡하여 이 비행기가 공중을 무려 22미터나 날았다고 기사를 작성했다. 현장에 모인 사람들 가운데 아마도 가장 큰 기대를 품고 있었을 법한 라이트 감독은 그날 일기에 오빌이 모두 합쳐 7.5미터를 날았다고 정확하게 기재했을 뿐이었다.

나중에 가서 어떤 사람은 이날의 실패는 대중이며 언론이 더 많은 관심을 갖는 상황을 미연에 방지하려는 의도적인 실패라는 추측을 내놓기도 했다. 하지만 라이트 형제의 성격이며, 이후 3개월 동안 거의 모든 일이 꼬이기만 했음을 생각해 보면, 이런 추측은 터무니없게만 여겨진다.

6월 10일에는 조종 실수로 기계가 추락하고 말았다. 또 하루는 착륙 도중에 꼬리가 박살나고 말았다. 월버는 8월 2일의 비행에서도 "출발 과정에서 꼬리 막대가 망가졌다"고 기록했다. 또 한 번은 꼬리 철사가 "흐트러졌다"고도 적었다. 8월 5일에는 오빌이 "시작과 동시에 땅에 처박혔다." 8월 8일에는 다시 월버가 나섰지만, 선로를 벗어나기도 전에 날개가 땅을 긁고 말았다. 이틀 뒤에는 방향타가 박살나고, 프로펠러 하나가 망가졌다. 훗날 월버가 말한 대로, 마치 이들의 비행 기술이 "약간 녹슬어" 버린 것만 같았다.

"그 여러 번의 시도에서는 눈여겨 볼 만한 부분이 전혀 없었다." 형제의 고등학교 은사인 과학 교사 워스너의 말이다. "그들의 크고 새하얀 새"를 위한 작업을 곁에서 도왔던 그의 회고에 따르면, "그러나 기계에서 튕겨 나오고, 어딘가 고장이 나고, 말을 듣지 않는 모터 때문에 씨름하면서도, 한결같았던 월버의 훌륭한 성품은 나에게 항상 확신을 주었다." 그는 이렇게 덧붙였다.

이들의 대단한 인내력, 궁극적인 성공에 대한 차분한 믿음, 서로에 대한 이들의 상호적인 이해야말로, 이처럼 좋은 집안에서 태어나 훌륭하게 자란 사람들에게서가 아니면 찾아볼 수 없었을 것이다. 비행을 하거나 비행을 시도하는 과정에서도 이들은 항상 번갈아 가면서 일했다. 그리고 매번 시도를 마친 후, 두 발명가는 남들과 상당히 멀찍이 떨어져 서서, 길고도 은밀한 상의를 했고, 그때마다 항상 뭔가 새로 얻는 게 있었다. 그들은 지속적인 비행이 가능하게 되는 순간에 점점 더 가까워지고 있었다. 왜냐하면 공중에서 2분 동안 버틸 수 있는 기계라면, 만약 모든 일이 의도한 대로 펼쳐질 경우 무려 1시간도 버틸 수 있을 것이기 때문이다.

마침내 8월 13일, 놀랍게도 윌버가 무려 300미터 넘게 날았다. 키티호크에서의 비행보다 훨씬 더 먼 거리였으며, 이때까지 허프먼 평원에서 달성한 거리의 다섯 배나 되었다.

"그 친구들이 거기서 뭘 하는지 들었나?" 시내에서 사람들은 이런 질문을 주고 받았지만 "아, 그럼."보다 더 나아가는 반응은 드물었고 곧 다른 대화가 이어지곤 했다. 그 일에 관해서, 또는 훗날 데이턴 역사상 가장 위대한 영웅이 될 라이트 형제에 관해서 깊이 있게 관심을 가진 사람은 극소수에 불과했다. 심지어 도시 간 전차를 타고 다니는 사람들도 때때로 그곳을 지나가면서 본 광경에 대해서, 또는 아울러 다른 통근자들과 마찬가지로 똑같은 전차를 타고 평원과 시내를 오갔던 라이트 형제에 대해서 거의, 또는 전혀 관심을 두지 않은 것으로 보인다.

예외가 있다면 《데이턴 저널》의 편집장 루서 비어드였는데, 허프먼 평원 인근의 한 학교에서 때때로 수업을 맡아 진행했던 그는 종종 도시 간 전차를 타고 심스 정류장까지 와서 내리곤 했다. "나는 그들과 친근하게 대화를 나누었고, 항상 그들을 정중하게 대했다." 비어드의 회고다. "왜냐하면 나는 그들을 뭔가 딱하게 여겼기 때문이었다. 그들은 충분히 버젓한 청년들로 보였다. 그런데도 그들은 굳이 그곳에 나와서, 자기네 사업까지도 소홀히 한 채, 매일같이 저 우스꽝스러운 비행 기계에 시간을 허비하고 있었다."

또한 이들은 그 과정에서 목숨조차도 위험에 내맡기고 있었으며, 이는 두 사람도 잘 아는 사실이었다. 8월 24일의 비행에서는 갑자기 부는 강한 바람에, 오빌이 시속 50킬로미터의 속도로 그만 추락해 버렸다. 비록 뼈가 부러진 곳은 없었지만, 강한 충격으로 심한 멍이 들었고 이후 한 달 동안은 비행을 할 수가 없었다.

새뮤얼 랭글리는 비행체 실험 동안 최소한의 바람만을 필요로 했지만, 라이트 형제는 그보다 더 많은 바람을 필요로 했다. 따라서 허프먼 평원에서 실험을 하려면, 일찍이 키티호크에서는 풍부했던 바람을 벌충하기 위해서, 윌버의 말마따나 "우리가 바람에 의존하지 않아도 되게끔 해주는" 어떤 방법을 고안해야만 했다. 이에 대한 해결책은 단순한 동시에 저렴해야만 했으며, 역시나 이번에도 간단명료한 임기응변으로 문제를 해결했다.

이들은 자체적인 "출발 장치"를 설계하고 제작했는데, 이것은 단지 중력만을 동력으로 이용하는 일종의 투석기였다. 즉 여러 개의 부품을 조립해 만든 높이 6미터의 천막 모양 발사탑 또는 기중기였다. 나무 기둥 네 개를 피라미드 모양으로 세워 놓아서, 마치 석유 시추 시설과도 유사했다. 맨 꼭대기에는 도르래가 설치되어 있고, 거기 얹은 밧줄 끝에는 총 무게 725킬로그램에 달하는 금속제 추가 달려 있었다. 발사탑 아래로 늘어진 밧줄을 계속 따라가 보면 다른 여러 개의 도르래를 거쳐서 선로 끝에 있는 또 하나의 도르래가 나왔다. 거기서 밧줄은 다시 출발 지점으로 돌아와서, 커다란 자전거 바퀴통을 아래에 달고 이륙 선로에 올라앉은 플라이어 호의 앞부분에 연결되어 있었다.

라이트 형제는 여러 마리의 말을 동원해서 추를 기중기 꼭대기까지 들어올렸다. 준비가 완료되고 조종사가 밧줄을 풀면 추가 아래로 떨어졌고, 그 힘으로 기계가 노선 끝까지 순식간에 끌려갔다. 결국 모터의 힘으로만 이륙하려 했을 때보다 훨씬 더 빠르게 공중으로 발사되는 것이었다.

9월 7일, 바람이 거의 불지 않는 상황에서 윌버는 새로운 발사탑을 처음으로 시험했는데, 이때에는 겨우 90킬로그램짜리 추만을 이용해 보았다. 하루가 끝날 무렵, 또다시 180킬로그램를 추가하자 어려움 없이 이륙하여 이전까지의 기록보다 더 먼 거리를 날 수 있었다. 그로부터 10일 후 9월 17일에는 800미터를 꼬박 날아갔을 뿐만 아니라, 사상 처음으로 반원을 그리며 선회하는 데 성공하는 대단한 성취를 거두었다.

이 시기 동안에 실험 장소에 참석한 기자는 단 한 명도 없었다. 대중의 관심도 늘지 않기는 마찬가지였다. 극소수의 예외를 제외하면, 사람들은 전혀 관심이 없어 보였고, 데이턴의 뒷마당에 해당하는 곳에서 일어나는 기적적인 사건에 대한 지역 차원의 열광이나 호기심이나 경탄조차도 전혀 없는 것 같았다.

이처럼 대담한 모험에서 성공하기 위해 필요한 종류의 정신을, 하다못해 형제의 예외적으로 뛰어난 실력과 용기를 제대로 알아본 사람들 역시 전혀 없는 것 같았다. 다섯 달에 걸쳐 라이트 형제는 허프먼 평원에서 50회 이상의 비행 실험을 실시했고, 모터 고장에 대비해 항상 현장에 동행했던 찰리 테일러의 말에 따르면, 둘 중 어느 한 사람이 출발 선로를 향해 걸어

가는 것을 지켜볼 때면, 여차 하면 영영 살아서 만나지 못할 것 같은 끔찍한 느낌을 받았다고 한다. 반면 윌버와 오빌은 두려움을 모르는 것처럼 보였다.

《데이턴 데일리 뉴스》의 발행인 제임스 콕스는 훗날 자서전에서 "허프먼 평원 위의 공중에 비행선이 떠 있다고 우리 사무실에" 제보가 들어왔을 때의 일을 회고했다. "하지만 우리 기자들은 그 이야기를 믿지 않았다. 또한 군이 거기 가서 확인해 보려는 노고를 무릅쓰지도 않았다." 물론 콕스 본인도 마찬가지였다.

나중에 가서야, 저 기념비적인 업적이 그토록 가까운 곳에서 세워지고 있는 와중에도 그처럼 오랫동안 아무런 보도도 나오지 않은 이유가 무엇이냐는 질문을 받자,《데일리 뉴스》의 사회부장 댄 커플러는 잠시 묵묵히 생각한 끝에 이렇게 대답했다. "제 생각에는 우리가 그냥 바보 멍청이라서 그랬다는 게 정답일 듯합니다."

II

바로 그해 9월, 데이턴에서 북동쪽으로 320킬로미터 떨어진 오하이오 주의 한 지역에서, 체구가 작고 나이가 많은 신사 한 명이 자동차를 타고 데이턴으로 출발했다. 그해 초여름에 그랬던 것처럼, 라이트 형제로부터 초청을 받고, 이들이 이룩한 진전을 확인하러 허프먼 평원으로 가는 것이었다.

그의 이름은 에이머스 아이브스 루트였고, 클리블랜드 남쪽의 도시 메디나에 살고 있었다. 항상 깔끔하게 차려 입고, 짧고 새하얀 턱수염을 잘 다듬었으며, 키는 기껏해야 160센티미터에 불과했다. 하지만 그의 에너지와 호기심은 정말 대단했다. 그의 반짝이는 갈색 눈동자는 아무 것도 놓치지 않는 듯했다.

통나무 오두막에서 태어난 루트는 30세 때인 1869년에 양봉용 물품을 제조하여 판매하는 사업을 시작했고, 머지않아 오하이오 주의 "꿀벌 아저씨"로 널리 알려지게 되었다. 64세 때에 그는 매우 유복하고, 원만한 결혼 생활을 영위하면서, 다섯 자녀를 두고, 자부심 넘치는 할아버지였으며, 관심이 가는 온갖 것들을 쫓아다녔다. 훗날 메디나 카운티의 한 신문이 말한 것처럼, 에이머스 루트는 열정과 더불어 "세상 돌아가는 것을 보려는" 열망이 항상 부글거리는 사람이었다. 그는 시계와 풍차와 자전거를 비롯해 모든 종류의 기계를 좋아했으며, 특히 자신의 올즈모빌 런어바웃 모델 자동차를 좋아했다. 사시사철 그 자동차를 타고 도로에 나갔고, 그 때야말로 그가 가장 행복해 하는 순간이었다. 심지어 루트는 이렇게 말하기도 했다.

물론 말도 어느 정도 좋아하기는 하지만, 나는 말을 돌보는 데에는 관심이 없다. 나는 마구간의 냄새를 좋아하지 않는다. 매일 아침 말을 씻겨야 하는 것도 좋아하지 않고, 겨울에 말을 마차에 묶어야 하는 것도 좋아하지 않는다. (…) 말을 묶으려면 시간이 들기 때문이다. 하지만 자동차는 곧바로 출발할 준비가 되어 있다. 자동차는 지치는 법도 없다. 그 어떤 말보다 더 빠르게 목적지에 도달한다.

1 밀턴 라이트 감독. 60세 때.

2   수전 코너 라이트. 27세 때.

3   4

루클린. 11세 때.   로린. 9세 때.

5

윌버. 9세 때.

6

오빌. 4세 때.

7

캐서린. 4세 때.

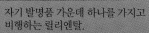

자기 발명품 가운데 하나를 가지고
비행하는 릴리엔탈.

독일의 활공기 개척자인 오토 릴리엔탈은
라이트 형제에게 막대한 영향력을 발휘했다.

26

저명한 과학자이며 스미소니언 연구소의
소장인 새뮤얼 피어폰트 랭글리는
동력 비행이 가능하다고, 아울러 자기가
그 해답을 알고 있다고 믿었다.

27

28

막대한 비용을 들여 대대적인 조롱의 대상이 된 "비행체"가
포토맥 강에 떠 있는 커다란 집배 위에서 발사를 준비하는 모습.

Wright Cycle Company

Bicycles
Van Cleve
St. Clair

Established in 189_

1127 West Third Street.

DAYTON. OHIO. May 30 1899.

The Smithsonian Institution.

Washington:

Dear Sirs:

I have been interested in the problem of mechanical and human flight ever since as a boy I constructed a number of bats of various sizes after the style of Cayley's and Penaud's machines. My observations since have only convinced me more firmly that human flight is possible and practicable. It is only a question of knowledge and skill just as in all acrobatic feats. Birds are the most perfectly trained gymnasts in the world and are specially well fitted for their work, and it may be that man will never equal them, but no one who has watched a bird chasing an insect or another bird can doubt that feats are performed which require three or four times the effort required in ordinary flight. I believe that simple flight at least is possible to man and that the experiments and investigations of a large number of independent workers will result in the accumulation of information and knowledge and skill which will finally lead to accomplished flight.

The works on the subject to which I have had access

29

월버가 스미소니언 연구소에 쓴 편지의 한 첫 페이지.
이 편지를 시작으로 라이트 형제는 자기들만의 순례를 떠나게 된다.

올즈모빌은 심지어 말과 마차보다 무려 350달러나 더 저렴하다고 그는 즐겨 말하곤 했다.

루트는 또한 신앙심이 깊었으며, 주일학교 교사였고, 절주 운동의 적극적인 지지자였고, 이런저런 여러 가지 주제에 관해서 자신의 생각과 의견을 전달하기를 좋아했는데, 대개는 자기 이름을 딴 회사의 양봉업 전문지인《글리닝스 인 비 컬처》에 기고하는 칼럼을 통해서 그렇게 했다.

아직 어느 누구도 파악하지 못한 라이트 형제의 천재성을, 그리고 이들이 만든 비행 기계의 온전한 중요성을 제대로 파악한 사람은 다른 누구도 아닌 바로 오하이오 주의 '꿀벌 아저씨'였다. 훗날 그는 허프먼 평원에서 자기가 목격한 광경을 자세히 묘사했으며, 심지어 매우 정확하게 묘사할 것이었다. 결국 이 소식을 세상에 알린 매체는 유명한《시카고 트리뷴》이나《뉴욕 타임스》가 아니라, 오히려 에이머스 루트가 펴내는 무명에 가까운 잡지《글리닝스 인 비 컬처》였던 것이다.

루트는 2월에 라이트 형제와 서신 교환을 시작했다. "우선 자네들을 편하게 호칭하는 내 무례를 부디 용서해 주기 바라네, 친구들. 간단히 말해서, 나는 비행 기계를 만들고자 한다면 마치 연을 날리는 것과 같은 원칙에 근거해야 한다는 생각을 평생 가져 온 사람이라네." 곧이어 그는 자기가 형제의 실험을 참관하고 싶다고 제안하면서, "자네들의 발상 가운데 어떤 것도 빌려오려 시도하는" 일은 결코 없을 것이라고 약속했다.

라이트 형제는 새로운 기계가 시험 준비를 마치는 대로 알려주겠다고 답장했다. 봄과 여름 내내 연락을 기다리며 루트는 계속해서 편지를 보냈다. "실례하네만, 친구들. 나는 비행선을 보고 싶은 마음이 너무 간절한 나머지 밤에는 잠을 못 이룰 정도라네."

8월 중순에 마침내 연락이 오자, 그는 곧바로 런어바웃을 몰고 데이턴으로 떠났는데, 그때 당시의 도로 상태를 고려해 보자면 데이턴까지 가는 일은 적잖이 어려운 일이었다. 막상 도착했을 때에는 라이트 형제의 기계가 제대로 작동되지 않았지만 (즉 그가 기대했던 수준은 영 아니었지만) 루트는 실제 비행 광경은 "내 인생에서 가장 멋진 순간 가운데 하나"라고 그들을 칭찬해 마지않았다.

루트는 허프먼 평원에서 목격한 것에 관해《글리닝스 인 비 컬처》에 절대로 기재하지 않겠다고 약속했고, 실제로도 그 약속을 지켰기 때문에 자동차를 이용한 모험에 관해서만 묘사했다.

"최근 오하이오 주를 관통하는 650킬로미터의 여행 동안 나는 애시랜드, 맨스필드, 매리언, 델라웨어, 메리스빌, 스프링필드, 데이턴을 지나갔다." 루트는 이렇게 썼다. "짧은 시간 동안 서로 다른 도시들을 워낙 많이 지나가다 보니, 과연 어떤 게 어떤 건지 기억하기도 힘들었다." 그는 도로상의 수많은 닭들 가운데 한 마리도 치지 않기로, 또한 말들 가운데 한 마리도 놀라게 하지 않기로 작정해서 결국 성공했다고 말했다. 또한 15킬로미터 내지 25킬로미터에 한 번씩 깨끗한 물을 엔진에 공급한 것이며, 물이나 휘발유를 넣기 위해서 멈춰 설 때마다 주위에 구경꾼이 몰려들었던 것에 관해서도 썼다. 그는 도중에 마주친 갈라진 거리와 진흙 도로에 관해서도 묘사한 다음, 마치 더는 못 참겠다는 듯 이렇게 덧붙였다.

이처럼 우리는 적어도 이미 어느 정도는 진흙 도로를 무시하고, 아예 도로를 다니는 것 자체에 불만을 품고 대신 '공중을 가로질러' 가기를 시도하고 있는데, 여기서 내가 말하는 것은 기구라는 방법이 아니다. 하지만 이 문제에 관해서 내가 아는 모든 것을 이야기할 수 있는 자유까지는 갖고 있지 않다.

9월 두 번째 주에 라이트 형제에게 연락이 오자, 루트는 지체 없이 실험 장소로 달려갔다. 그는 1904년 9월 20일 화요일에 데이턴에 도착했는데, 바로 이날 윌버는 역사상 아무도 한 적이 없었던 어떤 일을 시도했다. 동력 기계를 이용해 하늘을 날면서 완벽한 원을 그려 보였던 것이다.

8월의 추락 사고로부터 아직 완전히 회복되지는 않은 오빌은 루트며 찰리 테일러와 함께 한편에 서서 이 광경을 지켜보았다. 아마도 이 당시에 허프먼 평원에는 이들 외에 아무도 없었던 듯하다.

"하느님께서 베풀어 주신 크나큰 자비 덕분에, 나는 전차와 자동차를 능가할 수도 있는 (…) 그리고 (…) 전화와 무선 전신과 나란히 놓일 수도 있는 발명품을 이 세상에 안내하고 소개하는 데에 적잖이 쓸모 있는 사람이 되었다." 루트의 목격담은 이와 같이 시작된다.

하지만 자기가 목격한 것을 묘사하기 전에, 그는 라이트 형제가 단순히 기계를 좋아하는 종류의 사람들이 아니라, 오히려 "과학과 기술의 현대적 발전에 관심을 가진" 사람들이라고 강조한다. 루트는 이들이 보유한 장서의 범위를 보고, 그리고 "이들이 우리의 현재 지식에 관해서만이 아니라, 심지어 과거에 이루어진 모든 지식에 관해서도 정통하더라"는 사실을 대화 중에 발견하고 "놀랐다"고도 말한다. 이와 같은 내용을 글에 포함시켰다는 점에서, 그는 라이트 형제가 대부분의 사람들이 상상한 것보다 훨씬 대단한 사람임을 인식한 최초의 인물이었으며, 심지어 그 문제에 관해서 약간이라도 생각해 본 비교적 소수의 사람들 중에서도 최초의 인물이었다.

라이트 형제는 단순히 "또 다른 더라이어스 그린"이 아니라고, 오히려 콜럼버스와 마찬가지로 이 세상에 봉사하려는 "과학 탐구자들"이라고 루트는 강조했다.

9월 20일 사건에 관한 글에서 윌버가 바람의 저항을 줄이기 위해 조종석에서 납작 엎드리는 모습이며, 제 속도를 내기 위해 엔진을 덥히는 과정이며, 모든 준비가 완료되었을 때에 "일종의 덫"(즉 '발사탑')이 작동하더니, 갑자기 기계가 하늘 높이 떠오르는 과정을 묘사했다.

비행기는 낮게 날았으며, 고도는 기껏해야 땅에서 6미터 내지 7.5미터를 넘지 않았나. "나는 그 속도에 놀랐으며, 그 놀라운 양력에 경악했다." 잠시 후에 비행기는 선회해서 루트가 서 있는 곳을 향해 일직선으로 날아왔다. 키티호크에서의 첫 번째 비행을 목격한 직후에 존 T. 대니얼스가 표현한 것과 매우 흡사한 감정을 느끼며 루트는 이렇게 썼다.

기계가 처음으로 원을 그리며 선회하고, 출발 지점으로 가까이 다가왔을 때, 나는 그 앞에 바로 선 채로 다음과 같이 말했고, 지금도 여전히 그렇다고 믿고 있다. 즉 이것이야말로 내 인생에서 가장 근사한 광경들 가운데 하나라는 것이었다. 비록 유일무이한 광경이었다고 할 만큼은 아니더라도 말이다.

비행기는 여전히 낮게 날았기에, 가까운 곳에 서 있던 오빌이 그에게 어서 옆으로 비키라고 재촉했는데, 자칫하면 비행기가 갑자기 떨어질 수도 있다는 걱정 때문이었다.

루트가 보기에는 비행기의 착륙 역시 마찬가지로 놀라울 따름이었다.

엔진을 *끄자*, 그 장치는 땅을 향해 아주 조용히 활공하더니, 마치 한 쌍의 가벼운 썰매 날과도 비슷한 것을 바닥 가까이 대며, 기껏해야 5미터 남짓 풀로 덮인 지표면을 따라 미끄러지며 내려앉았다. 내려앉기 직전에 속도를 줄여야 할 필요가 있다면, 앞머리를 위로 올리면 그만이었다. 그러면 그 장치는 공중에서 위로 올라가다가 결국 여세가 소진되고 말았으며, 그러면 조종사는 솜씨 좋은 운용으로 기체를 마치 깃털처럼 가볍게 착륙시켰다.

루트가 말한 "솜씨 좋은 운용"은 정말 숨 막힐 정도로 훌륭했다. 그 기계만 해도 지표면의 다른 어떤 물건과도 다른 물건이었지만, "그걸 조종하는 기술을 터득한 사람 역시 이들 두 명을 제외하면" 아마도 이 세상에 전무할 것이었다.

아메리카 대륙을 발견한 바로 그 순간만 해도, 콜럼버스는 이로부터 어떤 결과가 나올지를 전혀 몰랐다. 루트는 보고를 마치면서 이렇게 결론을 내렸다. 제아무리 "가장 과격한 열광자"라 하더라도, 자신이 해낸 일이 불러올 결과까지 예견하기는 어려울 것이라고 했다. "마찬가지로, 이들 형제는 자신들의 발견이 후세에게 어떤 결과를 가져다줄지에 대해서는 어림짐작조차도 못하는 듯했다."

루트는 허프먼 평원이 역사적인 장소가 될 것이라고도 단언했다. 왜냐하면 인간과 그 기계가 바로 이곳에서 "마치 둥지를 떠난 아기 새가 연습을 통해 날개 사용법을 배우듯이, '하늘을 나는 법을 배웠기' 때문이었다."

루트는 조만간 다가올 놀라운 시대를 상상해 보았다. "그때에는 이처럼 막대한 비용을 들여가면서 훌륭한 도로나 철로나 다리 등등을 만들려고 분주할 필요가 없을 것이다. 이 기계가 있으면 우리는 그 모든 것에 작별을 고할 수 있다. 하느님께서 주신 자유로운 공중, 지구 전역에 걸쳐 있는 그곳이, 그리고 어쩌면 우리 있는 곳에서 몇 킬로미터 위가, 우리의 훈련장이 될 것이다." 심지어 그는 다음과 같이 단언했다.

가까운 미래에 그러할 것이라고 내가 예상하는 것처럼, 이 우아한 기계 가운데 한 대가 여러분의 머리 위로, 또 어쩌면 여러분의 집 위로 날아가는 모습을 본다면, 여러분도 저 비행 기계가 하느님의 가장 자비롭고 귀중한 선물 가운데 하나라는 내 의견에 동의하지 않을 수 없을 것이다.

12월에 에이머스 루트는 다시 데이턴을 찾았고 (이번에는 자가용 대신 도시 간 전차를 이용했다) 호손 가 7번지에서 라이트 형제를 만나서, 자기가 쓴 글을 정식 출간 전에 큰 소리로 읽어주었다. 정확성을 확보하기 위한 마지막 절차였으며, 아마도 원활하게 진행된 듯하다. 혹시 라이트 형제가 수정을 제안한 부분이 있었는지는 알려져 있지 않다.

라이트 형제가 루트를 그 정도로 신뢰한 이유에 대해서는 아무런 설명도 없다. 하지만 세 사람은 공통점이 무척 많았다. 루트 역시 양봉 사업 초기에는 주위에서 "괴짜" 취급을 받았다. 그는 오로지 자기 아이디어를 깊이 연구하여 성공을 거두었다. 특히 중요한 점은, 8월에 처음 라이트 형제를 만난 이래로 루트가 비밀 엄수 맹세를 굳게 지켰으며, 나아가 자기가 쓴 글에서 정확성을 확보하기 위해서라면 얼마든지 협조할 태세였다는 것이다.

루트는 확고한 종교적 신념의 소유자였기 때문에, 마찬가지 성격인 라이트 감독의 승인도 적잖은 영향을 미쳤으리라 짐작할 수 있다. 라이트 형제의 아버지는 일기에 이렇게 적었다. "루트 씨는 훌륭한 신사처럼 보인다."

어쩌면 다른 무엇보다도 윌버와 오빌은 루트와 처음 만났을 때부터 자기들에게 지닌 관심이 진짜라는 사실을, 즉 인간 비행의 가능성에 대한 그의 믿음이 자신들의 믿음 못지않다는 사실을 알고 있었을 것이다.

1905년에 《글리닝스 인 비 컬처》에 자기 기사가 게재되자 루트는 한 부를 《사이언티픽 아메리칸》의 편집장에게 보내면서, 그 내용을 얼마든지 무료로 전재해도 된다고 덧붙였다. 하지만 편집장은 아무런 관심도 쏟지 않았다. 그로부터 1년이 지나서야 「라이트 비행기와 그 소문의 성능」이라는 제목의 기사를 비로소 게재했지만, 이 잡지는 여전히 의심의 눈초리를 거두지 않은 상태였다.

거의 모든 사람이 큰 관심을 가진 주제에 관해서, 그토록 놀랍고도 극도로 중요한 실험이, 도시에서 아주 멀지도 않은 장소에서 수행 중이었다고 치면, 익히 알려진 것처럼 진취적인 미국의 기자 가운데 누군가가, 설령 문이

잠겨 있다면 굴뚝을 타고 들어가는 한이 있더라도 (…) 이미 오래 전에 (…) 그들에 관한 이야기를 알아내고 보도하지 않았겠는가?

하지만 에이머스 루트가 바로 그런 "진취적인 기자"였다는 사실은 그 편집장의 머릿속에 결코 떠오르지 않았던 모양이다.

라이트 형제는 여전히 관심을 끌거나 소문을 내려는 의향이 없었다. "사람들이 우리의 말을, 또는 다른 여러 목격자의 말을 받아들이지 않는다면 (…) 사람들이 제 눈으로 비행을 똑똑히 보기 전까지는 확신하지 않으리라는 것이 우리의 생각이다." 윌버의 말이다.

III

에이머스 루트의 방문이 있은 지 한 달이 지난 10월, 설령 미국의 언론 및 정부가 이 사건에 전혀 관심이 없다 치더라도, 대서양 저편에는 실제로 관심을 보이는 사람들이 있다는 첫 번째 분명한 증거가 나타났다. 영국 육군의 기구(氣球) 정찰대 소속 장교인 존 에드워드 캐퍼 대령이 데이턴에 찾아와, 자국 정부의 명령으로 만나러 왔다고 서슴없이 라이트 형제에게 알린 것이다.

아직 손님을 데리고 허프먼 평원으로 가기가 썩 내키지 않았던 라이트 형제는 단지 최근의 비행 사진을 보여주기만 했다. 하지만 손님이 보기에는 이 발명가들이 다른 무엇보다도 더 인상적인 존재였기에, 급기야 플라이어 2호를 영국 정부에 판매하라는 제안을 내놓기에 이르렀다.

라이트 형제는 그 제안을 받아들일 의향이 없었는데, 윌버가 옥타브 샤누트에게 털어놓은 바에 따르면, "지금 상태에서 우리가 낳은 아기를 가지고 뭘 할지 고민할 준비까지는 되지 않았기" 때문이었다. 뿐만 아니라 애국적인 미국인이라면, 자국에게 첫 번째 기회를 주기도 전에 외국 정부에 기회를 넘겨주는 것에 부끄러워 할 수밖에 없었다.

1월 9일, 시오도어 루스벨트 대통령의 화려한 재선을 축하하는 뜻에서, 윌버는 허프먼 평원의 시험장 위에서 거의 네 바퀴나 원을 그리며 날았다. 그러다가 1905년 1월 3일에는 새로 선출된 그 지역 공화당 하원의원 로버트 네빈을 찾아가서 상황을 설명했다. 네빈은 당시 전쟁부 장관 윌리엄 하워드 태프트에게 제안서를 보내 보자고 윌버에게 권했다.

윌버와 오빌의 서명이 들어간 1월 18일자 편지에서는 지난 5년간에 걸친 노력으로 제작된 비행 기계가 "고속으로 공중을 날 수 있을 뿐만 아니라, 망가지지 않은 채 땅에 내려올 수도 있다"고 서술되어 있다. 1904년 한 해 동안 라이트 형제는 105회의 비행을 실시했다. 이들은 직선으로, 원을 그리며, S자 경로를 따라서, 잔잔한 바람이나 거센 바람 속에서 하늘을 날았으며, 여러 가지 방식으로 실용적 용도가 있는 수준까지 비행을 향상시켰다. 예를 들어 "전쟁 시의 정찰 및 연락 용도" 역시 그중 하나였다.

하원의원 네빈은 이 편지를 전쟁부에 넘겼다. 그리고 전쟁부에서는 다시 군수방어위원회로 넘겼는데, 이곳은 새뮤얼 랭글리에게 5만 달러를 지원하고 아무 것도 얻지 못한 바로 그 기관이었다.

네빈 하원의원은 1월 26일자로 위원회가 보낸 형식적인 거절 답장을 받았다. 기계적 비행 실험을 위한 지원 요청이 워낙 많은 관계로, 문제의 장비 역시 미국 정부의 비용 지원 없이 일단 "실용적 운용" 단계에 도달해야 하리라는 것이었다. 그리고 윌버와 오빌이 작성한 편지를 토대로 위원회가 판단하건대, 이들의 기계는 그런 단계에 이르지 못한 것 같다는 것이었다. 정작 라이트 형제는 경제적 지원을 요청한 적도 없었다는 사실을 전혀 고려하지 않은, 그야말로 형식적인 답장이었다.

이런 반응은 랭글리와 관련한 경험 때문에, 또다시 항공술 실험에 얽히는 것에 대해 위원회 내부로부터 극도의 경계심이 드러났기 때문일 것이다. 또는 단순히 관료적인 무능의 또 한 가지 사례일 것이다. 아니면 라이트 형제가 플라이어 호에 관해 내놓은 주장조차도 수많은 괴짜들의 제안과 마찬가지로 지나치게 터무니없어 보인 까닭에 차마 진지하게 받아들일 수 없었던 것인지도 모른다.

윌버와 오빌에게는 이것이야말로 "전적인 거절"이었고, 어쩌면 이들도 이런 결과를 예상하고 있었던 것처럼 보인다. "우리는 '기회'가 전쟁부의 문을 확실하고도 선명하게 두들겼다는 사실을 확인해 두어야 했기에 인내했던 것입니다." 윌버는 옥타브 샤누트에게 이렇게 말했다.

오랜 세월 동안 우리의 사업 방식은 구매를 원하는 사람에게 판매하는 것이었지, 원하지도 않는 사람에게 상품을 강매하려 노력하는 것은 아니었습니다. 만약 해외에서 비행 기계가 실용적으로 사용되어 용도가 입증되기 전까지는 비행 기계에 더 이상 돈을 쓰지 않기로 미국 정부가 작정했다면, 우리도 안타깝게는 생각합니다만, 차마 이에 대해서 합리적으로 이의를 제기할 수는 없습니다. 결국 판정은 저쪽이 하는 것이니까요.

라이트 형제는 이미 영국의 캐퍼 대령에게 편지를 써서, 자기들도 제안을 내놓을 준비가 되었다고 알렸다. 영국 전쟁부는 곧바로 답장했고, 그때부터 진지한 서신 교환이 시작되었다.

＊ ＊ ＊

평소와 마찬가지로 라이트 형제는 허비할 시간이 없었다. 작업은 계속되었다. 1905년에는 플라이어 3호가 새로 작업 중이었는데, 이것이야말로 훗날 이들의 말마따나 "실용적 유용성이 있는" 기계였다. 실제로 플라이어 3호는 역사상 최초의 실용적 비행기로 입증될 예정이었다.

라이트 형제는 가게에서 일할 때에, 허프먼 평원에서 이루어졌던 시험의 막간에, 또는 창고에 들어가서 작업할 때에, 심지어 전차를 타고 갈 때조차도 자기들끼리, 그리고 찰리 테일러와도 쉴 새 없이 이런저런 아이디어를 주고받았다.

새에 대한 관심 역시 이전과 마찬가지로 지속되었다. 비록 아우터뱅크스의 하늘에 모여든 가마우지와 갈매기와 말똥가리에 비견할 만한 수많은 조류까지는 없었지만, 대신 오하이오 주에는 까마귀가 많았다. 극소수의 사람만이 알아들을 법한, 또는 이해할 법한 언어를 이용해 윌버는 옥타브 샤누트에게 이렇게 적었다.

새나 비행 기계가 소비하는 힘은 wv/ac라는 공식을 통해서 알아낼 수 있을 것이며, 여기서 w는 무게이고, v는 속도이고, 1/a는 편류와 양력의 비율이고, 1/c는 프로펠러의 스크루, 또는 날개의 효율성입니다. 까마귀가 초속 10미터, 또는 분속 640미터의 속도로 날아갈 경우, 저는 1/a의 값을 1/8로, 그리고 1/c의 값을 1/0.75로 고정하겠습니다. 이 경우 (1 x 2100) / (8 x 0.75) = 350피트파운드중량이 됩니다. 1/a의 최솟값은 그 날개의 크기를 조절할 경우, 속도와는 무관하게 정해질 것입니다. 1/c의 값은 통상적인 조건하에서 프로펠러 스크루의 효율성의 실용적인 한계일 것이고, 저로선 새의 날개가 프로펠러 스크루보다 더 효율적이라고 믿지 못할 이유가 없다고 봅니다.

(⋯)

새들이 발달시킨 힘이 플라이어 호가 소비하는 힘보다 몇 배는 더 크다는 사실은 의문의 여지가 없습니다. 작은 새가 전속력으로, 예를 들어 시속 50킬로미터로 날아갈 수 있는 거리를 염두에 두신 다음, 그 무게를 그 속도로 가속하는 데에 필요한 힘을 계산해 보신다면, 아마 깜짝 놀라실 겁니다.

게다가 배우고 생각해야 할 것들은 더, 항상 더 많았다. 새로운 플라이어 3호는 이전 기종보다 더 튼튼하게 만들어졌고, 그 모터도 더 강력해져서 최대 25마력을 낼 수 있었다. 앞쪽의 이중 방향타도 더 커졌고, 날개 부분은 약간 줄었고, 날개의 앞쪽 모서리도 더 효율적으로 변했다. 하지만 라이트 형제가 강조하는 것처럼, 이번의 "향상들"은 주로 "더 과학적인 설계"에서, 그리고 균형 유지 및 조타 방법의 변화에서 비롯된 것이었다. 가장 중요한 변화는 앞쪽 방향타를 훨씬 더 앞쪽으로 옮긴 것이었는데, 그렇게 함으로써 세로 방향, 즉 앞머리에서 뒤꼬리 방향의 조종이 더 나아졌다. 또 라이트 형제는 기계를 앞으로 약간 기울임으로써 그 비행 속도를 회복할 경우, 자기들이 겪던 말썽 가운데 상당수를 완화시킬 수 있음을 알아냈다.

"투자한 노동에 대한 최상의 대가는 더 많은 힘이 아니라 더 많은 지식을 추구할 때에 얻는다." 라이트 형제는 이렇게 말했다.

6월에 시험 비행이 시작되자, 이런 향상들은 분명한 효과를 나타냈다. 뿐만 아니라 라이트 형제의 조종 실력 역시 "녹슬어" 있지 않았다.

오빌의 설명에 따르면, 9월 28일에는 구사일생의 사건이 벌어지기도 했다. 당시 그는 커다란 쥐엄나무 주위를 돌고 있었는데, 갑자기 한쪽 날개가 높아지며 속도가 줄어들기 시작했다. "조종사는 가시나무 위에 추락하고 싶지 않아 땅에 착륙하려 시도했다." 왼쪽 날개가 3미터 내지 3.5미터 높이에서 나무에 부딪치면서 가지 몇 개가 부러져 떨어졌지만, 짧은 곤두박질 덕분에 오빌은 비행기를 다시 위로 돌릴 수 있었으며, 이미 10킬로미터째 날고 있었던 비행은 그 출발 지점을 향해서 계속되었다. 이때에 얻은 교훈으로 라이트 형제는 앞으로 한 걸음 더 나아갈 수 있었다. 짧은 곤두박질이 양력을 늘리는 데 필요한 속도를 회복시켰고, 그리하여 휘어짐 효과를 바로잡았던 것이다.

이때쯤 윌버는 한 번 비행에 18킬로미터를 날 정도가 되었고, 오빌은 20킬로미터를 날고 심지어 25킬로미터까지도 기록했을 정도였다. 두 사람이 보기에, 성능이 대거 "향상" 된 플라이어 3호는 일찍이 키티호크에서 플라이어 1호가 입증한 것만큼 커다란 진전이었다.

1905년 여름과 가을에 허프먼 평원에서 라이트 형제는 실험과 변화를 통해서 진정으로 하늘을 나는 법을 배웠다. 그리고 마침내 신뢰할 수 있는 비행기를 갖게 되자, 이들은 이미 달성한 것을 기꺼이 즐기기로 작정했다. 라이트 형제는 이제껏 어느 누구도 경험한 적이 없었던 경험, 즉 모터 동력 기계로 하늘을 여행한다는 즐거움을 누릴 수 있었다. 그리하여 이들은 각자의 경험을 말로 표현하기 위해서 최선을 다했다.

"처음 몇 분이 지나서, 전체 메커니즘이 완벽하게 작동한다는 사실을 알게 되면, 그 느낌은 어찌나 짜릿하게 멋진지 차마 말로 다 표현하지 못할 정도다." 윌버는 훗날 이렇게 말했다. "그걸 직접 경험해 보지 않은 사람은 아무도 깨닫지 못할 것이다. 그것이야말로 수많은 사람들이 꿈꿔 왔던 공중 부양의 실현이다. 다른 무엇보다도, 그 느낌은 완벽한 평화의 느낌이며, 거기다가 모든 신경을 최대한으로 긴장시키는 흥분이 뒤섞인다. 물론 평화와 흥분의 그런 조합이 실제로 가능하다고 치면 말이다."

오빌의 표현에 따르면, 일단 공중에 도달하면 지상은 "완전히 흐릿해" 보였지만, 비행기가 더 높이 올라갈수록 지상의 물체는 더 선명해졌다.

30미터 높이에서는 얼굴을 때리는 바람을 제외하고 아무런 움직임도 느낄 수가 없다. 출발 전에 모자를 묶어 놓지 않으면 잃어버릴 수도 있다.

조종사가 조종간을 움직인다. 오른쪽 날개가 올라가고, 기계는 왼쪽으로 회전한다. 아주 급한 선회를 했는데도, 자동차와 기차 여행에서 매우 자주 경험하는 것처럼 마치 좌석에서 떨어져 나갈 것 같은 느낌을 받지는 않는다. 이제는 출발했던 바로 그 지점을 바라보고 있음을 깨닫는다. 지상의 물체는 이제 훨씬 더 빠른 속도로 움직이는 것처럼 보이지만, 자기 얼굴에 가해지는 바람의 압력에서 변화를 전혀 인식하지 못한다. 곧이어 자기가 바람 방향으로 날고 있음을 알게 된다.

출발 지점에 가까워지면, 조종사는 아직 공중 높은 곳에 있을 때에 미리 모터를 정지시킨다. 기계는 45도로 내려와 착륙하며, 거기서 15미터 내지 30미터를 더 미끄러진 끝에 비로소 멈춰 선다. 비록 기계가 시속 1.5킬로미터의 속도로 날다가 착륙하는 경우가 종종 있지만 아무런 충격을 느끼지는 않으며, 사실은 기계가 땅에 닿은 순간이 언제였는지도 구분하지 못한다. 옆에 있는 모터가 비행 내내 귀가 먹먹할 정도의 소음을 내지만, 흥분 상태에서는 소음이 멈추지 않는 한 그 소리를 미처 깨닫지 못한다!

이제 라이트 형제는 가족과 친구에게 시험 장소로 구경 오라고 공개적으로 권했다. 라이트 감독과 캐서린, 로린과 그 아내며 아이들, 그리고 열일곱 명 정도의 친구와 이웃이 전차나 자동차를 타고 찾아왔고, 그중 상당수는 이후로도 여러 번 구경하러 찾아왔다.

이웃인 존 페이트와 그의 아들 조지도 있었다. 더 이상은 라이트 형제를 의심하지 않게 된 토런스 허프먼도 아이들 셋을 데리고 구경 나왔다. 자전거 가게의 건물주인 찰스 웨버트, 식품점 주인 프랭크 헤일, 약제사 W. C. 파우츠도 구경 나왔는데, 하나같이 웨스트 3번가의 자전거 가게와 가까운 곳에서 각자 영업하는 사람들이었다. 1898년의 홍수 당시에 월버와 오빌이 물품 대피를 도와준 적이 있었던 철물점 주인 프랭크 햄버거도 구경 나왔다.

1905년 10월 5일 오후, 열댓 명쯤의 목격자들 앞에서 윌버는 29회나 목초지 위를 선회했으며, 결국 연료가 다 떨어지고 나서야 착륙했다.

"윌버가 한 번 비행에 38분 4초 동안 40킬로미터 거리를 날아가는 모습을 보았다." 라이트 감독의 말이다. 실제로 이 비행 거리는 이때까지의 기록 중에서도 가장 길었고, 3년 동안 실시한 160회의 비행 거리를 모두 합친 거리보다도 더 길었다.

실험을 마무리했을 때, 라이트 형제는 허프먼 평원에서 105회 "출발" 했으며, 이쯤 되자 플라이어 3호를 시장에 내놓을 때가 되었다고 생각하게 되었다.

***

이때쯤 되자 데이턴의 언론도 비로소 각성했다. 《데일리 뉴스》는 그 지역 목격자들이 기꺼이 내놓은 증언을 인용하며, 라이트 형제가 놀라운 비행을 매일같이 해낸다고 보도했다. 약제사 W. C. 파우츠의 증언이 실리기도 했다.

허프먼 평원에 갈 때에만 해도 저는 누구 하나쯤 목이 부러지는 꼴을 보겠지 하고 예상했었습니다. 그런데 무게 400킬로그램의 기계가 마치 독수리처럼 하늘을 날아가는 게 보이더군요. (…) 그날 밤에 제가 한 친구에게 그 이야기를 했더니만, 그 친구는 제가 미쳤거나, 아니면 거짓말쟁이 클럽에라도 가입한 것처럼 여기더군요.

독일의 항공술 전문지의 미국 특파원이 허프먼 평원으로 찾아와서 라이트 형제에 관한 일련의 기사를 내놓기 시작했다. 프랑스에서도 문의가 오기 시작했다.

이에 대해 워싱턴 측의 관심도 다시 한 번 불러일으켜 보자는 샤누트의 재촉에 라이트 형제는 재차 편지를 썼다. 이번에는 군수방어위원회의 새로운 위원장인 J. C. 베이츠 소장이 약간 다른 생각을 갖고 있는 듯하다는 것이었다. 10월 9일자 편지에서 라이트 형제는 상대방이 자기네의 이전 제안에 대해서는 "고려가 거의 없었던" 듯하다고 지적했다. "우리는 이 발명품을 해외로 가져가고 싶은 의향이 없습니다만, 부득이 그러지 않을 수 없는 상황이 생길 수도 있습니다. 따라서 우리는 다시 편지를 보내서, 다시 제안을 드리고자 합니다."

이때쯤 라이트 형제는 비행기를 이용해서 40킬로미터 내외의 통제 비행을 정기적으로 해내고 있었다. 하지만 캐서린이 감독에게 보낸 편지에서 쓴 것처럼, 워싱턴의 답장은 "이전에 받은 것과 똑같았다." 차이가 있다면, 이번에는 그 기계에 대해 조금이라도 고려해보기 위해서는 우선 "그 건조에 꼭 필요한 (…) 설계도와 명세서를" 내놓아야 한다는 조건이 붙었다는 점이었다. 하지만 라이트 형제는 이 요구를 거절했다.

라이트 형제는 또다시 시도해 보았고, 위원회가 어떤 성능 요구조건을 내놓을지를 물어보았다. 하지만 위원회에서는 설계도를 통해 그런 기계가 제작 가능한지 직접 확인하고, "수평 비행 및 조종사 탑승" 능력을 직접 검증하는 것 외에는 다른 어떤 것에도 관심이 없다고 밝혔다.

차라리 플라이어 3호의 작동 모습을 담은 사진을 요청하거나, 또는 워싱턴의 누군가가 허프먼 평원을 직접 방문하기만 해도 이 문제를 해결할 수 있었다. 급기야 위원회의 반응을 전해들은 옥타브 샤누트는 "거기 있는 놈들은 바보 멍청이뿐"이라는 결론을 내놓았다.

영국과의 논의가 중단된 상태에서, 윌버는 플라이버 3호의 판매를 논의하고 싶다고 파리에 있는 한 관련 단체에 알렸다.

1905년의 마지막 주에 라이트 감독은 일기에 이렇게 적었다.

12월 28일 목요일. 아침 날씨가 좋아서 불을 안 피워도 될 정도였다. 아놀드 포다이스라는 프랑스 사람이 찾아와서 비행 기계를 조사하고 거래를 추진했다. 양측이 조건에 합의했다.

포다이스는 부유한 프랑스 사업가들의 연합체를 대리하는 사람이었지만, 라이트 형제는 이 거래의 결정 주체가 프랑스 군부일 것이라고 추정했고, 실제로도 그러했다. 이 연합체는 라이트 플라이어 호를 구입해서 프랑스 정부에 기증하려는 계획이었다. 계약에 따르면 라이트 형제는 기계 한 대를 판매하고 100만 프랑, 즉 20만 달러를 받기로 했다. 그런데 여기에는 이들이 시험 비행을 실시하고, 이 과정에서 이 기계가 고도와 거리와 속력에서 일정한 성능 요구조건을 충족시켜야 한다는 단서가 붙어 있었다.

최종 조건의 세부사항은 장차 데이턴을 방문할 프랑스 측 위원회가 협상할 예정이었다. 그 사이에 2만 5000프랑, 즉 계약금 5000달러가 뉴욕의 한 은행에 입금되었다. 20만 달러라면 어마어마하게 많은 금액이었으며, 이후의 협상 결과와는 무관하게 라이트 형제가 챙기게 될 5000달러만 가지고도, 이들이 키티호크로 처음 갔을 때부터 지금까지의 비용 모두를 상쇄하고도 남을 정도의 금액이었다. 라이트 감독은 일기에 다음과 같이 적었다.

12월 30일 토요일. 오후에 윌버와 오빌이 파리에서 온 아놀드 포다이스 씨와 계약서에 서명했다.

CHAPTER SEVEN

중대한 제1호 증거물

그는 대단한 확신을 심어주었습니다.

하트 O. 버그

고국에 계신 여러분 걱정 붙들어 매시기 바랍니다! 걱정할
필요가 전혀 없으니까요.

윌버 라이트

I

1906년 3월 20일, 잘 차려 입은 프랑스 신사 네 명과 이들을 수행하는
미국인 한 명이 데이턴이 베켈 호텔 로비로 걸어 들어와 프론트 데스크에
서 수속을 밟았다. 이들의 모습은 바로 그 순간부터 수많은 이야기의 주제
가 되었다.

"라이트 씨네 아들들"이 프랑스에 비행 기계를 판매하는 계약을 맺었
다는 이야기가 흘러 나왔다. 하지만 그게 사실이냐는 《데이턴 헤럴드》 기
자의 질문에, 이 대표단의 책임자인 아놀드 포다이스는 "단지 구경을 하기
위해서" 왔을 뿐이라고만 대답했다. 자기는 미국의 관세와 산업에 관한 책

을 쓰고 있기 때문이라고도 말했다. 데이턴은 이들이 순회하는 네 군데 도시 가운데 하나였다. 하지만 자기들이 시내에 머무는 동안 라이트 형제와 만나기를 희망한다는 말을 상당히 진지한 어조로 덧붙였다. 이때의 어조에는 상당한 진심이 깃들어 있었다.

아놀드 포다이스는 한때 배우로 활동했다. 실제로 이 사람들은 라이트 형제를 만나기 위해 찾아온 것이었다. 그중 세 명은 비록 정장을 입고 있었지만 프랑스 육군 장교들이었다. 앙리 보넬 소령은 프랑스 참모본부 소속 공병대장이었고, 대표단 가운데 유일하게 영어를 전혀 못했으며, 라이트 형제와 그 비행 기계에 대놓고 회의적인 태도를 유지했다. 앙리 레니에르 대위와 쥘 푸르니에 대위는 워싱턴 주재 프랑스 대사관 소속 무관이었다.

미국인 월터 베리는 미국 주재 프랑스 대사를 대리하고 있었다. 국제 변호사인 베리는 대부분의 시간을 파리에서 보냈고, 그곳에서 저명한 미국 소설가 이디스 워턴의 사교 생활에서 가까운 친구로서 중요한 역할을 담당했고, 대서양 양편 모두에서 영향력 있는 서클로 진입하는 데에 수완을 발휘했다.

1906년만 해도 라이트 형제의 미래는 딱히 밝아보이지 않았다. 이들은 더 강력한 신형 엔진을 작업 중이었지만, 정작 비행은 전혀 하지 못했다. 그 와중에 프랑스에서는 자국의 여러 제조업체들이며, 루이 블레리오와 브라질 태생의 아우베르투 산투스두몽 같은 저명한 조종사들의 항공술은 열렬한 지지를 받으며 발전하고 있었다. 반면 그곳의 영자 신문《파리 헤럴드》는「비행사이거나, 또는 거짓말쟁이이거나」라는 사설을 통해 라이트 형제를 조롱했다.

라이트 형제는 정말 하늘을 날았거나, 또는 못 날았거나 둘 중 하나이다. 이들은 정말 기계를 가졌거나, 또는 못 가졌거나 둘 중 하나이다. 이들은 사실 비행사이거나, 또는 거짓말쟁이이거나 둘 중 하나이다. (…) "우리가 하늘을 날았다"고 말하기는 쉬운 일이니까.

이제 라이트 형제는 진지한 대화를 위해서 찾아온 프랑스 대표단과 한 자리에 앉아 있었다. 이것이야말로 이 일에 관련된 모두에게 가장 중요한 한 걸음이라는 사실은 굳이 말할 필요도 없었다.

라이트 감독의 기록처럼 이들은 무려 2주 넘도록 자전거 가게 위층에서 매일 만났으며, 감독 역시 자리를 함께 했다. 3월 24일, 캐서린 라이트의 초청을 받은 포다이스와 보넬 소령과 월터 베리는 호손 가 7번지에서 라이트 가족과 함께 "저녁식사"를 했다.

라이트 형제는 대표단에게 플라이어 3호의 실물을 보여주진 않았지만, 대신 비행 관련 사진과 목격자의 증언은 기꺼이 보여주었다. 머지않아 대표단 중에서 유일하게 회의적이었던 보넬 소령조차도 확신을 얻게 되었고, 언어 장벽에도 불구하고 라이트 형제로부터 깊은 감명을 받았다.

결과적으로는 아무런 계약도 성사되진 않았지만, 프랑스와의 향후 작업에 대한 협의 가능성은 강화되었으며, 서로 간의 존중 역시 매우 커졌다. 이 사실은 4월 6일에 라이트 형제가 보넬에게 쓴 편지에서도 강조되었다.

어제 저녁, 우리가 가진 마지막 회담에서도 계약은 이루어지지 않았지만, 우리는 귀하에게나 귀하의 조국에 항상 친근한 상태로 남아 있을 것입니다. (…) 이 기나긴 회담 내내 귀하께서 보여주신 한결 같은 공정함과 예의에 대해 진심으로 감사를 표현하고 싶습니다.

이제는 과학계와 언론 대부분이 라이트 형제를 바라보는 시각을 바꾸기 시작했으며, 《사이언티픽 아메리칸》은 가장 두드러진 변화를 드러냈다. 1906년 4월 7일호에 「라이트 형제의 비행기와 그 성능」이라는 제목의 기사를 게재했는데, 여기에는 허프먼 평원에서 라이트 형제의 비행을 목격한 사람 열한 명이 열두 가지 구체적인 질문에 내놓은 답변이 수록되어 있었다. 이들은 형제 가운데 한 명이 그 기계를 타고 하늘을 나는 장면을 보았으며, 그것도 다양한 바람 속에서, 완벽한 조종 솜씨로 다양한 움직임을 보여주는 것을 보았다고 확언했다. 아울러 이 기사에는 라이트 형제에게 자전거 가게를 세준 건물주 찰스 웨버트의 편지도 포함되어 있었는데, 그는 작년 10월 오빌이 그 기계를 타고 반시간 가량 날았을 때의 목격담을 묘사했다. 즉 그 기계가 큰 원을 여러 번 그리면서 1.5킬로미터 가량 날았던 것이며, 플라이어 호가 "애초에 출발한 선로를 떠난 바로 그 순간부터 마지막에 착륙하며 땅에 닿을 때까지, 완전히 자유롭게 날아다니는 모습"을 설명했다.

***

1906년 5월 22일, 무려 1903년에 신청했던 '라이트 비행 기계' 특허가 마침내 제821,393호로 승인되었으며, 그해 봄과 여름 내내 플라이어 3호에 장착할 신형 엔진에 대한 작업을 계속하는 동시에 가을까지 허프먼 평원에서 시험 비행도 계속 진행했다.

프랑스에서는 아르베투스 산투스두몽이 마치 모터 동력으로 움직이는 것처럼 보이는 상자형 연 비슷한 물건을 타고 하늘을 날았으며, 공개 비행에서 220미터를 기록했다. 프랑스의 항공술 애호가들은 기뻐서 어쩔 줄을 몰랐다. 산투스두몽은 "인간이 열망할 수 있는 것 중에서도 최고의 영광을 획득했다"는 이야기가 나왔다. 즉 그가 "항공술의 역사에서 결정적인 한 걸음"을, 그것도 "비밀 엄수 없이" 달성했다는 것이었다.

"내 생각에 그 사람은 1904년에 자네들이 도달했던 바로 그곳에 도달한 것 같더군." 옥타브 샤누트는 윌버에게 보낸 편지에서 말했다. "우리로 말하자면, 앞으로 몇 년 안에 다른 사람들도 실용적 운용이 가능한 기계를 만들어낼 수 있다는 두려움 때문에 걱정이 되지는 않습니다." 윌버는 자신 있게 답장했다. "우리는 이미 그 과정을 거쳐 왔기에, 다른 사람들에게도 아직 남은 일이 얼마나 많은지를 잘 알기 때문입니다."

곧이어 유럽에서 군수 물자를 판매한 경험이 풍부한 미국 업체 플린트 앤드 컴퍼니에서 교섭 신청을 보냈다. 12월이 되자 이 업체의 교섭 신청은 점차 진지해졌다. 플린트 앤드 컴퍼니는 라이트 형제의 비행기를 미국 이외의 지역에서 판매하는 권리를 양도받는 대가로 50만 달러를 제안했다. 즉 라이트 형제는 오로지 미국 시장만 차지하라는 것이었다.

둘 중 더 사업가 기질이 강한 오빌이 이 제안에 특히나 관심을 보였으며, 급기야 직접 뉴욕에 가서 그 회사 대표인 찰스 플린트를 만나서 "계약"을 맺었다. 또는 외관상 그렇게 한 것처럼 보였다. 추가적인 내용에 관해서는 좀 더 구체적인 논의가 필요했다. 그리하여 1907년 새해 일찍부터 라이트 형제는 나란히 기차를 타고 뉴욕으로 향했다.

경제적 성공 가능성의 추세는 상당히 빨리 늘어만 갔다. 2월에 독일에서는 라이트 플라이어 호 50대를 구매하겠다며 50만 달러를 제안했고, 라이트 형제는 20퍼센트의 수수료를 주는 조건으로 미국 이외의 모든 지역에서 플린트 앤드 컴퍼니를 판매 대행업체로 (하지만 어디까지나 상대방이 아니라 '이들만의' 판매 대행업체로) 삼는 데 동의했다.

그러다가 5월에 찰스 플린트에게서 다급한 소식이 전해졌다. 자사의 유럽 대리인 하트 O. 버그가 라이트 형제와 그 비행 기계에 대해서 회의적인 태도를 보인다는 것이었다. 따라서 한 사람이, 또는 두 사람 모두가 가급적 빨리 유럽에 가서 시범을 보여 주라는, 물론 그 비용은 플린트 앤드 컴퍼니가 모두 부담하겠다는 제안이었다.

윌버는 오빌이 혼자 가야 한다고 생각했다. 윌버는 신형 엔진의 마지막 손질을 감독하고 싶었으며, 플라이어 3호의 운송도 준비하고 싶었다. "왜냐하면 동생보다는 제가 더 꼼꼼하니까요." 윌버는 아버지에게 설명했다. 뿐만 아니라 유럽에 갈 사람은 편지나 전신을 이용한 논의조차도 불가능한 상태에서 전적으로 독자적인 판단에 의거해 행동해야만 했다. 윌버는 자기가 혼자 갔다가 어떤 판단 실수가 발생해서 나중에 오빌한테 비난을 받는 상황보다는, 차라리 오빌이 혼자 갔다가 비슷한 일이 발생해서 자기가 묵묵히 감내하는 상황이 더 낫다고 생각했다.

오빌은 고집스럽게 이에 반대하면서, 윌버가 가야만 프랑스에서는 가장 좋은 인상을 줄 수 있을 것이라고 주장했다. 그 말이 맞다는 것은 두 사람 모두 잘 알고 있었다. 결국 월버는 "몇 가지 물건을 챙겨" 뉴욕으로 출발했다. 5월 18일 토요일에 그는 증기선 캄파냐 호를 타고 자유의 여신상을 지나 바다로 나섰다.

월버는 물론이고 가족 가운데 어느 누구도 해본 적이 없었던, 전적으로 새로운 모험이 시작된 셈이었다. 그는 그해 4월에 막 40세가 되었으며, 이제는 혼자서 고향을 떠나 있었다. 가족과 떨어진 상태에서, 자기가 실제로 겪거나 상상했던 것보다 더 오랜 시간 동안, 자기가 한 번도 겪어보지 못한 시험을 감내해야 했다.

II

"오늘 아침 9시경에 출발해서 지금은 300킬로미터 넘게 왔단다." 월버는 캐서린에게 보낸, 하지만 사실상 집에 남은 온 식구에게 보낸 편지에서 이렇게 말했다. "세인트루이스 호와 다른 또 한 척의 배가 동시에 출발했지만, 우리가 모두 따돌려 버렸어." 큐나드 선박 회사 소속인 캄파냐 호는 그와 같은 종류로는 가장 훌륭한 선박 가운데 하나로 꼽혔고, 가장 빠른 선박 가운데 하나로 꼽혔다. 월버는 "날아다니는 바다의 궁전"이라면서 각별히 좋아했다. 이 선박은 길이가 190미터였고, 두 개의 높은 굴뚝이 달렸고, 매일 500톤의 석탄을 소비했다. 내부는 훌륭한 아르누보 양식이었고, 특실과 라운지에는 마호가니 판벽이 달리고, 두툼한 카펫이 깔려 있었다.

날씨는 "경이로울" 정도였고, 바다는 잔잔했으며, 월버는 혼자서 객실을 썼다. 선상의 승객 수가 평소의 절반뿐이었던 관계로 250달러짜리 객실을 겨우 100달러에 얻을 수 있었는데, 비록 플린트 측에서 비용을 모두 부담한다고는 했어도 그는 상당히 기뻐했다.

"첫날은 750킬로미터를 기록했지." 윌버는 다음날 저녁에 이렇게 썼다. "다른 배들은 아예 보이지도 않게 되었단다." 세 번째 날, 그는 기관실을 구경했고, 그 모두의 규모에 감탄해 마지않았다. 엔진만 놓고 봐도 고향에 있는 웬만한 사무용 건물의 절반 높이였고, 무려 2만 8000마력을 낼 수 있었는데, 이에 비해 플라이어 3호의 신형 엔진은 기껏해야 25마력에 불과했기 때문이다. 보일러는 열두 대였고, 아궁이는 100개가 넘었다. 이 선박의 프로펠러는 직경이 최소 7미터에 달했다.

윌버는 매일 항해 거리를 기록했으며, 보행용 갑판에서 매일 8킬로미터 내지 16킬로미터씩 걸어 다녔다. 비록 음식이나 다른 승객들에 관해서는 전혀 언급이 없었지만, 즐거운 시간을 보낸 것으로 보인다.

이처럼 모든 일이 이상적으로만 펼쳐지다가, 엿새째 밤부터 폭풍을 만나게 되었다. 윌버로선 공중에서가 아닌 수상에서의 키놀이와 옆놀이를 난생 처음 경험하는 셈이었다. "파도가 아마도 3미터 높이는 족히 되었던 것 같고, 배가 키놀이를 상당히 했지. 다행히 옆놀이는 조금뿐이었고." 물보라가 어찌나 많던지 보행용 갑판을 사용할 수조차 없었다. 배는 점점 더 병원처럼 되어 갔지만, 그는 아침식사 직후에 "약간의 멀미"를 경험했을 뿐이라고 했다.

바다에서의 마지막 날, 윌버는 아일랜드 해안 가까이에서 때때로 갈매기를 보았다고 썼다. "그놈들은 파도에서 30센티미터 내지 60센티미터 이

내의 거리를 유지하며 날아다니는데, 강한 바람 속에서도 날갯짓을 효율적으로 하더군."

$$* * *$$

5월 25일 토요일, 동이 트자마자 리버풀에 상륙한 윌버는 기차를 타고 런던으로 갔다. 유스턴 역에서 기다리던 플린트 앤드 컴퍼니의 판매 대리인 하트 O. 버그는 윌버가 기차에서 내리자 그를 바로 알아보았는데, 그 역시 미국인이었기 때문이었다.

"그의 사진을 본 적도 없었고 그의 외모에 대해 들은 바도 없었습니다." 버그는 찰스 플린트에게 보낸 편지에서 이렇게 썼다. "어쩌면 제가 셜록 홈스이거나, 또는 라이트가 두 눈에 천재 특유의 번뜩임을 가진 까닭이었겠지요. 여하간 저는 그 사람이 윌버라는 사실을 확신했습니다."

또한 버그는 손님의 짐이 왕진 가방 크기의 작은 가죽 손가방 하나뿐임을 깨달았고, 또한 그의 옷차림 역시 그다지 세련되지는 않다고 생각했다. 하지만 윌버는 호텔로 가는 길에 자기가 새로운 양복을 한 벌 구입하는 게 "바람직하겠느냐"고 먼저 물어보았다. 버그는 스트랜드 소재 양복점에 들어가 일반 정장과 야회복 모두를 "맞추게" 도와주었다. 이 구매 내역에 관한 오빠의 설명을 전해 듣자, 캐서린은 곧바로 답장 편지를 썼다. 즉 "오브도 오늘 아침 곧바로 페리 메레디스 양복점에 가서 자기 옷을 똑같이 주문했다"는 것이었다.

시간 허비할 의향이 없었던 버그는 영국에서는 사업 가능성이 거의 없다고, 따라서 프랑스로 빨리 떠나는 게 상책이라고 윌버에게 말해주었다. 이들의 주된 노력은 파리에서 이루어질 것이었다. 두 사람은 주로 정부와 협상하는 게 나은지 아니면 개인과 협상하는 게 나은지를 놓고 의견이 갈렸다. 버그는 개인을 상대하는 쪽을 선호했다. 어느 쪽이건 간에, 윌버가 유럽에 있다는 사실을 널리 알리지는 않는 편이 최선일 것이라는 데에는 (적어도 최소한 한동안은 그래야 한다는 데에) 두 사람 모두가 동의했다.

찰스 플린트에게 보낸 긴 보고서의 말미에 이 모든 일을 한 마디로 요약하며, 버그는 자기가 이 기간 내내 윌버의 행동과 태도를 지켜보며 무척이나 기뻤다고 강조했다. "그는 대단한 확신을 심어주었습니다." 버그의 말이다. "저는 윌버 본인이 중대한 제1호 증거물이 될 것이라 확신합니다."

이 당시에 윌버가 버그를 어떻게 생각했는지는 분명하지가 않다. 대략 비슷한 나이의 미국인 동포였지만, 이들의 배경과 인생 경험은 아주 달랐다. 필라델피아의 유대인 가정에서 태어나 뉴욕에서 성장한 버그는 사립학교를 다닌 후에 유럽으로 갔고, 벨기에의 리에주에서 공학자 훈련을 받았다. 그는 권총, 기관총, 자동차, 잠수함 제조 부문의 개척자가 되었다. 코네티컷 주 하트포드 소재 콜트 총기 제조 공장에서 일했고, 파리에 독자적인 판매 사무소를 운영했다. 3년간 러시아에 체류하면서, 차르의 주문을 받아서 10척의 잠수함을 제작하기도 했다.

윌버는 마르고 주름진 옷을 걸친 반면, 버그는 땅딸막하고 깔끔한 차림새였다. 버그는 여러 가지 언어를 유창하게 구사하고, 연줄도 좋아서 유럽 전역의 고위층과 계약을 맺었다. 비록 무기 상인이기는 했지만 (즉 종종 "죽음의 상인"이라며 많은 사람에게 손가락질 당했지만) 그는 거의 모두에게 호감과 존경을 얻었던 것으로 보인다. 버그는 미국인 아내 이디스와 함께 여러 해 동안 파리에 살았고, 프랑스 사람들로부터 높은 평가를 받았다. 1901년에 그는 레종도뇌르 훈장을 받았다.

런던에서 도버로 가는, 그리고 다시 영국 해협을 건너는 과정에서 윌버와 버그는 또 한 명의 플린트 중역 프랭크 코들리와 동행하게 되었다. 세 사람은 5월 27일 저녁에 파리에 도착했고, 아직 해가 완전히 저물지 않은 오후, 리볼리 가 소재 뫼리스 호텔에 투숙했다.

* * *

"왼쪽으로 두 블록 떨어진 곳에는 튈르리 궁전과 루브르 박물관이 있어." 그날 밤 윌버는 캐서린과 가족들에게 보낸 편지에 이렇게 적었다.

우리 뒤쪽으로는 방돔 기념주가 있고, 콩코르드 광장과 개선문은 샹젤리제를 따라서 더 멀리 가야 있어. 우리는 파리에서도 가장 아름답고 흥미로운 곳에 와 있는 거야.

또한 윌버는 파리 전역에서, 나아가 사실상 유럽 전역에서 가장 훌륭한 호텔 가운데 한 곳에 머물고 있었던 셈이었다. "새로운 뫼리스 호텔"은 대대적인 "쇄신"을 거치고 막 재개장한 참이었다. 예전의 "왕족 호텔"은 그 어느 때보다도 더 호화찬란했다. 이곳의 식당은 그 장식과 요리 모두에서 이제 이 도시에서 가장 훌륭했으며, "인기 높은 만남의 장소"였다. 멋진 신형 엘리베이터를 타고 옥상 정원에 갈 수도 있었고, 거기서 보이는 파리의 전망은 비길 데가 없을 지경이었다. 심지어 하트 버그가 윌버를 위해 예약한 329호실은 리볼리 가를 마주보고 있는 객실 가운데 하나로 전망이 훌륭했다.

"파리에 머물면서 이 도시의 깊은 매력을, 아름다운 여름밤의 신선함을 맛보세요. 하늘에는 점점이 별이 반짝입니다." 뫼리스 호텔의 광고 문구 중 하나는 이렇게 시작된다.

작은 전등갓 너머로 전깃불이 반짝이고, 꽃이 향기를 내뿜습니다. 콩코르드 광장에서 불과 몇 발짝도 안 떨어진 곳이지만, 누구나 자기가 멀리 와 있다고, 꿈의 도시로 옮겨와 있다고 생각하게 마련입니다.

윌버는 지붕 테라스라든지, 대(大)식당에 있는 웅장한 크리스탈 샹들리에라든지, 또는 엘리베이터 안내원이 차려 입은 멋진 제복에 관해서는 전혀 언급하지 않았다. 흥미롭게도 파리에 머물던 시기에 그가 편지에 써 보낸 내용 어디에서도 이처럼 호화로운 생활에 대해서는 전혀 언급하지 않았다. 어쩌면 고향에서 공연히 부러움을 불러일으키기를 원하지 않아서였는지도 모른다. 또는 사치 생활에 의해 자기가 타락하고 있다는 사실에 대한 우려를 확대하기를 원하지 않아서였는지도 모른다. 그가 편지를 쓸 때 사용한 호텔 편지지가 아니었다면, 그가 어디에 머물고 있는지는 가족들도 몰랐을 것이다.

또한 윌버는 파리의 여성들이라든지, 한참 유행하는 옷차림이라든지,

상점이라든지, 오페라라든지, 극장이라든지, 프랑스인 전반이라든지, 심지어 그곳에 무척 많았던 미국인 관광객에 대해서도 전혀 언급하지 않았다.

이후 며칠 동안 윌버가 쓴 내용은 버그와 코들리와 프랑스 측과의 협상에 관한 보고를 제외하면 오로지 파리의 큰 건물과 미술 문화재에 관한 것뿐이었다. 이때에 와서 처음으로 그는 건축과 회화에 지대한 관심이 있다는 사실을 드러냈다.

난생 처음 파리에 가본 사람들처럼, 윌버는 아무리 구경해도 질리지 않았고, 이전의 어느 때보다도 더 많이 걸어 다녔다. 여객선에서도 하루에 8킬로미터 내지 16킬로미터씩 걸어 다녔던 것은 단지 준비운동일 뿐이었다. 업무로부터 벗어나는 자유 시간마다 그는 혼자 밖으로 나갔다. 파리는 봄이었고, 밤나무 꽃이 만발해 있었다.

윌버는 루브르 박물관에서 개선문까지 거의 3킬로미터에 달하는 거리에는 숱한 정원과 산책로와 수천 개의 조상(彫像)이 있더라고 썼다. 그는 300개의 계단을 올라가서 개선문 꼭대기에 서 보았고, 센 강의 강둑을 따라 걸어서 시테 섬까지 가 보았고, 리볼리 가를 따라 3킬로미터 걸어서 바스티유 광장에도 가 보았다. 일요일 오전에는 몽마르트 언덕 꼭대기까지 걸어갔는데, 거의 3킬로미터쯤 되는 거리였고 중도에 계단을 300개 이상 올라야 했다.

윌버는 탁 트인 공간 가운데 상당수가 중요한 건물을 세우는 데에 사용되었다는 사실을 마음에 들어 했다. "파리는 공공 목적에 한해서는 토지를 아낌없이 사용하고 있더군요." 그는 라이트 감독에게 쓴 긴 편지에서 말했다. 그러면서 공공 건물의 위치를 잡는 것에 관해서라면 프랑스인에게 배워야 할 것이 많다고 덧붙였다.

각 건물 앞에는 도시 광장만큼 넓고 탁 트인 광장이 항상 있게 마련입니다. (…) 아울러 그곳으로 곧장 이어지는 넓은 거리도 거의 항상 있어서, 멀리에서도 그 모습이 보이게 마련입니다. 파리가 이처럼 위풍당당한 도시가 된 까닭은, 그 건물과 기념물 자체 때문이기도 하지만, 아울러 바로 이런 조치 때문이기도 합니다.

만약 뉴욕 같은 도시를 이와 같은 방식으로 배열했다면 어땠을까. 심지어 벨몬트나 니커보커 호텔 같은 뉴욕의 고층빌딩조차도 제대로만 배열했더라면 "놀라워" 보였을 것이다.

윌버는 눈에 띄는 모든 것을 흠뻑 빨아들인 듯했다. 무엇을 바라보든지 간에 유심히 바라보았다. 기념물 가운데 일부는 "약간 초라한" 상태였다. 나폴레옹의 무덤인 앵발리드 돔의 도금은 절반이나 벗겨져 있었다. 방돔 광장에 있는 이집트 산 오벨리스크의 받침대도 상황은 마찬가지였고, 그는 조각상 가운데 상당수에 검은 줄이 져 있음을 보고 아쉬워했다.

윌버는 팡테옹에서 상당한 시간을 보냈는데, 캐서린에게 설명한 바에 따르면 이곳은 교회가 아니라 프랑스의 위인들을 위한 공동 기념관으로 사용되고 있었다. 안에서 바라본 그곳의 돔은 "아주 대단하지는 않았다" 면서도 (왜냐하면 지름에 비해서 높이가 너무 과했고, 마치 거꾸로 된 우물을 바라보는 것 같았으니까) 내부 설비는 "아주 근사하다"고 말했다.

월버는 건축을 진지하게, 그리고 사려 깊게 대했고, 휴대하고 다니던 붉은색 배데커 여행안내서보다는 자신의 판단에 따라 감상했다. 노트르담 성당은 실망스러웠다. "내 눈보다는 내 상상이 사물을 더 생생하게 그려 보인 거였어." 그는 회중석이 너무 좁다고, 고창(高窓)은 너무 높고, 내부는 지나치게 어둡다고 생각했다. "기둥은 너무 육중하고 서로 가까이 붙어 있어서, 회중석에 서 있을 때에는 양쪽 옆의 이중 복도에 공간이 없을 지경이야."

또 다른 편지에서 월버는 거리의 보도 곳곳에서 수천 명이나 되는 사람들이 식당 밖에 내놓은 작은 테이블에 앉아서, 건물 밖 "보도 위"에서 와인을 마시며 식사를 하고 있는 모습이 정말 놀랍다고 말했다.

시간이 흐르면서 그 역시 하트 버그의 초대를 받고 훌륭한 식사를 맛보기도 했다. 몽마르트 소재 클리시 가의 부아뱅스, 볼니 가의 앙리스, 유명한 카페 앵글레스 등에서 종종 버그 부부와 함께 점심을 즐기곤 했다.

월버는 파리에서의 자유 시간을 유익하게 보냈으며, 거의 모든 것에 대해서 특유의 열성을 드러내며, 깨어 있는 시간 모두를 최대한 잘 활용했다. 다신 없을 기회임을 잘 알았기 때문이었다.

파리의 수많은 볼거리 중에서도 그가 반복적으로 찾아간 곳은 바로 루브르 박물관이었다. 월버는 이곳에서 여러 시간을 보내고, 그곳의 기나긴 전시실을 계속해서 걸어 다녔다. 그곳에서 본 회화들을 가족에게 보낸 편지에 여러 페이지를 할애해 설명했는데, 그가 고향에서부터 미술에 대해 관심이 얼마나 많았는지를 보여주는 단서이다. 캐서린도 월버처럼 회화에 관심이 많았다.

월버는 루벤스, 티치아노, 라파엘로, 무리요의 작품보다는 오히려 렘브란트, 홀바인, 반 다이크의 작품을 "전반적으로" 더 좋아했다. 「모나리자」를 보고서는 노트르담 성당을 보았을 때만큼이나 크게 실망했다. "저 유명한 대가들의 회화들 가운데 내게 가장 인상 깊었던 것들은 가장 잘 알려진 것들이 아니었음을 반드시 고백해야겠어." 그는 레오나르도의 「세례 요한」을 「모나리자」보다 훨씬 더 좋아했다. 다른 무엇보다도 그는 17세기 플랑드르의 대가 안토니 반 다이크를 좋아하게 되었다.

루브르 박물관에서 오후를 꼬박 보낸 직후에 쓴 편지에서 월버는 들라크루아, 코로, 밀레, 쿠르베 같은 19세기 프랑스의 대가들의 컬렉션으로 넘어갔다. "전문가인 척하고 싶지는 않지만, 내가 보기에 앞으로 500년이 지나면 이 컬렉션은 역사상 최고의 작품들 가운데 하나로 인정되지 않을까 싶어." 특히 코로가 하늘을 그리는 방식에 매료되었다. 코로에게는 하늘이 빛의 원천이었던 것이다.

미술에 대한 이런 열렬한 관심은 한편으로는 기술적 혁신에 몰두하는 사람에게서는 찾아보기 힘든 기질이었지만, 또 한편으로는 비범한 정신적 역량을 보여주는 척도이기도 했다. 몇 주가 지나고, 몇 달이 지나는 동안 월버는 루브르 박물관을 15회 이상 방문했다.

그는 현지 언론이 그에게 무척이나 관심을 보인다는 사실과 공개적인 장소에서 그가 크나큰 반향을 일으킨다는 사실을 고향에 있는 가족들에게 굳이 알리지 않았다. 익명성을 지키고 싶다는 희망은 사라진 지 오래였다. 《워싱턴 포스트》의 기자 한 명이 뫼리스 호텔 로비에서 월버를 붙들어 세웠지만, 월버는 자기 기계나 계획에 대해서 말하기를 아예 거절했다. 기구를 타고 하늘로 올라가는 것과 비행의 차이에 대한 주제로 넘어가자, 그는 자기가 아직 기구에 타본 적은 없다고 말하면서도, "비행기 타기는 사람을 중독시키기 때문에 완전히 차원이 다른 일"이라고 덧붙였다. 즉 "하늘을 한 번 날아본 사람이라면, 다른 무엇에도 관심을 돌리기가 불가능하다"는 것이었다.

6월 중순에 윌버는 하트 버그와 함께 생클루에서 열린 기구 경주를 구경하러 갔다. 그곳에 모인 명사들 중에는 귀스타브 에펠과 미국 대사 헨리 화이트도 있었지만, 누구보다도 더 많은 주목을 받은 인물은 바로 윌버였다. 《파리 헤럴드》의 한 기자가 물었다. "혹시 관광 차 오신 겁니까? 그건 아니시겠죠, 라이트 씨?"

"어느 정도까지는요." 윌버가 대답했다. "무척 즐거운 시간을 보내고 있고, 온갖 종류의 새로운 것들을 구경하고 있습니다."

"파리가 마음에 드시나요?"

"정말 경이로운 도시입니다."

"라이트 씨는 신중하게 말을 골라 했다." 기자는 이렇게 보도했다.

자신의 놀라운 기계며, 그 기계로 자기가 하려는 일에 관련해서 뭔가 덫에 걸릴까봐 우려하는 모습이 역력했다. 질문이 하나 끝날 때마다 말끔하게 면도한 그의 얼굴은 마치 스핑크스 같은 환한 미소로 돌아가 버렸다.

반면 오하이오 주에서 온 미국인 자전거 기술자가 루브르 박물관의 걸작품을 구경하며 오랜 시간을 보낸다는 사실은 언론에서 딱히 관심을 보이지 않았다.

＊＊＊

버그가 주선한 사업 관련 면담은 첫날부터 온종일 이어졌다. 윌버는 기구(氣球) 비행의 적극적인 후원자이며 비행술에 큰 관심을 가진 앙리 도이치 들라 뫼르트를 만났다. 윌버는 이 사람이 "프랑스의 석유왕"이라고 오빌에게 설명했다. 아놀드 포다이스, 보넬 소령, 그리고 프랑스 정부 관계자들과의 면담도 있었다. 윌버가 오빌에게 한 설명에 따르면, 버그는 "상당히 능수능란한 사람"이어서 일이 원활하게 진행되었다. 버그는 "매우 실용적인" 사람이었고, 윌버는 이 사람이 항상 자기 곁에서 방금 나온 프랑스어가 무엇인지를 설명해주는 것이며, 종종 극도로 말을 빨리 하는 것을 마음에 들어 했다. 버그라면 최선의 결과를 위해 충분히 의존할 만한 상대였다. 아울러 "그는 최대한 열성적일 뿐만 아니라, 사람에게 다가서는 놀라운 능력을 실제로 지니고 있었다."

사업 관련 면담은 종종 끝도 없이 이어지는 것 같았지만, 이때까지의 계약 전망은 상당히 고무적으로 보였다. 대략적으로 말해서, 만약 프랑스에서 플라이어 호의 공개 시험을 실시할 경우, 라이트 형제는 정식 계약 성사 여부와는 상관없이 35만 달러를 받게 될 예정이었다. 프랑스 사람들은 비행기를, 그리고 그 작동 광경을 직접 보겠다고 고집했다. 이들의 당연한 권리였다.

"냄비가 매우 활기차게 끓어오르기 시작했다." 윌버의 보고였다. 하지만 프랑스 측의 한쪽 파벌이 또 다른 파벌과 뒤얽히고, 정치적 음모가 개입되면서, 계약의 진척은 느려지고 말았다.

불과 몇 년 전만 해도, 윌버는 자기가 "상업적 추구"에는 적절하지 않다고 판단한 바 있었다. 그런데 이제는 자기가 극도로 복잡한 상업적 거래 속에 푹 빠져 있음을, 즉 경험 풍부한 사업가들과 정치가들과 관료들을 상대하여 극도로 위험이 큰 대결을 펼치고 있으며, 심지어 자기가 듣지도 말하지도 못하는 언어로 그렇게 하고 있음을 깨달았다. 이 전체 경기며, 선수들이며, 배경이며, 언어며 하는 것이 그에게는 하나같이 새로울 뿐이었다. 하지만 윌버는 거뜬히 정신을 추스르고 사기를 유지할 수 있었는데, 왜냐하면 무대 뒤에서는 자기가 조롱의 대상이라는 사실을 자각한 까닭이었다. 프랑스 전쟁부에서는 라이트 형제 역시 "다른 모든 미국인과 마찬가지로 허풍선이"라는 이야기가 돌았고, 심지어 같은 미국인조차도 믿지 않는 "가치 없는 물건"을 프랑스에 팔아넘기려고 애쓰는 "무가치한 인간들"이라는 평가도 나왔다.

빈틈없고, 인내심 많고, 극도로 신중했던 윌버는 아버지의 말처럼 "결코 흥분하는 법이 없는" 성격이었으며, 자신의 확신을 결코 잃지 않았다. 그는 독재적이지 않으면서도 단호할 수 있었고, 상대방에게 불쾌감을 주지 않으면서도 이의를 제기할 수 있었다. 일단 말을 시작하면, 자기 말뜻을 명확히 이해하고 말을 한다는 사실에는 의심의 여지가 없었다.

가장 중요한 점은 윌버가 시종일관 같은 태도를 유지했고, 직접적이고 꾸밈없는 방식에서 벗어나지 않았으며, 이런 태도는 좋은 영향력을 발휘했다는 점이다. 다른 무엇보다도 프랑스어를 몰랐던 것이며, 세련됨이 부족했던 것 모두가 오히려 이점으로 작용한 듯했다. 사실상 그의 됨됨이는 하트 버그의 예상처럼 중대한 제1호 증거물인 동시에 그 이상의 뭔가였던 것이다.

윌버가 술을 마시지 않고, 담배를 피우지 않고, 심지어 여자에도 관심이 없다는 사실이야말로 프랑스 사람들에게는 어리둥절한 일이었다.

여행 내내 그는 계속해서 편지와 전신으로 집에 있는 사람들에게 (특히 오빌에게) 현재상황을 전했다. 종종 길고 자세한 묘사를 통해서, 누가 어느 정도의 돈을 투자하느냐에 따라서 자기들이 얼마만큼 수익을 거둘 수 있는지 다양한 추측을 내놓기도 했다. 숙련된 경제 전문 기자라 하더라도 이보다 더 자세한 기사를 써 보내지는 못했을 정도였다.

때때로 기분 전환을 위해 하트 버그 부부는 운전기사를 대동하고 멋진 자동차에 윌버를 태워 불로뉴 숲을 누비거나, 또는 퐁텐블로나 베르사유까지 함께 드라이브를 하기도 했다.

어느 월요일 아침, 윌버가 아직 일어나기 전에 호텔 직원이 문을 똑똑 두드리더니, 지금 파리 상공에 '라 파트리 호'라는 비행선이 떠 있다고 알렸다. 윌버가 알기로 '라 파트리 호'는 프랑스 육군이 주문 제작한 최초의 "비행선"이었다. 그는 곧바로 옷을 챙겨 입고 옥상 정원으로 나갔다.

'라 파트리'(조국) 호는 거대한 소시지 모양의 가스주머니 아래에 승무원이 탑승하는 개방식 곤돌라가 매달린 형태였다. 비행선은 개선문 위를 지나서 뫼리스 호텔 쪽으로 거의 똑바로 날아왔는데, 윌버가 추측하기에는 시속 25킬로미터쯤 되는 듯했다. 그는 "매우 성공적인 시험 비행"이었다고 판단했다. 하지만 잠시 후에 덧붙인 것처럼, 그 정도 비행선은 제작비가 플라이어 호의 10배는 되었던 반면, 막상 속도는 플라이어 호가 2배나 더 빨랐다. 비행 기계는 이제 겨우 유년기에 접어든 반면, 비행선은 "그 한계에 도달했고, 머지않아 과거의 유물이 될 것이었다." 그래도 파리 상공에 나타난 비행선의 장관을 보는 일은 하루를 시작하는 멋진 방법이기도 했다.

왜냐하면 보통 아침이 왔다는 것은 대개 더 많은 면담이 기다리고 있다는 뜻과 다름없기 때문이었다.

윌버가 당면한 주된 문제는 비행기를 프랑스 정부에 판매할 것이냐, 아니면 앙리 도이치와 함께 상업 회사를 설립할 것이냐 여부였다. 청부와의 계약은 거의 확실해 보였지만, 프랑스 육군에서는 플라이어 호가 매우 강한 바람 속에서의 비행 시험을 통과해야 한다고 주장했으며, 나아가 향후 3년 동안의 독점 계약을 요구했는데, 윌버는 양쪽 모두에 결코 동의할 수가 없었다.

그러다가 플린트 앤드 컴퍼니가 이미 합의한 대로 자사가 판매하는 비행기마다 판매 금액의 20퍼센트씩 수수료를 떼려고 할 뿐만 아니라, 라이트 형제가 받는 금액에서도 20퍼센트씩 수수료를 떼려고 한다는 사실이 처음으로 명백하게 드러났다.("플린트의 수수료에 대해서는 걱정하지 마라." 윌버는 오빌에게 말했다. "통상적인 수준으로 유지할 수 있으니까.")

곧이어 은밀한 충고가 전해졌다. 즉 라이트 형제와 그 동업자들이 프랑스 정부를 상대로 가격을 5만 달러까지 올려준다면, "계약을 성사시킬 만한 힘을 가진 사람들이 이 금액을 나눠 가질" 수 있으리라는 것이었다. 다시 말해 힘을 가진 사람들이 상당한 액수의 뇌물을 요구한 셈이었다. 윌버는 이에 대해서는 논의조차도 거절했다.

면담이 더 길게 지속될수록, 시범 무대가 마련되기 전까지는 아무런 결정도 나지 않으리라는 점이 더 명백해졌기에, 윌버는 데이턴에 있는 오빌에게 작업을 서두르라고 계속해서 오빌에게 재촉했다. "이 편지가 도착하기 이전에 모든 것을 포장해서 준비해 두었으리라고 예상한다." 그의 말이었다. "예비 부품을 비롯해서 필요한 것을 빠짐없이 챙길 것을 당부한다. (…) 네가 올 때에 찰리 테일러도 당연히 함께 데리고 와라. (…) 우리가 실험을 할 때에 충분히 믿을 만한 지원군을 두는 것이 좋을 테니까."

이 편지는 6월 28일자였다. 그런데 이때까지 윌버는 거의 한 달 동안이나 오빌에게서 아무런 연락도 받지 못하고 있었다.

캐서린이 보낸 6월 30일자 편지를 받아본 후 윌버는 고향에서의 작업이 그리 잘 진행되지는 않았다는 사실을, 아울러 여동생과 오빌은 파리에서 일어나는 일로부터 자기네만 소외되었다고 생각한다는 사실을 뒤늦게야 알게 되었다. 즉 "오브가 전혀 일을 못하고" 있으며, 상당히 "불편해" 한다는 것이었다. 아울러 오브가 "불안해" 한다고, "무슨 일이 일어나고 있는 건지 궁금해서 정말 미치려" 한다고, 자기만 빼놓고 파리에서 벌어지는 일에 대해 "격노하고" 있다고도 했다. 캐서린 역시 비슷한 상태인 것이 분명했다.

두 동생은 이미 플린트 앤드 컴퍼니에 대한 인내심을 모두 잃은 상태에서, 과연 그 회사를 믿을 수 있겠느냐고 묻고 있었다. 심지어 캐서린은 유대인과 접촉한 경험이 거의, 또는 전혀 없었는데도, 하트 버그의 사진을 보자마자 혹시 그 사람이 유대인이냐고 물어보았다. "버그의 외모가 영 마음에 들지 않아." 캐서린의 말이었다. "그쪽 사람들 모두가 유대인으로만 구성되어 있다는 생각이 떠올랐어. 버그가 딱 그렇게 생겼으니까."

그로부터 며칠 뒤, 그녀는 고향에서의 상황이 이전보다 더 나빠졌다고 윌버에게 알렸다. 자기는 거의 신경쇠약이고, 그 원인 중 상당수가 오빠의 행동 때문이라는 것이었다. "오빠의 편지는 대체 어떻게 된 거야?"

캐서린의 편지는 평소의 "격렬한" 성격을 넘어서는 수준의 분노와 비난과 자기 연민과 절망의 폭풍으로 변해 있었다. 그녀는 "이 모든 일"에 대해 아주 질리고 말았다고 했다. "긴장감으로 인해 우리 모두가 워낙 신경이 곤두서고 지친 나머지, 서로 짜증을 참을 수가 없는 형편이야. 오브와 나는 5분만 함께 있어도 결국 싸움을 벌이고 만다고. 불쌍한 아빠는 아무런 조치도 없이 그저 우리에게 '진정해라, 베시, 진정해'라고 말씀하실 뿐이시고. 정작 당신조차도 워낙 흥분한 나머지, 우리가 하는 말은 차마 듣지도 못하셔." 캐서린도 평생 이렇게 지쳐 본 적은 없었다. "누가 나를 쳐다보기라도 하면 그냥 울어버릴 것 같아."

심지어 가족이 윌버에게 쓴 편지 가운데 일부는 주소가 잘못되어 반송되고 말았다.

그러면 편지를 못 받았다고 왜 우리한테 더 빨리 말하지 않았던 거야? 그러다 보니 그들이 오빠를 최대한 이용해 먹으려고 갖가지 계획을 짜내는 와중에, 우리는 그냥 절망적으로 여기 앉아서 완벽하게 무기력한 상태로만 남았던 거야. 프랑스와의 일에서 도대체 그들이 오빠를 어디까지 끌어들인 거야? 거기 혼자 갔어도 더 잘 할 수 있었을 텐데. (…) 나는 그들 모두를 '경멸' 해. (…) 오브는 워낙 걱정하고 흥분하고 지친 나머지, 내가 봐도 약간 걱정스러울 정도야. 오브는 이런 식으로 계속 견딜 수는 없을 거야. 물론 오빠도 마찬가지이겠지.

나중에 윌버가 아버지에게 보낸 편지에서 (왜냐하면 아버지라면 이해해줄 거라고 생각했기에) 별도로 설명한 것처럼, 이때의 문제는 오빌이 "특유의 상태 가운데 하나"에 처해 있어서, "제정신이 아니었던" 것으로 보인다.

7월 17일 오전, 윌버는 뫼리스 호텔의 객실에서 캐서린에게 긴 답장을 작성했다. 그는 파리에서의 상황을 두 동생에게 솔직하게 털어놓았고, 이 일에서 자신이 맡은 역할이 무엇인지, 자기가 가족들을 얼마나 걱정하는지, 자기가 가족들의 짜증을 덜어주려고 얼마나 노력했는지, 그들이 왜 걱정할 필요가 없는지를 조목조목 설명했다. 이 편지야말로 이례적으로 솔직하고 전적으로 자신감 있는 어조로 쓰였고, 윌버가 쓴 그 어떤 글보다도 자기 자신을 명확하게 평가하고 있었다. 그의 말뜻은 지금 파리의 현장에 있는 사람은 바로 자신이며, 자기가 지휘권을 갖고 있고, 자기가 무슨 일을 하게 될지를 잘 알고 있으며, 자기가 상대하는 사람이 어떤지를 잘 알고 있다는 것, 따라서 고향에 있는 가족들은 이 일에 흥분할 필요가 없다는 점이었다.

"내가 받은 편지 수에 비해, 내가 보낸 편지 수가 서너 배는 더 많았지." 윌버는 이렇게 편지를 시작했다. "그러니 나한테서 오는 소식이 너무 적다는 너희의 지속적인 불평을 읽고 보니 나도 썩 기분이 유쾌하지는 않더라." 2개월 반 동안 집을 떠나 있는 동안, 그는 평균 일주일에 한 통씩 집에서 보낸 편지를 받았던 반면, 그가 집에 보낸 편지는 일주일에 서너 통이나 되었다. 다만 열흘 내리 편지를 보내지 않은 때가 있었는데, 협상이 워낙 미해결 상태이다 보니 딱히 보고할 만한 내용이 없어서였다.

월버는 설명을 이어 나갔다. 즉 자기가 보낸 편지를 오빌이 읽으면 불안해하리라는 것은 애초부터 짐작하고 있었지만, 그래도 이곳에서 일어나는 일을 알 권리가 있다고 생각해서 알렸다는 것이었다. 또 플린트 앤드 컴퍼니와의 관계에서(비록 그가 이 편지에서 캐서린과 오빌에게 굳이 상기시킨 것까지는 아니었지만), 애초에 그들과 함께 일하기를 가장 원한 사람은 바로 오빌이었다.

"나는 만약 오빌이 여기 와서 모든 사실들을 이해했다고 가정했을 때, 그 녀석이 했을 법한 일을 한 것뿐이야. 이런 상황에서, 여기서 멀리 떨어져 있는 사람이 이 상황에 맞지 않는 지시를 내리려 시도하는 것은 단지 해악만을 끼칠 뿐이지."

유럽에 도착한 지 며칠 만에 월버는 자기가 상황을 잘 처리할 수 있다는 확신을 갖게 되었다. 유일한 걱정은 과연 오빌이 최대한 빨리 기계를 준비해서 뒤따라올 수 있을까 하는 것뿐이었다. 뒤따라올지 여부뿐이었다. "나로 말하자면 계속 불만을 늘어놓는 성격은 아니었지만, 이처럼 '미처 준비가 되지 않은 상황'은 무려 1년 넘도록 악몽이나 다름없었다."

버그와 코들리는 처음에만 해도 월버를 "단지 증거물의 일종"으로만 간주했다.

하지만 이들은 점차 눈을 뜨게 되었고, 이제는 내가 오히려 그들보다 상황을 더 깊이 들여다보고 있음을, 내 판단이 종종 더 건전함을, 그들이 나를 재촉하기보다는 내가 그들을 재촉할 의향이 있음을 깨달았지. (…) 이제 나는 모든 것을 통제하고, 그들은 조언과 지원을 해줄 뿐이야. 그들은 이런 역할을 잘 수행해 큰 도움을 주고 있으니 나로선 그들과 결별할 이유를 전혀 찾을 수 없어.

월버는 고향에 남은 식구들이 흥분을 참다못해 지쳐 떨어졌다는 소식을 듣고 매우 미안해했다. 자기는 최근 몇 년 사이의 어느 때보다도 더 기분이 좋다며 식구들을 안심시켰다.

그러니 걱정하지 말라고 했다. 그럴 필요가 없다고 했다.

편지를 마무리하며 월버는 미국인 몇 사람의 주선으로 이날 오후 난생처음으로 기구를 타러 가기로 했다고 덧붙였다.

* * *

이들은 생클루 소재 항공술 동호회 부지에서 이륙했으며, 구름 속을 뚫고 들어가 고도 915미터 상공에서 밝은 햇빛과 파란 하늘로 접어들었다. 월버가 지금까지 경험한 것 중에 가장 높이 올라온 하늘이었으며, 그 광경은 전적으로 장관이었다. 이들은 파리에서 80킬로미터쯤 떨어진 곳을 날고 있었고, 탁 트인 시골을 지나가고 있었다. "짙은 갈색의 막 쟁기질한 흙이며, 초록색 풀밭이며, 서로 다른 색조의 곡물들이며, 추수가 임박한 옅은 갈색과 노란색의 밭들이며, 이 모두가 놀라운 그림을 만들어냈습니다." 그는 이렇게 표현했다. 윌버는 빨간 기와지붕이 늘어선 작은 도시들과 사방에서 다가오는 하얀 도로의 모습을 특히나 재미있어 했다.

이들은 3시간 조금 넘는 시간 동안 거의 50킬로미터를 날아서, 오를레앙 서쪽 15킬로미터쯤 되는 한 밀밭에 착륙했다. 기구 비행도 아름답기는 했지만, 일찍이 오토 릴리엔탈이 그랬던 것처럼 윌버 역시 별다른 매력까지는 없다고 생각했다. 일단 착륙하고 나면, 어디든지 가까운 마을까지 걸어가서, 그날 밤을 보낼 장소를 찾아내야만 했다. 탁월풍 때문에 기구를 타고 돌아갈 수는 없었으며, 결국 출발 지점으로 돌아오려면 굼벵이가 따로 없는 완행열차를 타야만 했다.("우리가 추구하는 목표는 공중에서 어느 방향으로든 자유로운 동작이 가능한 수단이다." 릴리엔탈의 말이다).

그날 저녁, 윌버는 기차를 타고 파리로 돌아왔고, 오빌은 야간 특급 열차를 타고 데이턴을 떠나 뉴욕으로 향했다. 오빌도 이제 파리로 향하는 것이었다. 플라이어 3호가 마침내 완성되어 포장을 마친 후 프랑스로 발송되었다. 목적지에 도착하면 필요할 때까지 르아브르 소재 세관 창고에 보관될 예정이었다. 캐서린의 말처럼 오빌은 "상당히 많이 누그러진" 상태였다. 하지만 중도에 밝혀지게 되듯이, 그는 윌버가 머무는 파리의 호텔 주소를 적어가는 일을 깜빡하고 말았다.

III

7월 말의 어느 일요일 아침 일찍, 라이트 형제는 드디어 다시 만났다.

증기선 필라델피아 호를 타고 무난하게 대서양 횡단을 즐긴 오빌은 주소도 몰랐지만 뫼리스 호텔까지 오는 길을 용케 찾아냈고, 실제로 윌버가 아주 좋은 상태임을 확인했다.

호텔에서 아침식사를 마친 후 라이트 형제는 함께 오랫동안 산책을 하면서 계속 이야기를 나누었다. 샹젤리제 소재 알카자르 카페에서 점심식사를 하고, 그 거리를 따라 늘어선 공원에 앉아 대화를 나누며 무더운 오후 대부분을 보냈다. 어느 면으로 보거나, 이들은 그간의 서먹함을 성공적으로 날려 보냈다.

다음날 라이트 형제는 하트 버그와 프랭크 코들리를 만나서, "어딘가 좀 따뜻한 이심전심의 대화"를 나누었는데, 다시 말해서 극도로 열띤 대화를 나누었다는 뜻이었다. 이들은 특허 문제를 들고 나섰고, 윌버는 그 문제에 있어서 플린트 앤드 컴퍼니가 지분을 갖게 될 여지는 전혀 없다고 시작부터 못 박아 놓았다. "그 특허의 유일무이한 보유자는 바로 우리뿐이고, 이 사실은 앞으로도 변함이 없습니다." 기록에 따르면, 윌버는 이렇게 말했다. 이들은 비용에 대해서, 그리고 기업 주식에 대해서 이야기했다. "핵심만 말하자면, 우리는 당신네가 주식의 20퍼센트를 소유하게 할 의향이 없습니다." 윌버가 버그에게 말했다. "주식은 우리가 모두 소유할 의향입니다. 당신네는 단지 판매 대리업체에 불과합니다." 이런 식으로 이야기가 오가고, 버그가 자기 입장을 내놓았지만, 라이트 형제의 입장은 강경했다.

윌버에게 들은 모든 보고 및 설명 내용이며, 버그에 대한 자기 나름대로의 판단이며, 이날의 면담 내용을 토대로, 오빌은 지금까지 지녔던 의구심이 사라졌으며, 마침내 마음이 편안해졌다. 오빌은 윌버의 의견을 믿고 따르기로 했다. "우리의 친구 F와 B는 (플린트 앤드 컴퍼니와 버그는) 강도떼가 아니었어." 오빌은 기쁜 듯 캐서린을 안심시켰다.

윌버는 오빌을 루브르 박물관에 데려갔다. 새로운 손님의 파리 입성을 축하해 주기 위해서, 프랭크 코들리는 센 강의 레프트 뱅크에 있는 명망 있는 고급 레스토랑 투르 다르장에서 저녁 만찬을 개최했다. 이때 이 식당의 유명한 주인 겸 요리사 프레데릭 들레르가 직접 테이블 옆에서 이날의 주 요리인 '카나르 오 상'에 사용될 오리를 손질했는데, 오빌이 보기에는 이 광경이야말로 앞서 루브르에서 본 어떤 광경보다도 더 인상적이었던 듯하다. 들레르는 정식 연미복 차림으로, 구레나룻을 휘날리며, 코안경을 낀 채로 작업에 임했는데, 오빌이 캐서린에게 쓴 편지에 따르면, 그 외모만 보면 요리사라기보다는 오히려 대학 교수에 가까워 보였고, 오리를 작은 조각으로 자르면서 고개를 돌리는 모습만 보아도 충분히 돈을 낼 만한 가치가 있었다고 한다. 오빌은 이렇게 적었다.

다리와 날개와 등등은 다른 방으로 보냈기 때문에, 마지막 손질은 볼 수가 없었어. 하지만 몸통은 대부분의 고기를 잘라낸 다음에 멋진 압착기에 넣어서 그 즙과 골수를 모조리 짜내더군. 그 고기와 즙을 알코올 불에 올려놓아서 함께 조리하는 거야. 프레데릭 씨는 계속해서 고기에 국물을 끼얹었지. 마침내 오리 고기가 테이블에 오를 때에는 봉함된 카드가 하나 따라왔는데, 거기에는 우리가 먹은 오리의 일련번호가 적혀 있었어.

라이트 감독이 편지에서 파리 생활에서 받을 수 있는 유혹을 엄중히 경고하자, 윌버는 답장에서 형제 모두 가정에서 받은 훈련에 부끄러움이 될 만한 일은 전혀 하지 않을 것이라고, 아울러 자기가 지금까지 맛본 와인은 모두 합쳐도 한 잔이 안 될 정도라고 안심시켰다. "우리는 여기서 정말 잘 지내고 있습니다." 오빌이 덧붙였다. "큰 교회에도 많이 다녀왔고, 아직 술에 취하지도 않았으니까요."

하지만 프랑스에서의 사업 전망은 쇠퇴 상태에 있었는데, 정부 관료 가운데 상당수가 여느 때와 같이 8월 휴가를 떠난 것이 중요한 요인이었다. 하지만 독일에서는 여전히 활발히 관심을 보였기에 윌버와 버그는 8월 4일에 베를린으로 떠났다.

베를린으로 가는 길에, 열차 창밖으로 벨기에의 제마프라는 작은 도시를 알리는 표지판이 나오자, 윌버는 1792년에 이곳에서 벌어진 역사적 전투에 관해서 언급했다. 그리고 당시에 갓 태어난 프랑스 공화국 육군이 오스트리아 육군의 정예 부대를 맞이해서 거둔 승리가 왜 중요한지 한참 동안 설명했다. 버그가 보기에는 이것이야말로 그의 정신의 비범한 폭을 보여주는 또 하나의 사례였다. 그러자 윌버는 젊은 시절 책에서 읽은 내용일 뿐이라고 대답했다.

일주일 뒤에 찰리 테일러가 도착했다. 윌버는 뫼리스 호텔에서 모퉁이를 하나 돌면 나오는 달제르 가의 비교적 덜 호화로운 호텔에 묵게 했으며, 네브래스카 주 링컨에서 온 C. E. 테일러라고만 간단히 인적사항을 밝혔다. "우리는 이곳 신문이나 다른 누구라도 그가 여기 와 있다는 사실을 알기를 원하지 않았거든." 오빌은 캐서린에게 보낸 편지에서 이렇게 말했다. 그가 도착한 후, 언론은 라이트 형제를 줄곧 따라다녔고, 점점 더 성가시게 굴었다.

기자들이 보기에 라이트 형제는 지금까지 취재했던 어느 누구와도 달랐다. 런던 《데일리 메일》의 한 특파원은, 당신이야말로 신문기자들이 이제껏 상대한 사람 중에서 "가장 힘겨운 상대"라고 오빌에게 말했다. 왜냐하면 라이트 형제가 무슨 일을 하려는지 알아내기 위해서 지금까지 쓴 택시비만 해도 정산 가능한 한도를 한참 넘어 버렸지만, 혹시나 다른 기자가 "특종"을 얻을지도 모른다는 두려움 때문에 여전히 포기를 못하기 때문이라는 것이었다.

8월 중순에 이르러 프랑스 측에서도 다시 계약에 관심을 보였기에 윌버와 버그는 파리로 돌아왔다. 하지만 프랑스 측과의 협상은 실질적인 진전이 없었다. 독일 측과도 사정은 마찬가지였다.

9월 초가 되자 라이트 형제는 그저 시간을 죽일 도리밖에는 없었고, 오빌의 기록을 토대로 미루어 짐작하건대 두 사람 모두 주로 공원에 앉아서 지나가는 인파를 구경한 것으로 보인다. 윌버에게 루브르 박물관이 있었다면, 오빌에게는 튈르리 공원이 있었다.

"현관 사용법을 내가 잃어버릴까봐 걱정하지는 않아도 돼." 오빌은 캐서린에게 보낸 편지에서 이렇게 말했다. "깨어 있는 동안 하루 반나절을 호텔 건너편 공원에서 보내니까." 이 공원에는 작은 철제 의자가 수백 개나 있었고, 그 사용료는 하루에 2센트씩이라고 그는 설명했다. "여러 명의 여자들이 고용되어서, 무심코 의자에 앉은 사람들을 볼 때마다 득달같이 달려가서 2센트씩을 받아내곤 하지."

오빌은 특히 프랑스 아이들을 지켜보는 걸 좋아했으며, 그곳 아이들이 매우 예의바르다는 사실에 감탄했다. 그는 남자 한 명이 크랭크를 돌려 작동시키는 작은 회전목마를 묘사했다. 오빌은 아이들이 이렇게 얌전한 장난감만을 즐길 수 있다는 사실을, 즉 그게 마치 날뛰는 야생마라도 되는 것처럼 가만히 그 위에 붙어 있다는 사실을 딱하게 생각했다. 그러다가 가끔 한 번씩 미국 아이들이 나타나면 상황은 더 활기를 띠곤 했다.

그 녀석들은 기계가 전속력으로 작동하는 상황에서 (물론 결코 빠른 것은 아니지만) 말에 올라타서 펄쩍펄쩍 뛰고, 고리를 최대한 많이 움켜쥐는데, 원래는 얼음송곳을 가지고 한 번에 하나씩만 꿰어서 차지하게 되어 있는 거야. 그러다가 말 타기가 끝나면 얼음송곳을 (여기서는 이걸 뭐라고 부르는지 모르겠어) 자기들끼리 던지기 시작하는데, 그러면 결국 기계 돌리는 사람이 와서 그걸 도로 주워야만 하고, 그 사람은 불쌍하게도 거의 미치기 직전까지 가 버리지.

"물론 우리는 아이들 때문에 당혹스러울 때도 있고, 가끔은 선의의 회초리를 들 필요도 있을 거야." 오빌은 이렇게 덧붙였다. "하지만 가끔은 약간 더 신나는 모습을 지켜보는 것도 어쩐지 즐겁더라니까."

가장 대단했던 광경은 무척이나 많은 사람들이 (즉 남녀노소를 불문하고) "디아볼로(diabolo)"를 갖고 노는 모습이었다. 이 단순하고도 유서 깊은 장난감은 마침 그즈음에 크게 유행하고 있었다. 마치 모래시계처럼 생긴 실패 하나, 그리고 길이 60센티미터쯤 되는 대나무 막대기 두 개에 길이 1.2미터 내지 1.5미터쯤 되는 실을 연결한 것이 전부였고, 가격은 50센트쯤 되었다. 놀이꾼은 끈으로 실패를 감고, 양손에 하나씩 막대기를 붙잡은 다음 실을 돌리는데, 실을 더 빨리 돌려 공중에서 균형을 잡는다. 요령을 익히기 전까지는 실패가 땅에 떨어지는 경우가 워낙 흔하기 때문에 사람들이 "악마의 놀이(diabolo)"라는 이름을 붙였다. 원래는 중국에서 100년 전부터, 또는 더 이전부터 유래한 것이었으며, 라이트 형제 역시 장난감의 재미에 빠져들었다.

이들이 즐겨 말한 것처럼, 이들의 인생 경로는 어린 시절에 만난 한 가지 장난감에 의해 결정되다시피 했는데, 마침 그것도 프랑스제였다. 그리고 이제 이들은 중년이 되어 프랑스를 방문했지만, 아직도 어린아이인 것처럼 즐겁게 보내고 있었다.

알퐁스 페노의 헬리콥터와는 달리, 디아볼로는 하늘을 날아다니는 장난감이 아니었다. 오히려 요령을 통해 중력의 힘을 극복해야 하는 것이 관건이었다. 그런 요령은 연습을 통해 터득할 수 있었으며, 막대기와 실을 가지고 더 많이 연습할수록 계속 실패를 날게 할 수 있었다. 비행기도 마찬가지여서, 그 자체로는 충분하지가 않으며, 반드시 조종사가 비행 기술에 숙달되어야만 했다.

라이트 형제가 워낙 공개적으로 디아블로 놀이에 푹 빠져 있었기 때문에, 이 사실은 언론의 주목을 받았고, '수수께끼의 형제'에 관한 어리둥절함은 나날이 더해져만 갔다. 《파리 헤럴드》지는, 라이트 형제의 "수수께끼"는 어느 때보다도 더 짙게 남아 있었으며, 튈르리 공원에서 이들을 종종 목격한 어느 미국인 방문객은 이들이 비행 기계를 옆으로 밀어놓고 아예 생각하는 것조차 중단했다고 확신했다. "디아볼로에 빠진사람이라면 다른 무엇에도 신경 쓸 수가 없다는 건 모두가 알기 때문이다."

아마도 라이트 형제는 디아볼로 기술을 재빨리 파악해서, 실력이 제법 늘어난 모양이다. 하지만 찰리 테일러의 경우에는 열에 아홉 꼴로 계속해서 실패를 바닥에 떨어트렸다. 그가 디아볼로 외에 다른 무엇을 하면서 시간을 보냈는지에 관해서는 아무런 기록이 없다.

오빠가 공원에서 시간을 죽인다는 이야기를 전해들은 캐서린은 학교 선생 특유의 방식으로 야단쳤다. "오빠는 프랑스어를 배워볼 생각은 전혀 하지 않는 것 같아." 그녀는 오빌에게 쓴 편지에서 이렇게 말했다. "나라면 공원에만 붙어 앉아 있기보다는 차라리 돌아다니면서 파리의 모든 것을 볼 것 같아. 혹시 오빠한테 프랑스어를 가르쳐 줄 누군가를 알아볼 수는 없는 거야?" 마찬가지로 캐서린은 집에 올 때에 자기 몫의 디아볼로를 "꼭" 사오라고 오빠들에게 신신당부했다.

특유의 유머 감각이 되살아나면서 오빌은 자기가 사실은 공원에서 영어가 가능한 프랑스인을 하나 만나기는 했다고 여동생에게 털어놓았다. 하지만 자기로선 디아볼로와 프랑스어를 동시에 배우는 건 가망이 없어 보였다는 것이었다.

데이턴에서는 개학과 함께 캐서린이 교실로 돌아갔으며, 집에서도 모든 일이 원활히 돌아갔고, 분위기도 이전과 사뭇 달라져 있었다. 여동생과 아버지 모두 "굉장히 잘 지냈다." 감독은 신형 타자기를 구입했다. 캐서린은 새로운 스토브를 주문했다. "원하는 만큼 얼마든지 더 있다 와도 돼." 급기야 그녀는 오빠들에게 이렇게 말했다.

"어떤 계획을 제안하고 싶어?" 9월 말에 베를린으로 돌아간 윌버는 편지를 통해 오빌에게 물었다. "협상에 더 많은 시간을 허비할 수는 없고, 아무런 계약도 맺지 않고 미국에 돌아가는 것도 감당이 안 돼."

그리하여 라이트 형제는 계속 유럽에 머물렀고, 잠깐 동안이나마 오빌이 베를린으로 가서 윌버와 함께 지내기도 했다. 하지만 11월이 시작되자마자 두 사람은 함께 파리로 돌아왔고, 지금이 떠날 때라고 생각했다.

라이트 형제는 떠나기 전에 마지막으로 하트 버그와 함께 "앙리 씨," 즉 프랑스 비행사 앙리 파르망의 시험 비행을 구경하러 갔다. 전직 화가 겸 자전거 대회 우승자 겸 자동차 경주 선수인 파르망은 유럽 내에서도 가장 돋보이는 조종사로 간주되고 있었다. 파리의 남서쪽 이시레몰리노에는 많은 군중이 모여 있었다. 파르망은 유럽뿐만 아니라 미국에서도 유명한 조종사였다.("혹시 '파르망의 비행' 때문에 걱정하는 거 아니야?" 캐서린조차 이렇게 묻기도 했다). 파르망은 프랑스의 비행기 제조업체인 부아생 프레르가 제작한 복엽기를 타고 날았다. 하지만 대부분은 성공을 거두지 못했다. 그나마 더 길었던 비행에서도 이륙 과정에서 말썽을 겪었으며, 원을 그리며 선회하려 시도했을 때에도 마찬가지였다. 하지만 언젠가 한 번은 800미터 이상을 날았고, 거의 완벽한 원을 그리기도 했다.

하지만 지금 당장 자기가 본 것을 토대로, 오빌은 굳이 걱정할 필요까지는 없다고 생각했다. 한 기자가 의견을 묻자, 그는 다른 사람의 업적을 비판하는 것을 좋아하지 않는다고, 그리고 시간이 흐르면 파르망의 기계가 과연 강한 바람 속에서도 날 수 있게 만들어졌는지 여부가 명백해질 것 이라고만 대답했다.

하지만 프랑스의 비행술 애호가들은 자국이 비행 분야에서 선두에 나선 것이 분명하다는 것을 전혀 의심하지 않았다. 프랑스에서는 바로 그 해에 가브리엘과 샤를 부아생 형제가 비행기 회사를 차렸다. 앙리 파르망 말고도 다른 비행사들도 있었으니, 레옹 들라그랑주 역시 부아생 복엽기를 타고 날았고, 루이 블레리오는 직접 제작한 단엽기를 타고 하늘을 나는 방법을 독학했다. 앙리 파르망과 마찬가지로 이 프랑스인 조종사들은 공개 비행으로 대중을 무척 기쁘게 해주었다.

또한 라이트 형제와는 달리 프랑스의 조종사 대부분은 (즉 파르망, 산투스두몽, 들라그랑주, 블레리오, 샤를 들랑베르 백작 등은) 개인 재산이 넉넉한 사람들이었기 때문에 각자의 비행술을 추구하는 데 드는 비용을 걱정하지 않았다.

"프랑스의 천재들은 공중의 정복으로 전 세계를 이끌고 나아가는 영광스러운 사명을 위해서 준비된 사람들 같다." 항공술 동호회 회장은 이렇게 말했다. 이 동호회의 저명한 회원인 에르네스트 아르쉬데콩이 보기에 라이트 플라이어 호는 기껏해야 "유령 기계"에 불과했다.

그리하여 플라이어 3호와 모든 부품들은 한동안 르아브르의 세관 창고에 그대로 놓여 있었다. 머지않아 윌버와 찰리 테일러가 먼저 고향으로 떠났다. 오빌도 얼마 후에 그 뒤를 따랐다.

여객선 발틱 호의 선상에서 윌버는 아버지에게 편지를 써, 지금 자신의 사기가 얼마나 높은지 알렸다.

우리는 겨울 동안 기계를 몇 대 더 만들어서 봄에 있을 거래에 대비할 겁니다. 그런 뒤에 어쩌면 이런 간판을 내걸어야 하겠죠. "신장개업, 전 품목 할인 판매." 우리는 3월에 유럽으로 되돌아올 겁니다. 만약 그 이전에 미국 정부와 계약하지 않을 경우에는 말입니다.

찰리는 뉴욕에 도착하자마자 곧바로 데이턴으로 향했지만, 윌버는 워싱턴에 들러 계약 진척 상황을 확인하고 추수감사절에 맞춰 집에 돌아갔다. 그는 마침내 미국 육군이 거래에 진지한 관심을 보이고 있다는 사실을 보고하며 기뻐했다.

새해가 되자 판매 계약 면에서 라이트 형제가 달성하려고 했던 성과들이 나타나기 시작했다. 1908년 2월 8일, 플라이어 호를 한 대당 2만 5천 달러씩에 판매하겠다는 이들의 제안을 전쟁부가 받아들였다. 그로부터 한 달쯤 지난 3월 3일, 이들은 훗날 '항공 회사'라는 이름을 얻게 될 프랑스의 한 회사와 계약을 체결했고, 여름 중반에 프랑스에서 플라이어 호의 공개 시험 비행을 하기로 합의했다.

CHAPTER EIGHT

르망에서의 승리

여러분, 비행을 시작하겠습니다.

월버 라이트

I

　"워싱턴과 프랑스에서 있을 공식 시범 행사에 착수하기 전에 연습하기 위해 키티호크에 야영지를 만들러 가는 중입니다." 1908년 4월 8일, 윌버는 엘리자베스시티에서 옥타브 샤누트에게 이런 편지를 썼다. 사상 최초로 플라이어 호를 가지고 대규모 공개 시범 행사를 개최한다는 결정은 마침내 내려졌고 (이것이야말로 라이트 형제가 이때까지 직면한 것 중에서도 특히나 중요하고 어려운 한 걸음이었다) 따라서 실제로 "약간의 연습"이 필요해졌다. 1905년 가을 이후 이때까지, 두 사람 중 어느 누구도 지난 2년 동안 비행기를 조종한 적이 없었다.

킬데블힐스의 과거 야영지가 못 쓰게 되었다는 이야기를 미리 전해 들었지만, 윌버가 현장에 도착해 보니 실제 상황은 생각보다 더 나빴다.[3] 원래의 건물은 벽만 몇 개 남아 있었다. 새로운 건물은 완전히 사라져 버렸다. 거센 폭풍에 날아가거나, 라이트 형제가 돌아오지 않을 것이라고 생각한 동네 사람들이 파손했기 때문이었다. 물 펌프도 사라져 버렸다. 양쪽 건물의 마룻바닥은 30센티미터 이상의 모래와 잡석에 파묻혀 사라져 버렸다. 윌버는 계속 그 잔해 주위를 걸어 다니면서 1901년, 1902년, 1903년에 만든 기계의 부속품들을 이것저것 찾아냈다.

얼마 전까지만 해도 고급 호텔에서 투숙했던 사람으로선 키티호크의 상황에 더욱 낙담을 느꼈을 것이다.

윌버는 우선 킬데블힐스의 해난구조대 초소에 잠시 머물면서, 그 지역 목수 두 사람의 도움을 받아서 새로운 건물을 짓기 시작했다. 강한 바람에 많은 비, 심지어 심한 설사 때문에 작업은 결코 쉽지가 않았다. "상황이 거의 감내할 수 없을 지경이다." 그는 일기에 이렇게 적었다. 과거에 이들 형제와 함께 일했던 사람들 가운데 상당수가 이미 사망하거나 이사했다는 사실도 문제였다. 빌 테이트는 워낙 바빠서 시간이 없었다. 존 T. 대니얼스는 내그스헤드 소재 해난구조대 초소로 자리를 옮긴 다음이었다. 댄 테이트는 안타깝게도 사망한 다음이었다.

라이트 형제가 새로 고용한 데이턴의 기계공 찰리 퍼내스가 현장에 나타났고, 4월 25일에는 오빌이 플라이어 호의 부품을 담은 화물을 가지고 나타났다. 야영지도 거의 완성되었다. 윌버는 일기에 이렇게 적었다.

오후 내내 쓰레기를 치우고 건물을 생활할 수 있게끔 만들었다. 나는 일반적인 야영지에 있을 만한 좋은 침대에서 잤다. 오빌은 천장 들보에 걸쳐 놓은 판자 위에서 잤다. 퍼내스는 바닥에서 잤다. 모두들 자신의 방법이 옳다고 주장했다.

4월 27일 월요일 오전에는 가져온 상자를 풀고, 날개를 손질하고, 작업대를 세웠다. 그날 오후에 이들은 운송 중에 부러진 날개살을 고치고, 아래쪽 날개를 조립하기 시작했다. 엔진과 체인 유도장치를 설치하고, 발사용 선로를 작업하는 일에만 또 며칠이 더 걸렸다.

중대한 변화는 플라이어 호를 개조해서 조종사 두 명이 함께 탈 수 있게 한 것이었다. 이들은 나란히 앉도록 되어 있었는데, 주로 날개 휘어짐의 제어 방법을 개선하기 위해서였다. 따라서 이제는 굳이 배를 깔고 엎드린 상태에서 고개를 들어 앞을 바라볼 필요가 없었다. 바람의 저항은 더 커지겠지만, 그보다는 변화로 인한 이득이 더 컸다.

윌버가 아우터뱅크스에 도착한 이후로 3주 동안은 기자가 한 명도 찾아오지 않았다. 그러다가 노퍽 《버지니안 파일럿》이 순전히 날조된 기사를 게재하자, 사방팔방에서 다른 신문들도 그 기사를 토대로 기사를 게재했다. 즉 라이트 형제가 키티호크로 돌아가자마자 시속 25킬로미터의 맞바람에도 불구하고 바다 위로 15킬로미터를 비행했다는 것이었다. 머지않아 기자들이 아우터뱅크스로 우르르 몰려왔다. 가장 먼저 찾아온 기자는 《뉴욕 헤럴드》의 젊은 프리랜스 기자 D. 브루스 샐리였는데, 그는 멀리 떨어진 언덕의 소나무 숲에 몸을 숨기고 쌍안경으로 야영지를 엿보았다.

시험 비행은 5월 6일에 시작되었다. 오빌이 먼저 탑승해 300미터 넘게 날았다. 이틀 뒤에는 순서를 바꿔 가면서 비행을 실시하고 있는데, 그때 갑자기 이 광경을 보고 흥분을 억누르지 못한 샐리가 그만 야영지로 뛰어 들어오고 말았다. 그가 떠난 이후에 윌버가 다시 이륙하여 600미터 이상을 날았다.

기자들이 줄줄이 찾아오고 있었다. 라이트 형제의 삶에 기자들이 달려드는 사태가 본격적으로 시작되고 있었는데, 이들은 이후 2년 동안 이런 상황에 줄곧 직면하게 될 예정이었다. 《뉴욕 타임스》, 《뉴욕 아메리칸 위클리》, 《뉴욕 월드》, 《콜리어스》, 《테크니컬 월드》, 《파리 헤럴드》, 런던 《데일리 메일》 등을 대표하는 기자들이 쌍안경과 망원경으로 무장하고 언덕 위를 배회했다.

《파리 헤럴드》의 의뢰를 받고 찾아온 필자 바이런 뉴턴은 다른 기자들과 함께 로어노크 섬의 맨테오에 상륙하자마자 맞닥트린 상상이 불가능할 정도로 외딴 야생의 풍경을 다음과 같이 제대로 포착했다.

우리는 그곳에서 20킬로미터 내지 22킬로미터 떨어진 곳에서 라이트 형제를 발견했는데, 키티호크의 해난구조대 초소 가까운 해안에 자리한 커다란 모래 언덕 사이였다. 이들은 대서양과 육지 사이에 놓인 늪지와 밀림으로 이루어진 좁은 구역에 자리하고 있었다. (…) 나는 이 나라 어디에서도 이보다 더 불쾌한 지역을 보거나 지나가 본 적이 없다. 그곳에 도착하기 위해서 우리는 갑판도 없는 배를 타고 로어노크 사운드를 지나야만 했고, 때때로 하얀 모래가 반짝이는 커다란 산을 넘어야 했으며 (…) 심지어 늪지와 밀림을 헤치고 가야만 했는데, 거기에는 독사와 모기와 멧돼지와 칠면조가 우글거리고, 공기 중에는 열병의 원인인 수증기가 자욱했다.

《콜리어스 위클리》의 특파원 아서 룰은 킬데블힐스와 키티호크가 마치 "세상의 끝"과도 같아 보였다고 보도했다. 곧이어 그는 바로 이 세상의 끝이 졸지에 "이 세상의 중심"이 되었다고 강조했다. "머지않아 이 세상을 이전과는 뭔가 다르게 만들어 줄 어떤 아이디어가 현실로 체화된 바로 그 장소이기 때문이었다."

그 먼 곳까지 달려서, 올라서, 건너서, 걸어서 도착한 다음, 이제 저 모래밭 너머를 열심히 훔쳐보는 주체는 단순히 신문 기자들이 아니라 사실상 전 세계의 호기심이라고 그는 주장했다. "그 모든 일에는 뭔가 기묘한, 거의 섬뜩한 데가 없지 않았다." 또 다른 특파원의 말이다. "이 외로운 바닷가에서 역사상 가장 위대한 행위가 거행되고 있었지만, 이곳에는 관중도 없고 박수도 없으며, 단지 파도의 요란한 소리와 바닷새의 놀란 울음소리만이 있었기 때문이다."

라이트 형제는 왜 기자들이 그렇게 멀리 떨어져 있는지 오히려 궁금해했다. 나중에 들은 바에 따르면, 이들이 자기네 기계를 지키기 위해 소총과 산탄총을 가지고 벼르고 있다는 헛소문이 퍼졌던 모양이었다. 만약 특파원들이 야영지에 들어와서 가만히 앉아 구경했으면 어떻게 대응했겠느냐는 질문에, 오빌은 그냥 내버려 두었을 거라고 대답했다. "우리가 하는 일을 지체할 수는 없었을 겁니다. 할 일이 너무 많았고, 시간이 촉박했으니까요."

그곳의 풍경을 설명해 보라는 본사의 요청을 받은 또 다른 특파원은 이렇게 썼다. "오른쪽으로는 눈부시게 새하얗고 정말 어마어마하게 큰 모래 언덕이, 왼쪽으로는 저 멀리 더 많은 모래 언덕들과 바다의 모습이, 맑고 새파란 하늘에는 캐롤라이나 주의 태양이 내리쬐어 모든 것을 아지랑이와 땡볕 속에 파묻어 버렸다." 오두막 근처에서 기계 주위를 오가는 라이트 형제의 모습은 그저 "두 개의 점"으로만 보였다. 엔진이 가동되면, 그 소리는 "멀리 떨어진 밭에서 작동하는 자동 수확기"의 소리와도 비슷했다. 프로펠러가 "번쩍이며 돌아가는" 모습이 보이고, 다음 순간 비행기는 "특급 열차만큼 빠르게" 지나갔다.

"우리로 말하자면 예기치 못한 사건이라는 분야에서는 모두 관록을 자랑하는 기자들이었다."《파리 헤럴드》의 특파원 바이런 뉴턴의 말이다. "하지만 인간이 하늘을 나는 이 장관은 1908년의 상식에는 너무나도 놀라웠고, 너무나도 당혹스러웠기에, 우리는 모두 대리석상처럼 멍하니 서 있을 수밖에 없었다."

《콜리어스 위클리》의 사진 기자 제임스 헤어는 바로 이때 라이트 플라이어 호의 사진을 찍어서 사상 최초로 언론 매체에 간행한 인물이었다.

5월 14일 오전, 구경꾼들은 이때까지 세상 어디에서도 본 적이 없었던 광경을 목격했다. 무려 두 사람이, 즉 윌버와 찰리 퍼내스가 동력 가동 비행 기계에 나란히 올라타 짧게 하늘을 날았던 것이다.

멀리서 바라보던 기자들에게는 마치 윌버와 오빌이 나란히 하늘을 날았던 것처럼 보였기에, 일부는 형제가 함께 비행했다고 오보를 내보내고 말았다. 하지만 사고 위험을 항상 염두에 두었던 라이트 형제는 결코 둘이

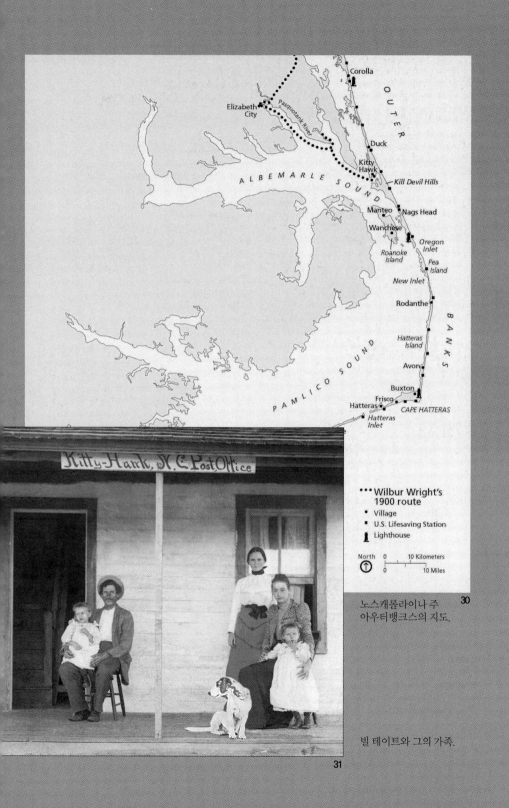

Corolla

O U T E R

Elizabeth
City

Pasquotank River

Duck

Kitty
Hawk

A L B E M A R L E   S O U N D

Kill Devil Hills

Manteo   Nags Head

Wanchese

*Oregon
Inlet*

*Roanoke
Island*

*Pea
Island*

New Inlet

Rodanthe

B

A

N

K

S

*Hatteras
Island*

P A M L I C O   S O U N D

Avon

Buxton

Frisco

Hatteras   *CAPE HATTERAS*

*Hatteras
Inlet*

••• **Wilbur Wright's
1900 route**
• Village
■ U.S. Lifesaving Station
🗼 Lighthouse

North   0   10 Kilometers

          0   10 Miles

노스캐롤라이나 주   **30**
아우터뱅크스의 지도.

Kitty-Hawk, N.C. Post Office

빌 테이트와 그의 가족.

32

Hawks, are better soarers than Buzzards but more often bent to flapping because they wish greater speed.

A damp day is unfavorable for soaring unless there is a high wind.

No bird soars in a calm.

33

The object of the tail is to increase the spread of surface in the rear when the wings are moved forward in light winds and thus preserve the centre of pressure at about the same spot. It seems to be used as a

rudder very little: in high winds it is folded up very close narrow. —

All soarers, but especially the Buzzards, seem to keep their fore and aft balance more by shifting the centre of resistance than by shifting the centre of lift. Thus a buzzard soaring in the normal position will be turned upward by a sudden gust. It immediately lowers its wings often much below its body. The momentum of its body now acting above the centre of resistance

(위) 키티호크에서 비상하는 새들에 관한 월버의 기록.

1901년형 활공기를 마치 연처럼 날리는 윌버(왼쪽)와 오빌.

키티호크 최초의
라이트 형제 야영지.
1900년.

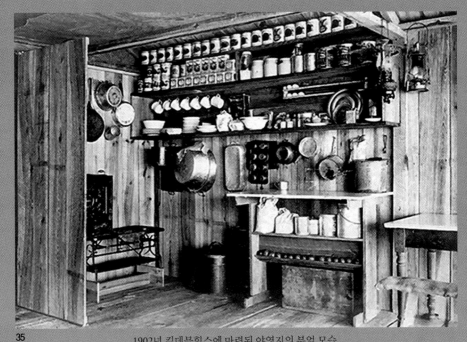

35 1902년 킬데블힐스에 마련된 야영지의 부엌 모습.
냄비와 프라이팬과 컵과 접시와 식량 모두가 말끔하게 정리되어 있다.

야영지의 내부 모습. 뒤쪽에 윌버가 있고, 오른쪽에 1902년형 활공기가 있다.
잠자는 곳은 위쪽의 서까래 위였다. 36

옥타브 샤누트.

37

38

킬데블힐스의 창고에 설치된 차양 밑에서 휴식하는 모습.
왼쪽부터 오른쪽으로 오빌, 옥타브 샤누트, 윌버, 에드워드 허페이커.

1903년, 라이트 형제가 키티호크로 돌아온 직후에 1902년형 활공기에 올라탄 윌버의 모습.

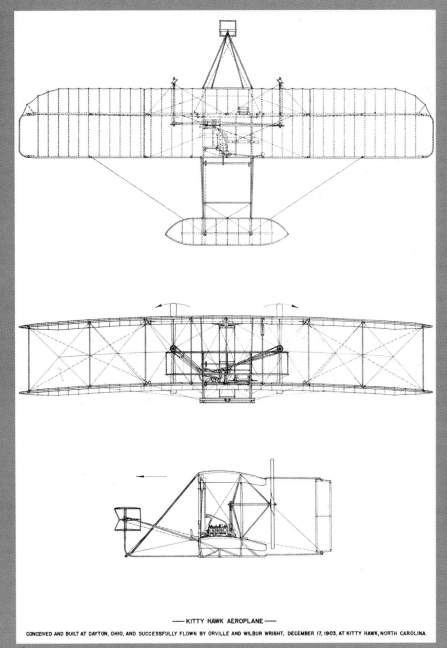

— KITTY HAWK AEROPLANE —

CONCEIVED AND BUILT AT DAYTON, OHIO, AND SUCCESSFULLY FLOWN BY ORVILLE AND WILBUR WRIGHT, DECEMBER 17, 1903, AT KITTY HAWK, NORTH CAROLINA.

역사적인 1903년형 "비행 기계"의 도면.

찰리 테일러.

라이트 형제가 다양한
날개 형태를 실험할 때
사용했던 풍동의 재현품.

찰리 테일러가 만든
실린더 네 개짜리
알루미늄 휘발유 엔진의
재현품.

라이트의 주된 보조 인력 역할을 담당한
존 T. 대니얼스(왼쪽에서 두 번째)와 킬데블힐스의 해난구조대원들.

45

1903년 12월 8일,
랭글리의 비행체가 겪
은 극적인 추락 사고.
왼쪽의 기사는
워싱턴 『이브닝 스타』
에 실린 것이다.

AIRSHIP FAILS TO FLY

Prof. Langley's Machine Goes to River Bottom.

PROF. MANLY ABOARD

THE LATTER RESCUED FROM PERILOUS POSITION.

Test of the Airship Off the Arsenal
Point Yesterday Afternoon—
Large Crowd Present.

46

by noon and got the machine out on the tracks in front of the building ready for a trial from the level. The wind was gradually dying and by the time we were ready was blowing only about 4 to 5 meters per sec. After waiting several hours to see whether it would breeze up again we took the machine in.

Thursday, Dec. 17th

When we got up a wind of between 20 and 25 miles was blowing from the north. We got the machine out early and put out the signal for the men at the station. Before we were quite ready, John T. Daniels, W. S. Dough, A. D. Etheridge, W. C. Brinkley of Manteo, and Johnny Moore, of Nags Head arrived. After

running the engine and propellers a few minutes to get them in working order, I got on the machine at 10:35 for the first trial. The wind according to our anemometers at this time was blowing a little over 20 miles (corrected) 27 miles according to the Government anemometer at Kitty Hawk. On slipping the rope the machine started off increasing in speed to probably 7 or 8 miles. The machine lifted from the truck just as it was entering on the fourth rail. Mr. Daniels took a picture just as it left the tracks. I found the control of the front rudder quite difficult on account of its being balanced too near the center and thus had a tendency to turn itself when started so that the rudder was turned too far on one side and then too

(왼쪽) 1903년 12월 17일 오전, 킬데블힐스에서 일어난 일을 기록한 오빌 라이트의 일기.
(위) 역사의 전환점 가운데 하나인 라이트 플라이어 호가 처음 이륙하는 순간을 기록한 역사
상 가장 유명한 사진. 오빌이 조종을 담당하고, 윌버는 옆에서 달렸다. 사진은 존 T. 대니얼
스가 찍었다. 시간은 오전 10시 35분이었다.

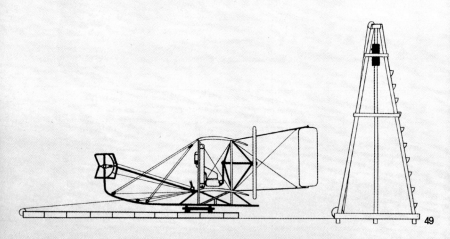

허프먼 평원에 충분한 바람이 없다는 단점을 보완하기 위해서
라이트 형제가 고안한 "출발 장치," 또는 발사탑의 도해.

1905년 9월 29일, 오빌이 조종하는 세계 최초의 실용적 비행기인 라이트 형제의
1905년형 플라이어 호가 호프먼 평원 위를 날고 있다.
이날 오빌은 20분 동안 20킬로미터(=12마일)를 날았다.
10월 5일에는 윌버가 39분 동안 40킬로미터(=38km=24마일)를 날았다.

51

Volume XXXIII.   JANUARY 1, 1905   Number 1

GLEANINGS
IN BEE CULTURE

CONTENTS

THE A.I. ROOT CO
MEDINA — OHIO
U.S.A.

52

오하이오 주의 양봉업자 에이머스 I. 루트는 자신이 펴내는 정기간행물 1905년 1월 1일자 『글리닝스 인 비 컬처』에 라이트 형제의 위업에 대한 최초의 완전하고 정확한 복격담을 수록했다.

OUR HOMES,
BY A.I. ROOT.

What hath God wrought?—NUM. 23:23.

Dear friends, I have a wonderful story to tell you—a story that, in some respects, outrivals the Arabian Nights fables—a story, too, with a moral that I think many of the younger ones need, and perhaps some of the older ones too if they will heed it. God in his great mercy has permitted me to be, at least somewhat, instrumental in ushering in and introducing to the great wide world an invention that may outrank the electric cars, the automobiles, and all other methods of travel, and one which may fairly take a place beside the telephone and wireless telegraphy. Am I claiming a good deal? Well, I will tell my story, and you shall be the judge. In order to make the story a helpful one I may stop and turn aside a good many times to point a moral.

In our issue for Sept. 1 I told you of two young men, two farmer's boys, who love machinery, down in the central part of Ohio. I am now going to tell you something of two other boys, a *minister's* boys, who love machinery, and who are interested in the modern developments of science and art. Their names are Orville and Wilbur Wright, of Dayton, Ohio. I made mention of them and their work on page 241 of our issue for March 1 last. You may remember it. These two, perhaps by accident, or may be as a matter of taste, began studying the flights of birds and insects. From this they turned their attention to what has been done in the way of enabling men to fly. They not only studied nature, but they procured the best books, and I think I may say all the papers, the world contains on this subject.

53

함께 비행하는 법이 없도록 이미 결정한 다음이었다. 그렇게 해야만 혹시 둘 중 한 사람이 사망하더라도, 나머지 한 사람이 계속해서 일을 진행할 수 있기 때문이었다.

아우터뱅크스에 여름이 찾아오면서, 오후에 윌버가 혼자 비행했을 때에는 열기가 차마 감내할 수 없을 정도에 달했다. 시속 80킬로미터쯤으로 날면서 크게 한 번 원을 그리고 나서 연이어 원을 그리려 시도했는데, 아직 새로운 조종간을 다루는 데에 익숙하지 않았던 관계로, 방향타 조작을 실수해 야영지에서 1.5킬로미터 떨어진 땅에 갑자기 곤두박질하고 말았다.

"나는 쌍안경으로 지켜보고 있었다." 오빌의 말이다. "기계 끄트머리가 (즉 앞쪽 끄트머리가) 돌더니, 꼬리가 공중으로 들렸다. 모래가 크게 튀었다. 먼지가 워낙 자욱했기 때문에, 내가 있던 곳에서는 정확히 무슨 일이 일어났는지도 알 수가 없었다. (…) 그러다가 30초쯤 지나서야 윌의 모습이 보였다."

윌버는 위쪽 날개의 아랫면에 세게 부딪쳤고, 사람들이 달려가서 잔해 속에서 끄집어내야만 했다. 코에 벤 상처가 났고, 양쪽 어깨와 한쪽 팔과 한쪽 손이 세게 부딪쳐서 멍들었지만, 다행히 심한 부상을 입지는 않았다. 뼈가 부러지지도 않았다.

하지만 비행기는 완전히 망가져 버렸기에, 윌버도 시험 비행이 이것으로 끝났다고 선언할 수밖에 없었다. 이틀 뒤에 라이트 형제는 다시 그곳을 떠났다. 윌버는 프랑스로 가서 예정된 시범 비행 준비에 착수하고, 오빌은 워싱턴에 가서 똑같은 준비에 착수하기로 합의한 까닭이었다.

킬데블힐스에서 실시한 일주일 조금 넘는 시험 비행 동안에 라이트 형제는 이제껏 어느 때보다도 더 많이 언론의 관심과 격찬 대상이 되었다. 이들은 대중적 열광의 대상이 되었다. 하지만 아직까지만 해도 중대한 공개 시범 행사는 이루어진 적이 없었다. 아직 마법사의 모자에서 토끼를 꺼내지는 않은 상황이었던 것이다.

여객선 투렌 호의 표를 예매한 다음, 뉴욕에서 윌버는 캐서린에게 편지를 보냈다. "일단 집에 돌아가지도 못하고 이렇게 길을 떠나게 되어서 마음이 안 좋네."

"편지나 자주 써." 여동생은 답장에서 이렇게 말했다. "집에 올 때는 장갑이나 몇 켤레 사다 줘. 6호 치수로. 검은색하고 흰색하고, 그리고 짧은 것하고 긴 것하고 (…) 다만 확실히 싸다 싶을 때에만 사라고."

II

르아브르까지의 항해는 무난했다. "원활했지만 대개는 안개가 끼어 있었다." 대서양 횡단에 관해서 윌버가 할 말은 이것뿐이었다. 그는 5월 29일에 파리에 도착했고, 다음 한 주 동안 하트 버그와 함께 이곳저곳을 돌아다녔다. 즉 공개 시범 행사를 위한 후보지를 순회했던 것인데, 퐁텐블로와 비트리까지도 살펴보았지만 마땅한 장소를 찾지 못했다.

윌버는 자기가 돌아온 것을 알게 된 프랑스 언론이 어쩐지 적대적인 "경향"을 보였다고 오빌에게 알렸다. 하지만 다른 사람들 대부분이 보기에 그들의 태도는 단순히 "경향"을 훨씬 뛰어넘는 뭔가였다. 예를 들어 당시의 인기 높은 매체인《릴뤼스트라시옹》에서는 키티호크에서 찍은 플라이어 호의 사진을 상당히 많이 손보아서 수록하고 이렇게 주장했다. "그 외관은 상당히 의심스럽고, 누구라도 여기에서 '날조'의 여러 요소를 찾아낼 수 있는데, 그나마도 별로 성공적이지 않다."

뿐만 아니라 프랑스 비행사들이며 이들의 대담한 위업에 대중의 열광이 부활한 까닭도 있었다. 그해 초에는 앙리 파르망이 거의 2분 동안 비행했고, 그해 봄의 5월 말에는 파르망이 승객을 한 명 태우고 비행하여 뉴스를 만들어냈다. 윌버가 오빌에게 알린 것처럼, 파르망과 들라그랑주 역시 유럽 각지에서 시범 비행을 실시해서 상당한 성공을 거두었다.

따라서 그들이 "맨 처음 해야 할 일은 약간의 연습과 약간의 시범을 실시하는 것, 그리고 될 대로 되라고 하는 것"이라고 윌버는 썼다.

하트 버그는 라이트 비행기가 앞으로 2개월 내에 대중 앞에서 하늘을 날 것이라며《로토》의 특파원에게 장담했다. 비밀 실험의 시기는 이미 끝났다고 그는 말했다. 프랑스의 대중은 그 모습을 직접 보는 최초의 사람들이 될 것이었다.

하지만 장소는 어디란 말인가? 6월 8일, 버그와 윌버는 기차를 타고 르망으로 갔다. 파리에서 남서쪽으로 200킬로미터 떨어진 이곳은 사르트 현의 사르트 강 인근에 자리한 인구 6만 5000명의 조용하고 유서 깊은 도시였다. 저명한 자동차 제조업자이며, 기구 비행 애호가이며, 그 지역의 유지인 레옹 볼레가 적당한 비행 장소를 찾아 헤매는 윌버에 관한 소문을 듣고, 버그에게 연락을 취해서 평평한 개활지가 풍부한 르망을 추천했던 것이다.

볼레는 자기네 공장에서 생산하는 제품 가운데 가장 크고 가장 멋진 자동차를 몰고 기차역까지 마중 나왔고, 손님들을 태우고 후보지를 구경시켜 주었다. 그는 이 세상에서 가장 친절한, 또는 자기 시간을 아낌없이 선사하는 사람이었다.

키가 작고 짙은 턱수염을 기른 볼레는 극도로 뚱뚱해서, 체중이 무려 110킬로그램이었다. 윌버와 버그의 신체적 차이도 적지 않았지만, 윌버와 볼레의 경우는 더욱 두드러졌다. 윌버와 마찬가지로 볼레는 대학에 가지 않고 아버지의 종 주물 사업에 뛰어들었고, 머지않아 자동차 제조를 시작해서 큰 성공을 거두었다.("레옹 볼레 자동차는 르망에 있는 넓고 아름다운 공장에서 최고의 재료만을 사용해 제작합니다." 그 당시의 광고 문구이다). 그는 영어를 제법 잘 하는 편이어서, 윌버도 곧바로 상대방을 좋아하게 되었다. 볼레는 미국에서 온 이 손님에게 다른 누구보다도 더 큰 도움을 주었으며, 그러면서도 아무런 대가를 바라지 않았다.

이용 가능한 후보지 가운데, 윌버가 보기에 가장 적절한 곳은 시내에서 8킬로미터쯤 떨어진 위노디에르 경마장이었다. 그 주위에는 나무가 둘러 있었고, 땅은 상당히 거칠었다. 하지만 오빌에게 보낸 편지에 썼듯이, 윌버는 이곳이 자기네 목적에는 제법 유용할 것이라고 생각했다. 볼레는 이 장소의 이용 가능 여부를 직접 알아봐 주겠다고 제안했다. 아울러 작업장으로 사용하라며 자기네 공장에 있는 큰 방 하나를 통째로 내주고, 직원 몇 사람을 조수로 붙여주겠다고도 제안했다.

사흘 뒤, 파리로 돌아와 있던 윌버는 볼레로부터 위노디에르 경마장을 이용할 수 있다는 연락을 받았다. 그날부터 그는 작업복이며 작업화며 밀짚모자를 구입하는 등 준비를 서둘렀다.

어느 날 저녁, 윌버는 버그의 아파트에 마련된 우아한 루이 16세 풍의 응접실에서 프랑스의 젊은 비행술 전문 언론인 프랑수아 페이레이와 인터뷰를 가졌다. 이 언론인은 이번 인터뷰가 이 미국인이 프랑스에서 처음으로 수락한 인터뷰라는 사실을 잘 알고 있었다. 이 자리는 버그가 주선했다. 두 사람은 키티호크에서의 실험, 모터와 특허, 그리고 왜 하필 르망을 시범 행사 장소로 선택했는지에 관해서 이야기했다. 페이레이는 처음에는 윌버를 의심했지만, 나중에 가서는 도리어 그에게 홀딱 매료되어 버렸다.

"하트 O. 버그 씨가 인터뷰 분위기를 돋우기 위해서 커피 한 잔을 내주고, 시가 상자를 꺼내 놓았다." 페이레이의 말이다. "푸른 연기 속에서 내 모든 의심은 하나하나 날아가 버리는 느낌이었다. 그 연기의 물결 너머로 윌버 라이트를, 그의 가늘고도 진지한 얼굴이며, 기묘하리만치 온화하고 지적이고 번뜩이는 눈을 유심히 살펴보았다. (…) 나는 시인할 수밖에 없었다. 아니, 이 사람은 허풍쟁이가 아니야."

이 인터뷰는 중요한 시작을 상징했다. 앞으로 몇 달 사이에 프랑수아 페이레이는 직접 관찰한 내용을 바탕으로, 윌버에 관해 지금까지 관행된 기사 가운데 가장 통찰력 있는 기사를 내보낼 예정이었기 때문이었다.

* * *

윌버는 6월 16일 자정이 가까운 시각에 르망으로 돌아갔고, 도팽 호텔에서도 그 도시의 중앙 광장인 '공화국 광장'이 잘 내려다보이는 객실에 투숙했다. 다음날, 플라이어 호를 하루빨리 재조립하고 싶었던 그가 볼레 공장에서 맨 처음 한 일은 바로 부품이 들어 있는 상자를 열기 시작한 것이었다. 그런데 윌버는 자기 눈앞에 펼쳐진 광경을 차마 믿을 수가 없었다. 2개월 전, 그는 예전 야영지가 엉망진창이 된 모습을 발견한 적이 있었다. 그런데 지금 자기 눈앞에서 플라이어 호가 역시나 엉망진창이 되어 있지 않은가. 윌버는 분노를 억누를 수 없었다.

날개살은 열댓 개나 부러져 있었고, 날개 하나는 못쓰게 되었고, 천은 셀 수 없을 만큼 곳곳이 찢어져 있었다. 모든 물건이 뒤섞인 채 엉망진창이었다. 라디에이터는 박살나고, 프로펠러 축은 부러지고, 코일은 심하게 뒤틀리고, 필수 부품인 철사며 좌석이며 너트며 볼트 등은 모조리 사라진 상태였다.

같은 날 보낸 편지에서 윌버는 평소와 달리 오빌을 향해 분노를 폭발시켰고, 지금까지 자기가 본 것 중에서도 최악의 화물 포장 상태가 나왔다며 비난을 퍼부었다. "나 같으면 모종삽을 가지고 퍼 담아도 불과 이삼 분이면 물건을 다 집어넣었을 거고, 당연히 이보다는 훨씬 더 잘 집어넣었을 거다. 이렇게 어리석은 꼬락서니는 처음 본다." 모든 준비를 마치기 위해서는 예상한 것보다 훨씬 더 오랜 시간이 걸릴 것이었고, 지금 상황에서는 오빌이나 찰리 테일러의 도움을 받을 수조차 없었다.

윌버는 곧바로 일에 착수했고, 일단 부품들을 분류하고 수리했다. "어제부터, 오늘 하루 종일 표면의 부러진 날개살을 교체했다." 그는 6월 18일자 일기에 이렇게 적었다.

수리를 위해서 날개 하나를 완전히 해체해야만 했다. 여러 부품이 원래의 기계만큼 좋은 상태는 아니라는 것을 발견했다. 뒤쪽 철사는 천 안에 제대로 들어가 있지 않았다. 이 철사의 작은 따리쇠는 날개살에서 올바른 곳에 붙어 있지 않았다. 구획의 끄트머리 날개살을 뒤로 미끄러지지 않게 붙잡아주는 블록이 없었다. 육중한 버팀대를 떠받치는 아래쪽 앞의 날개보에 있어야 할 강철 접합보강재도 없었다. 뒤쪽 경첩의 접합부는 충분히 여유롭지가 않았다. 스크루 틀을 고정시키는 날개보 주위의 천 덮개가 전혀 없었다.

볼레 공장의 기계공들은 손님에게 도움을 주기 위해 최선을 다했지만, 처음에는 별다른 소용이 없었다. "조립하는 과정은 정말 끔찍스러웠어." 그는 또 다른 편지에서 오빌에게 말했다. "철사를 단단하게 묶을 만큼 손가락 힘이 강한 사람은 나뿐이었지. 그래서 철사 묶는 일은 내가 도맡을 수밖에 없었어. (…) 결국 절반쯤 해치우고 나니까 손이 벗겨져 있더라고"

또한 그는 이렇게 덧붙였다. "조립을 하면서 보니까, 지난여름에 네가 작업하는 동안 정신이 딴 데 가 있었다는 흔적들이 수두룩하더라."

하지만 머지않아 윌버는 이 혼돈과 손상이 오빌 때문이 아니라, 르아브르의 부주의한 프랑스 세관 조사원들 때문이라는 사실을 알게 되었으며, 곧바로 오빌에게 사과 편지를 보냈다. 동생도 형이 이 문제 때문에 얼마나 고생하고 있는지를 알았던 관계로, 굳이 더 이상은 이 문제를 거론하지 않았다.

윌버는 꾸준히 작업했다. 버팀대와 철사를 설치했고, 프랑스 기계공에게 부탁했던 일이 "완전히 엉망"이라는 사실을 알고 나서는 직접 낡은 엔진을 수리했으며, 하루 종일 그 일에만 매달렸다. "사실상 모든 일을 나 혼자서 할 수밖에 없었어. 영어를 이해하는 사람은 네 명 중에 한 명인 상황에서, 내가 원하는 일을 말로 설명하기가 사실상 불가능했기 때문이지."

라이트 가문의 원칙에 충실하게, 일요일에는 그도 일하지 않는 대신 편지를 쓰거나 관광을 다녔다. 그는 도팽 호텔에서 무척이나 편안하게 지냈는데,《모터 카 저널》은 이곳에 대해 다음과 같이 보도한 적이 있었다. "사치스러운 것은 전혀 없다. 단지 수수하고도 풍성한 요리를 '주인 겸 요리사'가 조리해서 내놓을 뿐이다." 그리고 윌버는 그의 요리를 마음에 들어 했다. 게다가 르망은 "예스러운 도시이고, 거의 키티호크만큼이나 세상의 눈에서 벗어난 곳"이라고 그는 기쁜 듯 말했다. 그는 광장 건너편 교회에서 들려오는 종소리도 (그 종 역시 '볼레 사의 제품'이었다) 좋아했고, 이 도시에 우뚝 솟은 건축물인 저 거대한 생쥘리엥 대성당을 고향에 있는 식구들에게 길게 묘사했다.

로마인이 처음 정착한 사르트 강변 언덕 위에 우뚝 솟은 대성당 아래로는, 도시의 가장 오래 된 구역을 이루는 중세 건물 및 주택이 빽빽이 들어차 있었다. 이 대성당에는 뾰족탑이 없었다. 대신 두드러진 이중 버팀벽이 이 대성당의 독특한 외관상 특징을 이루고 있었다. 이 특징을 뛰어넘는 또 다른 특징은 로마네스크와 고딕 양식 모두가 한 건물에 조합된 보기 드문 사례라는 것이었는데, 이런 점은 건물 내부에서 더 잘 두드러졌다. 로마네스크 양식으로 지어진 부분은 거의 900년 전인 11세기의 것이었으며, 그보다 더 많고 더 장관인 부분은 14세기와 15세기에 지어진 것이었다. 그가 남긴 서신에서 드러나듯이, 윌버는 바로 이 모습에 무척이나 감동한 듯하다.

캐서린에게 보낸 편지에서 그는 이렇게 말했다. "통로와 성가대석 사이의 탁 트인 공간을 형성하는 아치는 계속해서 높아져서, 바깥쪽 통로의 먼 쪽 벽에 기대어 선 사람은 성가대석 위까지 눈길로 따라가다가 고창층(高窓層)에 있는 웅장한 스테인드글라스를 보게 되지." 즉 그쪽을 보는 사람은 단순히 오래 된 창문의 빛과 화려한 색깔만 보는 게 아니라, 대성당 바닥에서 대략 33미터 높이에 있는 아치의 윗부분을 향해 창문이 투사하는 빛과 색을 모두 보게 된다는 뜻이었다.

혹시 그 순간, 이 놀라운 인간의 창조물이 보여주는 위를 향한 야심과 자신의 꾸준한 노력 사이에서 윌버가 어떤 연계를 느꼈거나 생각했는지도 모르지만 이에 관해서는 아무런 언급이 없었다. 하지만 그로서는 그런 느낌을 받지 않았을 리가 없었다.

며칠 뒤에 대성당의 주일 예배에 참석한 후, 윌버는 그곳에서 자기가 이해하거나 참여할 수 있었던 유일한 일은 헌금뿐이었음을 깨달았다. 그래도 거대한 건축물은 "지금까지 내가 본 건축물의 가장 훌륭한 표본 가운데 하나로 나를 점점 더 감동시켰다." 그는 캐서린에게 보낸 편지에서 이렇게 말했다.

그 와중에 대성당 밖 공용 광장은 장터로 변했고, 심지어 순회 서커스단도 그곳에 무대를 세웠다고도 덧붙였다.

윌버는 호텔의 안락함에 대해서도 언급했고, 특히 음식을 칭찬했다. 유럽에 온 이후로 먹은 음식 중에서 비교적 더 낫다는 것이었다. 즉 풍부하면서 과하게 요란하지 않다며 좋아했다. 그의 말에 따르면 점심식사로는 토마토와 오이 조각, 버섯을 곁들인 혀 구이, 햇감자를 곁들인 양고기 구이, "케이크의 일종인 듯한 것", 그리고 아몬드가 나왔다. 윌버는 고향을 떠나서 이렇게 편안했던 적이 없었다고 말했는데, 뒤집어 말하자면 뫼리스 호텔 같은 장소는 지나치게 호화스러운 까닭에 도리어 편안하지가 않았다는 뜻이다. 이 호텔에는 영어를 알아듣는 사람이 아무도 없었지만, 모두들 최선을 다해 봉사했다.

알파벳 수프*를 처음 먹은 경험을 설명할 땐 캐서린이 특히 좋아했을 법한 위트를 드러냈다.

어제 저녁에는 약간 놀라고 당황스러웠어. 식탁에 앉았는데, 수프가 일종의 국수 수프더라고. 그런데 알고 보니 면발이 하나같이 기묘한 형태이고, 심지어 알파벳 철자 모양인 거야. 나는 뭔가 "헛것"이 보인다고 생각했지. 그런데 유심히 살펴보았더니 반죽을 틀에 통과시켜서 여러 가지 알파벳 철자와 형상을 만든 거더라니까! 마치 인쇄소의 "망가진 활자 넣는 통"을 들여다보는 것 같았고, 한 숟가락씩 뜰 때마다 새로운 조합이 탄생하는 바람에 더 재미있었지.

하지만 작업은 전혀 진척될 기미가 없었다.

작업은 나 혼자 해야만 해. 조립 방법을 보여주는 도면이 전혀 없고, 설명하

---

* 단면이 알파벳 모양인 파스타를 넣어서 끓인 수프를 말한다.

는 것보다는 내가 직접 해치우는 것이 시간을 덜 잡아먹으니까. 내 옆에 있는 한 친구는 일류 기계공까지는 아니더라고. 창의력이나 적극성이라고는 없고, 영어도 잘 하지 못했어. 예를 들어 내가 그에게 이렇게 말했다고 치자고. "나사 드라이버 좀 줘봐."(Hand me the screwdriver). 그러면 그는 가만히 서서 멀뚱멀뚱 바라보기만 할 뿐이야. 대개는 마치 내 말을 정말 알아들은 것처럼 부리나케 달려가곤 하지만, 나는 한참을 기다리다가 못 참고 직접 가서 그 물건을 가져오고 나서야, 그 친구가 내 말에서 "줘봐"(hand)라는 단어의 특수한 의미를 이해하지 못했음을 깨닫게 되는 거지.*

이렇게 내 시간 대부분은 내가 굳이 할 필요도 없는 일에 소비되고 말았어. (…)

지금까지 나는 날개의 주표면을 조립했고, 여러 곳에 새로운 철사를 연결했어. 활주부도 부착하고, 엔진도 올려놓고 맞춰 놓아서, 점화장치를 가동시킬 준비도 마쳤어. 아직 진동장지와 스크루 프로펠러를 설치해야 하는데, 이건 쉬운 일에 속하지. 하지만 앞쪽 방향타와 뼈대 조립과 철사 연결도 아직 남아 있고, 뒤쪽 방향타도 마찬가지야.

함께 일하는 공장 직원들은 윌버의 세심한 장인정신에 깜짝 놀랐다. 한편으로 그는 필요한 경우에 부품을 직접 만들었고, 설령 바늘이라 하더라도 개의치 않고 만들 태세였기 때문이다. 또 한편으로 공장의 경적 소리에 맞춰서 그가 작업을 시작하거나 중단하는 모습만 보면, 마치 원래 있던 직

---

* 영어 단어 hand는 명사로 '손'을 의미하지만 동사로는 '건네주다'를 의미한다.

원 가운데 하나처럼 보였기 때문이다.

7월 4일 오후 6시경, 윌버는 평소의 작업 패턴과 달리 여전히 일에 전념하고 있었다. 작업장에는 윌버와 레옹 볼레 둘뿐이었다. 이미 엔진을 장착한 상태였기 때문에, 윌버는 그 곁에 가까이 서서, 양 소매를 걷어붙이고, 속도 시험을 하는 중이었다. 그때 갑자기 라디에이터 호스가 빠지면서 끓는 물이 윌버 쪽으로 강하게 뿜어져 나왔다. 왼쪽 아래팔의 맨살이 가장 심하게 화상을 입었고, 가슴팍에도 역시나 화상을 입고 말았다.

볼레는 윌버를 부축해 바닥에 눕히고 도움을 요청하러 뛰어갔다. "다행히 공장 양호실에 피크르산이 있었습니다." 그는 하트 버그에게 이렇게 알렸다. "그래서 사고가 일어난 지 1분도 채 되지 않아서, 그 양반에게 피크르산 적신 붕대를 감아 주었지요."

물론 심한 사고이기는 했지만, 언론은 평소와 마찬가지로 이 사고를 실제보다 더 심한 사고로 포장했다. 윌버는 도리어 고향에 있는 가족에게 이 사고를 실제보다 가벼운 것처럼 포장했으며, 그로부터 사흘 뒤에 그 지역의 의사가 마치 말을 다루는 수의사마냥 지극정성으로 상처를 돌봐주고 있다고 길게 편지를 써 보냈다. 그리하여 상처는 모두 나았으며, 고통도 사라졌다고 윌버는 주장했다. 하지만 실제로 그는 한 달이 지나서야 왼팔을 쓸 수 있었고, 이 과정에서 크나큰 스트레스에 시달릴 수밖에 없었다.

하지만 모든 문제에도 불구하고 8월 1일에 그는 기계 수리를 마무리했다. 원래의 부품 중 깨지고 망가진 것들을 가지고 재구성한 물건이다 보니, 라이트 형제가 일찍이 고향에서 만들었던 것과는 상당히 다른 비행기가 되었고, 따라서 윌버 역시 이제껏 한 번도 조종해 본 적이 없었던 기계가 되고 말았다. 제아무리 이상적인 상황을 가정하더라도, 이 기계를 시험하는 것은 극도로 위험할 수 있었다. 뿐만 아니라 그가 가장 최근에 한 비행은 무려 3개월 전이었으며, 그나마도 결국 추락 사고로 마무리되었기 때문이다.

* * *

8월 6일 저녁, 날이 거의 어두워진 상황에서 윌버와 레옹 볼레와 하트버그는 플라이어 호의 앞쪽 뼈대를 도로 분해하고, 활주부 밑에 이동용 바퀴 두 개를 깔았다. 이들은 비행 기계를 볼레의 커다란 자동차에 실어서, 도로를 따라 거기서 남쪽으로 8킬로미터 떨어진 위노디에르 경마장으로 싣고 갔다. 그곳에 도착한 비행 기계는 창고에 넣어 두었는데, 다행스럽게도 언론은 결코 똑똑하지가 못했다. 기자들이 항상 기웃거리고 감시했지만, 어느 누구도 이 사실을 눈치 채지 못했기 때문이다.

비행기를 지키기 위해서 윌버는 그날 밤에 비행기 옆에서 잠을 청했고, 이후로도 매일 밤 그렇게 했다. 그 창고는 마치 키티호크에 만들었던 창고와도 매우 비슷했지만, 다만 여기에는 변소가 있고, 심지어 목욕을 할 수 있는 외부 호스가 있다는 점이 달랐다. 뿐만 아니라 인근의 작은 식당에서는 "매우 훌륭한 식사"를 할 수 있었고, 창고에서 30미터쯤 되는 농장에서 우유를 살 수도 있었을 뿐만 아니라, 영어를 조금 할 줄 알고 "정직한 꼬마"가 갖출만한 특징을 모두 갖춘 대여섯 살짜리 남자아이를 만날 수도 있었다.

왼팔의 상태나 플라이어 호의 상태 모두 윌버의 마음에 쏙 들 만큼 좋았던 것은 아니었지만, 최초의 공개 시범 행사가 실패할 경우에는 중대한 차질이 불가피할 것이었다.

현장을 기웃거리는 기자들은 점점 더 인내심을 잃게 되었고, 급기야 윌버에게는 점점 더 짜증스러운 존재가 되었다. 런던 《데일리 메일》의 특파원 조지프 브랜드리스는 훗날 이렇게 썼다. "우리를 향한 그의 태도에, 우리는 그를 '고집불통', '괴짜,' '공연히 무뚝뚝한 인간'이라고 여겼다. 왜냐하면 워낙 스핑크스 같다 보니, 장차 그가 뭘 하려고 의도하는지, 또는 언제 하려고 의도하는지, 우리로선 알아내기가 불가능했기 때문이다."

"제가 먼저 당신들을 부른 건 아니잖습니까." 윌버는 이렇게 반박했다. "저야 준비가 되면 당연히 나갈 겁니다. 아뇨, 당신네 기자들을 속여 넘길 생각은 없습니다. 하지만 당신네가 여기 없다고 해서, 제가 당신네를 기다리는 일은 없을 겁니다."

언론 측의 짜증이 높아지면, 사람 좋은 버그가 창고에서 나와 몇 가지 재미있는 이야기를 꺼냈고, 그러면 거의 항상 모두가 다시 기분 좋은 상태로 돌아갔다

볼레는 이 손님에 대해서, 또는 이 손님의 작업 방식에 관해서 기자들에게 이야기하기를 즐겼다. 즉 윌버가 자기 기계를 아무도 만지거나 다루지 못하게 하며, 심지어 철사 하나도 건드리지 못하게 한다는 설명이었다. 심지어 기계공들이 엔진에 기름을 집어넣는 것조차도 허락하지 않았다. 볼레의 말에 따르면, "그들이 그 일을 정확한 방식으로 해내지 못할 것이라" 확신했기 때문이었다. 급기야 직원들은 윌버를 가리켜 '낡은 기름통'

(Vieille Burette)이라는 별명까지 붙였다.

《데일리 메일》의 기자 브랜드리스는 이 괴짜 미국인의 생활을 어찌어찌 엿보았던 모양이다.

창고의 한쪽 구석에는 그의 "방"이 있었다. 즉 뚜껑을 떼어 버린 야트막한 포장용 상자를 일종의 칸막이로 이용해서 만든 공간이었다. 그 상자의 가장자리에는 좁은 바퀴 달린 침대가 하나 놓여 있었다. 창고 벽에는 거울 하나가 못에 걸려 있었고, 가까운 곳에는 야영용 세면대가 하나 있었다. 여기다가 트렁크 하나, 작은 요리용 석유스토브 (그는 아침식사를 직접 해먹었다) 하나, 그리고 야영용 의자 하나가 가구의 전부였다. 그는 거기서 18미터 떨어진 우물에 연결된 호스를 이용해 목욕을 했다. 그는 사실상 자기 비행기 날개 밑에서 잠을 잤다. 그리고 아침 일찍 작업을 시작했고, 일하는 내내 휘파람을 불었다.

III

8월 8일은 (이날이야말로 새로운 세기의 8번째 해의 8번째 달의 8번째 날이었다) 기대했던 것만큼 날씨가 좋았다. 머리 위 하늘은 크고 새파란 궁륭이었으며, 구름 한 점 없었다. 북서쪽에서 불어오는 산들바람은 기대보다 조금 약했지만, 윌버는 어쨌거나 시작할 작정이었다.

경마장에서는 준비가 시작되었다는 말이 퍼졌고, 상황을 미루어 보건대 아마 시범 비행은 곧 시작될 것으로 보였다. 르망 주민 대다수가 이곳에 모여 있었다. 그리 많은 인원은 아니었지만 작은 관람석을 채우기 시작하는 이들의 모습은 꽤나 적절하게도 축제 분위기였으며, 마치 경마를 위해서 모인 것 같은 분위기였다. 남자들은 스포츠용 밀짚모자와 파나마모자를 썼고, 여자들은 여름용 스커트에 커다란 여름용 모자에 베일까지 늘어트려서 햇빛을 완전히 차단했다.

경마장 주위의 나무 곳곳에는 시내에서 온 젊은이들 여럿이 올라가 있었다. 마치 여름 소풍 분위기였으며, 전체적인 광경은 여러모로 노스캐롤라이나 주 키티호크와는 아주 달랐다. 어떤 부부는 아예 소풍용 점심 바구니를 들고 왔다. 여러 시간 동안이나 무슨 일이 일어나기를 기다리면서, 거의 모두가 신나게 대화를 나누고 있었다.

군중 곳곳에는 몇몇 주목할 만한 외지인도 눈에 띄었다. 군복을 차려입은 러시아군 장교가 두 명 있었고, 라이트 형제에 회의적인 의견을 내놓았던 프랑스 항공술 동호회의 에르네스트 아르쉬데콩도 있었지만, 그중에서도 가장 큰 관심을 모은 사람은 저명한 프랑스의 비행 영웅 루이 블레리오였다. 블레리오가 그곳에 앉아서 무슨 생각을 했는지는 알려져 있지 않지만, 아르쉬데콩은 윌버 라이트가 실패할 것이라는 확신을 선언하느라 바빴고, 가까운 관람석에 모인 사람들을 향해서는 라이트 비행기가 하나부터 열까지 "잘못되었다"고 신나게 설명했다.

라이트 형제에 대한 그의 공개적인 경멸은 1907년 파리에서 열린 항공술 동호회의 만찬 당시에 극명히 나타났다. 즉 아르쉬데콩은 이렇게 선언했다.

저 유명한 라이트 형제는 오늘 자기들이 원하는 대로 주장할 것입니다. 만약 그들이야말로 공중을 날았던 최초의 사람들이라는 게 사실이라 하더라도 (저로선 그 주장이 점점 더 의심스럽습니다만) 그들은 역사 앞에서 그 영광을 얻지 못할 것입니다. 그들은 더 이상 이해가 되지 않는 회피 행위를 그만두어야 하며, 산투스두몽과 파르망이 그랬던 것처럼, 자기네 실험을 백주 대낮에, 그리고 공식 판정단 앞에서, 그리고 수천 명의 관중 앞에서 해내야만 할 것입니다.

아울러 현장에는 예상대로 각 언론사의 대표자들도 상당수 참석해 있었다. 파리와 런던과 뉴욕에서 온 기자들과 특파원들은 모두 이 시대의 최대 특종이 될 법한 사건을 기다렸다.

* * *

윌버는 평소처럼 아침 일찍 일어났고, 흥분으로 신경이 곤두선 기미는 전혀 드러내지 않았다. 이런 "조용한 자신감"이야말로 무척이나 안심이 되었다고 하트 버그는 훗날 말했다.

적어도 내가 보기에, 그의 모습을 무척이나 극적으로 만들어준 한 가지 요소는 그가 마치 뭔가 대담하거나 이례적인 일을 하러 나서는 사람처럼 차려 입지 않았다는 점이었다. 당연히 그는 조종사용 특수 헬멧이나 재킷을 착용하지도 않았는데, 왜냐하면 그런 복장은 아예 가지고 있지도 않았기 때문이다. 대신 평소에 입고 다니는 평범한 회색 양복에 모자를 썼을 뿐이었다. 그리고 그는 작업복을 입지 않을 때면 항상 그래왔던 것처럼 빳빳한 옷깃을 세워 놓았다.

창고 안에서 윌버는 준비 작업에 착수했고, 최대한 집중하여 모든 것을 확인했다. 언론사에서 온 한 관찰자가 훗날 묘사한 것처럼, "기다리는 군중들이 드러낸 조급함에도, 경쟁자들의 비웃음에도, 심지어 항상 쉽지는 않았던 경제적 상황의 압박에도 불구하고, 그는 결코 서두르려는 유혹에 넘어가지 않았으며, 어떤 어려움이 있으면 자기 지적 능력 안에서 모든 노력을 다했고, 결국 극복했다."

관중 입장에서, 이 곳에서 어떤 일이 펼쳐질지 예상해 볼 수 있는 증표는 경마장 한가운데 설치된 이륙용 선로와 높다란 네 다리 발사탑 뿐이었다. 선로는 관중석에 직각으로 놓여 있었고, 경마장 맞은편의 숲을 똑바로 가리키고 있었다.

정오쯤 되자 하트 버그가 경마장으로 나와 확성기를 들고 사진 촬영은 허락되지 않는다고 알렸다. 오랫동안 기다려온 언론사의 사진 기자들은 무척이나 실망한 눈치였지만, 잠시 후에 자기들끼리 회의를 하고 나서, 만약 라이트 씨가 월요일에 사진 촬영을 허락한다면 그때까지 참겠다고 알려 왔다. 혹시 아마추어 사진가의 촬영 시도가 있을지 모른다는 생각에, 언론사의 사진기자 한 명이 아예 자전거를 타고 순찰을 담당하기로도 합의했다.

오후 3시가 다 되어서야, 윌버는 창고 문을 열고 번쩍이는 흰색 플라이어 호를 햇빛 아래 끌고 나왔지만, 그런 다음에도 여전히 주위를 돌아다니면서 여기저기 손보았다. 곧이어 그는 경마장 곳곳을 걸어 다니며, 출발 선로가 정확히 바람을 마주하게 놓여 있도록 조치하고, 발사탑이 모두 제대로 준비되었는지 확인하고, 철제 추를 들어 올리는 일을 감독했다. 이 과정 내내 전혀 서두르지 않았다.

버그와 볼레와 몇몇 사람이 비행기를 두 개의 이동용 바퀴 위에 임시로 얹은 다음, 천천히 굴려 경마장 한가운데까지 끌고 가서 출발 선로에 올려 놓았다.

마침내 노을이 깃든 6시 30분에 윌버는 모자를 뒤로 돌려쓰고, 조용히 말했다. "여러분, 비행을 시작하겠습니다."

그는 왼쪽 좌석에 올라앉았다. 두 사람이 나서서 두 개의 프로펠러 날을 하나씩 잡고 아래로 당겨서 엔진을 가동시켰다. 예열 과정 중 모터에서 만족스럽지 못한 소리가 나자, 윌버는 기계 뒤에 서 있던 기계공을 부르더니, 혹시 마지막에 지시한 작은 조정을 모터에 가했느냐고 물어보았다. 기계공은 그렇다고 대답했다. 한 목격자에 따르면, "윌버는 잠시 아무 말 없이 앉아 있었다. 그러다가 조종석에서 천천히 내려오더니, 이 특별한 조정이 제대로, 그리고 정말로, 그리고 의심의 기미가 전혀 없이 이루어졌는지 자기 눈으로 직접 확인하기 위해서 기계를 돌아서 걸어갔다."

다시 돌아와 좌석에 앉은 윌버는 방아쇠를 당겼다. 그러자 추가 떨어지면서, 그는 쏜살같이 선로를 지나 하늘로 날아올랐다.

군중의 환호성 속에서 윌버는 줄지어 늘어선 포플러나무를 향해서 날아갔고, 마치 그 여세가 끝날 것처럼 보이던 찰나에 왼쪽 날개를 아래로 크게 떨어트리면서 왼쪽으로 비행기를 기울였으며, 우아하게 선회해서 관람석 쪽으로 다시 날아왔다.

쌍안경을 가져온 사람들은 그가 선회할 때마다 마치 자전거를 타는 것처럼 자연스럽게 날개를 뒤트는 것을 목격했다. 출발 지점에 매우 가까워졌을 때, 윌버는 다시 한 번 완벽한 선회를 통해서 지름이 대략 9미터 내지 10미터에 달하는 완전한 원을 그려 보였으며, 곧이어 이륙했던 곳에서 15미터도 되지 않은 장소에 부드럽게 착륙했다.

군중은 황홀경에 빠졌고, 환호성을 지르고, 고함을 지르고, 방금 본 것을 믿을 수 없어 했다. 《파리 헤럴드》는 "무척이나 놀라웠던 것은 비행의 범위가 아닌 비행의 성격이었다"고 썼다. 곳곳에서 함성이 터져 나왔다. "저 사람이 하늘을 정복했어!(C'est l'homme qui a conquis l'air!)" 또 이런 말도 나왔다. "저 사람은 허풍쟁이가 아니었어!(Il n'est pas bluffeur!)" 프랑스 조종사 가운데 한 명인 폴 장스는 그날 아침부터 현장에서 기다린 끝에 한 기자에게 이렇게 말했다. "제가 오늘 본 것을 보기 위해서라면, 이보다 열 배는 더 오래 기다려도 상관없었을 겁니다."

"라이트 형제에 비하면 우리는 어린아이에 불과하다." 또 다른 조종사 르네 가스니에르의 말이었다. 루이 블레리오도 곧바로 단언했다. "내 생각에, 프랑스에 있는 우리에게나 다른 어디에서나, 기계 비행의 새로운 시대가 이미 도래했다." 곧이어 블레리오는 숨을 고른 다음, 지금은 너무나도 흥분한 나머지 자기가 느끼는 모든 감정을 표현할 수 없다면서 이렇게만 말했다. "정말 경이롭습니다!(C'est merveilleux!)"

관중은 모자와 팔을 흔들며 경마장으로 뛰어들었고, 모두가 이 영웅과 악수를 하려고 들었다. 윌버가 이런 일을 어떻게 생각하는지 잘 알았던 하트 버그는 사람들이 조종사의 두 뺨에 입 맞추지 못하게 막기 위해 애를 썼다. 《르 피가로》의 보도에 따르면, "그 열광은 정말 형언할 수 없을 정도였다." 심지어 윌버조차도 평소의 냉정을 잃고 말았으며, "친구들인 버그와 볼레와 기쁨을 나누며 성공에 압도된 모습을 보였다."

곧이어 "매우 잔잔하게" 윌버의 얼굴에는 미소가 번졌고, 그는 양손을 주머니에 집어넣고 휘파람을 불며 걸어다녔다. 그날 밤, 평소 같으면 이미 잠들었을 도시 르망은 축제 분위기가 이어졌지만, 이 영웅은 일찌감치 차고에서 잠자리에 들었다.

* * *

새롭게 시작된 20세기가 채 8년이 지나기도 전이었던 그해 여름의 어느 토요일. 프랑스 르망에서 한 미국인 개척자가 동생과 함께 직접 만든 기적을 마침내 전 세계에 선보였다. 불과 2분도 안 되는 시간 동안, 현장에 모인 사람들 앞에서, 이때까지 지구상 어디에서도 본 적이 없었던 사건을 통해, 윌버 라이트는 새로운 시대가 시작되었음을 입증한 셈이 되었다.

그로부터 24시간도 채 되지 않아서, 이 소식은 전 세계에서 특종 뉴스로 보도되었다. "라이트, 하늘을 날다."(《르 마탱》), "윌버 라이트, 최초 비행 성공: 프랑스 전문가들, 그 유연함에 감탄"(《파리 헤럴드》), "경이로운 성과, 유럽의 회의주의 사라져"(런던 《데일리 메일》), "항공술의 승리"(《에코 드 파리》), "라이트, 비행으로 실력 입증"(《시카고 트리뷴》), "라이트 비행기, 새처럼 날아오르다"(《데이턴 저널》).

"이것은 단순히 성공만이 아니라, 오히려 승리이다."《르 피가로》의 말
이다. "항공술에서의 결정적인 승리인 것이며, 이에 관한 소식은 전 세계
의 과학계를 혁신시킬 것이다."

"해결 불가능하고 설명 불가능해 보이던 수수께끼가 이제 말끔히 해결
되었다."《르 마탱》은 이렇게 선언했다.

라이트는 매우 손쉽고도 원활하게 비행했기 때문에, 미국에서의 수수께끼
같았던 실험에 대해 누구 하나 의심할 수가 없다. 이 사람이 마음만 먹으면
한 시간이라도 공중에 머무를 수 있다는 점도 역시나 의심할 수가 없다. 이
번 비행은 우리가 이제까지 본 비행 기계 가운데 가장 비범한 모습이다.

런던《데일리 저널》의 조지프 브랜드리스는, 윌버 라이트는 "대서양
이편에서 지금껏 목격된 것 가운데 가장 경이로운 비행"을 만들어냈다고
말했다. 비행 거리는 문제가 되지 않았고, 다만 그가 완벽한 조종 솜씨를
지녔다는 사실과 모든 증거로 미루어 거의 무한정 공중에 머물러 있을 수
도 있었다는 사실이 더 중요했다.

프랑스 항공술의 선도자들 역시 라이트 형제를 격찬했다. "과거에 라
이트 형제를 비방했던 사람들 가운데 어느 누구도 이제는 진정으로 처음
하늘을 날았던 그들의 과거 실험에 감히 의문을 제기하지 못한다." 이 분
야의 대표적인 잡지였던 《라에로필》은 이렇게 선언했다. 귀에 거슬리게
회의적이었던 에르네스트 아르쉬데콩은 시범 행사를 기다리는 동안 무척

이나 많은 부정적 발언을 내놓았던 인물이었지만, 곧바로 앞에 나서서 자기가 틀렸다고 인정했다. "오랫동안, 너무 오랫동안, 라이트 형제는 유럽에서 허풍쟁이라는 비난을 받아 왔습니다. (…) 오늘날 이들은 프랑스에서 숭배를 받습니다. 저로선 그 언어도단의 잘못을 바로잡을 수 있는 첫 번째 사람 가운데 하나가 되었다는 데에서 크나큰 기쁨을 느낍니다."

신이 난 하트 버그는 다음날도 시범 행사를 지속하기 원했지만, 윌버는 그러지 않으려 했다. 프랑스 언론의 설명에 따르면, "오늘은 일요일인 관계로, 훌륭한 미국인 라이트 씨는 안식일을 범할 생각이 없었던 것이다." 그리하여 위노디에르로 찾아온 군중은 문 닫힌 격납고를 바라보는 것으로 만족해야 한다는 것이었다.

8월 10일 월요일, 시범 행사가 재개되자 2000명 이상이 몰려들었고, 이번에는 미국인도 상당수 있었다. 근처의 여관과 카페들은 "돈을 긁어모으다시피" 벌었다. 이번에 굳이 그곳을 찾아온 사람들은 이틀 전에 찾아온 사람들보다도 한층 더 아찔한 광경을 보게 될 예정이었다. 지난번과 마찬가지로 완벽한 여름날이었다. 아무 일도 일어나지 않고 시간만이 흐르며 열기를 더해갔지만 누구도 자리를 떠나지 않았다.

군중 가운데에는 카메라를 가져온 프랑스 육군 대위도 있었다. 사진 촬영이 불가하다는 이야기를 듣자 그는 찍지 않겠다고 약속했다. 하지만 잠시 후에는 약속을 어기고 카메라를 사용하기 시작했고, 이 모습을 본 윌버는 "분노로 활활 타오른" 나머지, 곧바로 관중석에 올라가 카메라와 건판 모두를 내놓으라고 요구했다. 처음에는 대위도 머뭇거리며 이런저런 핑계를 내놓았지만, 신문 보도에 따르면 "라이트 씨는 입을 굳게 다물고, 팔

짱을 낀 채로 기다렸다." 결국 대위는 카메라와 건판을 건네주고 경마장을 떠날 수밖에 없었다.

윌버가 이렇게까지 한 원인은 더위 때문이거나, 스트레스 때문이거나, 어쩌면 양쪽 모두의 조합 때문일지도 모른다. 일이 마무리되고 나서도 상당히 격분해 있었던 그는 자기가 평소에 말썽을 일으키는 버릇까지는 없지만, 자기 말을 의도적으로 어기는 사람을 지켜보고 있자니 참을 수 없었다고 말했다.

그날 오후에 있었던 윌버의 비행은 정말 놀라웠다. 그중 한 번은 나무에 너무 가깝게 날아갔기 때문에 급선회를 할 수밖에 없었다.《데일리 메일》의 특파원은 이렇게 보도했다. "32초 동안 이어진 비행에서 그는 지름 30미터 이내에서 완전한 선회를 보여주었고, 마치 새처럼 손쉽게 경마장 한복판에 내려앉았다." 그러면서 이것이야말로 "이제껏 비행사가 보여준 선회 동작 가운데 가장 훌륭했다"고 덧붙였다.

그날 저녁, 날이 저물어 가는 상황에서 윌버는 다시 한 번 하늘을 날았고, 이번에는 관람석에 모인 군중 앞에서 커다란 8자를 두 번이나 그린 다음, 정확히 출발 지점에 착륙했다. 비행기가 8자를 그려 보인 것은 유럽 내에서 이번이 처음이었다.

블레리오는 토요일에 본 광경에 매우 감동한 나머지, 또다시 구경하러 왔다. 이번에는 프랑스의 비행 개척자인 레옹 들라그랑주도 참석했는데, 토요일에 있었던 윌버의 비행에 관해 전해 듣자, 이탈리아에서 열리던 본인의 시범 행사를 중단하고 서둘러 귀국한 것이었다. 두 사람 모두 윌버의 8자 비행에 다른 모두와 마찬가지로 놀랐다. "음, 우리가 졌어! 우리는 아예 있지도 않은 거였어!" 들라그랑주의 말이었다.

역시나 감동한 레옹 볼레는 이렇게 선언했다. "이제는 모두가 똑똑히 보았을 겁니다."

* * *

르망에서 있었던 비행에 대중들이 열광하기 시작하면서, 뉴스의 주인 공이 누구인지 호기심도 급증했다. 라이트의 기계는 실제인 것으로 입증 되었다. 그렇다면 그 기계를 조종해서 하늘을 나는 미국인은 누구인가? 그 는 과연 어떤 사람인가?

특파원들이며 현장의 여러 사람들은 비록 정답까지는 아니더라도 최 소한 단서쯤은 제공하려고 최선을 다했다. 《데일리 메일》에 게재한 인상 적인 초상에서 조지프 브랜드리스는 어쩐지 자기가 윌버를 좋아하는지 여부에 대해서는 약간 확신이 없어 보인다.(마찬가지로 윌버 역시 브랜드리스 를 아주 좋아하지는 않은 듯한데, 적어도 캐서린에게 보낸 편지에서 쓴 내용에 따르 자면 그렇다). 브랜드리스가 가장 놀란 부분은 윌버가 새를 (굳이 말하자면 '희 귀조'라고 해야겠지만) 무척 많이 닮았다는 것이었다. 특히 그의 머리 모양은 새의 머리 모양이었고, "길고 뾰족한 코 때문에 새와 비슷한 효과가 고조 된 그의 용모는 길고도 마른 편이었다." 브랜드리스의 말에 따르면, 첫 만 남 때부터 그는 윌버 라이트를 광인이라고 판단했다.

윌버의 눈빛에서 느낄 수 있는 금빛 반짝임에 매료되었던 《르 피가로》 의 기고자 프란츠 레셸도 비슷한 결론을 내리고 이렇게 썼다.

저 금빛 반짝임이 열정의 불꽃을 일으키는 것은 윌버 라이트가 열광자이기 때문이다. 라이트 형제는 하늘의 정복을 곧 자기네 존재나 마찬가지로 삼았다. 모든 것으로부터 멀리 떨어진, 모래 언덕으로 이루어진 장소에서의 유배를 기꺼이 감내하기 위해서, 그들에게는 이런 야심이, 그리고 거의 종교적인 것에 가까운 깊은 믿음이 필요했다. (…) 윌버는 냉정한 사람이었지만, 오로지 외양으로만 그러했다. 그는 철석같은 의지에 의해 움직였고, 그 의지가 그를 움직이고 작업에 임하게 만들었다.

프랑스 비행사들의 가치를 폄하하고 싶지 않았던 레셸은 윌버 라이트가 하늘을 나는 동안, 자기들도 그나마 "퍼덕이며 돌아다니기는" 했다고 애써 좋게 표현했다.

비행사가 되기 이전에 조각가 겸 화가로 활동했던 레옹 들라그랑주는 윌버의 마치 가면 같은 얼굴 뒤에서 무슨 일이 벌어지고 있는지 궁금했다. 프랑스인이었던 그는 이처럼 기본적인 인간의 감정과 욕망조차도 결여된 것처럼 보이는 누군가를 이해하거나 심지어 따뜻하게 대하기가 힘들다는 것을 깨달았다. "비록 이 사람은 때때로 미소를 지으려 노력하지만, 정작 그가 눈물의 '달콤함(douceur)'을 결코 알지 못한다는 사실은 누구나 확실히 단언할 수 있다. 과연 그에게도 심장이 있는가? 과연 그도 고통을 겪어 보았는가? 이것이야말로 수수께끼이고 불가사의이다."

한편으로 들라그랑주는 《릴뤼스트라시옹》에 기고한 글에서 다음과 같이 공개적으로 선언했다.

윌버 라이트는 지금껏 내가 만난 사람 중 인격의 힘을 가장 분명히 느낄 수 있는 사람이다. 지금까지 여러 해에 걸친 신랄한 발언과 조롱에도, 아울러 사방에서 놓아 둔 덫에도 그는 흔들리지 않았다. 그는 자기 자신을, 자기 천재성을 확신했으며 비밀을 지켰다. 그는 자기가 거짓말하지 않았음을 세상에 증명하겠다는 욕망으로 매일매일을 맞이했다.

프랑수아 페이레이는 윌버에게서 다른 사람들이 본 것보다 더 많은 것을 보았고, 더 많은 것을 알아냈다. 즉 그는 "소심한 인간(un timide)", 즉 수줍고도 단순한 사람이라는 것이었다. 하지만 윌버는 동시에 "천재"였기에, 볼레 공장의 직원들과 함께 일할 수도 있고, 전적으로 혼자서만 일할 수도 있었다. 또한 자기 식사를 직접 요리할 수도 있었고, 거의 대부분의 상황에서 필요한 일은 무엇이든지 해낼 수 있었고, 나아가 천성적으로 조용했다. 그는 항상 자기만의 방식으로 자기만의 길을 갔고, 결코 자랑하지 않았고, 결코 관객을 의식하는 법이 없었다. "수만 명이 다그친다 해도 그는 절대 서두르지 않았을 것이다."

나아가 다른 사람들과는 달리 페이레이는 윌버가 교양 수준이 높은 사람이라는 사실을 발견했다. 즉 "보기 드문 휴식의 순간에" 그는 문학, 미술, 역사, 음악, 과학, 건축, 회화에 대해 상당히 권위 있는 이야기를 했다는 것이다. 페이레이가 보기에, 이 성직자의 아들이 자기 소명에 바친 헌신은, 마치 재능 있는 사람이 종교적 사명에 평생을 헌신하는 것과도 매우 닮아 있었다.

페이레이는 르망에서의 긴 하루를 마치면서 윌버가 마치 몽상에 잠긴 듯 먼 곳을 바라보는 모습을 포착했다. 그 모습을 보자니, "소아시아의 차마 갈 수도 없어 보이는 산꼭대기에 자리한 수도원 속에 파묻혀 사는 수도사들"이 생각났다고 페이레이는 썼다. "살굿빛 하늘에서 해가 저물어가는 이 저녁에, 과연 그는 무슨 생각을 하고 있었을까?"

***

8월 13일 목요일, 윌버는 다시 하늘을 날았고, 이번에는 경마장 위를 몇 바퀴 돌았다. 르망에서 있었던 가장 긴 비행이었으며, 가장 많은 군중이 몰려들었고, 그가 한 바퀴를 돌 때마다 박수갈채가 쏟아졌다. 함성이 워낙 컸기 때문에, 윌버는 소음 때문에 정신이 산란해지지 않도록 고도 30미터 가까이 날아야 했다.

그는 조종간 사용법을 숙달하려 노력했으며, 일단 한 번 선회하고 나서, 자기가 너무 낮게 날고 있음을 깨달았다. 훗날 오빌에게 한 설명에 따르면, 윌버는 이 잘못을 만회하려다가 그만 "큰 실수"를 저지르고 말았다. 즉 왼쪽 조종간을 뒤쪽이 아니라 앞쪽으로 움직이는 바람에 왼쪽 날개가 땅에 닿고 말았던 것이다. 그가 시인한 것처럼 기계는 "상당히 심하게 망가지고 말았다." 하지만 조종사 본인은 부상을 입지 않았다.

그럼에도 군중의 감탄은 결코 줄어들지 않았다. 특히 비행기술의 전문가들일수록 더욱 큰 감명을 받았다. 프랑스의 한 비행기 설계자는 《뉴욕 헤럴드》의 기자에게 이렇게 말했다. "라이트 씨는 비행 중에도 탁월했지만 사고 중에도 탁월했다."

윌버는 언론이며, 대중이며, 프랑스 조종사들이며, 비행기 제작자에 이르기까지 거의 모든 사람들에게 생겨난 변화를 보면서 믿을 수 없어 했다. "비행 기계를 누가 먼저 만들었느냐 하는 질문은 이제 아무도 하지 않았어." 그는 캐서린에게 보낸 편지에서 이렇게 말했다. 대중의 "감격"은 때때로 섬뜩하기도 했던 것이 사실이었다. "목욕을 하려고 해도 100명 내지 200명은 달려와서 나를 엿본다니까. 모두가 친근감으로 가득해 있다는 것이 그나마 다행이지만."

「그는 날았네(Il Vole)」라는 새로운 노래가 큰 인기를 끌었다. 아울러 윌버가 무척 마음에 들어 했던 또 한 가지 사건은, 하트 버그가 위로 삼아 야영지에 데려다 준 떠돌이 개 한 마리에게 '플라이어'라는 이름을 지어준 것이었다.

이 모든 사건에 대한 데이턴의 반응은 그 당시 《데이턴 헤럴드》에 게재된 진심 어린 찬사에 잘 나타나 있다. 이 신문에 따르면, 모두가 라이트 형제를 자랑스러워했다. 이것은 당시의 유행 때문이 아니라, 오히려 "그들의 근성 때문이고, 그들의 끈기 때문이고, 그들의 확신에 대한 충성 때문이고, 그들의 지칠 줄 모르는 근면 때문이고, 그들의 전도유망성 때문이고, 다른 무엇보다도 성공을 만들어내는 그들의 진짜배기 미국인다운 자질 때문이다."

캐서린은 윌버에게 보낸 편지에서 온 식구가 르망에서 온 소식에 짜릿함을 느꼈다고 말했다. 하지만 그들은 이 소식에 마냥 기뻐할 수는 없었다. 이들의 정신은 온통 로린의 열다섯 살짜리 아들인, 당시 장티푸스로 투병 중인 밀턴에게 쏠려 있었다. "오빠가 잘 되기를 우리가 얼마나, 얼마나 많이 바랐는지 몰라. 그런데 밀턴이 아프지 뭐야." 캐서린의 말이었다. "물론 우리는 오빠의 비행 소식에 '기뻤던' 것이 사실이지만 (…) 지금은 뭐든지 간에 전적으로 즐길 수가 없어. (…) 우리가 이렇게 딱한 상황만 아니었다면, 축전을 보냈을 텐데!"

그로부터 일주일 뒤, 캐서린은 조카 밀턴이 위험을 벗어났다고, 그리고 데이턴의 신문들은 여전히 열광하고 있다고, 기쁜 어조로 전했다. 심지어 신문들은 대대적인 "환영 행사"도 제안했다고 말했다.

수리를 마칠 때까지 시범 행사가 잠시 중단되면서, 윌버는 주위 사람들을 살펴보는 시간과 아울러, 자기를 향한 그들의 시선을 즐길 시간을 더 많이 얻게 되었다. 그 지역의 한 통조림 제조업자는 "지금까지 본 것 중에서도 가장 훌륭한 종류의 정어리, 안초비, 아스파라거스 등등"을 갖다 주었다. 그는 아버지에게 보낸 편지에서 이렇게 말했다.

르망 사람들은 극도로 친절하고, 이번 일이 [실험이 — 원주] 자기네 도시에 가져다 준 명성을 자랑스러워합니다. 제 앞으로 꽃다발과 과일 바구니 등등이 수없이 배달되고 있습니다. 볼레의 공장에서 일하는 사람들조차 모금을 해서 저에게 감사의 기념품을 전달하더군요. 그들의 말에 따르면, 저 역시 노동자이기 때문이라는 거였습니다.

프랑스 육군이 시범 행사에 필요한 더 넓은 장소를 마련해 주겠다고 제안했고 윌버도 제안을 받아들였다. 그리하여 수리를 마친 플라이어 호를 동쪽으로 11킬로미터 떨어진 도부르 기지로 옮겼다. "새로운 장소는 지난

번 장소보다 훨씬 더 크고 훨씬 더 안전합니다." 그는 고향에 보낸 편지에서 말했다. "일직선으로 6킬로미터나 걸어가 봐도, 장애물이라고는 기껏해야 덤불뿐이니까요." 8월 21일에 윌버는 도부르 기지에서 비행을 재개했다. 이에 특별 열차를 타고 찾아오는 군중은 나날이 더 늘어만 갔고, "흥분은 차마 이해 가능한 범위를 넘어섰다."

비록 도부르 기지가 "숲 한가운데 파묻혀" 있었고, 위노디에르 경마장에 비해서는 도시와도 더 멀었지만, 군중은 나날이 더 늘어만 갔다.《르 피가로》의 보도에 따르면, "이들은 몇 킬로미터씩 떼 지어 몰려오고," 그 "호기심은 너무나도 강해서," 현장에 도착하고 나서야 윌버가 이런저런 이유로 인해 오늘은 비행을 실시하지 않는다는 사실을 알게 되더라도 "괜찮다"고 대답한다는 것이었다. "다시 올 거니까요." 마치 그가 비행을 더 적게 할수록, 군중의 호기심은 더 커지는 것만 같았다.

대중은 지칠 줄 모르는 존경스러운 인내심을 지니고 있다. 몇 시간이나 기다렸지만 결국 아무 것도 못 보기도 했다. (…) 저 유명한 이륙용 탑만 놓여 있을 뿐이었다. (…) 시간이 늦어서 라이트가 비행하지 않는다는 사실을 알게 되면 (…) 이 선량한 사람들은 이륙용 탑 주위에 모여서, 그거라도 바라보고, 손으로 만져보았다. 그들은 내일 뭘 해야 할지 잘 알고 있었다. 즉 다시 이곳에 오는 것이었다.

＊＊＊

윌버는 부쩍 동생 생각을 많이 했다. 그 즈음 오빌은 워싱턴 버지니아
주 포트마이어에서 시범 비행을 준비하고 있었기 때문이다. 그보다 더 먼
저, 그러니까 윌버가 프랑스 사람들을 위해서 시범 행사를 준비하던 한여
름에, 그는 "모든 불필요한 개인적 위험을 피하라."며 아버지가 보낸 편지
를 받았다. 이제 윌버는 이와 상당히 비슷한 종류의 경고를 오빌에게 보냈
다. 한편으로는 형의 자격으로, 또 한편으로는 수많은 군중과 항상 적극적
이고 요구도 많은 기자들 앞에서 무대에 올라 수많은 선회를 경험한 동료
조종사의 자격으로였다.

나는 어디까지나 가장 유리한 상황하에서만 실험을 실시할 의향이라고 똑
똑히 말해 두었어. (…) 나로선 최대한 침착을 유지하라고, 즉 너 자신을 확
신할 수 있을 때까지 그러라고 조언하고 싶구나. 정부 관리가 총출동하더
라도 절대로 무리하지 마라. 그런 사람들이 안 왔더라도 어차피 할 생각이
아니었다면 절대로 하지 마라. 부디 네가 준비되지도 않은 상태에서 억지
로 떠밀려서 하는 일이 없도록 해라. 낮 동안에 비행을 시도할 경우, 돌풍이
자주 일면 최대한 조심하고, 천천히 진행하도록 해라. (…) 밤낮으로 사람들
이 너한테 이야기하게 내버려두지 마라. 그걸 다 들어주다 보면, 진짜로 일
할 준비가 되기도 전에 네가 지칠 거니까. 예절에도 한도가 있는 법이야. 필
요하다면 낮에 몇 시간쯤 약속을 정해 만나고, 나머지 시간에는 단 1분조차
도 손님을 들이지 말고 단호하게 거절해라. 밤 8시 넘어서는 아무도 들이지

마라.

이어서 방향타에 관한 몇 가지 기술적인 논의를 이어간 후, 그는 다시
이렇게 적었다. "나로선 극도로 조심하라는 이야기밖에는 할 수가 없구
나."

8월 25일 저녁 르망 소재 도팽 호텔에서는 윌버를 기리는 축하 연회가
개최되었다. 이번에는 그 역시 즐거운 기분으로 축제에 참여했다.

제3부

Dr. Oliver Crook Haugh
was electrocuted in Colum
bus, Ohio, November 4th
1906, just after midnight
He killed his father and
mother and brother
November 4th, 1905, and
set fire to the house to
conceal the crime. When
asked if he had any
thing to say, he sim
ply shook his head.
It is said, however, that
he never admitted his
guilt. Attempts have
been made to connect
him with the murder of
several women who were
mysteriously strangulated
Also, he was said to have

CHAPTER NINE

추락 사고

그는 마치 단단한 포장도로를 달리는 것처럼 유유히 하늘을 날았다.
이제껏 내가 본 그 무엇과도 비할 데가 없었다.

거츤 보글럼

I

조카 밀턴의 건강이 호전되고, 자기가 맡은 고등학교 수업이 재개되면
서, 캐서린도 다시 기운을 회복했다. 오빌은 포트마이어에서 있을 비행 시
범 행사를 준비하러 워싱턴에 가 있었으며, 상류층 사교 클럽인 우아한 코
스모스 클럽에서 머물면서 "저명한 인물들을 많이" 만났다. 게다가 프랑
스에 있는 윌버의 근황을 다룬 기사가 매일 신문에 실렸다.

라이트 형제는 시간이 날 때마다 편지를 썼지만, 캐서린은 비행술 이야
기뿐 아니라 더 많은 이야기를 듣고 싶어했다. "오빠가 나한테 편지를 쓸
때에 몇 가지 이야기에 관해서 이야기한다고 쳐 보자고." 그녀는 한 편지

에서 윌버를 야단쳤다. "도대체 무엇 때문에 내가 굳이 시험장의 나무 위치에 관심을 가질 거라고 생각해? 어이! 어이! 슈테르헨스가 듣고 싶어 하는 이야기는 젊고 예쁜 아가씨와 꽃과 샴페인 이야기뿐이라고!"

이에 윌버가 내놓은 반응이라고는 기껏해야 버그 여사가 "매우 똑똑한" 사람이며, "너처럼 매력적인 여자"라는 것뿐이었다.

한편 오빌은 아직 일을 사실상 시작도 못했다. 왜냐하면 "사람들이 이 기계에 관해 던지는 1만 개나 되는 바보 같은 질문에 일일이 대답하느라" 시간을 너무 많이 잡아먹었기 때문이었다. 《워싱턴 포스트》의 기자는 "라이트 씨가 선 채로 질문자들에게 대답하고, 대답하고, 또 대답하는" 모습을 재미있다는 듯 언급했다. 그래도 오빌은 캐서린에게 솔직하게 이야기했다. "아주 멋지고 젊은 여자들을 몇 명 만났어!" 문제는 그가 설령 이들을 다시 만난다 치더라도, 이들의 이름을 기억하기가 쉽지 않으리라는 점이었다.

"아버지는 지금 그 어느 때보다 건강하셔." 캐서린은 기쁜 듯 윌버에게 편지했다. "이제 오빠들만 사고 쳐서 나를 미치게 만드는 일만 없다면, 나도 별 탈 없이 지낼 수 있을 것 같아."

* * *

포트마이어는 포토맥 강의 버지니아 주에 해당하는 강변 고지에 자리 잡았다. 그곳은 알링턴 국립묘지 바로 서쪽에 위치했다. 깔끔하게 배열된 멋진 붉은 벽돌 건물들이며, 8킬로미터 떨어진 곳에 있는 워싱턴의 전경만

놓고 보면, 군 부대가 아니라 매력적인 대학 캠퍼스처럼 보였다. 이곳의 한 가운데 자리한 가로 300미터, 세로 60미터쯤 되는 연병장에서 오빌이 시험 비행을 실시할 예정이었다.

이곳은 위노디에르 경마장보다 더 좁았지만, 대신 격납고로 사용할 넉 넉한 창고도 있었고 그를 기꺼이 도와줄 열댓 명의 병사가 항상 대기 중이 었다. 오빌은 전차를 이용해 시내에서 이곳까지 오갔다.

그는 모터 때문에 며칠 동안 골치를 앓았지만, 데이턴에서 달려온 찰리 테일러와 찰리 퍼내스의 도움을 받아, 마침내 모든 준비를 예정대로 마칠 수 있었다. 이것이야말로 라이트 비행기가 미국에서 최초로 실시하는 대 규모 공개 시범 행사였으며, 오빌이 조종할 비행 기계는 아직 한 번도 비행 해 본 적이 없는 것이었다.

9월 3일 늦은 오후가 되어서야 기계를 행사 장소로 옮겼다. 오빌은 누 가 봐도 느낄 정도로 신경이 날카로워져 있었다. "워싱턴에 도착한 이래 처음으로 라이트 씨는 불안감을 뚜렷이 드러냈다."《뉴욕 타임스》기자의 말이다. "그의 주름살은 어느 때보다도 더 깊어진 것 같았고, 수상쩍은 태 도와 불편함은 모두가 느낄 수 있었다. 그는 자제력을 발휘하느라 무지막 지 애쓰는 모습이 역력했다."

그는 한시도 가만있지 않았다. 어느 순간에는 작업대를 밟고 올라가 위 쪽 날개를 살펴보는가 싶더니, 또 다음 순간에는 손발을 땅에 짚고 엎드려 서 출발 메커니즘을 조정하는 일을 도왔다. "저 양반, 신경이 바짝 곤두서 서 여차 하면 폭발할 듯한 모양새로군." 현장에 있던 한 기자는 이런 말을 했다고 전해진다.

군중은 적었다. 워싱턴은 아직 포트마이어에서 무슨 일이 벌어지고 있는지 알아채지 못하고 있었다. 마침내 오후 6시경에 오빌은 비행기에 탑승했고, 모터를 가동시켰으며, 커다란 프로펠러가 "무시무시한 속도로 공기를 가르자," 이렇게 외쳤다. "출발!"

밧줄이 풀리며 발사탑의 추가 떨어지자, 비행기는 선로를 따라 쏜살같이 달렸지만, 처음 15미터 가량은 기껏해야 잔디 바로 위로 아슬아슬하게 날아가다가 뒤늦게야 하늘로 솟구쳐 올랐다. 이 광경을 본 모든 사람들이 소리를 질렀다.

연병장 저편 끝에서 오빌은 기체를 기울이고 선회해서 다시 날아왔다. 이중 날개의 새하얀 천이 알링턴 국립묘지 가장자리에 자리한 나무들의 검은 경계선과 대조되어 유난히 두드러졌다.

군중들이 지르는 "열광적인 함성"과 함께 비행기는 고도 10미터쯤 되는 곳에서 원을 그렸으며, 다시 연병장을 향해 내려오기 시작했다. 그러다가 목제 격납고 쪽으로 방향을 바꾸더니, 가파르게 하강해서 땅에 내려앉았다.

군중들은 놀라서 오빌을 찾으러 달려왔지만, 그는 태연하게 자기 옷에 묻은 먼지를 털었다. "아직 저한테는 연습이 많이 필요하다는 것을 보여준 셈이네요." 그의 말이었다.

본인의 계산에 따르면, 그는 시속 65킬로미터쯤의 속도로 1.5킬로미터 정도를 난 셈이었다. 육군과의 계약 내용에 따르면, 플라이어 호가 비행 실험에서 시속 65킬로미터를 달성할 경우에만 라이트 형제는 2만 5천 달러를 받기로 되어 있었다.

다음날인 9월 4일 금요일, 오빌은 플라이어 호를 타고 4분 넘게 하늘을 날았으며, 완벽한 조종 솜씨로 연병장 위에서 다섯 바퀴 반이나 원을 그렸고, 아무런 문제없이 5킬로미터 거리를 날았다. 이 시범 행사를 관장하는 위원회의 대표인 조지 스콰이어 소령은 이 비행을 "경이롭다."고 생각하며 플라이어호를 격찬했다. "그 기계가 당신의 모든 손길에 완벽하게 반응하는 것 같고, 그 착륙은 특히나 감탄스러웠습니다." 그는 오빌에게 이렇게 말했다. 다른 장교들 역시 자기들이 이제껏 본 것 중에서도 가장 경이로운 모습이었다고 단언했다.

이후로도 오빌은 놀라운 비행을 연이어 선보였으며, 거듭해서 세계 기록을 경신했다. "자전거 수리공" 두 명과 그들의 비행 기계가 대서양 양편에서 동시에 흥분을 자아낸 적은 역사상 처음이었다. 라이트 형제의 비행은 급기야 양 대륙에서 동시에 열린 서커스가 되었다. 그리고 이제는 둘 중더 어리고, 아직 덜 알려져 있던 오빌에게 더 많은 관심이 쏟아졌다.

9월 9일 수요일 오전, 관객이 비교적 적은 상황에서 오빌은 포트마이어 연병장 위를 57회 선회했으며, 1시간이 약간 못 되도록 공중에 머물러 있었다. 그날 오후에 그가 다시 비행할 예정이라는 소식이 워싱턴에 전해지자, 정부 관리들 1000명 이상이 일찌감치 업무를 마감하고 그 광경을 직접 보기 위해 승용차로, 또는 전차로 포토맥 강을 건너 달려왔다. 《데이턴 저널》의 특파원은 이 광경을 다음과 같이 묘사했다.

5시 15분, 버지니아 주의 지평선 너머로 해가 사라질 때쯤, 자연 법칙을 변화시키기 위해 인간이 만든 최신 발명품은 우아하게 공중으로 솟아올라 연병장 위를 날았다. 기계는 점점 더 상승했고, 조종사가 이끄는 대로 연병장 맨 끝에서 얕은 각도를 그리며 돌더니, 점점 속도를 높이며 달려왔다. (…) 둥글게, 둥글게 기계는 짧은 선회를 하며 날았고, 연병장 위를 이리저리 오가는 모습만 보면, 마치 공중에 그려진 상상의 경주로를 따라서 달리는 자동차의 모습과도 어딘가 비슷해 보였다.

오빌은 무려 55회나 원을 그렸으며, 모두 합쳐 1시간 3분 동안 공중에 머물러서 또다시 세계 기록을 세웠다. 데이턴에서는 《헤럴드》에 이런 기사가 실렸다. "지금까지 기록된 항공술의 위업 중에서도 가장 경이롭다."

다음날인 9월 10일, 강한 바람 속에서도 오빌은 앞서보다 몇 분이나 더 오래 공중에 남아 있었다.

찰리 테일러는 혹시나 오빌이 연병장 위에서 선회한 횟수를 까먹을지도 모른다고 걱정했다. 그래서 직접 흰색 페인트를 들고 플라이어 호를 넣어두는 창고 위에 올라가서, 타르지를 바른 지붕에다가 오빌이 볼 수 있을 만큼 크게 숫자를 적어 주었다. 그 숫자가 50과 55에 도달할 때마다 군중의 흥분은 "격심하게" 높아졌다. 나중에 찰리는 양팔로 신호를 보냈다. 해가 진 이후에야 오빌은 57회 하고도 절반이라는 선회 기록을 남기고 다시 땅으로 내려오기 시작했다.

착륙을 위해 급강하한 비행기는 군중 쪽으로 곧장 돌진하는 듯했지만, 그 활주부가 땅에 닿으면서 먼지 구름을 확 일으키더니, 군중에게서 겨우 6미터도 안 떨어진 곳에 멈춰 섰다.

비행을 목격한 사람 가운데에는 훗날 러시모어 산의 역대 대통령 얼굴을 새긴 저명한 조각가 거슨 보글럼도 있었다. 그는 오빌의 비행기가 땅에 놓여 있는 모습을 보았을 때에만 해도 그다지 감동하지 않았다. 보글럼이 비행 기계를 어떻게 상상했는지는 모르겠지만, 여하간 그 정도면 여느 소년이나 거뜬히 만들 수 있는 물건처럼 보였기 때문이었다. 하지만 오빌이 이륙하는 모습을 보자 금방 생각이 바뀌었다.

그는 자기가 원하는 대로 하늘을 날 수 있고, 자기가 원하는 대로 움직일 수 있다. 그는 마치 단단한 포장도로를 달리는 것처럼 유유히 하늘을 날았다. 이제껏 내가 본 그 무엇과도 비할 데가 없었다. (…) 날개의 움직임이 없었기 때문에, 그걸 새라고 생각하지는 않을 것이다. 그건 생명을, 힘을 갖고 있었다.

저렇게 간단한 것을 왜 인간이 이전까지는 하나도 만들지 못했는지 궁금할 수밖에 없다고 보글럼은 덧붙였다.

오빌이 좌석에서 내려오자, 사람들은 자동차 경적을 울리고 환호성을 질렀다. 아울러 윌버가 보낸 편지를 전달 받았다. 오빌은 미소를 지었다. 2주 만에 형에게 받은 첫 번째 편지라고 말하며 웃는 것을 보면, 이 편지가 방금 보여준 의기양양한 비행 못지않게 기쁜 모양이었다.

그는 거의 1시간 6분이나 공중에 머물러 새로운 세계 기록을 세웠다.

금세 그의 주위를 에워싼 군중이 보기에, 오빌은 "세상에서 가장 침착한 사람이며, 불안에서 완전히 자유로운 사람" 같았다. 심지어 그는 피곤해 보이지도 않았다. 시험을 관장하는 위원회의 일원인 프랭크 람 중위를 발견한 오빌은 아직 햇빛이 남아 있을 때에 자기와 함께 타고 날아보지 않겠느냐고 물어보기까지 했다. 그리하여 두 사람은 9월의 보름달이 떠오르는 동안 잠시 함께 하늘을 날았다.

다음날 오빌은 1시간 10분을 비행해 또 한 번의 기록을 세웠고, 이번에는 8자를 두 개 그려 보임으로서 군중을 열광시켰다. 그는 마치 아크로바트를 하듯이 한 번의 기동 이후에 연이어 또 한 번의 기동에 나섰으며, 이번에는 매우 급하게 선회하는 바람에 비행기가 마치 한계에 도달한 것처럼 보였다. 《뉴욕 헤럴드》의 기자는 이렇게 보도했다.

그는 땅 위로 낮게 날아왔다. 그는 사람의 키 높이 두 배는 되는 곳을 스쳐갔다. 그는 꾸준히, 그리고 우아하게 상승해서 45미터 상공까지 올랐고 (…) 그는 알링턴 국립묘지의 나무 꼭대기를 거의 쓸고 지나가다시피 했다. 연병장을 58회 선회하는 동안, 조종간과 비행기의 모든 조합을 시도했다. 엔진의 불발이나 피로의 징후는 전혀 없었다.

12일 토요일에는 무려 5000명이 연병장 주위에 모였다. 이제껏 한 번도 해본 적 없었던 방식으로, 미국인은 자국의 가장 위대한 발명품 가운데 하나가 가동되는 모습을 직접 목격할 수 있었던 것이다. 오빌을 축하하러 달려온 사람 중에는 옥타브 샤누트도 있었다. 그는 숨을 몰아쉬면서 오빌에게 이렇게 말했다. "잘 했네, 이 친구야!" 곧이어 샤누트는 이렇게 역사를 만들어가는 기분이 어떠냐고 물었다. "아주 좋습니다." 오빌의 말이었다. "하지만 저는 속도를 내는 쪽에 더 관심이 있습니다." 데이턴에서는 그의 이 말이 더 많은 헤드라인을 장식했다.

전쟁부 장관이 시범 행사를 보러 직접 참석했다는 사실도 눈길을 끌었다. 포트마이어에 주둔하는 장교들은 미래의 전쟁 무기에 관심이 많았기 때문에 이들은 이 문제를 자주 대화 주제로 삼았다. 성공에 고무된 오빌은 윌버에게 보낸 편지에서 이렇게 말했다. "여기 있는 모두가 매우 열광하고, 이 기계가 전쟁에서 큰 역할을 할 것이라고 말하고 있어."

인기 있는 영국 소설가 H. G. 웰스의 신작은 공중 폭격을 받아 뉴욕 시가 불바다가 되어 버린 무시무시한 삽화를 담고 있었다. "안전한 장소는 어디에도 없다. 평화로운 장소는 어디에도 없다." 웰스의 말이다. "전쟁은 공중을 통해 오고, 폭탄이 한밤중에 떨어진다. 조용한 아침에 사람들이 목격한다. 비행기 편대가 머리 위를 날아가는 것을. 죽음을 떨어트리는 것을, 죽음을 떨어트리는 것을!"

이때까지만 해도 라이트 형제는 그런 가능성을 별로 염두에 두지 않았다. 적어도 이들이 이 주제에 관해서 내놓은 글이나 말이 거의 없다시피 하다는 사실을 토대로 판단해 보자면 그렇다.

* * *

데이턴에서는 사상 유례 없을 정도의 열광이 일었고, 호손 가 7번지에서는 특히나 그러했다. 이에 대해서는 캐서린이 일요일을 맞아 윌버에게 길게 써 보낸 편지에 잘 나와 있다.

오브가 수요일 아침에 긴 비행을 마치고 나서 전보를 보냈어. (…) 저녁 내내 전화가 계속 울렸지. 모두들 뭔가 칭찬을 하려고 하더라고. 침대에 누워 막 잠이 들려던 차에, 초인종이 울려서 깜짝 놀랐지. (…) 벌떡 일어나 계단을 반쯤 내려가다 말고, 이게 어떤 상황인지 깨달았지. 현관에 웬 남자가 서 있기에, 나는 열쇠구멍에 대고 말했다. "누구세요?" "《저널》에서 왔습니다. 라이트 씨를 뵙고 싶은데요. 저희가 받은 전보 내용에 아마 관심이 있으실 것 같아서 말입니다." 마치 말하기를 주저하는 듯한 그의 태도에 조금 겁이 나더라고. 그래서 내가 물어봤지. "전보에 무슨 내용이 있는데요?" 그러자 그 사람은 《저널》이 받은 전보에 따르면, 오빌 라이트가 종전 기록을 깨는 비행에 성공했다고 하더라고. 거기까지 이야기하자마자, 나는 그 인간이 예전에도 아버지한테 편지를 썼었고, 네타 언니한테 빌려간 사진도 돌려주지 않았던, 그 풋내기 바보라는 사실을 깨달았지. 그래서 내가 말했어. "저희 아버지와의 면담 요청은 사절입니다. 연세가 많으시기 때문에 이렇게 늦은 시간에 깨울 수는 없어요. 게다가 그 소식은 오늘 정오도 되기 전에 이미 들었거든요." 그러자 그 작자는 자기가 다른 뉴스도 갖고 왔다고 (바로 두 번째의 장시간 비행 뉴스였어) 운을 떼기에, 나는 그 작자가 하는 말을 다 듣고 싶지도 않았어. 내가 침대로 향하는 중에도 그 작자가 떠드는 소리가 문틈으로 들리더라고. 계단에서까지 들리더라니까. 다음날 아침, 그 작자가 빌려갔던 사진이 현관문 칸막이에 붙어 있더라고. (…) 한밤중 그 시간에 잠을 깨운 걸 충분히 화를 낼 걸 그랬나봐! 무려 1시까지 잠이 안 오더라니까.

데이턴 시장도 라이트 가족을 찾아왔다. 그러면서 위원회를 조직해서 라이트 형제의 귀향 축하 행사를 계획하겠다고 제안했다. 사람들은 이 제안에 열광했다. 캐서린의 편지는 이렇게 이어진다.

오브는 운 좋게도 더 좋은 모터를 이용했던 것뿐이잖아? 내 생각에는 윌버 오빠의 모터는 물론이고 오빠의 건강 역시 오빠가 최선을 다하는 걸 방해하고 있지 않나 싶어. 물론 오빠도 충분히 잘 하고는 있지만, 우리는 오빠가 오브만큼 좋은 기회를 얻기만 했어도 1시간짜리 장시간 비행을 오래 전에 달성하고도 남았으리라는 걸 아니까. 그런데 오빠는 그렇게 하지 못했지. 나는 오브가 지금 해내서 기뻐. 끝도 없을 것 같던 독설가들을 입 닫치게 만들었으니까. 우리는 오빠가 기록을 세우는 걸 볼 수 있기를 매일같이 기대해. 물론 오빠가 그렇게 하지 않는 데에는 뭔가 이유가 있다는 걸 알고, 따라서 우리는 오빠의 건강을 걱정하게 되는 거야. 그 화상이란 건 우리가 오랫동안 생각했던 것보다 훨씬 더 심각했던 모양이지. 그것 때문에 오빠의 상태가 좋지 않았음을 나는 의심하지 않아. 사진에 나온 오빠 모습이 무척 초췌해 보이던걸.

캐서린은 아버지가 직접 워싱턴으로 가서 오빌의 비행 모습을 봐야겠다고 마음먹었음을 알렸다. 물론 자기도 가고 싶지만, 두 사람이 함께 여행할 만한 금전적 여유는 없었다.

"현금을 모조리 긁어모으면 되려나? 아빠가 100달러쯤 갖고 계시거든."

감독은 명성을 탐하는 행동의 무익함을 즐겨 설교했다. "명성을 즐기면 퇴폐가 따라오게 마련이지. 나야 그 나팔 소리의 공허함을 일찌감치 깨달은 사람이니까." 그는 윌버에게 보낸 편지에서 이렇게 쓴 다음, 아일랜드 시인 토머스 무어의 유명한 시행을 인용했다.

영광의 깃털에 비치는 빛은 거짓이니,
저녁의 스러지는 햇빛 같도다.

그럼에도 감독 역시 워싱턴에 있는 수천 명의 사람들과 마찬가지로 오빌이 하늘을 나는 모습을 보고 싶어 했다. "아버지는 당장이라도 가고 싶어 하셔." 캐서린의 말이었다.

9월 13일 일요일, 윌버는 대서양 저편에서 오빌에게 보낸 편지에서, 지금 유럽에서는 바로 네가 경탄의 대상이 되고 있다고 적었다. "신문에서는 며칠째 너의 멋진 비행을 다룬 기사가 실리고 있어. 불과 일주일 전에만 해도 나는 놀라운 솜씨의 소유자로 통했지만, 이제는 나야말로 '초보자'에 불과하다고, 오히려 네가 진정으로 하늘을 수놓는 사람이라고들 서슴없이 말하더라. 네 명성이 그렇게 대단하다니까."

도부르 기지의 공중에서 윌버가 이제까지 세운 최장 시간 비행 기록은 21분을 조금 넘었다. 게다가 일주일 전에는 레옹 들라그랑주가 무려 30분 조금 못 되는 시간 동안 공중에 머물러 유럽 역사상 최장 시간 비행 기록을 세웠다.

윌버는 지금 모터에 말썽이 생겼다고, 그리고 날씨도 "약간 험악한" 편이라고 썼다. 캐서린에게 쓴 편지에서는 오빌의 성공 직후, 자기가 받았던 것만큼이나 많은 축하를 받았다고 알렸다.

하지만 역시나 일요일에 아버지에게 쓴 편지에서 윌버는 자기를 두고 벌어지는 지속적인 소란이야말로 진짜 문제라고 고백했다. 이미 자기가 감당할 만한 수준을 넘어섰다는 것이다. 모두가 진정한 친구라 자처하면서, 윌버를 마치 프랑스 귀화 시민이라도 되는 것처럼 바라보았다. 거의 매일 저녁마다 2000명 내지 3000명이 찾아와서 그의 비행을 구경하고, 혹시 비행이 없으면 실망해 마지않으면서 돌아갔다. 행사장에서 50킬로미터 떨어진 곳에 사는 70세의 한 노인은 일주일 내내 매일같이 자전거를 타고 찾아오기도 했다.

흥분과 걱정, 그리고 다른 무엇보다도 끝도 없는 방문객의 홍수가 낮부터 밤까지 이어지며 생겨난 피로 때문에 저는 신경쇠약 직전까지 갔고, 심지어 저 자신이 저 기계에 올라탈 만한 자격은 사실 없다는 생각이 들 정도였습니다. (…) 사람들이 계속해서 저를 쳐다보는 걸 견딜 수가 없습니다. 신경에 거슬리기 때문입니다.

캐서린에게 설명한 것처럼, 이때도 윌버는 다른 사람들을 피하기 위해 문을 닫아놓은 상태에서 창고 안에 들어앉아 편지를 계속 쓰고 있었다.

반면 워싱턴의 오빌은 코스모스 클럽의 자기 방에 호젓하게 앉아서 윌버에게 편지를 썼다. 자기 평생 이렇게 흥분한 적이 없었고, 아직 답장하지 못한 편지가 30센티미터 높이로 쌓여 있다고도 했다. 캐서린에게 쓴 편지에서는 날씨가 좋지 않아서 며칠쯤 지나야만 "잔잔해질" 것 같다고도 했다. 어쨌거나 "연습 비행을 더 할 생각은 없다."고 덧붙였다.

포트마이어에서 오빌은 짧은 시간 안에 무려 일곱 개의 세계 기록을 세웠다.

곧이어 워싱턴에서는 물론이고 《뉴욕 타임스》 9월 15일자에서도 한 가지 소문이 언급되어 더 많은 열광을 자아냈다. 즉 루스벨트 대통령이 머지않아 오빌과 함께 비행기에 탑승하겠다는 의향을 공식 발표하리라는 것이었다. 이것이야말로 "이례적인 것을 지지하는 데 열심이었던" 대통령에게는 완벽하게 어울리는 일로 보였다. 2년 전에 대통령은 잠수함에 탑승해 롱아일랜드 사운드의 물속에 들어가 온 나라를 깜짝 놀라게 만든 바 있었다.

"물론 대통령께서 저한테 탑승을 부탁하시면, 감히 거절할 도리가 없겠지요." 오빌은 기자들의 질문을 받고 이렇게 대답했다. 하지만 그는 이 제안에 열성적이지는 않았다. "죄송한 말씀입니다만, 저로선 미국 대통령께서 그런 위험을 굳이 감수하셔야 한다고는 생각하지 않습니다."

II

9월 17일 목요일, 날씨는 맑고 시원했고, 바람도 이상적이었다. 오빌이 이륙 준비를 마쳤을 때, 무려 2600명 이상이 모여들었다. 그 어느 때보다도 기대가 높았다.

이날은 젊은 장교 한 명이 오빌의 승객이 되겠다고 자원했다. 다른 두 명의 장교가 이미 비행기에 탄 적이 있었기에, 조종사도 아무런 이의를 제기하지 않았다. 하지만 이번 사람은 아쉽게도 오빌이 좋아하거나 신뢰하지 않는 사람이었다.

시카고 출신인 26세의 토머스 셀프리지 중위는 웨스트포인트 졸업생이었으며, 그의 가문에는 똑같은 이름을 사용하고 양쪽 모두 해군 소장인 조부와 종조부가 있었다. 그의 종조부 토머스 셀프리지는 1870년에 중앙아메리카의 지협 조사에 투입되어, 그곳이 대서양과 태평양 사이에 운하를 건설할 적임지인지 여부를 조사한 인물이기도 했다.

머지않아 셀프리지 중위는 육군 내에서도 가장 아는 것이 많고 가장 열성적인 비행술 전문가 가운데 한 사람이 되었다. 키 크고, 잘 생기고, 풍채좋고, 이미 통신대 항공술 위원회의 일원이었다. 아울러 그는 알렉산더 그레이엄 벨이 설립하고 대표를 맡은 항공실험협회(AEA)라는 단체의 일원이었는데, 본래 비행 기계 설계 부문의 발전을 도모하기 위해 설립된 이 단체는 오빌과 특히나 갈등을 빚고 있었다. 윌버에게 쓴 편지에서 이 청년이좋은 교육을 받았고 명석한 정신을 갖추긴 했지만, 사실은 벨과 AEA 소속다른 인사들이 보낸 스파이가 거의 확실하다고 말했다. "나는 이 작자를털끝만큼도 믿지 않아."

"셀프리지는 등 뒤에서 온갖 해악을 다 끼치려고 노력 중이면서, 겉으로는 대단히 친한 척하고 있습니다." 오빌은 아버지에게도 이렇게 말했다. 따라서 그런 사람이 하늘에서 자기 옆자리에 앉아 있다는 사실을 그는 쉽게 받아들일 수 없었다.

게다가 셀프리지는 체중이 80킬로그램이나 되었는데, 오빌도 이렇게 무거운 사람을 태우고 날아본 적은 없었다. 하지만 평가 위원회의 일원인 셀프리지는 탑승할 자격이 충분했기에, 오빌도 이에 동의했다.

셀프리지는 크게 기뻐하며 외투와 군모를 벗어서 한 친구에게 건네주고 비행기에 올랐다. 옆자리의 오빌은 특유의 검은색 정장과 빳빳이 세운 옷깃과 검은색 넥타이와 격자무늬 모자 차림이었다.

찰리 테일러와 찰리 퍼내스가 프로펠러를 당겨서 돌렸다. 5시 14분에 비행기는 달려 나갔는데, 지켜보는 사람들은 비행기가 어쩐지 평소보다는 약간 느리게 떠올랐다고 느꼈다. 처음 10미터 내지 15미터 동안에는 마치 풀밭 위에 간신히 떠 있는 것 같더니, 조금씩 하늘로 "기어오르는" 모습이었다.

비행기는 고도 20미터에서 연병장의 맨 끝에 도달했고, 이곳에서 깔끔하게 첫 번째 선회로 들어가서 30미터쯤 빠르게 날아왔다.

"셀프리지 중위가 라이트 씨에게 뭔가를 이야기하려고 애쓰는 모습이 눈에 띄었다."《워싱턴 포스트》는 이렇게 보도했다. "그의 입술이 움직이는 모습이 보였고, 그의 얼굴은 비행사 쪽을 향하고 있었다. 반면 비행사는 똑바로 앞을 보고 있었고, 몸은 긴장되고 꼿꼿이 펴고 있었다."

비행기는 시속 65킬로미터로 연병장 위에서 세 번 선회했다. 네 번째 선회 때에는 알링턴 국립묘지 쪽을 향하는 비행기의 속도를 오빌이 약간 줄였으며, 이때까지는 아무 문제가 없어 보였다.

그런데 갑자기, 그러니까 비행기가 "비행기용 격납고" 위를 지나갈 즈음, 뭔가 커다란 파편이 공중으로 튀어 나가는 모습이 보였다.

"프로펠러 파편이다!" 육군 장교 가운데 한 명이 말했다.

오빌이 훗날 회고한 바에 따르면 자기 뒤쪽, 즉 기계의 뒷부분에서 "가볍게 탁탁거리는" 예기치 않은 소리가 들렸다. 재빨리 뒤를 흘끗 돌아보았지만 아무 것도 보이지 않았기에, 그는 일단 엔진 속도를 늦추고 착륙을 준비하려고 했다.

그러다가 고도 38미터에서 쿵 하는 충격이 두 번 일어났고, "무시무시한 진동"이 일었다. 오빌은 엔진을 껐고, 착륙에 대비해 활공을 시도했다. 그는 방향 조종타와 수평 균형 조종타를 최대한 세게 잡아당겼지만, 아무런 효과가 없었다. "마치 섬광처럼, 기계는 앞으로 고꾸라지면서 땅으로 곧장 떨어져 버렸다."

이때까지 말이 없었던 셀프리지 중위는 나지막한 목소리로 그저 이렇게만 외칠 뿐이었다. "어! 어!"

지켜보던 사람들은 비행기가 이리저리 빙빙 돌며 아래로 곧장 떨어지는 모습을 보면서 경악했다. "마치 전속력으로 날던 새가 총에 맞아 떨어지는 것처럼 보였다." 오빌의 말이다.

비행기는 무시무시한 속도로 땅에 떨어졌고, 어마어마한 먼지 구름이 일었다. 대여섯 명의 군인과 기자들, 그리고 찰리 테일러가 달려나왔고, 말에 올라탄 기병 셋도 앞다투어 달려 나왔다.

오빌과 중위는 피투성이가 된 잔해 밑에 깔려 얼굴을 땅에 박고 쓰러져 있었다. 오빌은 의식이 있었지만 고통스럽게 신음했다. 셀프리지는 의식이 없었고, 이마에는 깊이 벤 상처가 나고, 얼굴은 온통 피범벅이었다.

사고 현장은 삽시간에 혼란의 도가니가 되고 말았다. 장교들이 여기저기서 명령을 외치고, 자동차가 경적을 울렸다. 수백 명의 군중이 앞으로 달려 나갔지만, 기병들이 앞을 막아섰다. 심지어 그중 한 명은 이렇게 외치기도 했다. "사람들이 물러서지 않으면 그냥 밟아버려!"

군중 속에 있던 군의관 몇 명과 뉴욕에서 온 의사 한 명이 두 사람에게 최대한 응급조치를 취했고, 들것이 도착하자 연병장 끝에 있는 기지 병원으로 이송했다.

한 기자의 목격담에 따르면, 찰리 테일러는 몸을 숙이고 오빌의 넥타이와 셔츠 목깃을 느슨하게 푼 다음, 뒤로 물러나서 망가진 비행기 한구석에 기대서더니 마치 어린아이처럼 엉엉 울었다.

밤이 되자 많은 사람들이 병원 밖에 모여들었고, 찰리 플린트와 옥타브 샤누트도 인파 속에 있었다.

날이 상당히 어두워진 다음에야 병원 안에서 소식이 전해졌다. 오빌은 위중한 상황이며, 다리와 고관절과 갈비뼈 네 대가 골절되었지만, 그래도 생명에는 지장이 없다고 했다. 하지만 셀프리지 중위는 두개골 골절로 결국 의식을 회복하지 못하고 8시 10분에 사망했다고 했다. 동력 비행의 역사에서 최초의 사망자인 셈이었다. 조지 스콰이어 소령은 육군 통신대를 대변하여 셀프리지 중위를 앞길이 창창했던 탁월한 장교였다고 추모했다.

하지만 이전의 여러 날 동안 이루어진 비행을 목격한 사람이라면, 어느 누구도 항공술의 문제가 이미 해결되었음을 결코 의심하지 않았다. "설령 라이트 씨가 두 번 다시 비행기에 오르지 못한다 하더라도, 지난 한 주 동안 포트마이어에서 이룩한 업적 덕분에라도 그는 동력 비행이 확고한 성공을 거두었다는 사실을 전 세계에 보여준 역사에 남을 인물이다."

하마터면 그날 오빌의 승객이 시오도어 루스벨트일 수 있었다는 사실은 차마 언급되지도 않았다.

* * *

포트마이어에서 보낸 전보가 호손 가 7번지에 도착한 것은 캐서린이 학교에서 막 퇴근했을 무렵이었다. 라이트 감독은 인디애나 주에서 교회 회의에 참석 중이었다.

캐서린은 지금 자신이 어떤 일을 해야 하는지 잘 알고 있었다. 그녀는 지체 없이 행동했다. 우선 교장에게 전화를 걸어 자초지종을 설명한 다음, 무기한 휴직 조치를 부탁했다. 곧이어 최대한 빨리 옷을 챙긴 다음, 그날 저녁 10시에 워싱턴으로 가는 마지막 열차에 올라탔다.

라이트 감독 역시 이 소식을 전해 들었지만, 그날 쓴 일기에는 그가 느낀 놀라움이나 경악감은 언급돼 있지 않았다. 그는 회의 도중에 자리를 떠서 지체 없이 데이턴으로 돌아왔다. 일단 돌아오자마자 그는 오빌에게 진심이 담긴 편지를 썼다.

네가 느끼는 고통에, 그리고 항공술에서의 최종적인 성공이 지연되었다는 실망에 나 역시 괴로워하고 있단다. 하지만 우리는 네 목숨이 붙어 있다는 사실에 매우 감사드리고, 네가 신속하고 꾸준히 회복할 것임을 믿으며, 아울러 과거와 마찬가지로 미래에도 너의 승리를 자신하고 있단다.

곧이어 아버지다운 설교를 덧붙였다. "우리는 고난을 통해 많은 것을 배우고, 곤경을 통해 마음이 더 나아지게 마련이란다."

***

9월 18일 오전 8시, 하트 버그가 도부르 기지에 있는 윌버의 창고로 찾아와서 소식을 전해주었다. 처음에 윌버는 방금 들은 내용을 제대로 이해하지 못한 듯했다. 행사장에는 이미 1000명의 군중이 모여 있었다. 날씨도 이상적이었기에, 그가 하늘을 나는 것을 보고 싶어 안달 난 사람들이 어느 때보다도 더 많이 보여 있었다. 하지만 셀프리지 중위를 추모하는 뜻에서 윌버는 예정된 비행을 모두 다음 주로 연기했고, 창고로 들어가 모든 면회를 사절했다. 그를 만날 수 있었던 사람은 버그 외에 위로하러 찾아온 한두 명뿐이었다.

"이제는 제가 왜 굳이 오빌과 함께 미국에 있었어야 한다고 항상 생각했는지 이해하시겠지요." 윌버의 말이었다. "기계를 살펴보는 일이라면 한 사람보다 두 사람이 항상 더 낫기 때문입니다."

혼자가 된 그는 머리를 양손에 파묻고 앉아 있었다. 또 다른 친구가 (아마도 레옹 볼레였을 가능성이 크다) 들어오자 고개를 든 윌버의 두 눈에는 눈물이 가득했다. 비행 문제를 해결하려는 자신의 노력을 포기하게 할 만한 요인이 있다면, 그건 바로 이번과 같은 사고라고 말했다. 곧이어 그는 벌떡 일어나더니 이렇게 덧붙였다. "아니, 우리는 이미 그 문제를 해결했어요. 우리가 있기 때문에 비행은 더 이상 실험이 아니에요. 이건 엄연히 시범이라고요."

현장에 있던 다른 사람들도 윌버가 감정을 억누르기 위해 애쓰는 모습을 보았다. 그는 더 자세한 내용을 알고 싶어 했지만, 아무도 알지 못했다.

도부르 기지로 옮겨 오면서 윌버는 자전거를 한 대 구했는데, 혹시나 포트마이어에서 날아온 소식을 더 들을 수 있을까 하는 생각에 바로 그 자전거를 타고 13킬로미터 달려서 르망까지 갔다. 한동안 그는 신경이 곤두선 모습으로 도팽 호텔의 베란다를 이리저리 거닐었다. 《파리 헤럴드》 기자 한 사람이 다가오자, 윌버는 "이 일" 때문에 매우 기분이 언짢다고 말했다.

> 저 불쌍한 셀프리지 씨의 죽음은 저에게도 다소간 책임이 있다고 생각됩니다만, 지금으로선 저도 그 사고를 명확히 설명하지는 못하겠습니다. 물론 비행기를 다룰 때는 물론이고, 사실상 기계적인 것을 다룰 때는 언제나 뭔가가 고장 날 가능성은 항상 있게 마련입니다. 하지만 우리는 모든 위험을 제거했다고 상상하곤 하죠. (…)
>
> 다른 무엇보다도 더 걱정스러운 점은 저희 아버지께서 연세가 거의 80세가 되신 상황에서 이 문제가 마음에 사무치실 거라는 점입니다. 아버지는 저희 실험을 항상 걱정하셨습니다만, 아직까지는 이렇게 놀랄 만한 사건이 없었거든요.

해질 무렵이 되자, 윌버는 자전거를 타고 도부르 기지로 돌아왔다.

다음날 캐서린에게 쓴 편지에서 그는 자기가 오빌과 함께 있었으면 이 사고는 일어나지 않았을 거라는 생각이 거듭 든다고 말했다.

오빌이 스스로 일할 능력이 되지 않는다는 뜻은 아니야. 하지만 이제 와서 생각해 보니, 그 녀석 주위에는 전 세계에서 가장 친절한 의도를 가진 사람들이 수천 명이나 모여서 그 녀석의 시간을 잡아먹고, 힘을 소진시키고, 적절한 휴식을 취하지 못하게 방해했을 것이 뻔하거든. 내가 거기 같이 있었다면, 그 녀석이 일하는 동안에는 내가 방문객을 막아서고, 내가 일하는 동안에는 그 녀석이 막아섰을 거야. (…) 사람들은 내가 기계에서 비교적 덜 중요한 부분까지도 남들에게 일을 맡기지 않는다는 이유로 나를 바보라고 생각하지. 남들도 충분히 잘 할 수 있는데, 내가 굳이 기계 밑으로 기어 들어간다고 흉본다니까. 내가 그렇게 하는 이유 가운데 하나는, 그렇게 함으로써 혹시 그 주위의 다른 부분에서 뭔가 잘못된 게 있는지 살펴볼 기회가 생기기 때문이야.

편지의 말미에서 윌버는 아버지가 오빌의 상황에 대해서 크게 걱정할 거라고 예상하고, 그래도 모든 일이 제대로 될 거라고 덧붙였다. 그는 그렇다고 굳게 확신했다.

같은 날인 9월 19일, 데이턴의 자택 위층 책상에서 라이트 감독은 이와 상당히 비슷한 느낌을 담은 편지를 윌버에게 썼다.

오빌이 다쳤다는 사실이 안타깝고, 그 아이의 성공이 지연되었다는 사실이 아쉽구나. 셀프리지 중위가 목숨을 잃었다는 사실도 개탄해 마지않을 일이

다. 그의 죽음은 내가 가장 안타깝게 여기는 일이니까. 하지만 너희의 발명
이 성공을 거둘 것은 이미 확실하단다. 너에게도 더 밝은 날이 찾아올 게다.

9월 21일 월요일, 윌버는 도부르 기지에 모인 1만 명의 관중 앞에서 자
기가 종종 말한 것처럼 "쇠뿔을 부여잡는" 행동으로 돌아왔다. 그는 1시간
31분 25초 동안 65킬로미터 거리를 비행하여 또 한 번의 경이적인 세계 기
록을 수립했다.

그곳에 모인 수많은 관중 가운데에는 프랑스 주재 미국 대사 헨리 화이
트도 있었는데, 언론 보도에 따르면 그는 현장에 있던 사람 가운데 가장 흥
분했다고 한다. 급기야 윌버와 처음 악수하는 영예를 차지하기 위해서 "평
소의 외교관다운 위엄은 완전히 망각하고" 연병장을 가로질러 달려가기
까지 했다.

III

캐서린은 9월 18일 오전 일찍 워싱턴에 도착했고, 역에서 기다리던 찰
스 플린트와 육군 장교 두 명을 만났다. 이들은 그녀를 통신대 소속 차량에
태워서 곧바로 강 건너 포트마이어로 데려갔다. 병원에서 캐서린은 젊은
군의관을 만나서 오빠의 병실로 안내받았다.

"내가 갔을 때 오빌은 상태가 안 좋았어." 그녀는 고향에 있는 로린에
게 보낸 편지에서 말했다. 얼굴에는 여러 군데 베인 상처가 났고, 그중 왼

쪽 눈 부근에 가장 큰 상처가 났다. 온 몸이 아팠기 때문에 누가 손을 대는 것조차도 견디지 못했다. 캐서린이 윌버에게 보낸 편지에 따르면, 예상과 달리 다리는 깁스를 하지 않았고, 천장에 밧줄로 매단 "일종의 요람"에 넣은 상태였다.

"내가 들어가니까 오빠는 턱을 떨더니 눈물까지 흘리더라. 하지만 금세 정신을 추슬렀어. 충격 때문에 오빠는 많이 약해진 게 분명했어." 하루하루가 지나면서 오빌은 극도로 신경이 곤두섰고, 거의 한계에 도달했다. "내 생각에는 다리를 건드린 것 때문에 그러는 것 같아. 얼굴은 내가 씻겨 주었고, 가슴하고 어깨도 씻겨 주었어. 그랬더니 약간 조용해지더라."

캐서린은 오빠를 담당하는 의사와 남자 간호사를 마음에 들어 했다. 그녀가 기뻐하며 알린 바에 따르면, 병실에는 꽃이 가득하고 훌륭한 과일 바구니와 전보 더미가 침대 옆 탁자에 놓여 있었다. 전보 중에는 "스틸 고등학교의 자랑스러운 학생 및 교사 일천 명이 합심하여 위로와 격려를 보낸다"는 내용도 있었다.

"쪽지와 전보에는 내가 답장할 거야." 그녀의 말이었다. "병실에 책상이 있으니까, 거기 앉아서 쓰면 돼. 조금 있으면 내가 오빠한테 읽어줄 수도 있을 거야." 앞으로 얼마나 더 머물러야 할지는 캐서린도 알 수 없었다. 오빌은 심한 부상을 입었지만, 몇 주가 지나면 퇴원할 수 있을 거라고 그녀는 확신했다.

처음에 캐서린은 데이턴에 사는 친구의 친척인 시어러 부부의 집에 머물렀다. 워싱턴에 있는 이들 부부의 집에서 병원까지 가려면 전차를 무려 세 번이나 갈아타고 한 시간이나 걸렸다. 그럼에도 그녀는 매일같이 오빌의 병상을 지켰다. 어떤 날 밤에는 너무 지친 나머지 시내로 돌아갈 수조차 없어서 아예 병원에서 잤다.

오빌의 회복은 꾸준하지 않았다. "어젯밤에는 작은오빠가 비교적 좋지 않은 상황이었고, 오늘 아침에도 마찬가지예요." 캐서린은 아버지에게 쓴 편지에서 이렇게 말했다. 다리가 두 군데 부러졌는데, 다행히 부러진 것도 "깔끔하고, 부러진 곳도 그나마 괜찮은 자리"인 왼쪽 다리의 대퇴골이라는 설명이었다. 의사들은 다리 길이가 줄어들지 않게 하려고 최대한 노력하고 있었으며, 이들의 노력은 효과가 있었다. 하지만 부러진 갈비뼈 때문에 그는 단단히 붕대를 매고 있어야 했고, 그러다 보니 숨 쉬기가 힘들어졌다.

"오늘은 제가 밤새도록 같이 있는 중이에요. 오늘 제가 오니까 오빠는 잠잠해졌고, 무척이나 더 편해 하기에, 저는 밤새도록 곁에서 돌보기로 작정했죠. 지금은 11시가 넘었는데, 오빠는 한 시간 가까이 자는 중이에요. 어젯밤에는 수면제도 효과가 없었다더군요. 오늘은 효과가 있네요."

캐서린이 이 편지를 쓴 9월 21일에 윌버는 도부르 기지에서 새로운 기록을 경신했다. 아버지가 지금 어떤 기분일지를 짐작한 딸은 편지에 이렇게 썼다.

윌은 기죽지 않았어요. 한 시간 하고도 삼십일 분 하고도 이십오 초라잖아요! 신문기자들이 병원으로 달려와서 저한테 얘기해 줬어요. 오빌도 그 소식을 듣고 함박웃음을 지었어요. 그 소식이 오빠한테는 어마어마하게 좋은 영향을 준 거예요.

"이제 자정이 되었고, 저도 무척 피곤하네요." 캐서린은 마침내 이렇게 썼다. "오빌은 여전히 자고 있어요. 야근 간호원이 저한테 준다면서 샌드위치랑 차를 가지러 갔어요."

그 사이에 육군 산하 항공술 위원회에서는 추락의 원인을 파악하기 위한 공식 조사에 착수했다. "오빌이 생각하기에는 꼬리와 동체를 연결하는 철사 가운데 하나가 프로펠러에 걸린 것 같대요." 캐서린의 말이었다. "날개가 당겨지면서 기계가 고꾸라진 거죠."

나중에 밝혀진 바에 따르면, 오빌의 진단은 정확했다. 오른쪽 프로펠러의 날 가운데 하나에 금이 갔다. 프로펠러는 진동하기 시작했고, 그 진동으로 인해 버팀 철사 가운데 하나가 느슨해지게 되었고, 결국 그 철사가 프로펠러 날을 휘감게 되어서, 부러진 프로펠러 날이 날아갔던 것이다. 그 버팀 철사는 뒤쪽 방향타를 고정시키는 역할을 했기 때문에, 결국 기계가 이리저리 회전하면서 조종이 불가능하게 되었던 것이다.

이때까지 라이트 형제는 둘 다 죽음으로부터 가까스로 벗어난 경험이 있었다. 윌버는 두 번이나 추락했지만 가벼운 부상에 그쳤었다. 오빌은 네 번이나 추락했는데, 두 번은 키티호크에서였고 두 번은 허프먼 평원에서였다. 하지만 윌버가 아버지에게 보낸 편지에 말한 것처럼, "우리의 기계가 비행 중에 망가진 것은 지난 9년 중에 이번이 처음"이었다. 아울러 둘 중 어느 누구도 고도 22미터에서 "머리부터" 곧장 땅으로 떨어져 본 적은 없었다.

특히 가족 중에서 유일하게 오빌의 병상을 지키면서 그가 어떤 상황인지를 직접 본 캐서린에게는, 오빠가 목숨을 부지한 일은 진정 기적과도 같았다.

* * *

찰리 테일러와 찰리 퍼내스는 (이미 이들은 포트마이어에서 "두 찰리"로 통하고 있었다) 병원에 찾아와서 부러진 프로펠러 날 조각을 오빌에게 보여주었다. 기계의 잔해는 창고에 잘 보관해 두었다고, 그곳의 창문과 문에는 못을 박아 봉인했고, 경비병이 지키고 있다고 했다. 비행기에서도 손상되지 않은 엔진과 전동장치 부품들은 고향으로 배송할 예정이라고도 했다. 그일이 완료되면 자기들도 고향으로 돌아가겠다고 했다.

9월 23일, 알렉산더 그레이엄 벨과 항공실험협회(AEA)의 회원 두 명이 병원으로 찾아왔지만, 오빌이 아직 손님을 만날 준비가 되지 않았다는 이유로 면회는 불발되었다. 곧이어 이들은 연병장 너머 알링턴 국립묘지로 가서, 매장되기를 기다리고 있는 셀프리지 중위의 관을 참배했다. 중도에 이들은 창고에 멈춰 섰다. 찰리는 플라이어 호의 잔해를 아직 배송하지 않았고, 마침 점심 식사를 하기 위해 그곳을 떠나 있었다. 근무 중이던 경비병은 손님들을 창고 안으로 들여보냈는데, 그 안에는 플라이어 호를 담은 상자가 열려 있어서, 잔해가 고스란히 드러나 있었다. 벨은 주머니에서 줄자를 꺼내, 최소한 한 번 이상 날개의 폭을 측정했다.

이 사실을 캐서린과 오빌은 일주일이 지난 뒤에야 알게 되었고, 이들은 소식을 듣자마자 극도로 격분했다. 캐서린이 옥타브 샤누트에게 의견을 묻자, 샤누트도 이 사건을 목격한 경비병과 대화를 나눠 보고서 아주 심각한 문제라고 판단했다.

찰리 테일러가 데이턴으로 돌아와서 라이트 감독에게 그 사실을 전하자, 아버지는 딸에게 보낸 편지에서 벨은 "매우 뻔뻔스러운" 사람이라고 말했지만, "어쨌거나 이번 일 전체에서는 매우 작은 부분"에 불과하다고 덧붙였다. 따라서 이 문제는 더 이상 이야기되지 않았고, 벨의 의도가 정확히 무엇이었는지도 제대로 밝혀지지 않았다.

* * *

병원에 근무하는 사람들은 모두 캐서린을 극도로 친절하게 대했고 도움을 주려고 애썼다. 그녀도 기지 병원이 상당히 수준 높다고 생각했는데, 다른 병원 같으면 이렇게 환자 가족을 아무런 제한 없이 계속 머물도록 허락하지 않을 것이기 때문이었다. 의사들이며 주간 당직 간호사들은 "경이로운" 수준이었다. 하지만 야간 당직 간호사가 단지 30분에 한 번씩만 오빌을 들여다보고, 대개는 아래층에 머물러 있다는 사실을 알게 되자, 캐서린은 자기가 오빠 곁에 있어야겠다고 작정했다. 그녀는 밤낮으로 병상을 지켰으며, 오빌은 이를 무척이나 좋아했다. 그는 밤마다 종종 착란을 일으켰기 때문에, 혼자 내버려 둘 수 없었다.

하지만 캐서린도 무리한 대가를 치를 수밖에 없었다. "오빠가 무척 고통스러워했고 (…) 나도 아침이 되자 무척 지친 나머지 펜을 쥘 수조차도 없었어." 그녀는 윌버에게 쓴 편지에서 한동안 소식을 많이 전하지 못했던 이유를 이렇게 설명했다.

캐서린은 기자들을 막아섰고, 오빌을 직접 만날 수 없는 방문객들을 대신 만났다. 계속해서 편지와 전보에 답장했고, 9월 25일 알링턴 국립묘지에서 군대식으로 거행된 셀프리지 중위의 장례식에 오빌을 대신해 참석하기도 했다.

다른 사람들도 그녀가 떠맡은 역할에 주목하고 이에 대해 이야기했다. 일부 언론에서는 캐서린이 교사 대신 간호사가 되어야 했다고 묘사했다. "자네의 여동생은 헌신 그 자체였다네." 옥타브 샤누트는 윌버에게 보낸 편지에서 이렇게 말했다. 그중에서도 가장 중요한 평가는, '네가 아니었다면 나는 이 시련을 이겨내지 못했을 것'이라던 오빌의 한 마디였다.

다른 사람들도 여러 가지 방식으로 그녀에게 저마다 공감과 존경을 표시했다. 알렉산더 그레이엄 벨은 어느 날 저녁 옥타브 샤누트와 캐서린을 함께 초대해 드라이브를 즐겼고, 곧이어 워싱턴의 33번가에 있는 자택에서 저녁을 대접했다. 아버지에게 보낸 편지에서 그녀는 자기가 병원 말고 다른 어딘가에 가본 일은 이때가 처음이라고 했다.

캐서린은 점점 향수에 시달렸고, 수입이 아예 없다는 사실을 걱정했다. "벌써 82달러 50센트를 놓쳐 버렸어." 그녀는 윌버에게 보낸 10월 2일자 편지에서 이렇게 말했다. 데이턴으로 돌아갈 수 있는 날이 아직 멀었음을 알기 때문이었다. 오빌은 상태가 나아지는 듯했지만, 아직 고향으로 돌아갈 만한 모습까지는 아니었다. 10월 3일, 그는 별다른 이유도 없이 체온이 39도까지 올랐다.

오빌은 37세였지만, 병원에 누워 있는 지금의 모습만 보면 훨씬 더 나이 들어 보였다. 그가 다시 하늘을 날 수 있게 될(또는 본인이 하늘을 날고자 원할) 가능성은 아주 터무니없는 정도는 아니더라도 상당히 불가능해 보였다.

고향에서 온 편지와 르망에서 온 편지는 큰 도움을 주었다. 윌버가 캐서린과 오빌에게 보낸 편지 가운데 하나의 추신에는 특히나 반가운 소식이 들어 있었다. "볼레(체중 110킬로그램)를 태우고 행사장을 두 바퀴 돌았지." 그의 말이었다. "내가 지금까지 한 어떤 일보다도 더 많은 감탄을 자아냈어."

"우리 둘 다 집에 돌아가고 싶어서 안달이 났어." 캐서린은 윌버에게 보낸 편지에서 이렇게 썼다. 그녀는 일주일쯤 전부터 집에 돌아갈 생각뿐이었는데, 집에 가면 최소한 잠을 제대로 잘 수 있을 것 같아서였다. 하지만 갑자기 오빌의 상태가 급격히 안 좋아졌고 급기야 숨조차 제대로 쉬지 못하는 상태가 되었다. "내가 직접 오빠를 데리고 돌아갈 때까지는 여기 계속 있어야 할 것 같아요." 캐서린은 추락 사고가 일어난 지 한 달째인 10월 17일에 아버지에게 쓴 편지에서 말했다.

오빌은 계속해서 "호전과 악화" 사이를 오갔는데, 의사들은 소화불량이 원인이라고 설명했다. 그리하여 캐서린은 환자에게 스테이크 구이, 쇠고기 수프, 계란 반숙 같은 요리를 직접 해주었다. 3년 전에 프랑스 측 대표단과 함께 데이턴을 방문했던 미국인 변호사 월터 베리가 저녁에 초대했지만, 그녀는 거절할 수밖에 없었다. 캐서린은 사실상 거의 모든 초대를 거절했는데, 아버지에게는 그 이유를 이렇게 설명했다. "너무 지쳐서 말할 힘도 없어서요!"

10월 마지막 주가 되자, 오빌을 데이턴으로 데려가도 된다는 판정이

나왔다. 환자가 충분히 회복되어서 그렇다기보다는, 오히려 친숙한 환경이 환자의 신경을 안정시키는 데 도움이 될 수 있으리라는 기대 때문이었다. 떠나기 사흘 전에 간호사 두 명이 환자를 침대에서 일으켜 세우더니, 목발을 이용해서 서는 연습을 시켰다. 줄곧 들어 올리고 있었던 왼쪽 다리로 갑자기 피가 흘러 들어가자, 다리가 마치 터질 것처럼 아파서 오빌은 그만 기절할 지경이 되었다.

10월 31일, 5주 하고도 닷새 동안의 병원 생활을 마친 오빌은 캐서린과 함께 워싱턴의 유니온 역에서 마침내 집으로 가는 열차에 올랐다.

* * *

다음날 아침, 열차가 도착한 데이턴 역에는 제법 많은 군중이 모여 있었다. 캐서린이 먼저 승강장으로 걸어 내려왔다. 곧이어 오빌이 목발을 짚고 나타났으며, 열차 승무원 두 명의 부축을 받았다. "데이턴이라는 이름을 문명 세계에 널리 알리는 데 결정적인 역할을 한 인물의 귀환을 환영하기 위해서 많은 사람들이 그곳에 참석했다."《데이턴 저널》은 이렇게 보도했다. 하지만 현장에서는 환호성 대신에 동정과 연민을 담은 침묵과 속삭임만이 있었을 뿐이었다. 왜냐하면 이 도시의 영웅이 너무나도 지치고 피곤한 모습이었기 때문이다. 가족을 빼고는 어느 누구도 그에게 말을 걸지 못하게 했다. 캐서린은 오빠가 지금 매우 위중한 환자이기 때문이라고 해명했다.

그녀는 로린과 만나서 대기 중이던 마차로 향했다. 하지만 오빌은 기차 여행 중에 기차의 진동 때문에 큰 고통을 받았기 때문에, 마차에서 이와 유사한 고통을 받는 일은 피하는 게 좋겠다는 결정이 나왔다. 그리하여 그는 휠체어에 탄 채로 열두 블록 반을 지나서 호손 가의 자택까지 갔다.

라이트 감독은 집에서 일행을 맞이했으며, 캐리 케일러가 (이때는 이미 결혼해서 이제는 '캐리 그럼바크'였다) 저녁을 준비하러 와 있었다. 오빌의 정신은 "평소와 마찬가지로 멀쩡했고, 그 아이의 몸 역시 조만간 회복할 것이다." 그날 밤에 감독이 일기에 적은 내용이었다. 식구들은 응접실에 그를 위한 침대를 놓아두었다. 캐서린은 "피곤해서 죽을 지경"이라고 털어놓았다.

* * *

캐서린의 기록에 따르면, 이후로도 며칠 동안 오빌은 여전히 "상당한 주의"를 필요로 하는 상태였지만, 그래도 "충분히 활동적"이 되었다. 즉 낮에는 더 오래 일어나 앉아 있을 수 있었고, 때로는 몇 시간이나 앉아 있을 수 있었다. 그 지역의 의사는 왼쪽 다리가 (포트마이어의 병원에서 말한 것처럼 0.3센티미터가 아니라) 2.5센티미터쯤 짧아졌다고 말했지만 구두 굽을 높이면 큰 문제는 없을 것이라고 조언했다.

이웃들이며 학교 동창들이 오빌을 찾아왔다. 11월 둘째 주에는 찰리 테일러가 그를 휠체어에 태우고 3번가에 있는 가게로 데려갔다. 포트마이어에서 있었던 사건을 조사하기 위해 플라이어호의 엔진을 꺼내 놓고 있었다.

"해야 할 일이 어마어마하게 쌓여 있어." 오빌은 사고 이후로 처음 쓰는 11월 4일자 편지에서 윌버에게 말했다. 집에 돌아와서 약간 일을 하게 되자, 기대했던 결과가 나타나는 것처럼 보였다. 건강과 전망 모두가 크게 향상되었고, 목발을 이용한 걸음에도 진전이 있었기에, 12월 말에 오빌과 캐서린은 함께 배편으로 프랑스에 가서 합류하겠다는 사실을 발표했다. 윌버가 두 사람을 필요로 하기 때문이라고 말했다.

CHAPTER TEN

그 어느 때와도 다른 때

우리가 움직일 때마다 사람들이 걸음을 멈추고 우리를 바라
보았어.

캐서린 라이트

I

월버가 르망에서 보낸 나날 가운데 이토록 충만한 때는 또 없었다. 오빌의 사고 이후 몇 달 동안 그는 이전보다 더 큰 관심을 받았다. 벤저민 프랭클린 이후로 그만큼 프랑스에서 인기가 높았던 미국인은 또 없었다. 파리 주재《워싱턴 포스트》특파원의 말처럼, 이런 관심은 단순히 공중에서의 위업 덕분만이 아니라 그의 강력한 "개성" 덕분이기도 했다. 월버는 "플리머스 록 정신"의 화신으로 간주되었는데, 알렉시스 드 토크빌 시대 이래로 미국 내 프랑스 유학생들이 "모든 활동 분야에서 미국인이 발휘하는 노력의 밑바탕을 이루는 투지와 불굴의 인내"라고 여겨오던 것이었다.

군중은 기차나 자동차를 타고 계속해서 르망에 모여들었으며, 점점 먼 지역에서도 그들을 보러 달려왔다. "매일같이 군중이 모여드는데, 단지 인근에서 온 사람뿐만이 아니라, 유럽 거의 모든 나라에서 사람들이 찾아왔어." 윌버는 오빌에게 보낸 편지에서 이렇게 말했다.

그가 르망에서 비행한 6개월 동안 20만 명이 구경하러 왔다. 미국에서 온 경이의 대상인 윌버가 움직이는 모습을 지켜보는 짜릿함, 심지어 운이 좋으면 그 장본인과 악수를 나누거나 심지어 함께 사진을 찍을 수 있다는 가능성, 그의 주위에서 항상 벌어지는 소란 역시도 흥분의 일부였으며, 저명인사들이 그와 함께 하늘을 나는 모습을 지켜보는 것 역시 군중들을 흥분시켰다.

처음에는 뚱뚱한 레옹 볼레가, 그 다음에는 하트 버그가, 그 다음에는 버그의 아내 이디스가 탑승했다. 덕분에 그녀는 비행기에 타고 하늘을 날아 본 최초의 미국 여성이라는 기록을 세웠다. 긴 치마가 바람에 날리는 바람에 창피를 당할까봐, 이디스는 밧줄로 치마를 발목에 묶어둔 상태였다. 착륙 이후에 그녀는 긴장 증세라든지, "최소한의 두려움"조차도 전혀 느끼지 않았다. 이디스는 원래 "라이트 씨"를 존경하고 있었는데, 그가 이 기계를 능숙하게 다루는 모습을 보자 그를 향한 존경심은 열 배나 더 커졌다. 심지어 언제라도 그와 함께 영국 해협을 날아서 횡단할 준비가 되어 있다고도 장담할 정도였다.

버그 여사가 플라이어 호에 윌버 라이트와 나란히 앉아 이륙을 기다리며 활짝 웃는 사진은 그야말로 전례 없는 잡지 표지로 사용되었다. 이에 저명한 파리의 패션 디자이너 폴 푸아레는 발목을 조이는 옷차림의 가능성을 재빨리 깨닫고, 발목 근처에서 통이 좁아지는 형태의 호블 치마를 만들어내 패션계에서 열풍을 일으켰다.

1906년에 프랑스 대표단을 이끌고 데이턴을 방문했던 아놀드 포다이스도 윌버와 함께 한 시간 동안 하늘을 날았으며, 프랑스 육군 산하 항공술 분과의 책임자인 부티우 대령을 태웠을 때에는 윌버가 겨우 지면에서 5.5미터 높이를 유지하며 연병장을 몇 바퀴나 돌아서 모두를 깜짝 놀라게 했다.

또 다른 승객도 이디스 버그와 마찬가지로 공중에 머무는 시간 동안 비행기가 매우 "안정적"이라는 사실에 감탄했다. 보이스카우트 창시자의 형제이며, 영국의 장교 겸 항공술 애호가인 배든 플레처 스미스 베든파월 소령은 윌버와 함께 날아간 것이 마치 "경사로를 따라 나아가는 듯한" 느낌이었다고 묘사했다. 하지만 그는 소음 때문에 깜짝 놀라기도 했다.

라이트 씨는 양손으로 조종간을 붙잡은 채, 모든 움직임을 지켜보고 있었지만, 그의 동작은 워낙 미세해서 거의 감지할 수가 없었다. (…) 계속해서 엔진이 큰 소리로 덜덜거렸고, 프로펠러도 웅웅거리는 바람에, 여정을 마치고 나면 거의 귀가 들리지 않을 지경이 되었다.

그 다음에는 《파리 헤럴드》의 기자가, 그 다음에는 《르 피가로》의 기자가, 그 다음에는 러시아군 장교 몇 명이 탑승했다. "우리가 자주 은둔자라고 묘사하는 윌버는 사실 아주 융통성 있는 사람이다." 《르 피가로》의 기자는 이렇게 썼다. 윌버가 즐거운 시간을 보내고 있다는 사실은 명백했다.

"어제는 이탈리아의 마르게리타 대비도 비행을 보러 왔어." 10월 9일 자 편지에서 그는 이렇게 썼다. "덕분에 지금까지 본 것 중에서도 가장 놀라운 장관을 목격하게 되었네요." 윌버는 편지에서 대비에게서 이런 치하를 들었다고 쓴 다음, 곧이어 이렇게 덧붙였다. "플라이어 호를 보러 몰려든 왕족들과 백만장자들이 벼룩처럼 우글우글한다니까." 캐서린이 들으면 웃을 거라고 생각해서 쓴 표현이었다.

여자들은 그에게 점점 매력을 느꼈다. 저명한 정치인의 아내이자 무척이나 매력적이었던 한 파리 여성은 실명을 공개하지 않겠다는 조건하에, 한 기자를 만나서 이 문제에 관해서 자유롭게 한참 동안 이야기했다. 물론 윌버에 대한 첫인상이 전적으로 호의적인 것까지는 아니었다고 그녀도 시인했다.

라이트 씨는 약간 너무 거칠고 투박하게 보였어요. 그분의 표현 역시 판에 박힌 듯하고 극도로 딱딱했지요. 하지만 그분이 입을 여시기만 하면, 엄격함의 베일은 싹 사라져 버려요. 그분의 목소리는 따뜻하고 동정적이고 떨리기까지 하죠. 그분의 맑고 지적인 눈에는 예외적으로 대단한 매력과 세련됨을 전달하는 자비로운 빛이 들어 있어요. (…) 이야기할 때에 상대방의 눈을 똑바로 바라보는 그 솔직하고 정직한 방식이며, 단단한 근육질 손이 뭔가를 꽉 움켜쥐는 모습은 그분의 성격과 기질에 대해서 진실한 통찰을 주는 듯하더군요. (…)

그분이야말로 제가 이제껏 만나 본 남자 가운데 가장 놀라운 분 중 한 명이었어요.

프랑스 기업 연합의 요구사항인 시험 비행 횟수를 모두 채우고 나자, 윌버는 역시나 그쪽의 요구사항에 따라 프랑스인 조종사 세 명 가운데 한 명을 훈련시키기 시작했다. 그는 바로 샤를 들랑베르 백작이었다. 날씬한 금발의 러시아 태생 귀족인 그는 당시 43세였고 영어를 구사했다. 윌버는 첫 만남 때부터 그에게 호감을 느꼈다. 비행기에 또 한 벌의 조종간을 설치하는 작업이 완료되자, 이 제자는 스승의 오른쪽에 나란히 앉아 비행기를 타곤 했다. 이때마다 윌버는 양손을 무릎에 올려놓고 있다가, 필요할 경우에는 직접 조종할 준비를 하고 있었다.

윌버에게는 완벽한 비행이 어느 때보다도 더 중요했다. 왜냐하면 오빌의 추락 사고에 뒤이어 지금 또다시 불운이 일어난다면 세상의 시선도 이전과는 달라질 것이기 때문이었다. 비록 즐거운 나날을 보내고 있긴 했어도, 그가 실제로 느끼는 압박은 어느 때보다도 더 컸다. 자전거를 타고 시골로 나갈 때에만 윌버는 혼자가 될 수 있었다. "키티호크가 얼마나 그리운지 모릅니다!" 옥타브 샤누트에게 보낸 편지에서 그는 이렇게 말했다.

라이트 형제를 기리기 위해 프랑스 항공술 동호회에서는 지금까지 개최한 자체 행사 가운데 가장 대규모의 연회를 마련했다. 이때 윌버는 이 동호회에서 수여하는 금메달과 상금 5000프랑(1000달러)을 받았고, 스포츠 아카데미에서 수여하는 금메달도 함께 받았다. "집에 돌아갈 때쯤이면 이런저런 기념품을 상당히 많이 갖게 될 거야." 그는 형 루클린에게 보낸 편지에서 말했다. 그러면서 자기는 르망의 좋은 사람들 가운데 상당수와 맺은 우정이 이보다 훨씬 더 귀중하게 느껴진다고 말했다.

몇 달 전에 르망에 도착했을 때 이 도시에서 윌버를 아는 사람은 아무도 없었다. 이제 그는 친해진 사람들 중에서 가장 따뜻한 친구를 몇 명이나 꼽을 수 있었다. 자전거를 타고 갈 때면, 반경 10여 킬로미터 이내의 모든 아이들이 윌버에게 인사를 건네는 것 같았다. 이들은 공손하게 모자를 벗고 미소를 지으며 말했다. "안녕하세요! 라이트 아저씨!(Bojour! Monsieur Wright)"

"가까운 친구들을 제외하면 이들이야말로 내 이름을 똑바로 발음할 줄 아는 거의 유일한 사람들인 거야." 윌버는 루클린에게 말했다. "대개 사람들은 내 성을 '브리크트(Vreecht)'라고 말음하지. '르(r)' 발음을 끔찍하게 긁어대면서 말이야. 그런가 하면 여러 곳에서는 나를 이름으로만 불러. 거의 대부분은 '빌바르(Veelbare)'라고 말이야."

***

프랑스 항공술 동호회가 주최한 연회는 1908년 11월 5일, 콩코르드 광장 소재 자동차 동호회의 '공연장(salle de theatre)'에서 열렸다. 보도에 따르면, "화려한 조명들"로 빛나고 "수많은" 식물과 꽃으로 꾸며진 이 방은 평소와는 다르게 변모해 있었다. 250명의 손님들은 거의 모두 정장 차림의 신사들이었으며 레옹 들라그랑주, 루이 블레리오, 아우베르투 산투스두몽, 에르네스트 아르쉬데콩 등 프랑스 항공술 분야의 모든 주요 인사를 망라하고 있었다. 아울러 레옹 볼레, 하트 버그, 샤를 들랑베르 백작도 이 자리에 참석했다. 저명한 구조공학자 귀스타프 에펠 역시 이 자리에 참석했다. 몇 명 안 되는 여성 참석자 중에는 이디스 버그도 있었다.

군악대가 행사에 걸맞게 신나는 음악을 연주했고, 손님들은 각자의 자리에서 메뉴를 읽었다. 이날의 풍성한 잔치 메뉴에는 '시금치를 곁들인 햄(jambon d'York aux épinards)', '크루톤을 곁들인 꿩구이(faison rôti aux croutons)', '러시아식 감자 샐러드(salade Russe)', '파인애플 아이스크림(Glace à lánanas)' 등이 포함되어 있었다.

모든 면에서 제대로 갖춰진 연회였다. 국가적 자부심의 표현이자, 이 시대의 우아한 취향의 표현이자, 무한히 장래성 있는 역사적 전환점을 인정하는 성격을 모두 갖추고 있기 때문이었다.

금메달을 수여한 항공술 동호회의 회장 M. L. P. 카이예테는 윌버 라이트가 르망에서 시범 행사를 시작하면서부터 프랑스에서는 물론이고 전 세계에서 나타난 여론의 큰 변화를 언급했다. 또 그는 라이트 형제가 과학 탐구의 역사상 유례를 찾기 힘든 수준의 조롱과 매도의 기간을 감내했다고 언급했다. 아울러 프랑스 역시 이제 와서야 비로소 이들의 공적을 인정하게 되었다고 언급했다.

윌버는 계속되는 박수갈채를 받았으며, 국토건설부 장관 루이 바르투는 "진심 어린 축하 연설"을 내놓으면서, 라이트 형제가 "솔직담백함과 지성과 끈기를 통해서 (…) 인간의 천재성에서 비롯된 가장 아름다운 발명 가운데 하나"를 달성했다고 격찬했다.

라이트 씨는 심지어 의심을 받는 상태에서도 결코 낙담하지 않았습니다. 라이트 형제는 심오한 천재성을 지닌 발명가로서 인류 역사에 자신들의 이름을 적어 넣었습니다.

사진 촬영이 이어졌다. 윌버는 상석 한가운데 마련된 자리에서 일어났다. 데스투르넬 드 콩스탕 남작이 윌버의 말을 통역했다.

여러분께서 우리에게 베풀어주신 영예에 대하여, 그리고 오늘 저녁 여러분께서 우리에게 베풀어주신 진심 어린 환영에 대하여, 저와 제 동생 모두를 대신하여 감사드리는 바입니다.

제가 만약 여러분의 아름다운 나라에 태어나 여러분과 함께 자라났다면, 저는 지금 받은 것보다 더 따뜻한 환영을 받지는 못했을 겁니다. 우리가 서로를 알지 못했을 때에는, 우리가 서로에 대한 신뢰를 갖지 못했습니다. 오늘 우리가 서로 알고 나자, 이제는 상황이 달라졌습니다. 우리는 서로를 믿으며, 우리는 친구입니다. 이 점에 대해서 여러분께 감사드리는 바입니다. 제 주위에서 나타나는 갈채 속에서, 저는 한 명의 사람을 영광스럽게 만들고자 하는 열의만을 본 것이 아니라, 항상 인류를 감동시켰던 한 가지 발상에 대한 존경을 보았습니다. 저는 새와 마찬가지 방식으로 하늘을 날고자 하는 욕망이야말로, 우리의 조상들로부터 우리에게 전해진 이상이라고 때때로 생각합니다. 선사시대에 길조차도 없는 땅을 가로질러 힘들게 여행하는 과정에서, 우리의 조상들은 빠른 속도로, 모든 장애물을 넘어, 공중이라는 무한한 도로를 질주하며, 공간을 자유롭게 날아다니는 새들을 부러운 듯 바라보았을 것입니다. 아직 10년이 채 지나지 않은 과거에만 해도, 비행에 대한 모든 희망은 거의 포기될 뻔 했었습니다. 심지어 가장 확신했던 사람들조차도 의구심을 품었습니다. 고백하자면 저 역시 1901년에는 제 동생 오빌에게 이렇게 말했었습니다. 앞으로 50년 안에 사람이 하늘을 나는 일은 없을 거라고 말입니다. 하지만 그로부터 2년 뒤에 우리는 하늘을 날고 있었습니다. 예언자로서의 저의 무능이 입증된 것은 저에게는 크나큰 충격이었고, 그때 이후로 저는 저 자신을 믿지 못하게 되었기에 모든 예견을 삼가게 되었습니다. 이에 관해서는 언론에 있는 친구들이 잘 알고 있을 겁니다. 하지만 굳이 미래를 아주 멀리까지 내다보아야 할 필요까지는 없습니다. 미래가 아주 훌륭할 것이라는 점 정도는 우리도 충분히 예견할 수 있으니까요. 우리는 단지 서두르기만 하면, 길을 열어주기만 하면 그만인 것입니다.

다시 한 번 여러분께 진심으로 감사드리며, 제가 드리는 감사란 곧 프랑스 전체에 드리는 감사임을 여러분께서 분명히 알아주셨으면 하는 바람입니다.

한 언론 보도에 따르면, 조국이 아닌 나라에서 자기가 경험한 따뜻한 우정에 감사를 표현할 때에는, 윌버의 "습관적인 딱딱한 가면조차도 부드러워졌고," 아울러 "평소에는 매우 분명했던 그의 목소리도 약간 떨리고 말았다."

회원들과 손님들은 기립 박수로 응답했다. 군악대가 미국 국가를 연주했고, 이후 한동안 윌버는 200개 남짓의 메뉴판에 서명을 해 주었다. "그는 우리의 영웅들이 수행해야 하는 작은 허드렛일이 무엇인지를 잘 알고 있었다." 《라에로필》의 기사에서는 만족한 듯 이렇게 고찰했다.

이후 몇 주 동안 윌버는 몇 차례 파리로 돌아가서 추가적인 축하 및 수상 행사에 참석했으며, 그를 기리는 만찬에도 여러 차례 참석했다. 그 외의 시간에는 불로뉴 숲을 혼자 거닐거나, 또는 여러 거리를 탐사했으며, 골동품 가게의 진열장을 들여다보거나, 또는 이 도시의 여러 기념물 가운데 한 가지 건축물을 말없이 서서 관찰하곤 했다. 《뉴욕 월드》의 특파원은 다음과 같은 기사를 썼다.

그는 매일 대여섯 건씩 초청을 받았고, 그중 몇 건은 수락했다. 그가 모자와 코트를 걸치고 밖에 나가서 만나는 신사 및 숙녀들은 그를 만나는 영예에 충분히 걸맞은 아름다움을 갖추기 위해 자기네 하녀들과 시종들을 데리고 한두 시간쯤을 보낸 사람들이다. 이들은 금술 달린 제복을 착용한 마부와 종복이 딸린 쌍두마차를 타고 오지만, 라이트는 빗속에서 혼자 우산을 쓰고 만찬이 열리는 장소까지 걸어간다. (…) 그는 자기 모습 그대로 신선함을 주는 존재였다.

어느 날 저녁, 샹젤리제에 있는 버그의 아파트에서 나눈 긴 대화 끝에, 이 특파원은 윌버가 파리를 얼마나 만끽하고 있는지를 깨달았다. "그는 아름다움에 대한 감식력이 워낙 예리했기 때문에, 이 도시를 좋아하지 않을 도리가 없는 것이었다."

* * *

12월 초, 겨울이 시작되자 윌버는 프랑스 남쪽의 인기 있는 휴양 도시 포(Pau)로 들랑베르 백작을 파견했다. 피레네 산맥과 에스파냐 국경에 가까운 그곳이 시범 행사를 지속할 장소로 적절한지 알아보기 위해서였다. 이 도시는 플랑베르가 자라난 곳으로, 인구는 3만 4000명가량이고, 14세기의 성과 여우사냥뿐만 아니라 (유럽에서는 최초인) 18홀 골프장으로도 유명했으며, 유럽 내에서 가장 매력적인 겨울 기후를 가진 장소 중 하나로 간주되고 있었다.

영국과 유럽의 상류층 사이에서 매우 인기가 높은 장소를 선택할 경우, 오빌과 캐서린이 (특히 '캐서린'이) 함께 장기간 머물러 있을 가능성도 높아지리라는 것이 윌버의 계산이었다. 여동생에게 보낸 편지에서도, 이런 장소에서 몇 달쯤 보내면 너희 두 사람 모두에게 매우 좋을 것이라고 썼다. "나는 네가 '스틸'[캐서린이 재직 중인 고등학교 — 원주]을 사랑한다는 것은 알지만, 내 생각에 한동안 그곳과 멀리 떨어져 있다 보면 스틸을 더욱 사랑하게 될 것 같구나. 우리에게는 대외 업무 담당자가 필요할 거고, 네가 이 제안을 매력적으로 느낄 만큼 충분한 봉급을 지불할 생각이니까, 부디 학교 운영 위원회가 너에게 주는 일당 6달러에 대해서는 걱정하지 말기를 바란다."

하지만 캐서린은 이미 설득할 필요도 없었다. "오빠랑 나는 최대한 빨리 가고 있는 중이야." 며칠 뒤에 그녀는 편지에서 이렇게 답장했다. 윌버의 편지가 데이턴에 도착하기 전에 쓴 편지였다. 떠나기 전에 캐서린은 감독을 돌보기 위해서 만족스러운 조치를 취해 두었다. 아버지는 막 80세가 되었기 때문에 이번 여행에는 어울리지가 않았던 것이다.

크리스마스 철을 맞아 파리 거리에는 새로운 장난감들이 진열되어 있었는데, 이 시기에 가장 인기 있는 장난감은 윌버 라이트가 조종하는 비행기의 축소 모형이었다. 이에 관해서는 여러 신문에서 보도한 바 있었는데, 그중《시카고 트리뷴》의 기사를 인용하자면 다음과 같다.

매우 훌륭한 장난감이다. 가장 작은 세부사항조차도 완벽하게 재현한 이 작은 기계는 땅에서 출발해서 축소판 비행을 마치면 매우 놀라운 방식으로 다시 내려오기 때문이다. "라이트 씨" 본인이 이 장난감에도 올라타서, 마치 살아 있는 것과 흡사한 모습으로 조종한다. 조종사 모형의 용모만 보면 미국인이라기보다는 오히려 파리 시민에 훨씬 더 가까워 보이지만, 이 장난감이 겨냥하는 고객이 누구인지는 명백하며, 실제로 이 상품은 절찬리 판매되고 있다.

점점 추워지고 있던 르망에서는 오토바이용 검은 가죽 재킷으로 옷을 바꿔 입은 윌버가 이륙탑 없이도 이륙하는 방법을 연습하느라 바빴다. 그는 당시에 프랑스의 타이어 회사가 신설한 경연 대회인 미슐랭컵에 출전하기로 결심했는데, 이 대회에서는 이륙탑 같은 출발 장치는 사용이 허락되지 않았다.

대회 개최일인 12월 31일, 이날은 한 해의 마지막 날인 동시에, 도부르 기지에서 있었던 윌버의 마지막 행사이기도 했다. 비와 추위에 시달리는 상황에서도 그는 이때까지의 비행 가운데 가장 놀라운 솜씨를 보여주었으며, 다른 누구보다도 더 오래, 그리고 더 멀리 날았다. 즉 2시간 하고도 20분 하고도 23초 하고도 0.2초 동안 무려 124킬로미터의 거리를 날았던 것이다. 윌버는 결국 미슐랭컵을 수상했다.

하지만 그는 고향에서 크리스마스를 보내지 못해 아쉬워했고, 다음날 아버지에게 편지를 썼다. "하지만 저는 미슐랭 컵을 포기할 수는 없었습니다. 위신을 잃는 일은 직접적인 손실보다도 훨씬 더 심각한 것일 테니까요. 만약 제가 이곳을 떠나 버렸다면, 다른 사람들이 제 기록을 깨기 위해서 즉시 온갖 노력을 다 기울였을 겁니다. 제가 누구라도 거뜬히 물리칠 준비가 되어 있다는 사실 때문에, 그들은 계속해서 낙담할 수밖에 없는 거죠."

추위와 비에도 불구하고 윌버는 착륙 직후에 다시 이륙할 준비를 했고, 이번에는 국토건설부 장관 루이 바르투를 태우고 날아올랐다. "그 장관이 그러더군요. 프랑스 정부에서 저와 오빌 모두에게 레종도뇌르 훈장을 수여하기로 결정했다고."

II

이 당시에만 해도 한겨울에 대서양을 건너는 여행을 제안 받는다면, 많은 사람들은 (심지어 경험 많은 여행자조차도) 기꺼이 거절하고 안전하고 편안한 집에 머무는 편을 선택했을 것이다. 하지만 캐서린 라이트는 평생 바다에 나가본 적이 없었고, 평생 정기 여객선은 타본 적이 없었음에도, 이 여행에 대해서는 아무런 불안이나 망설임 없이 떠나기로 결정했다. 1909년 1월 5일, 그녀는 오빠와 함께 뉴욕에서 독일 국적 정기 여객선 카이저 빌헬름 데어 그로세 호에 탑승했다. 오빌은 동생 옆에서 절뚝거리면서 최대한 조심스럽게 배다리를 올라 프랑스로 향했다. 워낙 오랫동안 직장과 가족에 대한 책임에 얽매여 살았던 캐서린이 드디어 34세의 나이에 모험을 향해, 즉 지금껏 상상만 해 왔던 모험을 향해 나선 것이었다.

그녀는 12월 초에 데이턴 소재 여성복 상점을 처음 방문해서 여행용 옷가지와 모자를 골랐으며, 분홍색과 검정색 이브닝드레스 두 벌을 여행용 가방에 꾸려 넣었다. 친구들과 기자들이 여행 목적을 묻자, 캐서린과 오빌은 "일종의 가족 모임"일 뿐이라고만 대답했다. 이들의 부재중에 라이트 감독은 캐리 그럼바크가 돌봐줄 예정이었으며, 아예 남편과 아이를 데리고 호손 가 7번지로 이사를 왔다.

캐서린은 주로 오빌을 돌보기로 했다. 그는 이제 목발 대신 지팡이를 짚고 걸을 수 있었지만 여전히 두 발로만 서기는 불안했고, 눈에 띄게 발을 절뚝거렸기 때문에 혹시나 넘어지지 않도록 누가 옆에 있어야 했다. 거친 파도가 일었던 단 하루를 제외하면, 대서양 횡단은 극도로 무난했지만, 오빌은 갑판에 나와 걷기조차도 힘들어 했다.

라이트 남매는 1등 선실에서 여행했고, 좋은 서비스를 받았으며, 캐서린이 아버지에게 보낸 편지에서 말했듯이 "유쾌한 동행자들"을 만났다. 분명 이 모두가 그녀의 바람대로였다.

라이트 남매는 1월 11일 오후에 셰르부르에 상륙했고, 임항 열차를 타고 새벽 1시에 파리에 도착해서 기차역에서 윌버와 만났다. 그는 "실크햇과 연미복 차림"이었다고 캐서린은 신이 난 듯 기록했다. 윌버는 포에서 그곳까지 달려온 것이었으며, 버그 부부와 아놀드 포다이스도 함께 와 있었다. 특히 포다이스는 미국 국기가 꽂혀 있는 커다란 '아메리칸 뷰티' 종 장미 꽃다발을 캐서린에게 건네주었다.

이들은 함께 버그의 아파트 인근인 샹젤리제 소재 마이어비어 호텔로 갔다. 다른 사람들이 잘 자라며 인사하고 떠난 후에도 라이트 남매는 새벽 3시까지 못다한 대화를 나눴다.

다음날 라이트 형제는 앙드레 미슐랭과 만나 점심을 먹었고, 이 자동차 제조업자는 자사가 개최한 미슐랭컵 우승자 윌버에게 4000달러의 상금을 건네주었다. 그 와중에 캐서린은 이디스 버그와 함께 쇼핑에 나섰고, 그날 저녁 아버지에게 쓴 편지에서는 그녀를 "매우 예쁘고 아주 멋쟁이인 여성"이라고 묘사했다. "그녀는 저와 함께 포로 내려갈 거고, 그러면 여행이 더 즐거울 거예요. 그녀는 자기 자동차를 몰고 저한테 시골 곳곳을 구경시켜주기로 했어요." 윌버와 하트 버그는 이미 포로 떠났다. 캐서린과 오빌도 조만간 뒤따를 예정이었다.

오빌은 동생에게 부탁해서 또 한 가지 소식을 감독에게 전하도록 했다. 현재 프랑스 기업 연합의 지불 금액이며, 상금이며, 축하금을 모두 합치면, 자기네 형제는 현재 파리 소재 은행에 3만 5000달러를 예치하고 있다는 소식이었다.

* * *

오빌과 캐서린은 15일 금요일 저녁에 야간열차를 타고 파리를 떠나 남쪽으로 300킬로미터 떨어진 포로 향했다. 그런데 이 열차는 다음 날 오전 7시경에 화물열차와 정면충돌하는 사고가 일어나 승객 두 명이 사망하고 대여섯 명이 중상을 입었다. 캐서린은 자기와 오빌 모두 "긁힌 곳 하나 없다"면서 아버지를 안심시켰다. "우리는 마침 '최상급' 객실에 있었기 때문에 멀쩡했고, 기껏해야 우리 중 한 명이 바닥에 세게 떨어졌을 뿐이에요." 사실 오빌은 부상을 입지는 않았지만 심한 진동으로 인해 격한 고통에 시달렸다.

5시간의 지연 끝에 이들은 이튿날 오후에야 포에 도착해 가숑 호텔에 투숙했다. 바로 옆에는 역대 프랑스 왕 가운데 가장 인기가 높은 앙리 4세의 탄생지가 있었다.

이 호텔은 근사했으며, 가파른 절벽 가장자리에 자리하고 있어서 저 아래 펼쳐진 초록색 계곡이며, 피레네 산맥의 눈 덮인 봉우리 같은 경치가 훌륭했다. 높이 3000미터가량의 산맥이 남쪽으로 약 50킬로미터가량 펼쳐졌다. 절벽 꼭대기를 따라서 1.5킬로미터 가량 아름다운 산책로가 이어졌다. 캐서린과 오빌 모두 이런 산맥을 이제껏 본 적이 없었다. "이렇게 멋진 풍경은 난생 처음 봐요." 캐서린은 자기 느낌을 표현할 만한 단어를 찾으려고 애쓰면서 이렇게 썼다.

윌버는 호텔에 머무는 대신, 시내에서 10킬로미터쯤 떨어진 퐁롱이라는 비행장에 머물렀다. 이곳 시 의회의 배려로, 시내에서 자동차로 20분쯤 걸리는 비행장에 그를 위한 호화로운 (최소한 그의 기준으로는 '호화로운') 거처와 온갖 편의시설이 마련되었으며, 심지어 프랑스인 전담 요리사까지도 따라붙은 까닭이었다. 하지만 이 요리사는 오래 근무하지 못했는데, 윌버가 그의 요리를 너무 화려하다고 생각했기 때문이었다. 그 후임자도 만족스럽지는 않았다. 마침내 세 번째 요리사가 이 미국인이 뭘 먹고 싶어 하는지를 파악했고, 이후로는 모든 일이 잘 되어 가는 듯했다.

포 시장이 라이트 삼남매를 환영하는 연회를 개최했고, 산책로 동쪽 끝의 '겨울 궁전 대연회장' 내 '포 가든'에 500명의 손님이 참석했다. 그 주위를 에워싼 야자나무와 꽃들 바깥에서는 1000여 명 이상이 모여서 구경했다.

월버는 아직 당초 목표였던 "실험"을 전혀 하지 못했지만,《파리 헤럴드》의 보도에 나온 것처럼 포 전체가 벌써부터 "항공술에 일단 열광하는" 상황이었다.

오로지 동력 비행 이야기만 했고, 모두가 카메라를 새로 사서 비행기를 촬영했고, 화가들은 바쁘게 화폭 위에서 손을 놀렸으며, 오랫동안 방치되었던 도로가 보수되고, 사교계는 라이트 가족이 실제로 참석할 수 있는 것보다도 훨씬 더 많은 모임에 이들을 초청했다.

며칠 뒤에 포를 산책하는 라이트 삼남매를 찍은 사진이《파리 헤럴드》1면에 등장했다. 캐서린은 자기들이 어디를 가든지 "스타" 대접을 받았다고 편지에 썼다. 1년 전만 해도 월버와 오빌은 사실상 비밀리에 작업을 진행했다. 이제 이들은 유럽에서 명성이 자자했으며, 캐서린 역시 오빠들과 함께 명성을 누렸다.

"우리가 움직일 때마다 거리의 사람들이 걸음을 멈추고 우리를 바라보았어. (…) 2분에 한 번씩 사진을 찍는다니까." 그녀는 이런 일을 전혀 개의치 않았다. "특히 런던《데일리 미러》에서 보낸 사람이 오브랑 내 사진을 멋지게 찍어주었지."

***

2월이 되고 날이 더 따뜻해지자 포에는 여러 저명인사들이 눈에 띄게 늘어났다. 그중 백작과 백작부인, 공작과 공작부인, 귀족과 귀부인 가운데 상당수는 영국인이었다. 또한 프랑스 정부 각료들, 장성들, 언론사 사주, 그리고 미국인 백만장자도 다수 있었고, 심지어 영국의 전직 총리와 외국의 국왕도 두 명이나 있었다.

라이트 삼남매로선, 어느 면으로 보거나 즐거운 시간을 보내는 것 말고는 딱히 할 일이 없어 보이는 사람들을 이렇게 한꺼번에 만난 적이 평생 한 번도 없었다. 하지만 삼남매는 이들 앞에서도 전혀 주눅 들거나 의기소침하지 않았다. 자기들 역시 나름의 방식으로 남들 못지않게 좋은 집안에 태어났고 반듯하게 자라났다고 생각한 까닭이었다. 이들은 평소의 모습에서 벗어나지 않고 여전히 그대로였으며, 여러 사람을 만나는 것 자체에서 유쾌한 놀라움을 경험했다.

예를 들어 라이트 삼남매는 언젠가 호텔에서 열린 오찬의 주최자인 런던 《데일리 메일》 발행인 노스클리프 경 앨프리드 함스워스를 무척 마음에 들어 했는데, 그는 윌버나 오빌과는 한 마디로 천양지차인 인물이었다. 막대한 부를 보유하고, 권력과 성공의 광채를 모두 지녔지만, 무척이나 큰 인간적 매력을 발휘했다. 게다가 그는 항공술의 발전에 큰 관심이 있었고, 심지어 미국인을 좋아하기까지 했다.

또 라이트 삼남매는 《뉴욕 월드》의 발행인 조지프 퓰리처와 그의 부인을 만나기도 했다. "우리 모두 그를 매우 좋아했다." 캐서린의 말이다. 그녀는 또한 밸푸어 경 부부와 점심을 먹으면서 "즐거운 시간을 보냈다"고도 말했다.

영국의 전직 총리 아서 밸푸어는 퐁롱에서 있을 윌버의 비행 준비에 참여하고 싶어했으며, 노스클리프 경과 함께 직접 밧줄을 당겨 발사탑의 추를 들어올리기까지 했다. 그런가 하면 한 젊은 영국인 귀족이 그 일을 거드는 모습을 지켜본 노스클리프는 옆에서 바라보던 오빌에게 말했다. "저 젊은 친구가 밧줄 당기는 일을 도와주는 걸 보니 내 기분이 다 좋군요. 저 친구가 지금껏 살면서 한 일 중에서 유일하게 쓸모 있는 일이니까요."

캐서린은 부유한 아일랜드인 부부와 함께 자동차를 타고 피레네 산맥에 다녀오는 즐거움을 누렸다. 그녀는 아버지가 좋아할 만한 소식도 편지에 적었는데, 예를 들어 자기가 매일 오전 2시간씩 프랑스어 교습을 받는다는 것, 그리스어와 라틴어에 대한 배경 지식 덕분에 진전이 빠르다는 것 등이었다. 캐서린의 프랑스어 교습을 도와주던 사람 중에는 프랑스 총리 조르주 클레망소의 아들도 있었다. 그녀가 무척 좋아했던 또 한 사람은 윌버의 제자인 들랑베르 백작의 부인이었다.

불만이 아주 없지는 않았다. 햇빛이 나지 않은 날에는 이곳의 추위와 습기가 그녀의 마음에 안 들 정도로 변했다. 게다가 파리에서 처음 만났을 때에는 무척 마음에 들었던 이디스 버그도 점차 그녀의 신경을 거스르게 되었다. "그 여자는 항상 독재자이며, 다른 누구와도 마찬가지로 이기적이에요. 그녀가 떠나 버렸으면 좋겠어요." 하지만 편지 내용으로 미루어 판단하건대, 이 정도가 캐서린이 유럽에 머무는 기간 동안 보인 가장 "격노한" 표현이었다. 게다가 비록 이디스 버그가 계속 머물러 있었지만, 라이트 형제의 여동생은 더 이상 그녀에게 불만을 갖지는 않았던 것 같다.

더 많은 기자가 찾아오고, 더 많은 사진이 촬영되고, 더 많은 기사가 작성되어 《르 피가로》, 《파리 헤럴드》, 런던 《데일리 메일》, 《뉴욕 타임스》에 게재되었다. 곧이어 이들 신문은 데이턴으로도 향했다. 미국의 한 언론사가 파리에서 받았다는 기사에서는, 프랑스 육군 중위 한 명이 이혼 재판에서 윌버를 고소했다는 주장이 나오기도 했다. 이 이야기는 완전 날조였기 때문에 프랑스 신문은 전혀 게재하지 않았지만, 오히려 데이턴에서는 보도되어 잠시나마 민망한 소동을 일으키기도 했다. 윌버는 격분한 나머지 공식적으로 이 그 내용을 부인했다. 고향의 가족과 친구들도 곧바로 그를 옹호하면서, 결코 그런 종류의 사람이 아니라고 단언했다.

1월에 파리에 도착한 이래 오빌은 줄곧 자신의 몸 상태를 이유로 들며, 또다시 비행을 시도하는 건 어리석은 일이라고 기자들에게 말했다. 포에서도 그는 주로 서 있거나 지켜볼 뿐이었고, 말은 거의 하지 않았다. 중산모와 깔끔하게 다린 정장, 번쩍이는 구두와 지팡이 같은, 외양만 보면 자칫 유럽 귀족 가운데 한 명으로 착각할 법도 했다.

《플라이어》 잡지의 필자인 H. 매새크 뷔스트는 오빌의 체구가 작다는 사실, 아울러 이들 형제가 언론 보도를 토대로 상상한 자기 머릿속의 예상과는 무척이나 달랐다는 사실을 직접 확인하고 깜짝 놀랐다. "나는 이들이 과묵하거나, 퉁명스럽거나, 비밀스러운 모습은 전혀 보지 못했고, 그 외에 이들의 두드러진 개성이라고 믿어 의심치 않았던 다른 무엇도 전혀 보지 못했다." 아울러 뷔스트는 윌버가 한 말이라고 보도된 인용문을 하나 떠올린 다음 ("음, 제가 말을 많이 했다면 저는 앵무새와 비슷해졌을 겁니다. 그놈은 항상 말만 많고 날지는 않는 새니까요.") 사실 윌버는 대부분의 다른 사람과 마찬가지로 하루 종일 말을 많이 했다고 썼다. 다만 차이가 있다면, 그의 말은 항상 정곡을 찔렀다는 점뿐이라고 했다.

오빌이 말을 아꼈던 반면, 캐서린은 말을 많이 해서 대단한 효과를 발휘했다. 그녀는 이미 특유의 매력으로 유명인사가 되었다. 언론에서도 캐서린을 각별히 좋아했다. "비행기의 달인들, 현명하고 용감한 데이턴 사람들, 이례적인 명성의 불빛 아래 유럽으로 건너온 그들에게는 과묵한 파트너가 한 명 있었다." 한 보도에는 이렇게 나왔다. 하지만 그녀는 더 이상 과묵하지 않았고, 기자들은 그녀의 외향적이고 전적으로 솔직담백한 미국 중서부 사람 특유의 태도를 무척이나 기뻐했다.

이때 작성된 기사 가운데 일부는 과장되기도 했다. 예를 들어 캐서린이 오빠들을 능가하는 수학 천재라는, 또한 오빠들의 유럽 활동을 경제적으로 지원한 장본인이라는 등의 내용이었다. 하지만 대체적으로는 라이트 형제의 노력에서 그녀가 담당한 "버팀줄" 역할에 대한 진정어린, 아울러 진작에 알려졌어야 할 공개적 인정이라 할 만한 내용이었다.

> 라이트 형제에게 비행이란 문제가 해결 불가능하다는 생각이 들기 시작했을 때, 이들에게 새로운 희망을 선사한 사람은 누구였던가? (…) 지난 9월의 치명적인 사고 직후에 의사들조차도 포기한 오빌을 간호하여 체력과 건강을 회복시킨 사람은 누구였던가?

한 특파원은 이에 덧붙여 다음과 같이 설명했다. "대부분의 미국 여성들과 마찬가지로, 캐서린 역시 자기 나름대로의 뚜렷한 가치관을 보유하고 있었다."

***

월버는 2월 3일에 포에서 첫 번째 비행을 실시했고, 그날 이후로 계속해서 화제의 중심으로 남았다. 한 헤드라인의 표현처럼, 포 전체가 "들썩거리는" 상황이었다.

일요일을 제외하면 거의 매일 우아한 마차와 자동차가 꾸준히 줄지어 비행장으로 향했다. 사람들은 그곳에서 거대한 붉은색 "비행 선창"의 문이 활짝 열리고 이제 네 살이 된 플라이어 호가 굴러 나오는 모습을 지켜보았다. 비행기는 상당히 낡고 상한 흔적이 역력했고, 그 날개 천은 지저분해지고 찢어졌으며, 양철못으로 여기저기 깁고 땜질한 자국이 있었다. 윌버는 평소와 마찬가지로 신중을 기하며 곳곳을 살펴보았다. 한 손에는 윤활유통을 들고, 주머니에는 노끈과 나사드라이버와 렌치를 집어넣은 채, 여기서 철사를 한 번 만지고 저기서 볼트를 한 번 만지면서도 결코 서두르는 법이 없었다. 그러다가 모든 것이 자기 마음에 든다 싶으면, 드디어 출발해서 "공중으로 곧장 올라가, 선회하고, 위아래로 움직이는데, 마치 신천옹처럼 우아하게, 완벽한 조종 실력을 선보이는 것이었다." 눈 덮인 피레네 산맥의 높고도 새하얀 선을 배경 삼아 1~2초쯤 비행기가 마치 꿈쩍 않고 공중에 매달려 있는 듯한 모습은 "형언하기 힘들 만큼 절대적으로 아름다운 광경"이었다.

윌버가 해결해야 하는 몇 가지 문제 가운데 하나는 이곳에 둔덕이 많다는 점, 심지어 그중 일부는 중산모 크기이다 보니 이륙이 어렵다는 점이었다. 땅에 삽질을 조금 해 놓으면 평평해질 거라고 누군가가 제안했다. 라이트 형제가 허프먼 평원에서의 첫 번째 시험 비행을 준비하며 이미 해 보았던 일이었지만, 윌버는 이제 자기들이 이런 상황에 개의치 말아야 한다고 생각했다. "항상 그렇게 지표면을 변화시켜 놓아야만 비로소 비행이 가능하다는 생각을 완전히 바꿔보는 게 좋을 수도 있어." 현장에 있던 한 필자는 이 방식이 윌버 특유의 방식이라고 고찰했다. "그는 쉽게 돌아가는 길을 결코 추구하지 않았다."

윌버는 대부분의 시간을 들랑베르 백작과 또 다른 프랑스인 조종사 지망생인 폴 티상디에르를 훈련시키는 데에 썼다. 들랑베르와 마찬가지로 티상디에르도 부유한 귀족이었으며, 원래는 자동차 경주 선수로 활동하다가 비행술로 넘어온 경우였다. 세 번째 제자는 프랑스 육군 장교인 폴 N. 뤼카지라르비유 대위였다. 하지만 세 명 중에서 가장 실력이 뛰어난, 그리하여 윌버가 가장 선호한 사람은 바로 들랑베르였다.

윌버가 퐁롱에서 실시한 비행 가운데 어떤 것도 기록 경신을 염두에 둔 것은 아니었기에, 다른 승객들을 옆에 태운 경우가 종종 있었다. 모두 합쳐 열두어 명쯤이었던 승객 가운데는 캐서린도 포함되어 있었다. 그녀는 2월 15일 밤이 되기 직전에 많은 관중 앞에서 하늘을 날았다. 캐서린으로선 난생 처음 경험한 셈이었다.

날씨는 갑자기 추워졌다. ("햇빛 찬란한 프랑스 남부라는 말은 기만이고 덫이에요!" 그녀는 아버지에게 쓴 편지에서 이렇게 말했다). 하지만 마침내 윌버가 누이에게 함께 날자고 제안하자 이 모든 불평은 싹 날아가고 말았다.

캐서린은 무척 자연스럽게 하늘을 날았으며, 저 밑의 얼굴들을 손쉽게 알아볼 수 있다는 점이 기쁘면서도 놀라웠다. 그녀는 9미터쯤 되는 높이를 날았다고 생각했지만, 후에 높이 18미터에서 시속 67킬로미터로 날았다는 사실을 알게 되었다. 하지만 캐서린은 완전히 평온한 느낌을 받았으며, 춥다는 사실을 완전히 잊어버리고 있었다. 비행은 7분간 계속되었다. 자기가 이 기계를 얼마나 손쉽게 작동시킬 수 있는지 보여주기 위해서 윌버는 몇 차례 급선회를 실시했지만, 캐서린은 아무런 불편함도 느끼지 못했고 두려움의 기미도 전혀 드러내지 않았다.

오빠와 함께 하늘을 날면서 마치 새가 된 듯한 느낌을 받았느냐는 질문에, 캐서린은 이렇게 대답했다. "새가 정확히 어떤 기분인지는 모르겠네요. 하지만 새들이 노래하는 것은 행복하기 때문일 것 같아요. 그래요, 저 역시 노래를 불렀고, 실제로도 매우 행복했어요. 하지만 새들과 마찬가지로, 일단 비행이 끝나고 난 뒤에야 노래를 가장 잘 부를 수 있네요."

이제 윌버는 하루에 대여섯 번씩 승객을 태우고 비행했다. 누구를 태울지는 본인이 직접 결정했는데, 어떤 사람은 그가 이처럼 보기 드문 특권을 제공하는 대가로 요금을, 그것도 상당한 요금을 청구하리라 예상했다. 하지만 윌버는 요금을 청구하지 않았으며, 사람들은 이 사실에 큰 감동을 받았다.

필라델피아에서 온 부유한 미국인은, 비행기에 탈 사람을 윌버가 직접 결정한다는 이야기를 노스클리프 경으로부터 듣자마자 이렇게 대답했다. "아, 제가 장담하건대, 어찌어찌 손을 써볼 수 있을 겁니다."

"당신이 어찌어찌 손을 써볼 때에, 내가 굳이 옆에 남아서 결과를 지켜볼 필요까지는 없을 것 같군요." 노스클리프 경은 이렇게 대답하고 말았다. 당연히 그 미국인은 비행기에 타지 못했다.

훗날 노스클리프 경은 이제껏 살면서 윌버와 오빌과 캐서린만큼 솔직 담백한 사람은 본 적이 없다고, 아울러 저 비범한 업적에서 비롯된 대중의 열광이나 대대적인 관심조차도 이들에게 아무런 효과를 끼치지는 못했다고 말했다.

캐서린은 오빠들을 위한 대외 업무 담당자 역할을 완벽하게 해냈고, 밤낮으로 벌어진 모든 행사에 적극적으로 참여했으며, 능숙한 프랑스어 실력을 이용할 기회를 결코 놓치지 않았다. "이제는 상당히 많이 알아듣고, 말도 제법 잘 해요." 그녀는 아버지에게 이렇게 말했다. 하지만 두 형제 가운데 어느 누구도 프랑스어를 배우려 하지 않는다는 사실에 라이트 감독은 상당히 언짢아했다. "프랑스에서 1년을 보냈는데도 프랑스어를 이해하지도 말하지도 못한다니!" 그는 특히 윌버를 지목해서 이렇게 썼다. 이 정도면 감독이 윌버에게 가장 비판적인 태도를 드러냈을 때라고 할 수 있다.

아울러 라이트 형제는 아버지와의 서신 교환을 캐서린에게 전적으로 맡겼고, 그녀도는 일주일에 몇 차례씩 편지와 엽서를 집에 보냈다. 포에 온 지 한 달이 넘도록 오빌은 감독에게 단 한 번도 편지를 쓰지 않았고, 윌버는 딱 한 번 썼을 뿐이었다. 즉 3월 1일자 편지에서 자기는 다음에 로마로 갈 것이며, 오빌은 도착했을 때보다 훨씬 더 나아졌지만, 그래도 아직 "완전히 예전 모습까지는 아닌" 상태이고, 자기(윌버)는 고향으로 돌아가면 무척 기쁠 것 같다고 전한 것뿐이었다.

라이트 감독도 집에서 일어난 여러 가지 사건이며, 자기 건강(다행히 좋았다)이며, 캐리 그럼바크의 요리(역시나 좋았다)며, 교회 일로 다녀온 여행이며, 날씨며, 자기가 "조금도 외롭지 않다"는 사실 등을 정기적으로 알려 주었다. 그에게는 할 일이 너무 많았다. 자서전 집필을 시작했고, 이미 타자 원고로 14페이지 가량을 써 놓았다. 몇 주 뒤에는 50페이지를 채울 예정이었다.

언론에서 지적한 것처럼, 퐁롱의 비행장은 계속해서 "저명인사들의 순례 장소"가 되었다. 2월 마지막 주에는 에스파냐 국왕 알폰소 13세가 "기적"을 목격하기 위해 찾아왔다. 그는 윌버가 이륙하고 커다란 원을 그리면서 높이 나는 모습에서 눈을 떼지 못했다. 이후에 수행원들과 오빌과 캐서린과 기타 군중이 주위를 에워싼 가운데, 국왕은 윌버의 곁에 가까이 서서 이 기계의 조종 메커니즘에 대한 설명을 들었다. 영어를 할 줄 알았고, 항공술을 상당히 많이 알았던 알폰소 13세는 윌버에게 여러 가지 질문을 던졌다. 어느 시점에서 그는 캐서린을 돌아보며 물었다. "정말 당신이 이걸 직접 타 보았소?" 그녀가 그렇다고 대답하자, 국왕은 자기도 윌버와 함께 하늘을 날고는 싶지만, 그러지 않기로 아내와 약속했다며 아쉬워했다. 그러자 캐서린은 그가 "훌륭한 남편"일 거라고 판단했다.

알폰소 13세는 윌버를 돌아보며, 비행 시범을 또 한 번 요청해도 괜찮겠느냐고 물었다. "당신이 무엇을 할 수 있는지는 이미 보았소." 그가 말했다. "이번에는 당신네 조종사 가운데 한 명이 무엇을 할 수 있는지 보고 싶소만."

윌버는 곧바로 응낙했고, 이번에는 들랑베르 백작과 함께 12분간 비행했으며, 이 과정 내내 자기는 조종간을 한 번도 건드리지 않았다. 국왕은 조종사 훈련생이 그토록 짧은 시간 안에 그토록 뛰어난 솜씨로 비행기 다루는 법을 터득했다는 사실에 다른 무엇보다도 더 감동했다.

오빌은 프랑스에서 비행을 시도하지 않을 거라고 이미 언론에 말해 두었다. 아울러 자기는 형과 함께 비행할 계획도 없다고 했다. 며칠 뒤에 윌버가 또 한 번 캐서린을 태우고 20킬로미터 횡단 비행을 실시했다. "대단했어요." 그녀는 아버지에게 쓴 편지에서 말했다. 얼마 후에 캐서린은 한 프랑스 백작과 함께 기구(氣球)를 타고 이륙했으며, 이번에는 오빌도 함께 갔다. 이들은 50킬로미터쯤 날아서 피레네 산맥의 오쉰에 착륙했다.

기구 여행을 마치자 캐서린은 지쳐 떨어졌다. "너무 흥분한 나머지" 거의 기절할 지경이 되어서, 이후 이틀 동안이나 호텔에 머물러 있어야 했다.

* * *

3월 17일, 지금껏 프랑스에서 머물렀던 날들 중 가장 날씨가 화창했던 날(흔히 말하는 "왕이 행차하실 만큼 좋은 날씨")에 영국 국왕이 비행장에 찾아왔다. 평소 휴가지였던 비아리츠에서 포까지 110킬로미터 이상 직접 자동차를 운전했으며, 상당한 규모의 수행원들이 번쩍이는 검정색 자동차를 타고 줄줄이 뒤따랐다.

에드워드 7세는 68세였고, 체구는 땅딸막하고, 새하얀 턱수염을 기르고 있었다. 특유의 생을 만끽하는 태도하며, 옷차림(중절모, 트위드 정장, 그리고 조끼의 맨 아래 단추를 결코 채우지 않는 습관 같은)이며, 빠른 자동차를 사랑하는 취미며, 노골적인 미녀 애호 성향 때문에, 그는 1900년 이후의 시기를 대표하는 일종의 상징이 되었다. 그리하여 이 시기를 '에드워드 시대'라고 부르는 것이다. 빅토리아 여왕의 장남인 그는 이른바 '빅토리아 시대'로부터의 탈주를 상징하는 전적으로 신선한 의인화였다. 따라서 에드워드 7세가 항공술에 큰 관심을 가졌으며, 윌버 라이트의 경이를 직접 목격하기 위해 찾아왔다는 사실은 그의 성격에 전적으로 어울려 보였다.

이날은 비행장에 모인 군중도 대규모였고, 이들의 흥분도 대단했다. 캐서린은 국왕을 알현했는데, 이때 에드워드 7세는 세인트 패트릭스 데이를 기리기 위해서 단춧구멍에 작은 클로버 다발을 꽂고 있었다.

왕은 우선 창고 안에 놓인 플라이어 호를 구경했다. 윌버는 비행기가 낡은 모습이어서 황송하다고 사과하면서, 바로 옆에서 제작 중인 새롭고도 말끔한 플라이어 호를 자랑스럽게 가리켰다. 그러면서 이 새로운 비행기를 로마에서 사용할 예정이라고 설명했다.

윌버가 비행기를 출발 지점에 갖다 놓고 마지막 검사를 하는 동안, 오빌은 작동 원리를 국왕에게 설명했다. 곧이어 윌버가 이륙하여 완벽한 조종 솜씨를 선보였고, 7분 동안 비행하고 나서 이륙 지점에 완벽하게 착륙했다. 국왕은 "숨을 죽인" 상태로 그 모두를 지켜보았다.

알폰소 국왕 때와 마찬가지로, 윌버는 승객을 한 명 태우고 다시 날아보겠다고 제안했다. 이번에도 캐서린이 함께 탑승했다. 이제 그녀는 미국 여성 중에 가장 오래, 그리고 가장 멀리 비행한 사람이라는 기록을 세우게 되었다.

같은 날 늦게, 라이트 삼남매에게는 무척이나 자랑스럽게도, 그리고 그곳에 모인 모든 프랑스 국민에게도 역시나 자랑스럽게도, 들랑베르 백작이 완벽한 단독 비행을 해냈다.

***

라이트 형제가 성취한 업적을 향한 (즉 이들이 르망과 포에서 거듭 입증한 모든 내용에 대한) 찬사와 감탄은 단지 유럽에만 국한되지 않았다. 이들의 고국인 미국에서는 전국 각지의 신문과 잡지에서 이 이야기에 지속적으로 관심을 보였다. 아울러 이런 기적적인 창조물이 지닌 잠재력도 간과되지 않았다.

텍사스 주 와코 《타임스 헤럴드》에 게재된 「공중의 군주들」이라는 제목의 긴 기사에서 제임스 A. 에저턴은 이렇게 썼다.

우리 대부분은 자동차가 새롭고 신기한 물건이었던 시절을 기억한다. 필자는 아직 40대가 되지 않았지만, 그래도 "말 없는 마차"가 최초로 사용되었던 때를 기억하는데, 그때라고 해야 겨우 20년 전에 불과하다. (…) 이 기계는 크고 번거로운 물건이었으며, 커다란 바퀴에, 불확실한 조종 장치에, 매우 소음이 심한 증기 엔진을 이용했다. 이것은 워낙 큰 실패작이었기 때문에, 또 다른 자동차가 제작되기까지 어느 정도 시간이 걸렸다. 그런데 이제 자동차는 백만장자만큼이나 흔해졌다.

만약 자동차가 그토록 짧은 시간 동안 크게 향상될 수 있었다면, 이제 막 원리가 발견되어 전 세계 앞에 놓인 항공 분야에서 무슨 일이 일어날지를 과연 누가 예견할 수 있겠는가? 일찍이 증기 이용법의 발견이 그랬던 것처럼, 이 분야 역시 급격한 방식으로 인간 생활을 혁신할 수 있지 않겠는가?

이 거대한 변화를 일으키고 있는 마법사는 바로 라이트 형제이다. 이들은 선도자인 동시에 개척자이다.

미국 항공술 동호회에서도 라이트 형제가 귀국하는 대로 금메달을 수여할 예정이라는 발표가 있었다. 미국 의회도 윌리엄 하워드 태프트 대통령이 이 금메달을 직접 수여하는 안건을 통과시켰고, 데이턴은 역사상 최대 규모의 축하 행사를 준비하고 있었다.

하지만 라이트 형제에게 세간의 시선이 집중되고 있긴 했지만, 프랑스 항공술 분야에서 많은 발전들이 분주히 일어나고 있다는 점을 미국인들은 자각할 수 있었다. 불과 6개월 전에만 해도 파리와 그 인근 지역의 비행기 제작업체는 기껏해야 대여섯 군데뿐이었지만, 4월 25일자 《뉴욕 타임스》 보도에 따르면 이제 최소한 15개 이상의 업체가 완전 가동 중이었다. 설령 라이트 형제가 이 혁신적 변화의 무대의 선두에서도 한가운데를 차지하고 있다 하더라도, 그 무대의 나머지 부분은 프랑스가 빠른 속도로 채워 가고 있었던 것이다. 《뉴욕 타임스》는 기사에서 이렇게 덧붙였다.

수십 명의 발명가들이 각자의 기계를 만들고 있다. 그런가 하면 훈련생들이 비행술을 배우는 비행장도 한 군데 있다. 지난 6개월 사이에 항공술만 전문으로 다루는 신문이 세 개나 창간되었다. 프랑스에는 항공술을 독려하는 협회가 세 개나 있고, 올해 안에 총 상금 30만 달러 이상의 경연대회가 열릴 예정이다.

가장 큰 규모의 경연대회인 국제비행회의는 그해 여름에 파리 북쪽 샹파뉴 지역 소재 랭스에서 열릴 예정이었다.

III

포에서의 시범 행사를 모두 끝내고, 윌버는 마지막 며칠 동안 새로운 플라이어 호를 여러 개의 상자에 포장해 로마로 발송하는 한편 (르망과 포에서 사용한 플라이어 호는 훗날 파리의 한 박물관에 전시되었다), 프랑스인 제자 세 명 모두 단독 비행이 가능하게끔 훈련 막바지 단계를 감독했다. 오빌과 캐서린은 이미 파리로 돌아갔고, 3월 23일에는 윌버 역시 포를 떠나 파리로 향했다.

며칠 뒤에 라이트 삼남매는 르망으로 가서 훈훈한 고별 연회에 참석했고, 사흘 뒤에 윌버와 하트 버그는 파리에서 로마로 가는 열차에 올랐고, 일주일 뒤에는 오빌과 캐서린이 뒤를 따랐다.

캐서린은 쉼없이 계속 이어지는 파리의 사교모임을 즐겼다. 아버지에게 알린 내용에 따르면, 그녀는 프랑스 항공술 동호회에서 열린 만찬에 초대된 사상 최초의 여성이 되었다. "아버지께서도 보셨어야 했어요." 캐서린은 이렇게 말했다. "저는 아버지처럼 귀한 손님으로 대접받으며 앉아 있었고 (…) 다른 사람들과 마찬가지로 활기차게 프랑스어를 구사했어요! 진짜 대단한 자리였어요." 그녀의 말에 따르면, 그 행사의 압권은 바로 감독을 위한 건배였다. "그 사람들이 아버지를 기리면서 샴페인을 마셨다니까요."

캐서린과 오빌은 4월 9일에 로마로 떠나 다음날 오후에 도착했다. 당시 그곳에는 수많은 관광객이 모여 있었고, 그중 미국인만 대략 3만 명에 달했다. 어느 누구도 그만큼 많은 인원이 모일 줄은 예상하지 못했다. 호텔이며 식당이며 기념물이며 박물관마다 사람이 북적였다. 하트 버그는 오빌과 캐서린을 위해 바르베리니 궁전 맞은편에 방을 구해 주었다. 윌버는 시내에서 남쪽으로 몇 킬로미터 떨어진 첸토첼레 비행장에 머물 예정이었지만, 이번에는 창고가 아니라 인근의 한 백작부인이 소유한 정원 내별장에 머물 예정이었다.

라이트 삼남매의 로마 방문은 아주 성공적이었다. 4월 15일부터 26일까지 윌버는 50회 이상의 비행을 실시했으며, 단 한 번의 사고도 내지 않고 대단한 격찬을 얻었다. 그는 이탈리아군 장교들에게 비행기 조종법을 훈련시켰으며, 교사와 학생을 대상으로 강연했고, 다양한 승객을 비행기에 태웠다. 그중 한 사람은 뉴스 촬영기사였으며, 역사상 최초로 비행기에서 촬영한 영화가 탄생했다.

날씨는 이상적이었으며, 프랑스와 마찬가지로 많은 군중이 모여 구경하고 감탄했다. 로마에서도 많은 저명인사들이 라이트형제를 보러 왔다. 이탈리아 국왕 비토리오 에마누엘레 3세는 마치 관광객처럼 직접 카메라를 들고 돌아다녔다. 왕족과 공작과 각료는 물론이고, 미국의 금융업자 J. P. 모건이 누이와 딸을 데리고 찾아왔으며, 미국의 저명한 철도 건설업자

제임스 J. 힐도 찾아왔다. 윌버와 함께 비행한 사람 중에는 이탈리아 주재 미국 대사 로이드 그리스컴도 있었다.

하지만 프랑스에 비해서 로마는 아주 별로였다. 4월이 로마에서는 "최고의 계절"이며, 역대 황제의 궁전들이며 콘스탄티누스 개선문이며 콜로세움이 기대보다 훨씬 더 감동적이긴 했지만, 이들은 뭔가 불충분하다고 여겼다. 딸은 아버지에게 이렇게 말했다. "로마에 도착한 이후로 저는 처음으로 향수를 느꼈어요." 즉 캐서린과 오빌 모두 "집에 가고 싶어 안달했다"는 것이었다. 그녀는 호텔이 끔찍스럽게 더럽다고 생각했다. "우리가 받는 관심보다는 차라리 깨끗한 욕조와 깨끗한 접시며 나이프며 포크가 있으면 더욱 감사할 지경이에요." 또 다른 편지에서 캐서린은 이렇게 말했다. "웨이터들이 어찌나 지저분한지, 저로선 음식을 한 입도 못 먹다시피 했어요."

한편으로 캐서린과 오빌은 J. P. 모건과 그 누이와 딸 모두가 충분히 "유쾌한" 사람들이라고 생각했지만, 귀족들의 행동 방식에는 점차 넌더리를 냈다. 이탈리아 국왕 비토리오 에마누엘레 3세가 오전 8시에 첸토첼레 비행장에 도착해 윌버의 비행 장면을 구경할 예정이라는 소식이 전해지자, 이것은 왕족이 민폐가 될 수 있음을 입증한 사례가 되었다. "그 사람들은 항상 그렇게 엉뚱한 시간에 찾아온다니까요." 캐서린의 말이었다.

윌버의 거처를 제공해 준 첼레리 백작부인의 아름다운 저택에서 라이트 삼남매를 기리는 점심식사 자리가 마련되었는데, 이 행사는 그나마 괜찮았다. 우아한 최신형 자동차를 타고 시골을 달리는 드라이브도 처음에는 괜찮았지만, 운전기사가 과속으로 커브를 돌다가 돌담에 정면충돌하는 사고가 벌어졌다. 다행히 다친 사람은 아무도 없었지만, 자동차는 완전히 망가져 버렸다.

캐서린은 윌버가 상당히 잘 지낸다며 감독에게 기쁘게 보고했다. 오빌 역시 좋아 보이고, "로마는 처음보다는 더 개선되고는 있지만, 저와 마찬가지로 로마의 여러 가지 불편에 대해서는 신경 쓰지 않는다고" 했다. 이들은 조만간 파리를 거쳐 런던으로 갈 예정이며, 최대한 빨리 거기서 다시 뉴욕으로 갈 예정이었다.

런던에서 이틀을 보내는 동안에도 계속해서 라이트 삼남매를 위한 연회와 시상식이 열렸다. 리츠 호텔에서 연회가 열렸고, 영국 항공술 협회에서 이들에게 사상 최초로 금메달을 수여했다. 곧이어 삼남매는 5월 5일에 사우샘프턴에서 독일 국적 여객선 크론프린제신 세실 호를 탔다.

윌버는 1년이 넘는 유럽 생활에 종지부를 찍은 셈이었는데, 그 기간 가운데 상당 부분은 프랑스에서 보낸 셈이었다. 르망에서 그는 지구상 어떤 사람도 해낸 적 없었던 방식으로 하늘을 날았다. 바로 그곳, 즉 르망과 포에서 그는 누구보다 더 멀리 날았으며, 거리와 속도와 고도와 시간 모든 부문에서 기록을 세웠고, 사상 최초로 승객을 태우고 비행했다. 그리고 이 모든 일은 모두가 보는 앞에서 이루어졌다. 여러 해 동안 라이트 형제의 노력은 거의 비밀리에 이루어졌지만, 이제는 전 세계가 알게 되었다.

라이트 삼남매는 이제 경제적으로도 부유해졌다. 유럽에서 보낸 시간 동안 이들은 계약금과 상금으로 20만 달러가량을 벌었다.

또한 윌버는 프랑스인에게서 이제껏 느껴보지 못한 풍부한 우정을 느꼈다. 한참 뒤에 그는 레옹 볼레에게 보낸 감사의 편지에서 이렇게 적었다.

"우리는 당신께서 많은 시간을 베풀어 주시고 몸소 곤란을 무릅쓰면서까지 우리를 지원해 주셨다는 사실을, 당신께서 우리의 성공을 함께 기뻐하셨고 우리의 곤란을 함께 슬퍼하셨다는 사실을 잊지 않았습니다." 이는 단순히 돈으로 보상할 수 있는 게 아니지만, "그래도 우리는 그 호의를 영원히 우리의 가슴에 소중히 간직할 것입니다."

오빌에게는 4개월간의 유럽 여행이 전환의 기회와 아울러 건강 회복의 기회 모두를 제공해 준 셈이 되었다. 캐서린에게는 그렇게 오랫동안 다양한 방식으로 오빠들에게 베푼 봉사의 큰 보상이 되었다.

점차 명확히 드러나겠지만, 라이트 삼남매는 거의 완벽한 시기에 유럽을 구경한 셈이 되었다. 이 시기에는 번영과 평화의 시기였다. 수많은 미국인이 유럽 여행의 경험을 통해 유례없는 시야의 변화를 발견하고 만끽했다. 현대식의 기계화 전쟁의 공포는 아직 찾아오지 않은 상태였다. 당시 유럽에 다녀온 미국 전역의 여행자들은 그때를 결코 잊지 못할 것이었다. 라이트 삼남매도 마찬가지였다. 아울러 이들이 함께 이런 즐거운 시간을 보내는 일도 두 번 다시는 없을 것이었다.

하지만 일단 지금 세 사람은 고향으로 돌아가는 길이 무척이나 기분 좋을 수밖에 없었다.

CHAPTER ELEVEN

축하의 이유

뉴욕에 안전하게 도착했다는 캐서린의 전보를 받았다. 목요일에는
집에 도착할 거라고 했다.

라이트 감독의 일기,
1909년 5월 11일 목요일

I

뉴욕으로 돌아온 라이트 삼남매는 요란한 환영을 받았다. 이들이 탄 여
객선이 항구로 들어오는 동안 곳곳에서 경적이 합창하듯 울렸고, 하루 머
무는 동안 기자들과 사진기자들이 떼 지어 따라다녔다. 이들은 데이턴 행
기차에 올라서, 1909년 5월 13일 목요일 오후 5시 유니온 역에 도착했다.
데이턴에서 보기 힘든 대규모 군중이 역에 모여들었다. 축포가 터지고, 도
시 곳곳의 공장에서 경적을 울리고, 역에 모인 사람들 모두가 환호성을 보
냈다.

캐서린은 오빠들과 함께 열차에서 내리자마자 라이트 감독을 보고 외

첬다. "저기 아빠가 계셔." 그러면서 얼른 달려가 아버지를 끌어안았다. 곧이어 윌버와 오빌도 아버지를 끌어안았지만, 소음이 워낙 요란한 나머지 이들이 무슨 말을 주고받는지는 아무도 듣지 못했다.

이들은 로린과 네타와 조카들도 연이어 끌어안았다. 그들은 군중을 헤치고 조금씩 나아갔고, 라이트 형제는 곳곳에서 사람들이 내미는 손을 붙잡으며 악수를 나누었다. 데이턴의 덩치 좋은 고참 경찰관 톰 미첼을 보자 윌버는 이렇게 인사를 건넸다. "잘 있었나, 톰!" 그러자 경찰관도 악수를 나누며 대답했다. "그래, 이 친구야!"

한 기록에 따르면, 캐서린은 고향에 돌아온 전형적인 미국 여성처럼 보였다고 묘사된다. 즉 맵시 있는 회색 여행용 가운에다가, 진한 녹색의 챙이 넓은 여성용 모자를 쓰고 있었다. 그녀는 비행기를 무려 세 번이나 타본 세계 유일의 여성이었으며, 이제는 오빠들에 버금가는 관심을 받았다.

뉴욕에서 캐서린은 라이트 형제에게 관심을 가졌던 저명한 유럽인들을 다룬 미국 언론들의 "경박스러운" 보도들에 대해서 기자들에게 훈계를 늘어놓았다. 자기는 미국을 좋아하지만, 미국 사람들은 유럽 사람들을 이해하지 못하며, 오히려 뭔가를 알아보는 눈은 유럽 사람들에게 있다는 것이었다. 누군가가 유럽 사람들에게 불친절한 말을 하면 그녀는 반드시 항의를 제기했다. 하지만 소음과 군중이 너무 많았기 때문에, 이런 언급도 아무런 주목을 받지는 못했다.

윌버는 "갈색으로 그을리고 단단한" 모습이었고, 오빌 역시 좋은 모습이었지만 (1월에 데이턴을 떠났을 때에 비해서는 훨씬 더 나아졌음이 분명하다) 여전히 다리를 절었다. 이런 모든 일이 벌어지는 와중에도 라이트 감독은 거의 아무 말도 하지 않았지만, 그래도 라이트라는 이름과 데이턴이라는 이름 모두를 전 세계에 알린 자신의 두 아들의 모습을 두 눈으로 "만끽했다."

기차역 입구에는 라이트 식구들과 이 도시의 고위 공무원들이 호손 가까지 타고 갈 열한 대의 마차가 대기하고 있었다. 그중 라이트 식구들이 탈 세 대의 마차는 각각 말 네 마리가 끌고 있었다. 감독과 오빌이 첫 번째 마차에, 윌버와 루클린이 두 번째 마차에, 캐서린과 로린과 그의 가족이 세 번째 마차에 탔다.

집으로 가는 거리 곳곳에는 더 많은 군중이 모여 있었다. 보도는 사람들로 가득 찼다. 사람들이 창밖으로 몸을 내밀었고, 아이들은 작은 국기를 흔들었다. 호손 가와 라이트 가족의 집에는 국기와 꽃과 등롱이 장식되어 있었다. 마침내 현관 베란다 난간 옆에 서자, 캐서린이 길 건너에 모인 이웃들을 향해 말했다. "집에 돌아온 게 너무나도 기쁜 나머지, 이제는 뭘 해야 될지 모르겠어요."

꽤나 오랫동안 라이트 삼남매는 응접실에 서서, 오랜 친구들과 이웃들과 인사를 나누었다. 집밖에서는 군중이 1만 명 이상 모여들었다.

다음날에는 에드워드 버카트 시장과 고위 공무원들이 호손 가 7번지를 방문해서 앞으로 있을 "진짜 축하 행사"에 대해 라이트 식구들과 의논했다.

얼마 후에 지역 신문 기자와 나눈 대화에서, 오빌은 매우 사무적으로 말했다. 이전에는 담당 의사가 유럽에서도 비행을 하지 말라고 당부했기에 자기도 시키는 대로 했지만, 조만간 포트마이어에 가서 비행을 재개하리라는 것이었다. 비록 본인은 언급하지 않았지만, 윌버와 캐서린은 혹시나 오빌이 추락사고 현장으로 다시 돌아가면 지나치게 긴장할까봐 걱정하고 있었다. 따라서 좀 더 기다렸다가 훈련을 재개하라고 권했다. 하지만 오빌은 이미 마음을 굳혔다. 반드시 포트마이어여만 했다. 그리고 그는 준비가 되어 있었다.

웨스트 3번가의 라이트 작업실은 여느 때와 마찬가지로 찰리 테일러의 주도하에 "근면의 벌집"이 되어 있었다. "이제 우리 앞에 놓인 가장 중요한 목표는 포트마이어에서의 시험을 준비하는 것입니다." 윌버는 기자들에게 이렇게 말했다. 그곳에서 사용할 비행기를 자기네 형제가 "직접" 만들고 있다고 밝혔다. 예전에 사용하던 기계는 추락 사고로 인해 모터와 전동장치를 제외하고는 모두 심하게 망가졌기 때문에, 새로 만들어야 한다는 것이었다.

5월 20일, 태프트 대통령이 백악관에서 라이트 형제에게 금메달을 여러 개 수여할 예정이라는 발표가 있었다.

* * *

당연히 캐서린도 오빠들을 따라서 워싱턴에서 열리는 행사에 참석할 예정이었다. 하지만 라이트 감독은 인디애나 주에서 열리는 교회 일에 참여해야 했다. 최대한 주목을 받지 않기 위해 라이트 삼남매는 예상보다 이른 열차를 타고 조용히 데이턴을 떠났으며, 기차역에서 근무하는 철도 공무원 몇 사람 외에는 아무도 이를 눈치 채지 못했다.

이들은 6월 10일 하루 동안만 워싱턴에 머무를 예정이었다. 코스모스

클럽에서 이들을 기리는 점심식사가 있었는데, 그들의 오랜 전통이었던 남성전용클럽이라는 정책을 일시적으로 철회하여 캐서린도 참석할 수 있었다. 그 자리에 참석한 워싱턴 저명 인사 중에는 알렉산더 그레이엄 벨도 있었다.

점심식사 직후에는 참석자 모두가 거기서 멀지 않은 백악관까지 걸어갔고, 이스트 룸에서 약 1000명에 달하는 사람들이 서서 지켜보는 가운데, 태프트 대통령이 미국 항공술 동호회를 대신하여 금메달 두 개를 수여했다. 키가 188센티미터에 체중이 135킬로그램인 대통령은 라이트 형제 옆에 서자 유난히 더 커보였다. 같은 오하이오 출신인 두 사람에게 그는 확연한 온기를 담아 적절한 치하의 말을 전했다.

저는 여러분께서 해낸 일에 대한 증거로서 이 금메달을 수여하는 것이야말로 대단한 영예이자 기회라고 생각하는 바입니다. 이른바 "예언자는 고향에서 존경받지 못한다."*는 말이 미국에서만큼은 틀렸다는 사실을 입증하게 되어서 (비록 약간 늦은 감이 있기는 합니다만) 무척 기쁘게 생각합니다. 인류 발견의 중대한 한 걸음인 사건을 주목하기 위해, 사건의 주인공인 이 겸손한 분들에게 경의를 표할 수 있어 진정 감격스러운 마음입니다. 여러분은 우리 미국인들이 진정으로 미국적이라 느끼는 방식으로 발견을 해내셨습니다. 즉 여러분이 해내기로 작정한 목표를 달성할 때까지 줄곧 매진함

---

* 신약성서 사복음서에 공통으로 등장하는 일화이다. 예수가 고향에 돌아와 가르침을 베풀었지만, 어린 시절부터 알던 고향 사람들은 그의 변모를 쉽게 받아들이지 못했다. 이에 예수는 '예언자는 그 고향에서 존경을 받지 못한다'면서, 그곳에서는 기적을 행하지 않았다.

으로써 해낸 것입니다.

저녁이 되자 라이트 삼남매는 다시 열차에 올라 데이턴으로 향했다. 당시의 주된 필수 과제는 신형 프로펠러를 철저히 실험하는 일이었다. 하지만 그 와중에 이들의 의견과는 상관없이, 데이턴의 "진짜 축하 행사", 즉 귀향 대축전이 예정되어 있었다.

* * *

"어마어마한" 대 축전이 될 것이란 소문이 돌았다. 거리 행렬에서는 미국과 데이턴의 전체 역사가 "역사적 정확성"에 근거하여 묘사될 예정이었고, 거리 행렬에 사용 될 커다란 대차(臺車)가 내셔널 금전등록기 회사의 공장에서 제작되고 있었다. 인디언과 카누, 대형 마차(Conestoga Wagon)의 시대, 운하 선박, 최초의 철도, 로버트 풀턴의 증기선, 자전거의 진화, 그리고 최신형 자동차가 지나가고 나면, 곧이어 미국 최초의 기구(氣球)와 비행선이 지나간다. 그 다음으로 "전 세계가 미국에, 라이트 형제에, 비행기에 경의를 표한다"는 제목의 대차가 지나가는데, 거기에는 라이트 플라이어 호의 절반 크기 모형이 놓여 있을 것이었다. 대차 15대와 ("모두 역사적으로 정확한") 의상을 차려 입은 참가자 560명이 동원될 행사는 한 신문의 설명에 따르면 데이턴 역사상 가장 대규모의 거리 행렬이 될 예정이었다.

3번가에서부터 강변에 이르는 메인 가에는 "명예의 전당"이 마련될 예정이었으며, 거리 양편에 흰 기둥을 줄지어 세워 놓고, 색색의 조명을 매달 것이었다. "곳곳에 삼색 장식천이 내걸리고 (…) 곳곳에 삼각기와 사각기와 기타 깃발들이 휘날렸다." 언론들은 이렇게 묘사했다. 육군과 해군과 소방대원의 행진이 있고, 악대의 연주가 있을 예정이었다. 2,500명가량의 학생들이 빨간색과 하얀색과 파란색으로 차려입고 축제 행사장에서 "인간 성조기"를 만들고 미국 국가를 부를 예정이었다.

라이트 형제가 발명을 가지고 비행에 성공하기 위해 일하기 시작한 지거의 10년이 다 되어서야, 이들의 노력과 성공을 고향에서도 처음으로 정식 인정하는 셈이었으며, 도시 전체가 열광하리라는 것에는 의심의 여지가 없었다.

이런 공들인 찬사에도 라이트 형제는 그다지 감명받지 않았다. 다만 대중들이 이런 행사를 개최하는 게 옳다고 생각한다면, 즉 남들이 이걸 중요하게 생각한다면, 자기들로서도 굳이 불평을 늘어놓거나, 또는 어떤 식으로건 짜증이나 반대를 드러내서는 안 되겠다고 생각했을 뿐이다. 윌버에게 보낸 편지에서 옥타브 샤누트는 그런 영예가 당신들처럼 겸손한 사람에게는 "거슬리는" 것이 될 수도 있지만, 당신들은 스스로의 재능과 용기로 그 영예를 획득한 것이라고 덧붙였다. 좋은 뜻에서 한 조언이었지만, 라이트 형제에게 굳이 이를 상기시킬 필요까지도 없었다.

《데이턴 데일리 뉴스》는 축제 개막 전야에 대중들의 감정을 대변하는 사설을 실었다.

내일 있을 축하 행사는 멋진 교훈을 줄 것이다. 이 행사는 참으로 경사스러운 시기에 도래했다. 구세계는 점차 지쳐가고 있는 듯했고, 뭔가 행동에 나서게끔 해주는 채찍질이 필요해 보였다. 인간이 일찍이 위대함을 성취할 수 있었던 좋은 시기는 끝났다는 이야기가 돌기 시작했다. 많은 사람들이 이 세계의 모든 문제가 이미 해결되었다고 믿기 시작했다. (…) 돈이 발언권을 갖기 시작했고, 어떤 사람들은 이제 과연 가난한 소년이 혼자 힘으로 상업이나 산업이나 과학 분야에서 한 자리를 차지할 수 있겠느냐며 의문을 제기했었다.

이 축하 행사는 이런 모든 말들을 단숨에 날려버림으로써 인류의 노력을 다시 한 번 드높인다. 자연의 비밀 모두가 해결된 것이 아니냐는, 또는 새로운 세계를 성취할 사람들 앞에서 희망의 통로가 이미 닫혔다고 말하는 모든 회의적인 의구심을 분쇄하여 앞으로 100년 동안은 그런 말이 다시 나오지 못하게 만든다.

이 행사는 야심만만한 젊은이에게 말해준다. 너의 노력은 헛되지 않았다고. 천재에게는 계급도 조건도 상관이 없다고. (…)

라이트 형제의 겸손은 상당한 논평의 원천이 되고 있다. (…) 하지만 노력으로 점철된 이들의 삶에 깃들었던 설교란, 지나치게 자주 이야기되어서는 안 되는 것이다.

다음날인 6월 17일 목요일 오전 9시 정각에 모든 교회의 종들과 공장의 경적들이 이틀간 예정된 축하 행사의 시작을 알렸다. 수천 명의 군중이 도시로 쏟아져 나왔다. 사업체들은 휴무에 들어갔고, 단지 아이스크림과 깃발과 장난감 비행선과 라이트 형제 엽서를 판매하는 상인들만이 예외였다. 첫날 오전에는 약하게 비가 내렸지만, 아무도 이에 개의치 않는 것처럼 보였다. 게다가 공연은 예상대로 훌륭했으며, 한 가지 장관이 끝나면 또 다른 장관이 이어졌다.

악단의 행진, 음악 공연, 메달과 행운의 열쇠 증정 등의 행사가 이어졌다. 최신형 대형 승용차 80대가 행렬을 이뤄 메인 가 다리를 지나 "명예의 전당"을 따라 행진했다. 특히 역사를 보여주는 대차들은 "데이턴 역사상 가장 훌륭한 거리 행진"이었으며, 무려 3킬로미터에 걸쳐서 이어졌다.

라이트 형제를 찬사하는 연설이 쉼 없이 이어졌고, 윌버와 오빌과 캐서린과 라이트 감독이 위풍당당하게 연단과 관람석에 앉아있는 모습이 보였다. 두 번째 날에 감독은 아들들을 기리는 내용으로 짧지만 유창한 기도를 했다.

오늘 저희는 한 가지 발명을 축하하기 위해서 이 자리에 모였습니다. 그것은 온 세대의 꿈이었으며, 이전까지만 해도 실현 불가능하다고 간주되던 것이었습니다. 그러다가 인간도 새처럼 공중을 가르고 날아갈 수 있다는, 어마어마한 높이까지 상승하고 측정 불가능한 거리까지 도달할 수 있다는 사실이 모든 인간의 시야에 갑자기 떠올랐습니다. 그리고 저희는 당신께 나왔습니다, 우리 아버지 하나님이시여. 지금 이 자리에 당신의 평안을 내려주시옵기를, 여기 모인 사람들 모두의 가슴에 당신의 축복을 내려주시옵기를 간청하나이다.

놀랍게도 윌버와 오빌은 이틀 내내 슬그머니 행사장을 빠져나와 웨스트 3번가에 있는 자기네 가게를 들락날락 했는데, 이런 사실을 알고 있는 사람은 극소수에 불과했다. 사실 이들의 가게 건물은 시내에서 아무런 장식도 하지 않고 여전히 업무를 지속하는 몇 안 되는 곳 가운데 하나였다. 《뉴욕 타임스》 특파원은 이들이 행사 첫 날을 어떻게 보냈는지 계속 지켜본 후 인상적인 일과표를 작성했다.

오전 9시 — 시내의 모든 경적과 종이 10분 동안 울리자, 비행기 가게에서 하던 일을 내버려두고 셔츠 소매를 걷은 상태로 거리로 나감.

오전 9시 10분 — 다시 일하러 돌아옴.

오전 10시 — 자동차를 타고 행렬에 가담하여 "귀향 축하 행사"의 개막식에 참석.

오전 11시 — 다시 일하러 돌아옴.

정오 — 부친 밀턴 라이트 감독, 여동생 캐서린 라이트 양, 캔자스 주 통가녹시에 거주하는 형 루클린 라이트, 또 다른 형 로린 라이트와 함께 만찬 참석.

오후 2시 30분 — 시내 거리에서 이들을 기리기 위해 열린 행렬 관람.

오후 4시 — 비행기 부품을 워싱턴으로 발송하기 위해 2시간 동안 일함.

오후 8시 — 공개 환영회에 참석해, 가까이 다가온 데이턴 주민들과 악수함.

오후 9시 — 강변에서 열린 불꽃놀이 관람. 이들의 초상화가 성조기와 함께 높이 25미터에서 선보임.

불꽃놀이 도중에 윌버와 오빌은 무려 5000명 이상과 악수를 나눈 것으로 집계되었으며,《데일리 뉴스》에 따르면 오로지 "자기 보호 본능 때문에 이들은 결국 중단할 수밖에 없었다"고 전한다.

그로부터 이틀도 채 되지 않아서, 축제가 끝나갈 즈음에 라이트 형제는 포트마이어에서의 시험 비행을 재개하기 위해 짐을 꾸려서 워싱턴으로 떠났다. 비행기 운송은 이미 조치해 둔 상태였다. 찰리 테일러도 이미 현장에 가 있었다.

II

6월 26일 저녁 6시 30분, 따뜻한 저녁에 윌버와 오빌은 포트마이어의 연병장에 설치된 출발 선로 위에 앉아서 기다리고 있었다. 이들 옆에는 하얀색 날개를 한 기계가 비행 준비를 마친 상태였다. 저 멀리, 연병장 가장자리에 쳐 놓은 밧줄 뒤에는 4000여 명의 사람들이 모여 있었다. 그중 상당수는 익히 알려진 주요 인사들이었고, 한 보도에 따르면 모두들 뭔가가 일어나기를 기대하고 "발을 동동 구르며" 서 있었다. 오후 3시경부터 이미 수백 명이 기다리고 있었다.

이날은 의원들의 비행 참관을 위해서 상원도 휴회한 상태였다. 그 외에도 고위 장교, 각국 대사, 대통령의 아들 찰리 태프트가 있었고, 이른바 "재무부 곳간 문을 열어주는 마법 주문"을 외우는 장본인인 하원 의장 조지프 캐논도 있었다.

모든 준비 사항을 점검하고 감독하는 일은 윌버가 도맡았다. 더운 날씨에 평소의 외투와 넥타이조차도 벗어던졌다. 양손과 얼굴은 지저분해져 있었고, 작업복 바지는 윤활유 범벅이었으며, 얼굴에는 땀이 줄줄 흘러내렸다.

반면 오빌은 마치 요트 파티에 초대된 주빈처럼 말쑥한 차림이었다고 묘사되었다. "그는 마른 몸매가 드러나도록 외투 단추를 꽉꽉 채워 놓았는데, 마치 날씨가 덥다는 건 사실이 아니라는 듯한 투였다." 《워싱턴 헤럴드》는 이렇게 보도했다. "전반적으로 그는 (…) 높은 가치가 있는 훌륭한 것들 중에서도 맨 꼭대기에 위치한 사람 같은 분위기를 발산했다."

라이트 형제는 바람이 잦아들기를 기다리고 있었다. 이번에도 바람은 결정적인 요인이었으므로, 최종 결정권도 바람이 쥐게 될 것이었다. 미국 상원 의원 대부분과 다른 수천 명이 계속 기다린다 하더라도 바람이 따라주지 않으면 비행은 시작되지 못할 것이었다.

자리에서 일어나 창고 쪽으로 걸어가는 오빌의 표정이 긴장되어 보였다. 윌버도 한동안 걸어 다녔다. 그러다가 두 사람은 돌아와 자리에 앉아서 육군 장교 몇 명과 이야기를 나누었다. "바람이 시속 25킬로미터로 불고 있습니다." 윌버는 한 기자의 질문을 받고 이렇게 대답했다. "새로운 기계로 첫 번째 비행을 하기엔 지나치게 강한 편이지요." 그는 바람 불어오는 쪽을 다시 바라보더니, 킁킁 하고 공기 냄새를 맡았다.

"기계를 창고로 다시 갖다 두게." 윌버가 말했다.

"비행술을 계속 발전하고 있지만, 여기에는 불확실성의 요소가 항상 있습니다." 윌버는 《워싱턴 포스트》의 필자에게 설명했다. "사람들이 부디 기억해 주었으면 합니다. 이 기계는 아직 한 번도 날아 본 적이 없다는 사실, 그리고 제 동생은 작년의 사고 이후 아직 한 번도 비행해 본 적이 없다는 사실을 말입니다. 첫 번째 비행은 가급적 최대한 이상적인 상황에서 시도하고 싶어 한다고 하여, 사람들이 저를 비난할 수는 없을 겁니다."

《워싱턴 헤럴드》는 제아무리 극적 효과에 대한 날카로운 감각을 가진 사람이라 하더라도, "이들 형제가 높으신 분들의 끈덕진 재촉과 흥분으로부터 전적으로 면역되어 있음"을 예증하기 위해서 이보다 더 나은 장면을 만들지는 못했을 거라고 썼다.

군복 차림의 육군 통신대 병사들이 "마치 운구자들처럼" 모여들어서 비행기를 바퀴에 싣고 옮기자, 4000명의 관객도 자리를 뜨고 말았다. 그중 상당수는 이런저런 불평을 내뱉었으며, 한 상원의원은 라이트 형제에 관해서 이렇게 이야기했다고 전한다. "저 친구들의 독립성이야말로 뒈지게 존경할 만하군. 저 친구들에게 우리 따위는 아무 것도 아니고, 그래야만 하는 이유도 무척이나 많은 모양이니 말이야."

같은 날 라이트 감독이 아들 루클린과 함께 워싱턴에 도착했다. 이 여행을 위해서 노인은 정장 두 벌과 셔츠 두 벌을 구입했다.

6월 29일 늦은 오후, 날씨는 윌버가 "아무 불평"도 하지 않을 만큼 좋아 졌고, 6시가 되기 직전에 오빌은 마침내 하늘로 날아올랐다. 사흘 전보다 는 확연히 더 적었지만 그래도 여전히 수천 명에 달하는 군중 앞에서, 비행 기는 한동안 땅에 닿을락말락한 높이로 22미터쯤 날아가더니, 곧이어 5미 터 높이로 내려와 오른쪽으로 확 기울어지면서 오른 쪽 날개가 땅에 닿고 말았다. 이쯤 되자 오빌은 엔진을 꺼 버렸고, 기계는 먼지 구름 속에 내려 앉고 말았다.

두 번째와 세 번째 시도 역시 더 나아지지는 않았다. 마침내 네 번째 시 도를 했을 때 40초 동안 비행했고, 비행기는 고도 7.5미터에서 연병장 저편 까지 갔다가 선회해 돌아왔다. 이것만 가지고도 환호성과 자동차 경적 소 리를 자아내기에는 충분했다.

라이트 형제도 사기가 높아졌다. 이 기계는 성공으로 입증되리라고 완 벽히 확신하는 한편, 계속해서 오빌이 조종을 담당하기로 결정했다. 윌버 는 자기가 포트마이어에서는 비행을 하지 않을 것이라고 기자들에게 말했 다. 그건 오빌의 역할이기 때문이라는 것이었다. 다만 자기가 "형"인 관계 로 "상관 노릇"을 할 뿐이라고 덧붙였다.

기계는 말[馬]과 비슷하다고 윌버는 말했다. "새것일 경우에는 내가 그 놈에게 먼저 익숙해져야지만, 그놈도 내가 원하는 대로 행동합니다. 그놈 의 특성을 내가 배워야 하는 거죠." 그날의 시험 비행 결과로 발견된 한 가 지 중요한 "특성"은 점화장치, 또는 "불꽃 장치"가 진동 때문에 느슨해질 수 있다는 것, 그리하여 모터가 너무 적은 힘만 발휘할 수 있다는 것이었 다.

그때부터 이틀 동안 윌버와 오빌과 찰리 테일러는 엔진을 손보았다. 감독의 일기에 따르면, 그 사이에 아버지는 루클린과 함께 스미소니언 연구소에 가서 "온갖 종류의 새들이며, 타조와 에뮤와 콘도르 등"을 구경했다.

또 한 번은 역시 오빌이 조종을 맡았는데, 겨우 6미터 높이에서 60미터 거리를 날고서 땅에 세게 떨어지는 바람에 한쪽 활주부가 박살나고 말았다.

7월 2일에는 고도 25미터 내지 30미터에 도달했을 때, 오빌이 조종하던 비행기가 작년 9월에 프로펠러가 망가졌던 바로 그 지점인 격납고 위에서 급강하하고 말았는데, 엔진이 갑자기 멈춰 버렸기 때문이었다. 이번에는 오빌이 "멋지게" 활공했지만, 작은 가시나무에 충돌하는 바람에, 비행기의 아래쪽 날개 천 가운데 상당 부분이 찢어지고 말았다. 곧이어 비행기는 아래로 세게 떨어졌고, 결국 활주부가 양쪽 모두 망가지고 말았다. 다행히도 오빌은 다치지 않았다.

작년 9월과 마찬가지로 기자들과 관객 일부가 추락 현장으로 달려왔다. 역시 달려온 윌버는 망가진 비행기 옆에 서 있는 사진기자를 보자마자 일찍이 르망에서 사진기 가진 사람에게 했던 것처럼 평소의 자제력을 그만 잃어버렸다. 급기야 그는 막대기를 하나 집어 들고 사진기자에게 던지면서, 당신이 찍은 건판을 내놓으라고 다그쳐서 결국 받아냈다.(훗날 윌버는 사진기자에게 사과했는데, 알고 보니 그 사람은 전쟁부 소속 관리였기 때문이었다).

이날은 운이 좋지 않았다. 하지만 라이트 형제는 온갖 역경을 겪어 본 사람들이었기 때문에, 이전과 마찬가지로 결코 포기하지 않았다.

다음날 오빌은 데이턴으로 돌아가서 새로운 날개 덮개를 장만했으며, 7월 7일에 포트마이어로 돌아와서 작업을 재개했다. 7월 21일에는 캐서린이 도착해서 오빠들과 합류했고, 그날 오후에 오빌은 시속 70킬로미터로 10분간의 짧은 비행에 성공했다. 캐서린이 고향 식구들에게 기뻐하며 알린 것처럼, 이 속도만 놓고 보면 윌버가 유럽에서 세운 기록보다 더 빠른 셈이었다.

＊＊

7월 25일 일요일, 평소처럼 쉬고 있던 라이트 형제에게 한 가지 충격적인 소식이 전해졌다. 프랑스의 비행사 루이 블레리오가 직접 제작한, 기체도 악하고 동력도 약한 단엽기 '11호'를 타고 영국 해협을 횡단했다는 것이었다. 그는 오전 5시 직전에 칼레 인근 레바라크에서 이륙해서 도버 성 옆의 노스필드 초지에 착륙했으며, 불과 20분도 안 되는 시간 동안 바다 위로 37킬로미터를 날아갔던 것이다.

마침 하트 버그와 샤를 들랑베르도 도버에 있었고, 그것도 블레리오가 착륙한 장소에서 멀지 않은 곳에 있었다. 들랑베르 역시 영국 해협 횡단 비행을 생각 중이어서, 버그와 함께 적당한 착륙 장소를 물색하러 온 것이었다.

오전 5시 15분에 호텔 급사가 이들을 깨우더니, 자기네 전신기사가 방금 블레리오의 프랑스 출발 소식을 알리는 소식을 접수했다고 통보했다. 훗날 라이트 형제에게 보낸 긴 편지에서 설명한 것처럼, 버그는 들랑베르와 함께 아래층으로 내려가서 3분도 못 되어 바닷가로 달려갔다. 그로부터 몇 분 뒤에 블레리오가 도버 성 저편에 착륙했다는 전화가 걸려 왔다. 버그는 편지에서 이렇게 말했다.

자세한 내용은 신문을 통해서 모두 보셨을 겁니다. 저로선 이후에 블레리오와 한참 동안 산책하면서 들은 사실을 덧붙여 보충해 드릴 따름입니다. 사실 그는 제 호텔방에 들러서 몸을 씻었고, 그날 하루 종일 제 옷을 빌려 입고 지냈습니다. 그의 말에 따르면, 이 계곡에 접어들었을 때 지금껏 경험해 보지 못할 정도로 흔들렸다고 하더군요. 그는 완벽한 원을 두 번 그렸고, 땅에 내려앉았을 때에 그의 기계는 바다 쪽을 향하고 있었습니다. 앞쪽 밑판은 박살나고, 프로펠러 날도 망가졌지만, 단엽기의 날개와 꼬리는 멀쩡하더군요. 블레리오도 다치지는 않았습니다.

워싱턴에서 캐서린이 감독에게 쓴 편지에 따르면, 라이트 형제는 블레리오의 비행 사실에 전혀 개의치 않았다고 한다. 그리고 대서양 양편에서 널리 보도된 것과 마찬가지로, 이들은 블레리오의 비행 성과를 흔쾌히 인정했으며, "놀라운" 일이라고 평가했다. 윌버는 《뉴욕 타임스》와의 인터뷰에서 이렇게 말했다. "저는 그를 잘 압니다. 그는 충분한 능력을 갖춘 사람입니다. 그는 분명 두려움이 없으며, 충분히 달성에 성공할 만한 일에 나선 셈입니다."

오빌은 블레리오가 기계를 제대로 조종하지 못해서 벌어졌던 과거의 사고들을 언급하면서, 그가 결국 성공했다는 사실에 놀라움을 표시했다.

혹시 라이트 형제도 랭스에서와 마찬가지로 유럽의 하늘을 무대로 펼쳐지는 경연 대회에 참가해 우승을 노릴 의향이 있냐는 질문이 나왔다. 그러자 윌버는 없다고 대답했다. 자기들은 차라리 더 나은 일에 시간을 활용할 것이라고 했는데, 그 일이 무엇인지에 대해서는 언급하지 않았다.

프랑스 전역이며, 나아가 유럽 전역에서, 블레리오의 비행은 (그해 초에 《뉴욕 타임스》에서 보도한 것처럼) 이제 막 싹을 틔운 프랑스 항공술의 서막에 불과하다고 간주되고 있었다.

* * *

마치 마법이라도 작용한 것처럼, 포트마이어에서의 작업은 만사가 애초의 의도대로 착착 돌아가기 시작했다. 7월 27일 저녁에 오빌은 프랭크 람 중위를 승객으로 태우고 공식 지구력 시험에 나섰으며, 1시간 12분 동안 고도 45미터에서 연병장 주위를 79회 선회했다. 이로써 그는 미국 육군이 제시한 비행 시간 시험에 통과했을 뿐만 아니라, 그로부터 1년 전에 윌버가 르망에서 세운 세계 기록을 경신했다. 이때 약 8000명의 관람객이 그의 이륙 모습을 지켜보았는데, 그중에는 태프트 대통령도 끼어 있었다.

7월 30일 금요일, 오빌은 육군에서 제시한 요구 조건 가운데 하나인 공식 횡단 속도 시험에 착수했다. 포트마이어에서 버지니아 주 알렉산드리아까지 왕복 16킬로미터거리였다. 이때의 비행 속도는 시속 68킬로미터에서 72킬로미터까지 다양하게 기록되었지만, 여하간 오빌이 시험에 통과했음에는 의심의 여지가 없었다.

특히 착륙이 아주 자연스러웠으며, 군중들은 오빌의 착륙에 감탄하여 경적을 울리고 환호성을 질렀다. 윌버는 활짝 미소 지으며 비행기로 달려 갔다. 전쟁부와의 계약은 곧 정식 서명될 예정이었다. 전쟁부에서 라이트 형제에게 3만 달러를 지불할 예정이라는 소식이 신문의 헤드라인을 장식 했지만, 그보다 더 중요한 것은 이들의 조국이 마침내 이들의 업적을 인정 했다는 사실이었다.

"오브는 영광의 작열 속에서 포트마이어에서의 업무를 마무리했어 요." 캐서린은 편지에 이렇게 썼다. 불과 10개월 전만 해도 그녀는 그곳의 기지 병원에 있는 오빠의 병상 옆에서, 과연 그가 다시 걸을 수 있을 만큼 회복이 가능할지 여부를 궁금해 했었다.

III

《시카고 트리뷴》의 보도 내용처럼, 비행술의 발전에 관한 프랑스인의 열렬한 관심은 미국에서는 제대로 평가되지 못했다. 그해 여름에 프랑스 에서 예정된 항공술 관련 행사 중 가장 주목할 만했던 것은 랭스에서 열린 "비행사들의 모임으로, 대단한 일들이 이루어질 것으로 기대되고" 있었 다.

이는 세계 최초의 국제 비행기 경주였으며, 프랑스의 샴페인 업계에서 전적으로 자금 지원을 할 예정이었다. 그 공식 명칭은 '샹파뉴 항공 주간 (La Grande Semaine d'Aviation de la Champagne)'이었고, 여기 참여한 프랑스 항공술의 스타들 중에는 앙리 파르망, 루이 블레리오, 레옹 들라그랑주, 그리고 윌버 라이트의 제자들인 (아울러 프랑스에서 생산된 라이트 비행기를 이용할) 샤를 들랑베르와 폴 티상디에르도 있었다. 또한 라이트 형제의 출전 거절 이후 미국 항공술 동호회에서 지명한 미국인 글렌 커티스도 있었다.

말이 없고 매우 진지한 도전자인 31세의 커티스는 라이트 형제와 마찬가지로 고향인 뉴욕 주 해먼즈포트에서 자전거 수리공으로 일하다가, 나중에는 오토바이 제조 및 경주에 나서게 된 인물이었다(그는 미국 최초의 공인 오토바이 챔피언이 되었으며, 시속 210킬로미터이라는 기록을 세워 "세상에서 가장 빠른 사람"이라는 평판을 얻었다).

항공술에 대한 커티스의 관심은 기구(氣球) 비행사 톰 볼드윈에게 비행선에 사용할 경량 모터를 만들어 달라는 의뢰를 받으면서 시작되었다. 1906년 9월에는 아예 두 사람이 데이턴에 있는 윌버와 오빌의 가게를 방문한 적도 있었다. 이때 볼드윈은 커티스가 라이트 형제에게 너무 많은 질문을 했다고 생각했지만, 나중에 가서는 당시에 세 사람 모두가 "마치 학생과도 같은 솔직함을 갖고 있었다"고 말했다. 이듬해에 커티스는 알렉산더 그레이엄 벨을 만났고, 그 덕분에 항공실험협회(AEA)의 '실험국장'으로 임명되었다.

1909년에 커티스는 일찍이 옥타브 샤누트며 새뮤얼 랭글리와도 함께 일한 적이 있었던 부유한 항공술 애호가 오거스터스 헤링과 손잡고 비행기계를 제조하는 '헤링 커티스 회사'를 설립했다. 이들이 제조한 기계는 날개 휘어짐 방식 대신 날개의 경첩판을 (즉 보조익, 또는 "작은 날개"를) 이용해서 동체를 기울이는 조종 방식이었다. 이 아이디어는 젊은 프랑스 공학자

로베르 에스노펠트리가 고안한 것이었으며, 산투스두몽과 블레리오를 비롯한 여러 사람이 이미 시도한 바 있었다. 알렉산더 그레이엄 벨도 이 아이디어에 관심을 보였는데, 스스로 생각한 결과인지, 아니면 에스노펠트리에 관한 이야기를 들은 결과인지는 불분명하다. 심지어 라이트 형제 역시 1906년에 간행된 특허에서 날개 휘어짐 방식에 대한 한 가지 대안으로 이 아이디어를 설명한 적이 있었다.

하지만 랭스에 간 커티스에게는 오로지 속도만이 핵심이었기 때문에 그가 타게 될 작은 신형 복엽기는 오로지 속도만을 염두에 두고 강력한 경량급 엔진을 장착했다.

이 당시에 새로운 세기가 급변하고 있다는 증거를 원하는 사람이 있었다면 다음과 같은 사례가 딱이었을 것이다. 딱 1년 전인 1908년 8월에 르망에서는 윌버 라이트가 150명의 관객 앞에서 비행기 딱 한 대를 띄웠다는 사실이 대단한 흥분을 불러일으켰다. 그런데 이듬해 8월에 랭스에서는 총 22명의 조종사가 22대의 비행기를 이륙시킬 예정이었고, 거대한 관람석에는 무려 5만 명의 관객이 모일 예정이었다.

이 행사는 8월 22일 일요일에 성대한 막을 올렸는데, 그때 오빌은 캐서린과 함께 다시 한 번 유럽으로 향하고 있었다. 이번에는 베를린이 목적지였는데, 라이트 형제는 그곳에서도 시범 행사가 필요하다는 결론을 내렸던 것이다. "영광의 작열"의 결과로 오브는 윌터보다 더 인기가 많았다. 윌버는 데이턴에 남아서 찰리 테일러와 함께 모터 제작에 집중하는 한편, 자기가 가장 싫어하는 종류의 업무를 처리하고 있었다. 그중 하나는 8월 중순에 시작된 헤링 커티스 회사와의 특허 침해 소송의 개시였다.

랭스에서의 행사는 예상보다 훨씬 더 큰 화젯거리가 되었다. 마지막 날에는 수용인원의 네 배가 넘는 20만 명이 모였다. 참가자들은 지금까지의 어느 누구보다도 더 높이, 더 멀리, 더 빨리 날았으며, 작년에 라이트 형제가 세웠던 모든 기록을 깨트렸다. 그중에서도 최고의 승자, 즉 참가자 가운데 가장 격찬을 받은 인물은 바로 속도 경연에서 승리한 글렌 커티스였다.

이에 대한 열광은 프랑스와 유럽 나머지 지역만이 아니라, 미국 언론에서도 뚜렷이 나타났다. "랭스에서의 대규모 회합은 정말 짜릿하면서도 환상적인 성공이었다."(《뉴욕 선》). "냉소를 보내던 사람들도 더 이상은 그러지 못할 것이다."(《워싱턴 헤럴드》). "이 항공술 경연대회는 하늘이 일상적인 고속도로가 되는 가까운 미래를 보여주는 힌트에 불과하다."(《신시내티 타임스 스타》). "이번 주에 랭스는 신기원을 이루었고, 인류 역사에서 가장 야심만만한 단계 가운데 하나를 수립했다."(《애블랜타 컨스티듀션》).

커티스는 하룻밤 사이에 미국의 영웅이 되었다. 하지만 일주일 뒤에 20만 명의 대규모 군중이 베를린 소재 템펠호프 연병장을 찾아 오빌의 비행을 보았다. 이후 며칠 동안의 시범 행사 중에 오빌은 훈련생 한 명과 함께 1시간 35분을 비행했는데, 이는 승객을 태운 비행으로는 새로운 세계기록이었다. 이와 동시에 윌버는 미국에서 실시할 최초의 공개 비행을 뉴욕에서 진행한다는 골자의 계약을 맺었다. 이것은 헨리 허드슨의 허드슨 강 탐험 300주년과 아울러 로버트 풀턴이 만든 증기선이 허드슨 강 운항 100주년을 기념하는 행사 가운데 일부가 될 것이었다. 윌버는 그 대가로 1만 5000달러를 받기로 했다. 글렌 커티스 역시 이 행사에 참여할 예정이었다.

54

1907년에 윌버가 프랑스로 가면서 탔던 호화 여객선 캄파냐 호.

694   PARIS. — Vue sur le Jardin des Tuileries.

55

뢸르리 공원의 모습을 보여주는 그림엽서.
윌버는 고향의 식구들을 위해 자기가 머문 리볼리 가의 호텔 위치에 X자로 표시했다.

새로 산 맞춤 양복 차림의 윌버.
하트 버그의 소유인 파리의 아파트에서 멋진 포즈를 취하고 있다.

하트 버그와 그의 "제1호 증거물".

57

9   *Aérostation Militaire. — Le Dirigeable " PATRIE " construit par MM. LEBAUDY, sur les Plans et sous la Direction de M. JULLIOT, Ingénieur (moteur Panhard et Levassor). — Le Lachez-Tout*

새로운 항공 시대에 프랑스의 눈부신 위업 가운데 하나였던 비행선 '라 파트리'(조국)호.   58

르망 소재 위노디에르 경마장의
관람석에 모인 사람들이 윌버의
비행 시범을 인내심 있게
기다리는 모습.

"기적"을 직접 목격한 군중의
반응이 프랑스의 인기 잡지
가운데 하나의 표지를 장식했다.

61

1908년 5월 8일 토요일,
윌버는 무엇보다도 중요했던
르망에서의 첫 번째 비행에서
대대적인 성공을 거두었다.

큰 도움을 준 레옹 볼레와
함께 있는 윌버.

62

63 1908년 9월 17일, 버지니아 주 포트마이어에서 이륙 준비를 하고 있는
오빌(격자무늬 모자를 썼다)과 토머스 E. 셀프리지 중위.

셀프리지와 알렉산더 그레이엄
벨의 긴밀한 관계 때문에 오빌은
이 젊은 장교를 신뢰하지 않았다.

64

포트마이어에서 일어난 비극적인 추락 사고로 인해 셀프리지는
비행기 역사상 최초의 사망자가 되었고, 오빌 역시 중상을 입었다.

Fort Myer. Va., Sept. 21, 1908.

Dear Pop,

It has been an impossible to write a line. But now I am getting settled and will write every day. At first, I was pulled and hauled a dozen ways at once for the first few days.

I am staying with Warren Shearer at 1413 Monroe St. N.W. Warren is just about as nice a man as I ever saw and his wife is very fine and interesting. I like them both immensely. They are as good to me as the day is long. It was mighty good not to have to go among strangers.

Orville's injuries are serious — not dangerous. He has been fearfully restless and uncomfortable but that is better now that I am practically staying at the Hospital. They do not restrict me a bit. I never saw anything lovelier than the consideration that is shown me by everyone. Major Winter is the head surgeon but he was off on a three days' ride when the accident occurred. So Captain Bailey really has charge of the case, though technically

캐서린이 가능한 한 오빌을 돕기 위해 포트마이어에 도착한 직후 아버지에게 보낸 첫 번째 편지.

르망에서 미국 여성 최초로
비행기에 탑승한 이디스 버그와
윌버의 이륙 직전 모습.
긴 치마를 끈으로 발목에 묶은
그녀의 모습은 머지않아
패션계에 신선한 유행을 일으켰다.

캐서린(맨 왼쪽), 랑베르 백작부인, 오빌(지팡이를 짚은 사람)과 윌버가
포의 긴 산책로를 걷고 있다.

1909년 2월 15일, 퐁롱에서
난생 처음으로 비행기를 탄
캐서린과 윌버의 이륙 직전 모습.

69

70

1909년 3월 17일, 퐁롱에서 영국 왕 에드워드 7세에게
비행 기계를 설명하는 오빌과 윌버.

윌버(왼쪽)와 들랑베르 백작.
그는 프랑스인 "제자들" 중에서 가장 뛰어나서 윌버가 가장 선호한 인물이었다.

72

1909년 7월 25일, 루이 블레리오가 유명한
영국 해협 횡단 비행을 개시하는 모습을
묘사한 프랑스 판화.

미국의 비행사 글렌 커티스는 1909년
8월 프랑스 랭스에서 열린 제1회 국제
비행 경연대회의 최고 속도 부문에서
우승했다.

73

백악관을 방문한 윌버, 오빌, 캐서린의 모습.
윌리엄 하워드 테프트 대통령(가운데)이 라이트 형제에게
미국 항공 동호회의 금메달을 수여했다.

74

75

(오른쪽) 1909년, 라이트 형제가 미국에 어떤 존재인지를 보여준 호머 데이븐포트(Homer Davenport)의 만평. 작가의 서명과 함께 캐서린에게 주는 다음과 같은 글이 들어 있다. "우리 모두로부터, 심지어 공중의 새들로부터도 존경받는 이들의 누이동생께 드림."

(아래) 연설과 포스터와 깃발과 장식천이 동원된 것은 물론이고, 메인 가에 "명예의 전당"을 세우고, 3킬로미터에 달하는 행렬까지 늘어선 라이트 형제 환영 행사는 데이턴의 역사상 그 어떤 행사도 능가하는 규모였다.

77

78 둘랑베르 백작이 조종한 라이트 비행기는 파리의 하늘에 나타난 사상 최초의 비행기였다.

79 허드슨 강을 따라가는 비행에 앞서, 뉴욕 항구의 거버너스 섬에서
비상용 카누를 비롯한 모든 사항을 최종 점검 중인 윌버와 찰리 테일러.
왼쪽에 보이는 작은 성조기는 캐서린이 전달한 것이다.

HARPER'S WEEKLY
A JOURNAL OF CIVILIZATION

VOL. LIII   **New York, October 9, 1909**   No. 2755

A NEW KIND OF GULL IN NEW YORK HARBOR

프랑스의 우정과 미국의 환영 모두를 상징하는 자유의 여신상 주위를 선회한 윌버의 비행은
큰 화제가 되었다. 『하퍼스 위클리』에서는 그를 "새로운 종류의 갈매기"라고 지칭했다.

"투자한 노동에 대한 최상의 대가는 항상 더 많은 힘이 아니라
더 많은 지식을 추구할 때에 나온다."
윌버와 오빌 라이트의 말, 1906년 3월 12일.

***

9월 18일에 윌버는 뉴욕으로 향하는 기차에서 오빌에게 편지를 쓰면서, 혹시나 맨해튼의 강물 위에 비행기를 착륙시킬 수밖에 없는 상황을 가정하고 몇 가지 예방책을 검토해 보았다. 고무 튜브를 사용하자는 그의 애초 아이디어는 현실성이 없었다. "그래서 나는 아예 기계 한가운데 밑, 그것도 상당히 앞에다가 카누를 하나 매달자는 계획으로 돌아갔지." 곧이어 윌버는 이렇게 덧붙였다. "물론 진짜로 거기 내려앉을 상황을 예상하는 것은 아니지만, 그래도 이렇게 해 놓으면 충분히 안전하기는 할 거야." 카누는 뉴욕에서 구입할 예정이었다. 비행기는 이미 뉴욕 항구의 거버너스 섬 소재 육군 기지로 운송되어 있었으며, 찰리 테일러도 그곳에서 합류할 예정이었다.

뉴욕 항구와 허드슨 강의 넓은 해안선에는 역사상 최고의 장관이 펼쳐질 예정이었는데, 20척의 미국 전함이 닻을 내리고 있었고, 영국 해군 소함대를 비롯해서 프랑스와 독일과 네덜란드와 멕시코와 아르헨티나의 해군함이 역시나 닻을 내리고 있었기 때문이다. 뿐만 아니라 연락선과 거룻배와 석탄선을 비롯해 온갖 종류의 강배와 거대한 호화 여객선 루시타니아 호도 자리하고 있었다. 최소한 1,595척 이상이 모여 있었다.

이 모두에 더해서, 뉴욕 시민들은 자기네 해역 위를 날아다니는 비행기를 사상 최초로 목격하게 될 예정이었다.

맨해튼에서 남동쪽으로 800미터 떨어진 어퍼 뉴욕 만 소재 거버너스 섬에 있는 격납고 두 개를 이번 행사를 위해 사용하기로 했는데, 그중 하나는 윌버가 사용하고 또 하나는 커티스가 사용했다. 상황을 살펴보기 위해 현장에 도착한 두 사람은 다정한 인사를 주고받았으며, 5분 정도 이야기를 나누었는데, 대개는 랭스에서 있었던 일에 대해 이야기 나눴다. 손에 윤활유가 묻었던 윌버는 악수를 사양했다. 바로 그때 무선 전신의 발명가인 굴리엘모 마르코니가 현장에 나타났고, 윌버를 만나게 되었다는 사실에 열광하여 윤활유가 묻어 있건 말건 꼭 악수를 나누겠다고 고집했다. 거버너스 섬에서 둘 중 한 사람이 비행을 시작하면 마르코니는 항구에 정박한 군함에 무선 메시지를 보낼 예정이었고, 그러면 군함에서는 깃발을 올려서 다른 선박과 육지 사람들에게 다시 신호를 보낼 예정이었다.

커티스는 곧이어 뉴욕 북부의 해먼즈포트로 향했는데, 온 주민이 참석하는 귀향 행사가 개최될 예정되었기 때문이었다.

그때쯤 기자들은 윌버와의 인터뷰 기회를 얻기 위해 최대한 격납고 가까이에 얼씬거리고 있었다. 하루는 기지에 살던 꼬마 몇 명이 경비병에게 접근하자, 기자들은 자기들과 마찬가지로 꼬마들도 멀찌감치 떨어지라는 경고를 받을 게 뻔하다고 생각했다. 그런데 윌버는 만면에 "친절한 미소"를 띠고 꼬마들을 반겼으며, 기자들이 열린 문틈으로 들여다보는 내내 "기계의 모든 세부사항을 설명해" 주기까지 했다.

"여기 온 지 일주일째이고, 기계는 비행 준비가 거의 다 되었어." 9월 26일에 윌버는 캐서린에게 이런 편지를 썼다. 그는 세련된 파크 애버뉴 호텔에 머물렀지만, 점심은 거버너스 섬에 있는 장교 식당에서 해결했다.

어제는 해군의 대규모 행진이 있었고 (⋯) 저녁에는 배들이 수백만 개의 전구로 장식했고, 커다란 건물 가운데 상당수도 마찬가지였어. 강을 따라서 약 15킬로미터 정도는 증기선이 가득 들어차 있어서, 외관을 온통 전구로 장식해 두지 않았더라면, 사실상 그들은 배를 몰기가 불가능했을 거야.

월버는 주위에 몰려든 기자들을 향해서 이번에는 세계를 놀라게 하기 위해서가 아니라, 다만 하늘을 날아가는 비행기가 어떤 모습인지를 모두에게 보여주기 위해서 왔다고 말했다. 혹시 선박이 가득한 항구 위를 날아가는 게 위험하다고 생각하지 않느냐는 질문에는, 비행기라면 어디라도 갈 수 있어야 마땅하다고 대답했다.

글렌 커티스는 9월 28일 늦게 뉴욕 주 북부에서 돌아왔고, 다음날 오전 일찍 있을 시험 비행에 대비하여 자기 비행기가 있는 거버너스 섬의 격납고 안에서 밤을 보냈다. 다음날 그는 오전 6시 직후에 비행을 실시했으며, 친구 한 명과 육군 장교 한 명이 참관했다. 그는 300미터를 비행했고, 곧이어 다시 뉴욕 주 북부로 돌아갔다.

전날 밤을 시내의 호텔에서 보낸 월버는 오전 8시가 되어서야 비행 사전 준비를 시작했으며, 오전 9시에는 7분간의 시험 비행을 실시하여 거버너스 섬을 한 바퀴 선회했다. 흰색과 은색의 플라이어 호는 예전과 거의 비슷한 모양새였지만, 한 가지 다른 점이 있다면 길이 4미터의 캔버스를 씌운 붉은색 카누가 아래에 붙어 있다는 점이었다. 흥미롭게도 최신 형태의 운송 수단인 비행기가 미국의 해안에서 첫 선을 보일 때, 혹시나 일어날 수도 있는 사고에 대비해서, 하필이면 세상에서 가장 오래 된 운송 수단 가운데 하나인 카누를 눈에 띄게 장착하고 나왔던 셈이다.

착륙 직후에 윌버는 다시 비행하겠다고 선언했다. 무선 전신이 송신되고, 신호 깃발이 올라가자, 그는 곧바로 비행에 나섰다. 이번에는 예상대로 허드슨 강 하구로 향한 것이 아니라 바람 불어오는 쪽인 서쪽으로 향했고, 연락선 두 척 위를 지나서, 베들로스 섬에 있는 자유의 여신상을 향해 곧장 날아가더니, 여신상을 한 바퀴 돌고, 목적지인 리버풀로 가기 위해서 항구를 벗어나고 있던 루시타니아 호 위로 낮게 날았다. 수천 명이 이 모습을 지켜보았다. 맨해튼 끄트머리에 자리한 배터리 공원에는 관람객이 가득했고, 루시타니아 호의 갑판에 있던 승객들은 머리 위로 지나가는 윌버에게 모자와 스카프와 손수건을 흔들면서 열광했다.

그는 여러 차례의 하강과 선회 동안에도 완벽한 조종 솜씨를 뽐내며 비행기를 기동시켰다. 하지만 사람들에게 가장 깊은 인상을 심어준 것은 윌버 라이트와 비행 기계가 자유의 여신상 주위를 도는 장관이었다. 이 사건은 다른 무엇보다도 더 많이 회자되고, 작성되고, 기억될 것이었다. 《뉴욕 이브닝 선》의 필자는 1면 기사에서 그 느낌을 다음과 같이 표현했다.

한 순간 그의 위대한 비행기는 워낙 수평선에 가까이 있어서 마치 그 주위에서 날고 있는 바다의 갈매기들 가운데 한 마리처럼 보였고 (…) 자유의 여신상의 발 높이보다 약간 더 위에 있었다. 그러다가 잠시 후에는 여신상의 가슴 높이에 나타났고, 곧이어 그 앞을 수평으로 지나가 버렸다.
라이트는 자국의 운명을 증명하는 그 여인에게 마치 미국의 비행사로서 경의를 표하기라도 하는 듯 잠시 머물렀다. 그러다가 갑자기 바람을 타고 동쪽으로 돌아서더니, 파도 위에서 빠르게 속력을 냈고, 항구의 선박들은 날카로운 소리로 환영 인사를 보냈고, 해안에서 환호하는 사람들은 자유의 여신상이, 오로지 바람만 있으면 비행할 수 있는 기체를 발명한 자신의 자녀 중 한 명과 만나는 모습을 똑똑히 목격했다.

이른바 "문명의 잡지"라 자처하는 《하퍼스 위클리》에서는 월버가 탄 비행기가 자유의 여신상 주위를 도는 극적인 사진을 표지에 싣고 이런 설명을 붙였다. "뉴욕 항구에 나타난 새로운 종류의 갈매기."

"상당히 잘 움직였어, 찰리." 보도에 따르면, 월버는 거버너스 섬에 돌아온 후 비행기에서 내리며 찰리 테일러에게 이렇게 말했다고 전한다. "제가 봐도 괜찮아 보이네요, 윌." 찰리의 말이었다.

다음날 독일 포츠담에서 뉴스가 들려왔다. 오빌이 그 누구도 아직 비행기로 날아본 적 없는 해발고도 300미터 높이에서 비행했다는 소식이었다.

북쪽에서 불어오는 강한 바람 때문에 월버와 글렌 커티스는 토요일과 일요일 이틀 동안 꼼짝 못하고 거버너스 섬에 갇혀 있었다. 그러다가 커티스는 세인트루이스에서 열리는 행사에 계약이 되어 있다며 떠나겠다고 말했다. 그리하여 예정대로, 그리고 모두가 고대하던 대로 허드슨 강을 따라 비행하는 임무는 오로지 월버의 몫이 되었다.

＊＊

10월 4일 월요일, 북쪽에서 불어오는 바람이 조금 약화되기는 했지만, 그래도 여전히 시속 25킬로미터로 불었는데, 이 정도면 월버가 선호하는 것보다는 훨씬 강한 편이었다. 바람이 점점 강해지기만 할 뿐임을 짐작한 그는 결국 비행하기로 결정했다. 그는 비행기를 격납고에서 꺼내서 살펴보았다. 휘발유 탱크가 가득 차 있지 않자, 그는 낡은 깡통을 가져다가 직접 채웠다.

9시 53분에 윌버는 이륙했다. 비행기 아래에는 비상용 카누가 여전히 달려 있는 채였다. 차이가 있다면, 방향타에 작은 성조기가 달려 있다는 점이었다. 뉴욕에서 휘날리라는 요청과 함께 캐서린이 보낸 것이었다.

다시 한 번 무선 전신이 송신되었다. 다시 한 번 신호 깃발이 휘날렸고, 다시 한 번 경적이 울렸고, 무적(霧笛)이 울렸다. 시내 대부분의 지역에서 윌버의 비행을 보기 위해 업무를 중단했고, 사무용 건물의 창문과 옥상에는 사람들이 "우르르 몰려가는" 사태가 벌어졌다. 뉴욕의 한 신문의 표현대로 "데이턴의 비행사, 경이로운 윌버 라이트"가 하늘을 나는 장관을 보기 위해서였다.

메트로폴리탄 라이프 타워 같은 새로운 마천루에서는 항구와 허드슨 강의 모습이 한눈에 펼쳐졌다. 그중에서도 가장 장관이었던 것은 완공과 함께 전 세계에서 가장 높은 마천루가 된 브로드웨이 소재 47층짜리 싱어 빌딩의 위쪽 층에서 보는 전망이었다.

윌버가 일단 항구를 가로지른 다음, 바람이 불어오는 북쪽으로 돌아서서 허드슨 강으로 향하자, 사람들의 열광은 더 커져갔다. 곧이어 그는 고도 45미터 정도까지 상승했고, 시속 58킬로미터의 속도로 움직였다. 하지만 훗날 회고한 것처럼, 일단 강에 도달하자 그는 이전까지는 한 번도 상대한 적이 없었던 종류의 기류와 마주했다. 고층빌딩에서 흘러나오는 그 기류가 워낙 강하고 위험했기 때문에, 그는 높이를 "상당히" 낮출 수밖에 없었고, 강에서도 뉴저지 주에 해당하는 서쪽을 따라서 날아갈 수밖에 없었다.

"나는 연락선 바로 위로 지나갈 정도의 높이로 날았고, 곧이어 전함에 도달해서는 그 굴뚝을 스치다시피 지나갔다. 굴뚝에 워낙 가까웠기 때문에, 거기서 나는 연기 냄새를 맡았을 정도였다."

혹시 영국 전함에서 그를 기리기 위해 쏜 축포 소리를 들었느냐는 질문을 나중에 받자, 윌버는 정확히 무엇이었는지는 알 수 없었지만 뭔가가 "끔찍한 소리"를 냈다고 대답했다.

웨스트 122번가의 강 오른편에서 그랜트 영묘의 돔을 본 그는 이제 충분히 왔다고 판단했고, 크게 180도 선회를 실시한 다음 남쪽으로 날아서 다시 강으로 들어섰고, 이번에는 바람을 뒤에 업고 훨씬 더 빠르게 날아갔다. "내 생각에 돌아오는 시간은 절반밖에 안 걸린 것 같다 (…) 나는 물에 더 가까이 날아갔으며, 시내의 마천루 옆을 지나갈 때에는 계속해서 저지 쪽 강변 쪽으로 더 가까이 다가갔다."

사람들은 윌버가 상류에 도달했을 때보다 하류로 돌아올 때에 더욱 열광했다. 이제 저지 쪽 언덕에는 사람들이 새카맣게 몰려 있었고, 맨해튼 쪽의 부두와 건물 옥상에도 사람들이 가득 들어차 있었다. 이날 100만 명이 이 모습을 지켜본 것으로 집계되었다.

정확히 오전 10시 26분에 윌버는 거버너스 섬으로 돌아와서, 자기가 이륙했던 장소에서 불과 몇 미터 떨어진 곳에 착륙했다. 공중에 머무른 시간은 33분 33초였다. 그랜트 영묘까지 갔다가 돌아온 거리는 대략 30킬로미터 정도였고, 평균 속도는 시속 58킬로미터였다.

강한 바람과 고층빌딩의 돌풍과 경적과 군중의 째지는 함성과 군함의 축포에도 불구하고, 그는 결국 해냈던 것이었다. 당시에 바람 문제가 얼마나 만만치 않았는지를 보여주는 척도는 바로 캐서린이 준 작은 성조기였다. 비행을 시작했을 때는 완전히 새것이었지만, 돌아왔을 때에는 넝마가 되어 있었던 것이다.

찰리 테일러는 윌버가 "올라가" 있던 시간 내내 아주 걱정했었다고 기자들에게 털어놓았다.

저는 싱어 빌딩에 걸린 커다란 깃발을 두 눈으로 계속 쳐다보고 있었습니다. 때때로 그게 늘어지며 깃대를 덮어 버리면, 저는 윌버가 유리하다는 걸 알았습니다. 또 때때로 그게 거의 수평으로 일어서면, 저는 윌버가 곤란을 겪는다는 걸 알았습니다. 또 그게 펄럭이기 시작해서, 마치 토요일 내내 그랬던 것처럼 끄트머리가 위쪽을 향하면, 저는 몸을 떨기 시작했습니다. 왜냐하면 저런 돌풍 앞에서 윌버가 어떻게 할지 알 수가 없었기 때문이죠.

윌버는 걸어가면서 기자들에게 '아니'라고, 즉 자기는 공중을 정복한 게 아니라고 말했다. "즉각적인 선물과 즉각적인 보상을 바라고 일하는 사람은 단지 바보일 뿐입니다."

잠시 후에 놀랍게도 그는 오후에 다시 비행하겠다고, 즉 이번에는 아까보다 더 멀리 1시간 동안 비행하면서 맨해튼을 한 바퀴 돌겠다고 발표했다. 하지만 4시쯤에 윌버와 찰리 테일러가 비행기의 크랭크를 돌리는 과정에서 엔진의 피스톤 로드가 요란한 폭음을 내며 폭발해 버렸고, 길이 15센티미터에 폭 10센티미터인 피스톤 머리가 "마치 대포알처럼 날아가서" 윌버의 머리에서 50센티미터도 안 떨어진 곳에 떨어졌다.

그러자 그는 찰리 테일러에게 말했다. "이 사고가 공중에서 일어나지 않은 게 천만다행이네." 결국 이들은 비행기를 도로 격납고에 넣어 버렸다. 뉴욕에서의 비행도 그렇게 끝나고 말았다.

얼마 후, 10월 오후에 《사이언티픽 아메리칸》의 특파원들과 이야기하던 도중에, 윌버는 아까 있었던 엔진 폭발이 어떤 의미냐는, 아울러 미래에 비행술의 발전이 어떤 방향으로 가게 될 것 같냐는 질문을 받았다. 고장 난 실린더는 단지 "사고"일 뿐이라고 윌버는 말했다. 아울러 미래에 관해서는 그 방향이 중요한데, 그건 바로 "고공비행"이라고 했다.

우리는 지표면의 불규칙성에서 야기되는 바람의 교란층을 벗어나 올라가야만 합니다. 앞으로 여러분은 비행사들이 비행 중에 기록하는 평균 고도가 크게 높아지는 것을 보게 될 것입니다. 그럴 경우에는 더 유리한 대기 조건을 지닌 더 높은 경로를 찾아낼 수 있을 뿐만 아니라, 혹시나 모터 고장이 일어날 경우에도 조종 능력을 회복하거나 지상까지 안전하게 활공하기에 충분한 시간과 거리를 확보할 수 있을 것입니다.

"월요일에는 허드슨 강을 따라서 그랜트 영묘까지 갔다가 거버너스 섬으로 돌아왔습니다." 사흘 뒤에 윌버는 메릴랜드 주 칼리지 파크에서 아버지에게 편지를 썼다. "흥미진진한 여행이었고, 때로는 짜릿하기도 했었습니다." 그 일은 이것으로 끝이었다. 이제 그는 미국 육군 소속 조종사들을 훈련시키기 위해 칼리지 파크에 왔기 때문이었다.

* * *

월버가 허드슨 강에서 비행한 지 2주가 지난 10월 18일 월요일, 오빌과 캐서린은 파리에 있었다. 이들은 독일에서 있었던 행사를 성공적으로 마무리하고 고향으로 돌아가는 길에 파리에 잠깐 들른 것이었는데, 여러 가지 증거로 미루어 보면 마침 그날 오후 5시 직전에 라이트 비행기 한 대가 하늘에 나타나 파리 역사상 최대의 화젯거리가 될 예정이라는 사실을 그들은 전혀 모르고 있었던 모양이다. 이 비행기는 이 도시 위로 지나간 최초의 비행기일 뿐만 아니라, 한 도시 위를 직접 지나간 세계 최초의 비행기였다. 심지어 월버조차도 허드슨 강을 따라 오가는 와중에 뉴욕 시와 가까운 곳을 날기는 했지만, 그래도 어디까지나 강물 위로만 오간 것이었다.

들랑베르 백작은 자기 계획을 아무에게도 알리지 않았으며, 심지어 아내에게도 알리지 않고 파리에서 남동쪽으로 24킬로미터 떨어진 쥐비시 소재 포르아비아시옹을 이륙했다. 황금빛 오후 하늘에서 그를 가장 처음 목격한 사람은 에펠탑 높은 곳에 올라가 있던 수백 명의 관광객들이었다. 곧이어 저 아래 거리에서도 사람들이 소리를 질렀다. "비행기다! 비행기!(L'Aeroplane! L'Aeroplane!)"

이 장관을 가장 인상적으로 묘사한 사람은 미국인 작가 이디스 워턴이었다. 당시에 그녀는 운전기사가 모는 리무진을 타고 콩코르드 광장 소재 크리용 호텔의 정문에 도착하여 막 내린 참이었는데, 주위의 몇 사람이 하늘을 바라보고 있다는 사실을 깨달았다. 워턴은 친구에게 보낸 편지에서 이렇게 설명했다.

지난 월요일에 무슨 일이 있었는지 알아? 크리용 호텔 문 앞에 차를 세우고 내리던 참인데, 두세 사람이 공중을 바라보고 있는 거야. 나도 올려다보았더니 비행기 한 대가 하늘 높이 떠 있었고 (…) 콩코르드 광장 위로 나타나더라고. 황금빛 노을을 배경 삼아 날고 있었어. 흘러가는 구름 사이로 초저녁달이 떠 있었는데, 광장을 비스듬히 가로질러 가고, 오벨리스크 위로 믿을 수 없을 만큼 높이, 센 강을 가로질러 팡테옹 쪽으로 향하던 비행기는 막 하늘을 가로지르는 새떼 속에 파묻히는가 싶더니, 저 멀리서 다시 나타났고, 구름 속에서 한 점이 되었다가 결국 황혼 속으로 사라져 버렸어. 들랑베르 백작이 라이트 비행기를 타고 쥐비시에서 여기까지 날아온 거였대. 비행기가 이 커다란 도시를 가로질러 비행한 게 '처음'이었다지 뭐야!! "내 정신이 어떠했을지" 생각해 봐. 난생 처음 비행기를 구경한 장소가 여기였으니 내 정신이 어떠했을지 생각해 보라니까!

이때 그녀가 미처 전하지 못했던 한 가지 사실은, 들랑베르 백작이 그 당시에 전 세계에서 가장 높은 구조물이었던 에펠탑 꼭대기 위로 지나갔고, 그리하여 최소한 고도 400미터 내지 420미터에서 "고공" 비행을 실시했다는 점이었다.

들랑베르가 쥐비시로 귀환하고 착륙했을 무렵에는 소문이 그곳까지 퍼져 있었다. 수천 명이 운집해서 그를 환영했다. 비행기에서 내린 그는

"창백하지만 환히 웃으면서" 기자들과 환호하는 군중 속에 파묻혀 버렸다. 그로선 매우 놀랍게도 그 자리에는 오빌과 캐서린 라이트도 와 있었다. 그들이 어떻게 그 소식을 접했고, 어떻게 쥐비시까지 달려갔는지는 알 수 없다.

들랑베르는 지금 이 시간의 영웅은 자기가 아니라고 주장했다. "진짜는 바로 여기 계십니다." 그는 이렇게 말하며 오빌을 돌아보았다. "저는 단지 기수(騎手)에 불과합니다. 발명자는 바로 이분이십니다." 즉 그는 라이트 형제 모두를 가리킨 것이었다. "미국 만세! 저의 성공 역시 바로 그 나라 덕분이기 때문입니다."

* * *

월버와 오빌과 캐서린은 고향에 도착하자마자 미처 짐을 풀어놓을 새도 없이, 사업 관련 결정과 특허 관련 문제에 집중해야 했다. 하루는 월버가 뉴욕으로 갔고, 또 하루는 워싱턴으로 갔으며, 곧이어 형제 모두가 함께 뉴욕으로 갔고, 나중에는 월버가 또다시 혼자 갔다. 크리스마스를 제외하고는 이런 일이 새해까지 줄곧 이어졌다.

비행기 제조를 담당하는 라이트 회사가 설립되어 뉴욕 시 5번가에 사무실을 두었다. 데이턴에는 라이트 제조 공장이 착공되었다. 이들을 기리는 만찬이며 메달이며 시상이 계속 이어졌고, 그중에는 스미소니언 연구소에서 시상하는 제1회 랭글리 메달도 있었다. 아울러 특허 관련 소송도 더 많이 벌어졌다.

비행을 실시하는 사람의 숫자가 늘어나면서, 사고도 늘었고 사망 사건도 일어났다. 프랑스에서는 비행사 외젠 르페브르, 페르디낭 페르베르, 레옹 들라그랑주가 모두 추락 사고로 사망했다.

극도로 우울했던 사건도 있었다. 윌버 라이트와 옥타브 샤누트 사이에 불화가 생기기 시작했고, 둘의 불화는 1910년 1월부터 그해 봄까지 지속되었던 것이다. 샤누트는 라이트 형제가 글렌 커티스를 상대로 소송을 제기한 것이 "큰 실수"였다고 생각했으며, 심지어 《에어로노틱스》 잡지의 편집자에게 편지를 보내기까지 했다. 특히 그는 날개 휘어짐의 아이디어 자체가 라이트 형제의 독창적인 발명까지는 아니라고 생각했다.

1월 20일자 편지에서 윌버는 샤누트에게 다음과 같이 명료하게 설명했다. "우리가 보기에는, 전 세계가 우리의 수평 조종 시스템을 거의 보편적으로 사용하는 것은 사실상 우리 덕분인 것 같습니다." 그러자 샤누트는 이런 답장을 보냈다. "내가 보기에는, 친구, 평소에는 건전했던 자네의 판단력이 크나큰 부를 향한 욕망으로 인해 휘어져 버린 듯하다네."

뿐만 아니라 샤누트는 윌버가 보스턴에서 열린 연설에서 한 말 때문에 기분이 상해 있었다. 즉 1901년에 그가 데이턴의 라이트 자전거 가게에 "나타났을" 당시의 일에 관한 설명이었다. 이런 설명은 마치 그가 먼저 라이트 형제에게 달려간 듯한 인상을 주는 듯했기 때문이다. 게다가 윌버는 1900년에 자기가 먼저 샤누트에게 편지를 보내 정보를 요구했다는 사실을 아예 빼먹어 버리고 말았다.

라이트 형제는 샤누트의 편지를 "믿을 수 없다"고 생각했다. 샤누트에게 보낸 편지 중에서도 가장 긴 것 가운데 하나에서 윌버는 이런 사실을 분명히 밝혔다. 라이트 형제가 탐욕에 사로잡혔다는 샤누트의 비난을 일축하며 윌버는 다음과 같이 말했다. "당신이야말로 우리와 알고 지낸 사람 가운데 유일하게 그런 비난을 하는 분입니다." 대신 그는 샤누트가 마치 라이트 형제를 "자신의 제자 겸 아랫사람"인양 프랑스 사람들에게 잘못된 인상을 심어 주었다는 사실에 대해서 상당한 분노를 집중시켰다. 아울러 샤누트는 이전까지만 해도 날개 휘어짐을 발명했다는 라이트 형제의 주장에 대해서 전혀 의문을 제기한 적이 없었다고도 지적했다.

1901년에도, 이후 5년 동안에도, 당신은 결코 어떤 식으로도 우리의 수평 조종 시스템이 오래 전부터 비행 기술의 일부분이었다고 우리에게 알려준 적이 없었습니다. (…) 만약 이 아이디어가 진정 오래전부터 사용되어 온 비행기술이라면, 정작 그때에는 굳이 언급할 필요도 없다고 간주된 것도 이상하고, 또 우리 기계 이전에 제작된 다른 어떤 기계에도 없었던 것도 이상하지 않겠습니까. 이 아이디어에 대한 개인의 소유권을 인정하는 것이 중요한 비행 기술 부분에 압력을 행사하는 것이라고 간주될 만큼 이것이 중요한 시스템이라면 말입니다.

논란을 해결하고자 했던 윌버는 먼저보다 더 온화한 어조로 편지를 마무리했다. "이 문제를 당신과 우리 모두에게 만족스러운 방식으로 해결할 수 있는 방법이 있다면, 우리는 기꺼이 그리고 적극적으로 우리의 역할을 감당할 것입니다. (…) 우리로선 감사의 마음을 간직해야 마땅한 분을 상대로 굳이 싸우고자 하는 마음이 결단코 없기 때문입니다."

그로부터 3개월이 다 되도록 샤누트에게서 아무런 답장이 없자, 윌버는 다시 편지를 써서 이렇게 말했다.

우리 형제는 친밀한 우정을 많이 맺지도 않습니다만, 그런 우정을 쉽게 포기하지도 않습니다. 저는 당신의 기분이 정확히 어떤지를 우리가 이해하지 못하는 한, 아울러 당신이 우리의 기분을 이해하지 못하는 한, 우리의 우정은 더 강해지는 것이 아니라 오히려 더 약해질 것이라고 생각합니다. 무지 때문이든 경솔함 때문이든 간에 각자가 상대방의 아픈 곳을 건드리면 불필요한 고통이 야기될 것입니다. 고생이 많았던 초창기에 무척 큰 의미가 있었던 서로간의 우정을 너무나도 소중히 여기는 까닭에, 오해를 바로잡지 않아 그 우정이 시들어 버리는 것을 보고 싶지 않으며, 그런 오해는 솔직한 논의를 통해 바로잡힐 수 있다고 생각합니다.

이번에는 샤누트도 며칠 만에 답장을 보내서 윌버의 편지가 고마웠다고, 또 자기는 건강이 좋지 않으며, 조만간 유럽에 갈 예정이라고 설명했다. "내가 유럽에서 돌아오는 대로 우리의 예전 관계를 재개할 수 있으리라 기대한다네."

* * *

데이턴에서는 2월에 단 한 주를 빼놓고 줄곧 이례적으로 따뜻한 겨울이 이어졌다. 2월 16일, 라이트 감독의 일기에 따르면 30센티미터 이상의 눈이 내렸다. 그리고 2월 18일에도 눈이 "상당히 많이" 내렸다. 하지만 그 다음날부터 "상당한 해빙"이 뒤따라서, 그는 지붕의 고드름을 깨는 일로 시간을 보냈다. 3월 첫 주가 되자 눈은 "사라져 버렸다." 이후 "맑고 따뜻한 날"이 지속되었다. 그의 일기 항목에는 이렇게 기록되어 있다. "멋진 날씨," "좋은 날씨," "봄 날씨," "매우 멋진 날씨." 이런 기록이 4월까지 이어졌다.

데이턴의 웨스트사이드에 자리한 호손 가의 라이트 가족 자택은 봄에 보던 모습과 크게 다르지 않아 보였다. 작년 가을에 이곳을 장식했던 귀향 축하 깃발과 장식 천과 등롱은 모두 사라졌다. 모든 것이 이전 그대로였다. 웨스트 3번가의 가게는 물론이고, 도시 간 전차를 타고 가면서 내다보는 심스 정류장과 허프먼 평원의 풍경도 여느 때와 마찬가지였다.

라이트 형제도 마찬가지였다. 이들이 보고 행한 모든 일에도 불구하고, 이들이 받은 전례 없는 영광에도 불구하고, 그 어떤 기준에서 보더라도 두 사람은 전혀 바뀌지 않았으며, 하다못해 다른 곳으로 고개를 돌리지도 않았다. 자랑하지도 않았고, 치장하지도 않았고, 자만하지도 않았다. 바로 이런 점이 이들이 이룩한 경이로운 업적 못지않게 크게 존경을 받는 대목이었다. 당시에 현장을 방문한 한 필자의 말에 따르면, "이들은 항상 그랬듯이 침착하기 짝이 없는 '시골 사람'이었다." 캐서린 역시 항상 그래 왔던 모습과 전혀 다르지 않아 보였다.

프랑스의 포는 무척이나 흥미로운 장소였다. 윌버는 그 의견을 듣고 옅은 미소를 지었지만, 독일에도 멋진 시골이 있다고 윌버도 역시 동의했지만 멋진 시골을 보고 싶으면, 심스 정류장에 있는 자기네 비행장에만 가 봐도 그만이라고 했다. 오하이오 주도 자기에게는 충분히 좋다는 것이었다. 오빌도 이에 동의했고, 다만 그곳의 가장 멋진 모습을 보려면 일단 300미터쯤 올라가 보아야 한다고 태연스레 주장했다.

만약 라이트 형제가 걱정거리가 있거나 짜증을 낼 만한 요인이 있었다고 치면, 그건 아마도 커티스 회사에 대한 특허 침해 소송을 벌였을 때였을 것이다. 하지만 이들은 이 사건에 대해서 확신을 갖고 있었으며, 언론이며 미국에서도 이미 강력한 지지가 나타나고 있었다. 《뉴욕 타임스》의 말마따나 "여기서 중요한 사실은, 라이트 형제가 성공하기 전까지만 해도, 공기보다 무거운 기계를 이용한 비행 시도는 철저한 실패뿐이었다는 것, 그러나 이들이 그 일을 할 수 있음을 입증한 이후로는 모두가 그 일을 할 수 있는 것처럼 보인다는 점"이었다.

라이트 형제의 특허 취득이 비행술의 발전을 저해할 것이라는 주장은 헤드라인을 거의 장식하지 못했다. "벨 교수가 특허를 보유했다고 해서 전화의 발전이 저해되지는 않았다." 《크리스천 사이언스 모니터》의 말이었다. "토머스 에디슨이 자기 발명품을 보호하기 위해서 수많은 소송을 제기했다고 해서 그중 어느 것 하나가 시장에서 퇴출되지는 않았다." 아울러 윌버와 오빌 모두가 남보다는 더 잘 알고 있는 것처럼, 어떤 아이디어의 발전 과정 거의 모두가 기록과 사진으로 철저하게 기록되어 있을 경우, 그 아이디어는 이들의 것일 수밖에 없었다.

* * *

　1910년 5월 25일 수요일은 데이턴에서도 특히나 "좋은 날"이었다고 라이트 감독은 일기에 적었다. 이날은 라이트 가족에게도 역시나 중요한 날이었다.

　라이트 형제가 데이턴 비행기 동호회를 비롯해서 친구들과 이웃들과 기타 관심 있는 사람 모두를 허프먼 평원으로 초대해 오빌의 비행을 선보이려 했던 것이다. 결국 이날 모인 군중은 2000명 내지 3000명에 달했다. 도시 간 전차는 미어터질 지경이었다. 비행장 바로 옆의 도로에는 자동차가 줄줄이 늘어섰고, 아이스크림과 샌드위치 노점이 장사 준비를 하고 있었다.

　나중에 보도된 바에 따르면, 이날 오빌은 기계를 워낙 훌륭하게 다루었기에, 관객들은 줄곧 흥분했다고 한다. "어느 순간 그는 땅을 스쳐 날아갔고, 다음 순간 마치 화살처럼 공중으로 솟구쳤다." 그는 8자를 그리고, 이리 비틀고 저리 돌면서 하나같이 "놀라운 실력"을 보여주었다. 가장 놀라웠던 점은 그가 무려 830미터라는 믿을 수 없는 높이에 도달했다는 점이었다. 라이트 식구 모두는 (즉 감독과 윌버와 캐서린과 루클린은 물론이고 로린과 그 아내와 아이들까지도) 고향 땅에서, 그것도 고향 군중을 앞에 둔 상태에서, 라이트 형제의 업적에 깃든 천재성을 보여주는 증거를 직접 보게 된 셈이었다.

　함께 일한 그 모든 세월 동안 윌버와 오빌은 나란히 하늘을 날아 본 적이 없었다. 그래야만 혹시나 뭔가가 잘못되어서 둘 중 한 사람이 죽더라도,

나머지 한 사람이 멀쩡히 살아서 작업을 계속 진행할 수 있을 것이기 때문이었다. 하지만 이날만큼은 최초의 실용적인 비행 기계를 개발했던 장소인 허프먼 평원에서 두 사람이 나란히 비행기에 앉았고, 오빌이 조종간을 붙잡고 함께 하늘로 솟아올랐다.

그때나 이후에나 많은 사람들이 보기에는, 그들이 애초에 시작한 일을 모두 완수한 이상, 마침내 비행의 짜릿함을 함께 즐길 기회를 굳이 연기할 이유가 없다고 생각하는 듯했다.

호손 가 7번지의 직계 가족 중에서는 오로지 라이트 감독만 아직 비행을 하지 않은 상태였다. 그의 나이 또래인 사람은 아직 지구상 어디에서도 비행을 경험한 적이 없었다. 감독은 처음부터 이들 형제와 함께 있었으며, 힘닿는 한 모든 면에서 도와주었고, 아들들에 대해서나 그들의 야심에 대해서나 간에 결코 믿음을 잃지 않았다. 이제 82세인 노인은 군중의 환호 속에서 출발 지점으로 걸어갔고, 오빌은 서슴없이 아버지에게 비행기를 타시라고 말했다.

이들은 이륙했고, 6분은 족히 채워 가면서 고도 105미터에서 허프먼 평원을 날았다. 그 내내 감독이 한 말은 딱 하나뿐이었다. "더 높이, 오빌, 더 높이!"

에필로그

    1911년 6월에 베를린에서 독일인 조종사 한 명을 위해서 훈련 비행을 짧게 실시한 것을 제외하면, 윌버 라이트는 평생 두 번 다시 비행하지 않았다. 사업 문제와 치열한 법적 다툼에 워낙 많은 시간을 빼앗겼기 때문이다. 라이트 회사는 사업 초기부터 상당한 시간과 작업이 필요했다. 하지만 라이트 형제에게 가장 큰 부담이었던 문제는 바로 끝도 없는 특허 침해 소송이었다. "이 시간을 실험에 바칠 수만 있었어도, 과연 우리가 무엇을 성취했을지 생각해 보면 매우 서글프다네." 윌버는 프랑스에 있는 한 친구에게 보낸 편지에서 이렇게 썼다. "물론 사람을 상대하는 것보다는 사물을 상대하는 게 항상 더 쉽게 마련이지만, 사람이 자기 삶을 전적으로 자기 마음대로 인도할 수는 없는 법이겠지."

    이때까지 라이트 형제 모두에게 가장 중요했던 일은 (즉 당장의 금전 문제보다 더 중요했던 일은) 바로 비행기의 발명자라는 정당하고도 지속적인 공로를 인정받는 것이었다. 이들의 평판은 위험에 처해 있었으며, 라이트 형제에게 이 점은 가장 중요한 문제였다. 라이트 형제는 자신들의 성취에 대단한 자부심을 가지고 있었다. 결국 9건의 소송이 진행되었는데, 그중 3건은 거꾸로 이들을 향한 소송이었다. 시간이 흐르면서 라이트 형제는 9건 모두 미국 법정에서 승리했다.

옥타브 샤누트는 1910년 10월에 유럽 여행을 마치고 돌아왔지만, 윌버와 다시 만나지 못하고 11월 23일에 78세로 사망했다. 이 소식을 들은 윌버는 열차를 타고 시카고로 가서 장례식에 참석했으며, 나중에 긴 추모의 글을 써서 《에어로노틱스》에 기고했다. 이 글은 당시 그의 기분이 어땠는지 명확하게 알려준다.

그의 저술은 워낙 명료했기 때문에, 수많은 사람들이 그의 저술을 통해 비행이라는 문제가 지닌 성격을 이해할 수 있었다. 이때의 이해란 자칫 다른 방법으로 이 문제를 연구했을 경우에는 결코 얻지 못했을 종류의 지적 이해였다. 인내와 선량한 마음이라는 측면에서는 그를 능가할 사람이 없었다. 그보다 더 널리 존경받고 사랑받았던 사람은 드물 것이다.

1911년에 윌버는 6개월 내내 유럽에 머물면서 사업 및 법률 문제를 다루었다. 고국에 있을 때에도 종종 뉴욕과 워싱턴을 오가거나, 또는 데이턴에서 열리는 이사회 회의에 붙잡혀 있었다. 이런 과로는 외모에도 영향을 끼치기 시작했다. 오빌의 말에 따르면, 윌버는 "허옇게 떠서 집에 돌아오곤" 했던 것이다.

그 와중에 라이트 가족은 데이턴 남동쪽에 새롭고 훨씬 더 커다란 집을 건축하기로 했는데, 그 모습은 오크우드 교외에 자리한 남북전쟁 이전 옛 남부 방식의 저택이 될 예정이었다. 윌버가 유럽에 있는 동안에는 오빌과 캐서린이 건축과 관련된 모든 계획을 감독했다. 이 프로젝트에 대해 윌버가 표시한 유일한 관심은 자기가 쓸 방과 목욕탕을 주문한 것뿐이었다.

1912년 5월의 첫 번째 주, 이미 몸과 정신 모두가 지쳐 빠진 윌버는 급기야 병이 나고 말았으며, 매일같이 고열에 시달렸다. 이번에도 무시무시한 장티푸스에 걸린 것이었다. 자기 상태가 어떤지 인식한 그는 변호사를 불러 유언장을 작성했다.

가족들은 돌아가면서 꼬박꼬박 병상을 지켰다. "윌버는 전혀 나아지지 않았다." 라이트 감독은 5월 18일에 이렇게 적었다. 윌버는 "쇠약해지고"[7] 있다. 감독은 5월 28일에 이렇게 적었다.

윌버 라이트는 1912년 5월 30일 목요일 오전 3시 15분, 호손 가 7번지의 자기 집 자기 방에서 사망했다. 그의 나이는 45세였다. 감독은 이렇게 썼다.

짧은 삶이었지만 수많은 결과를 낳았다. 틀림없는 지성, 태연한 기질, 대단한 자신감과 크나큰 겸손, 올바른 것을 똑똑히 바라보고 꾸준히 추구했던, 그 아이는 살았고 또 죽었다.

국내 및 국외 곳곳에서 친구와 이웃들로부터 애도의 전화와 전보가 밀려들었다. 그날 오후에만 1000통의 전보가 도착했다. 이후 며칠 동안 감동적인 추도문이 간행되었다. 데이턴의 한 신문에 따르면, 그의 집에 배달된 꽃의 양만 해도 화차 하나를 가득 채울 만한 양이었다.

비록 식구들은 조촐한 가족장을 선호했을지 몰라도, 윌버의 시신을 대면하는 추모 행사가 퍼스트 장로교회에서 열리자, 2만 5000명이 그의 관 앞을 지나간 것으로 집계되었다. 짧은 추모 예배가 끝나자, 그의 시신은 우드랜드 공동묘지의 가족 묘역에 묻혔다. 감독은 이렇게 썼다.

윌버가 죽어서 묻혔다! 우리 모두는 슬픔에 잠겼다. 그 아이가 가버린다는 일은 도무지 가능하다고 여겨지지가 않는다. 아마도 오빌과 캐서린이 그 아이의 상실을 가장 크게 느낄 것이다. 두 아이 모두 거의 말이 없다.

* * *

이후 5년 동안 라이트 감독은 오빌과 캐서린과 한 집에 살았다. 비록 더 이상은 교회 일로 여행을 다니지 않았지만, 여전히 활동적이었으며, 가족의 경제 사정이 크게 향상되어 그의 삶 역시 자녀들의 삶과 마찬가지로 여러 가지 면에서 이전과는 매우 달라졌다. 감독은 오빌이 운전하는 신형 자동차를 타고 오랫동안 외출을 즐겼으며, 1914년 봄에는 세 식구가 호손 가 7번지에서의 42년 생활을 뒤로 하고, 오크우드에 새로 완공된 흰색 벽돌의 기둥 달린 저택으로 이사해서, 그곳에 '호손 힐'이라는 이름을 자랑스레 붙여주었다. 1916년에 오빌의 제안으로 세 식구는 캐나다의 조지언 만에 있는 한 섬에 집을 빌려서 여름 내내 휴가를 즐겼다. 이 시간이 워낙 즐거웠기 때문에, 오빌은 아예 그 섬에다가 여름휴가용 별장을 하나 구입했다.

감독은 계속해서 책을 읽었고, 종교 분야의 간행물에 기고했고, 아침 산책을 즐겼다. 10월의 어느 토요일에는 캐서린과 오빌과 함께 데이턴 여성 참정권 협회 행진에 참여하기도 했다. 본인의 판단에 따르면, 그는 그 행진에 참석한 가장 나이 많은 사람이었다.

밀턴 라이트 감독은 1917년 4월 3일에 88세로 사망했다.

* * *

캐서린은 긴 휴가 이후에 교직을 아예 떠났으며, 주로 오벌린 대학에서 여성 참정권 운동에 시간을 바치는 한편, 오빌을 위해서 자기가 할 수 있는 한 최선을 다해 도왔다. 1913년에 그녀는 오빠와 함께 다시 유럽 여행을 떠났고, 런던과 베를린과 파리를 돌면서 사업 문제를 해결했다.

라이트 남매는 여전히 충실한 캐리 그럼바크와 함께 호손 힐에 살았으며, 늘 그랬던 것처럼 1926년까지 최대한 편안하게 살았다. 그러다가 58세의 캐서린은 예전 오벌린 동창이며 홀아비이며 《캔자스 시티 스타》의 기자인 헨리 J. 해스킬과 결혼하겠다고 발표했다. 오벌린 대학의 이사회 소속이었던 두 사람은 한동안 자주 만나 왔었다. 오빌은 해스킬도 잘 알았고, 심지어 자기네 가족의 좋은 친구로 생각했지만, 정작 결혼 발표 소식에는 격분하며 마음을 풀지 않았다. 그래도 캐서린이 오벌린에서 결혼을 강행하기로 고집하자, 오빌은 자기가 배신당했다고 생각한 나머지 동생의 결혼식에 참석하지 않는 것은 물론이고, 심지어 이후로는 말도 섞지 않았다.

오빌의 갖가지 "특유의 상태" 중에서도 이것이야말로 최악이라 할 수 있었으며, 가장 후회 막심한 것이었고, 캐서린의 입장에서는 극도로 고통스러운 것이었다. 급기야 그녀는 캔자스시티로 이사했다. 2년 뒤에 오빌은 여동생이 폐렴으로 죽어가고 있다는 소식을 듣고서도 찾아가기를 거절했다. 마지막에 가서야 비로소 마음을 바꾼 그는 다행히도 제때 도착해서 동생의 마지막을 함께 할 수 있었다.

캐서린은 1929년 3월 3일에 사망했다. 시신은 데이턴으로 옮겨서 아버지와 어머니, 그리고 윌버와 함께 우드랜드 공동묘지에 매장되었다.

*　*　*

1910년 5월에 허프먼 평원에서의 공동 비행 이후 윌버는 사실상 비행을 완전히 중단했지만, 오빌은 이후로도 7년 동안 라이트 비행기를 조종했다. 1910년 9월에 그는 사상 최초로 데이턴 상공을 비행했다. 그로부터 몇 주 뒤에는 신형 라이트 "베이비 그랜드" 모델을 타고 시속 130킬로미터의 비행 속도를 기록했다. 세월이 흐르면서 그는 신형 라이트 수상 비행기를 실험하기 시작했으며, 곧이어 키티호크로 돌아가서 활공 실험을 실시했다. 이때에는 거의 10분에 달하는 비상(飛翔) 기록을 세웠으며, 이 기록은 이후 10년 동안 깨지지 않았다. 1913년에는 2개월 동안 100회의 비행을 실시했고, 단발식 비행기의 실험에도 관여했다. 1914년에 그는 수상 비행기를 타다가 마이애미 강에 추락했지만, 가까스로 죽음을 모면했다.

오빌은 최대한 오랫동안 비행기를 타고 싶었지만, 46세였던 1918년에 결국 포기할 수밖에 없었는데, 10년 전쯤에 포트마이어에서 일어난 추락 사고 후유증으로 여전히 고통과 경직을 겪고 있었기 때문이었다. 1918년에 그는 라이트 회사를 매각하고, 과학 연구에 집중할 의도로 시내의 수수한 1층짜리 벽돌 건물에 라이트 항공술 연구소를 설립했다.

라이트 형제는 상당한 돈을 벌긴 했지만, 그렇다고 해서 많은 사람들이 상상하는 것처럼 어마어마한 것까지는 아니었다. 윌버는 유언장에서 형제 자매인 루클린과 로린과 캐서린에게 5만 달러씩을 남겨주었다. 그리고 자기 재산의 나머지인 12만 6000달러는 오빌에게 남겨주었다. 라이트 회사의 수입과 이후의 매각 자금으로 오빌은 이전보다 훨씬 더 많은 돈을 벌었다. 사망 당시 그의 재산은 106만 7105달러였는데, 오늘날의 가치로 환산하면 1030만 달러에 해당한다. 물론 그 당시로서는 상당한 재산이었지만, 그렇다고 해서 당대의 억만장자들과는 비교가 되지 않았다.

만약 윌버의 주된 목표가 돈이었다면, 가능성이 더 밝은 뭔가를 시도했을 거라고 오빌은 주장했다. 그는 자기가 부유하다기보다는 그냥 여유가 있을 뿐이라고 말하는 편이 정당하다고 생각했고, "한 사람에게 필요한 돈이란 남에게 부담이 되지 않을 정도라면 충분하다."는 아버지의 말을 즐겨 인용했다.

윌버의 사망 이후 여러 해 동안 오빌은 지속되는 소송의 부담과 지루함을 혼자서 직면해야만 했다. 뿐만 아니라 그는 스미소니언 연구소의 대표인 찰스 D. 월코트가 글렌 커티스의 도움을 받아가며 새뮤얼 P. 랭글리의 평판을 회복시켜 라이트 형제의 공로를 부정하려는 시도를 알고 격노했다.

즉 스미소니언 연구소에서는 랭글리의 실패가 어디까지나 발사 장치의 잘못 때문이며, 비행체 자체에는 잘못이 없다는 주장을 입증하기 위해서, 문제의 비행체를 창고에서 꺼내 다시 실험한 것이었다. 하지만 이때 미처 밝혀지지 않았던 사실은 커티스가 대대적인 비행체 개조 작업을 감독했다는 점이었다. 결국 1914년에 다시 실험했을 때, 비행체는 어느 정도 성공을 거두었고, 스미소니언 연구소는 다음과 같은 성명을 발표했다. "새뮤얼 P. 랭글리 교수야말로 지속 비행이 가능한 세계 최초의 유인 비행 기계를 고안하고 제작한 인물입니다."

비행체를 스미소니언 연구소로 돌려보내 전시하기 직전, 월코트는 그 물건을 1903년의 원래 모습으로 되돌려 놓으라고 지시했다.

이 사실을 알게 된 오빌은 어마어마한 분노를 나타냈고, 그의 분노는 전적으로 정당했다. 일찍이 라이트 형제가 1903년형 플라이어 호를 스미소니언 연구소에 기증하겠다고 제안했을 때 월코트가 거절한 바 있었기 때문이다. 1928년에 오빌은 1903년형 플라이어 호를 영국으로 보내서 런던 소재 과학 박물관에 대여해 주었다. 그제야 스미소니언의 이사회는 비로소 "동력 추진되는, 공기보다 무거운 기계로 인간을 실어 나른 최초의 성공적인 비행의 공로는 라이트 형제에게 있다"는 내용의 결의안을 통과시켰다. 하지만 라이트 형제의 1903년형 플라이어 호가 런던에서 돌아와 스미소니언 연구소에 기증 전시된 것은 그로부터 20년은 더 지난 다음의 일이었으며, 이때 오빌은 더 이상 이 세상 사람이 아니었다.

라이트 형제보다 먼저 비행에 성공했다고 주장하는 또 다른 사람들의 이야기도 허무맹랑했다. 대표적인 인물이 구스타브 화이트헤드라는 독일계 미국인인데, 1901년과 1902년에 코네티컷 주에서 자체 제작한 비행기로 하늘을 날았다고 주장한다. 이 이야기는 증거가 전혀 없고 전적으로 사실과 다르지만, 세월이 흐르면서 계속해서 관심을 끌었기 때문에, 급기야 오빌도 이에 대해서 직접 입장을 발표할 필요를 느꼈다. 1945년 《유에스에어 서비시즈》에 기고한 「허구의 화이트헤드 비행」이라는 글에서 그는 화이트헤드가 허구의 인물임을 분명히 밝혔다. 그런데 이 이야기는 여전히 대중의 관심을 끌고 있는데, 아직까지도 관련 증거는 전혀 나오지 않았다.

* * *

그 와중에 비행술의 발전 속도는 오빌이나 그 세대의 어느 누군가가 생각한 것보다도 훨씬 더 빠르게 가속되었으며, 제1차 세계대전의 시작과 동시에 이전까지는 유례가 없었던 무기가 되어 버렸다.

1927년에 찰스 린드버그라는 젊은이가 대서양을 횡단해 파리에 도착했는데, 라이트 형제에게는 불가능하다고 여겨졌던 일이었다. 린드버그는 미국으로 돌아온 이후 데이턴을 방문해서 호손 힐의 오빌에게 경의를 표했으며, 이 사건은 데이턴에서 18년 전 라이트 형제의 금의환향 이후로 가장 큰 흥분을 자아냈다.

오빌은 제2차 세계대전에서 거대한 폭격기가 자아낸 무시무시한 죽음과 파괴를 목격할 때까지도 살아 있었다. 몇 번의 인터뷰에서 그는 자기 자신과 윌버 모두를 대변하기 위해서 애쓰기도 했다.

우리는 지상에 지속적인 평화를 가져올 만한 뭔가를 발명하고자 감히 희망했었습니다. 하지만 우리는 틀렸습니다. (…) 아니, 저는 비행기의 발명에서 제가 한 역할에 어떠한 유감도 느끼지는 않습니다. 비록 비행기가 야기한 파괴에 대해서라면 어느 누구도 저만큼 개탄해 마지않을 수는 없을 테지만 말입니다. 비행기를 보는 제 느낌은 불을 보는 제 느낌과도 상당히 비슷합니다. 비록 불 때문에 온갖 끔찍한 손상이 가능하다는 사실은 유감스럽지만, 그래도 누군가가 불 피우는 방법을 알아내고, 우리가 수천 가지 중요한 용도에 불 사용하는 방법을 배운 것이야말로 인류에게는 좋은 일이었다고 생각하니까요.

* * *

세월이 흐르면서 오빌은 점점 더 사회로부터 멀어졌지만, 그래도 자기를 기리는 공개 행사에는 여전히 참가해야 한다는 의무감을 느꼈는데, 그 대부분은 윌버의 추억에 대한 존경심에서 비롯된 것이었다. 그는 하버드 대학, 신시내티 대학, 미시간 대학, 오벌린 대학에서 명예 학위를 받았다. 1919년에는 예일 대학에서 명예 석사 학위를 받았는데, 예일 대학은 무려 40년 전에 윌버가 입학을 희망했었던 곳이었다.

오빌은 오크우드의 캐서린 라이트 공원에 마련된 라이트 도서관의 개막식에 참석했고, 라이트 자전거 상회와 호손 가 7번지의 자택 모두를 데이턴에서 미시간 주 디어본 소재 그린필드 마을에 있는 헨리 포드 야외 박물관으로 옮기는 데에 동의했다. 그는 윌버의 71세 생일이 될 뻔했던 날에 열린 개막식에도 참석했다.

라이트 형제를 기리며 건립된 수많은 기념물 중에서도 최초의 기념물은 1920년에 르망에 세워진 윌버 라이트 기념비였다. 가장 큰 것은 1932년에 키티호크 소재 킬데블힐스에 세워진 라이트 형제 기념비였고, 이때 오빌은 형제 모두를 대신해서 개막식에 참석했다. 허프먼 평원을 굽어보는 라이트 브라더스 언덕에는 윌버와 오빌 라이트 기념비가 세워졌고, 1945년에는 항공모함 라이트 호가 진수식을 가졌다.

오빌은 캐리 그럼바크의 보살핌을 받으며 계속 호손 힐에 살았고, 윌버보다 36년이나 더 살았다. 그의 생전에 항공술에서는 제트 추진 방식이며, 로켓의 도입이며, 1947년의 음속 돌파 같은 갖가지 변모가 이루어졌다.

1948년 1월 30일 저녁 10시 30분, 77세의 오빌 라이트는 데이턴 소재 마이애미 밸리 병원에서 심장마비로 사망했고, 자기 아버지와 어머니와 윌버와 캐서린이 안식하는 우드랜드 공동묘지에 매장되었다.

마지막까지도 완벽한 신사였고, "거의 단점 수준의 정중함"을 지녔던 오빌은 항상 깔끔하게 차려입고, 항상 반짝이는 구두를 신고 다녔다. 그는 과속 운전을 하는 것으로 유명했지만 오크우드 경찰은 그가 시내의 연구소까지 가는 동안만큼은 못 본 척 눈감아주기 일쑤였다.

* * *

1969년 7월 20일, 미국에서 태어나 오하이오 주 남서부에서 자라난 닐 암스트롱이 달에 첫발을 내딛었다. 그는 라이트 형제를 기리는 뜻에서

1903년형 플라이어 호의 날개에서 떼어낸 천 조각 하나를 몸에 지니고 있었다.

감사의 말

먼저 미국 국회도서관과 그곳의 직원 여러분께 가장 감사드린다. 라이트 형제가 남긴 방대한 문서는 모두 국회도서관에서 찾아볼 수 있다. 여기에는 이들이 작성한 편지와 일기와 기술 데이터 자료와 문서와 제안서뿐만 아니라, 사적인 가족 문서도 일반적으로 알려진 것보다 훨씬 더 많이 보관되어 있다.

이처럼 밀도 높고 광범위한 컬렉션은 찾기 힘들다. 편지를 쓰거나 일기를 작성하는 사람이 지극히 드물게 되어 버린 시대에, 라이트 형제 문서는 지금과는 달랐던 시대에 관한, 그리고 편지나 일기가 역사에 생명력을 불어넣음으로 얻을 수 있는 큰 가치를 일깨워 주는 기록물이다. 라이트 식구들(아버지이건, 아들들이건, 딸이건 간에)의 글 중에 우둔하거나, 또는 무의미하거나, 또는 표현이 부족한 글은 거의 없다. 심지어 그들이 서로에게 (그리고 '오로지' 서로에게만) 쓴 글 역시 대단한 중요성을 지니고 있다. 국회도서관의 컬렉션에 소장된 이들 가족의 편지는 모두 1000통이 넘는다. 아울러 이들이 만든 커다란 스크랩북 역시 통찰의 보고이다.

국회도서관의 직원들 중에서도 나는 다음 분들에게 특히 감사드린다. 나의 오랜 친구이기도 한 필사본 열람실의 실장 제프 플래너리, 기록실 선임 전문가 로라 J. 켈스, 과학 필사본 전문 역사가 겸 라이트 형제 전문가 렌 브루노, 그리고 마이클 클라인이 바로 그들이다. 라이트 형제가 작성한 기술 일기와 자료집 실물에 관해서, 특히 키티호크에서의 중대한 몇 주 동안 작성된 기록에 관해서 설명하는 로라 켈스의 모습을 지켜보고, 그녀의 이야기에 귀를 기울이는 일은, 내게는 매우 흥분되는 경험이었다.

라이트 형제를 연구한 다른 많은 사람들과 마찬가지로, 나 역시 국회도서관의 고(故) 마빈 W. 맥파랜드의 기념비적인 저서에 크게 빚졌다. 1953년에 두 권으로 초판 간행한『윌버와 오빌 라이트 문서, 1899~1948』는 편저자의 방대한 각주만 해도 비할 데 없는 가치를 지니고 있기 때문이다.

이미 오래 전부터 우리의 노력에 함께 해온 마이크 힐은 이번에도 전문가다운 조사 솜씨로 큰 도움을 주었는데, 특히 국회도서관 컬렉션을 다루는 과정에서 많은 도움을 받았다. 또한 그는 라이트 형제의 이야기에 등장하는 지리적 경로 전체를, 즉 데이턴에서 키티호크를 거쳐 프랑스의 르망과 포의 기념비적인 비행 장소에 이르기까지 나와 함께 줄곧 여행했다. 이 세상에 그보다 더 실력 있는, 또는 사기 넘치는 탐정이 과연 있을지 모르겠다. 다시 한 번 그에게 진심으로 감사하는 동시에, 내가 얼마나 운이 좋은지를 실감한다.

내가 작성한 수많은 원고를 한 장(章)씩 거듭해서 타이핑해 준 멜리사

마체티는 하늘의 축복이라 부를 만하다. 왜냐하면 그 외에도 여러 가지 조사 임무며, 서지사항 정리며, 마이크 힐과의 후주 작성 업무를 담당해 주었기 때문이다. 베치 버디는 파리의 본거지에서 무척이나 필요했던 조사를 담당하여 도움을 주었고, 갖가지 새로운 자료를 번역해 주었다. 그녀의 공헌에 항상 감사드리는 바이다.

내 딸 도리 로슨도 많은 일을 해 주었으며, 매우 다양한 방식으로 이 프로젝트를 지속시켜 준 공로가 있다.

라이트 형제의 어마어마한 업적을, 아울러 그 업적이 역사에 끼친 영향을 이해하려 시도하는 사람이라면, 누가 되었든지 간에 라이트 형제의 삶 못지않게 반드시 염두에 두어야 할 대상이 바로 스미소니언 연구소이다. 연구소 산하 국립 항공우주 박물관에는 1903년형 플라이어 호 실물이 공중에 걸려 있다. 아울러 이곳에는 라이트 형제 이야기의 기타 핵심 요소 상당수와 수많은 문서 파일이 소장되어 있다.

집필 초기에는 국립 항공우주 박물관의 항공술 부문 선임 큐레이터이며, 탁월한 저서『감독의 아들들: 윌버와 오빌 라이트의 생애』의 저자인 톰 크라우치에게 큰 도움을 받았다. 그가 내게 베풀어 준 시간에 대해서, 그리고 라이트 형제에 관한 이야기를 해준 것에 대해서, 아울러 내가 마이크 힐과 함께 덜레스 공항 소재 스미소니언 우드바르 헤이지 수장고를 방문했을 때 직접 안내를 맡아 라이트 형제의 기계를 구경시켜 준 것에 대해서, 여전히 크게 감사드리는 바이다.

아울러 스미소니언의 또 다른 라이트 형제 전문가이며, 탁월한 선집『윌버와 오빌 라이트 저작선』을 릭 영과 공동 편집한 피타 자카브는 라이트 형제에 대한 고찰과 통찰을 제공해 주었다. 감사드리는 바이다.

데이턴 소재 라이트 주립 대학이 소장한 방대한 사진 컬렉션은 대단한 가치가 있는데, 직접 촬영한 가족사진과 수백 장의 실험 사진으로부터 그들의 이야기를 많이 찾아낼 수 있기 때문이다. 이 컬렉션을 살펴보면서 매우 박식한 기록물 관리자 돈 듀이와 조수 존 암스트롱과 함께 보낸 시간은 유익한 동시에 무척이나 즐거웠다. 아울러 돈 듀이에게는 추가로도 빚진 것이 있는데, 바로 그가 편집한 라이트 감독의 『일기, 1857~1917년』를 통해서였다. 이 책은 나에게 핵심 자료가 되었을 뿐만 아니라, 순수한 독서의 즐거움을 즐기기 위해서도 읽어볼 만한 책이었다.

라이트 형제 관련 기록물의 보물창고인 데이턴 소재 항공 유물 국립공원의 감독관 딘 알렉산더에게도, 그리고 이 국립공원의 역사 담당관으로서 나와 마이크 힐에게 데이턴과 허프먼 평원을 처음 구경시켜 주고 이후로도 질문에 관한 답변에서 특히나 가장 도움이 되었던 에드 로치에게도 감사드린다.

데이턴 소재 캐릴런 역사 공원의 교육 및 박물관 운영실장 알렉스 헤크먼과 컬렉션 실장 메리 올리버, 그리고 데이턴 메트로폴리탄 도서관의 지역사 전문가 낸시 R. 홀라커의 도움에도 역시나 크게 감사드린다.

라이트 가문의 후손인 어맨다 라이트 레인과 그 형제인 스티븐 라이트가 데이턴에서 여러 차례 저녁을 함께 하면서 제공한 회고와 고찰은 특히나 가치 있는 정보인 동시에 즐거운 일이었다. 이들과의 우정이야말로 이 작업 과정에서 얻은 보상 가운데 하나였다.

키티호크에서는 무척이나 많은 분들이 각자의 일상을 제쳐두면서까지 기꺼이 시간과 도움을 제공해 주었다. 큰 신세를 졌다. 특히 19세기 초부터 아우터뱅크스의 역사에 관해서 자기가 아는 내용 상당수를 공유해 준 퍼스트 플라이트 협회의 빌 해리스, 맨테오 소재 아우터뱅크스 역사 센터의 큐레이터 케일리 슈어, 보조 큐레이터 새러 다우닝, 기록물 관리자 타마 크리프, 킬데블힐스 소재 미국 국립공원 관리청 산하 라이트 형제 국립기념관의 조시 볼스와 대럴 콜린스에게 감사를 전한다. 특히 빌 해리스와 새러 다우닝은 이 책의 출간 이전에 내 원고의 키티호크 부분을 검토해 주었고, 여러 가지 좋은 제안과 수정 내용을 제안해 주었다.

또 내그스헤드 소재 퍼스트 콜로니 인의 존 터커와 직원 여러분의 우정과 환대에 감사드린다.

버지니아 주에서는 폴 글렌쇼와 리 루발카바가 너그럽게도 하루 동안의 포트마이어 여행을 제공해 주셨고, 그곳에서 오빌의 놀라운 비행과 끔찍한 추락사고가 일어났던 시대에 관한 나의 여러 가지 질문에 대답해 주었다.

아울러 패트리시아 무어래디안, 크리스천 오버랜드, 마크 그루서, 테리 후버, 매슈 앤더슨, 린다 스콜라러스에게도 감사드리는 바이다. 이들 모두는 미시간 주 디어본 소재 포드 박물관의 직원들로서, 내가 그곳을 두 번 방문했을 때에 무척이나 크고도 즐거운 특혜를 베풀어 주었다. 이곳에는 호손 가 7번지의 라이트 가족 자택이 원래의 가구 모습까지 그대로, 아울러 라이트 형제의 자전거 가게 역시 원래의 모습까지 그대로 보존되어 있어서, 관람객이 말 그대로 그들의 세계와 생활 방식 속으로 직접 걸어 들어가는 둘도 없는 체험을 가능하게 해준다.

르망에서는 그곳에서 벌어진 윌버의 비행이 지닌 중요성을 연구한 권위자 마르크 드누이가, 포에서는 역시나 이 분야에서 그에 못지않은 전문가인 폴 미라가 최상의 안내를 제공해 주었다. 또한 르망의 저명한 볼레 가문의 어르신인 제라르 볼레와 이야기 나눌 기회를 얻었고, 르망 소재 자동차 박물관에서 프랑수아 피케라의 안내를 받을 기회를 얻었다는 사실에 감사드린다. 아울러 네트제츠의 니콜 사멜 기장에게도 역시나 감사드린다.

오하이오 주의 메디나 카운티 도서관과 메디나 카운티 역사 협회, 메인 주의 캠든 공립 도서관과 아울스헤드 교통 박물관, 예일 대학 부설 스털링 도서관의 주디 시프, 미국 국립공원 관리청의 멜리사 크로닌과 마일스 바저에게도 감사드린다.

내 오랜 친구이며 저작권 대리인 모트 쟁클로에게 경의를 표하며, 건전한 조언과 아울러 계속해서 나를 충전시켜주는 종류의 격려를 제공해 준 것에 대해 찬사를 보내는 바이다.

작가 겸 편집자 겸 전직 영국 공군 조종사 겸 나의 오랜 친구인 마이클 코다에게도 감사드린다. 그의 지속적인 관심과 조언과 격려에 큰 빚을 졌다. 사이먼 앤드 슈스터 출판사의 캐롤린 라이디, 조너선 카프, 줄리아 프로서, 조애나 리, 그리고 나의 매우 뛰어난 담당 편집자 밥 벤더에게도 감사드린다. 여러분의 역할에 대해서 무척이나 감사드리는 한편, 늘 그렇듯이 여러분과 함께 일하는 것이 무척이나 기뻤음을 전한다.

멋진 표지 디자인을 담당한 웬델 마이너와, 본문 디자인을 담당한 에이미 힐에게 감사드린다. 이들은 각자의 분야의 달인이며, 이 책과 나의 다른 저서들에서도 이들과 함께 일했던 것은 특권이었다.

원고를 꼼꼼히 읽어주고 고쳐준 교정 편집자 프레드 체이스, 훌륭한 찾아보기를 만들어 준 리사 힐리와 크리스 캐러스에게도 감사드리는 바이다.

이 책을 쓰기 위한 내 작업에 관심을 보여주고 여러 모로 친절을 베풀어 주신 여러분께도 감사드린다. 밥과 해피 도런, 밥과 다이앤시 아이젠드래스, 애덤 밴 도런, 제프 던, 마이크 버디, 케니 영, 형제인 조지 매컬로, 그리고 내 딸 멜리사 맥도날드, 아들 데이비드와 윌리엄과 제프리 매컬로, 외손자 팀 로슨 모두는 원고를 읽고 조언해 주었다.

타자기 수리 전문가인 톰 퓨리어에게도 감사드린다. 그 덕분에 집필 내내 나의 낡은 로열 타자기는 항상 최상의 상태를 유지할 수 있었다.

평소와 마찬가지로 가장 큰 도움을 제공하고, 가장 큰 격려와 영감을 준 필요불가결한 존재로서, 내 진심어린 감사를 받아야 할 사람은 바로 내 편집장 겸 인도자인 내 아내 로절리이다.

참고문헌

필사본 컬렉션 및 기록 보관소

Collections of the Dayton Aviation Heritage National Historical Park, Dayton, Ohio.

Local History Division, Dayton Metropolitan Library, Dayton, Ohio.

Benson Ford Research Library, Henry Ford Museum, Greenfield Village, Dearborn, Michigan.

Fred C. Kelly Papers, Special Collection's Research Center, Syracuse University Libraries, Syracuse, New York.

Byron Newton Papers, Oberlin College, Oberlin, Ohio.

Outer Banks Historical Center, Manteo, North Carolina.

Wright Family Papers, Special Collections and Archives Department, Wright State University, Dayton, Ohio.

Milton Wright Collection, United Brethren Historical Collection, Huntington University, Huntington, Indiana.

Papers of Wilbur and Orville Wright, including family correspondence of Bishop Milton and Katharine Wright, Library of Congress (LOC), Washington, D.C.

단행본

Barfield, Rodney. *Seasoned by Salt: A Historical Album of the Outer Banks*. Chapel Hill: University of North Carolina Press, 1995.

Bernstein, Mark. *Grand Eccentrics, Turning the Century: Dayton and the Invention of America*. Wilmington, OH: Orange Frazer Press, 1996.

———. *Wright Brothers' Home Days Celebration 1909: Dayton Salutes Wilbur, Orville, and Itself*. Dayton, OH: Carillon Historical Park, 2003.

Chant, Christopher. *A Century of Triumph: The History of Aviation*. New York: The Free Press, 2002.

Combs, Harry and Martin Caidin. *Kill Devil Hill: Discovering the Secrets of the Wright Brothers*. Boston: Houghton Mifflin Company, 1979.

Cox, James Middleton. *Journey Through My Years*. Macon, GA: Mercer University Press, 2004.

Crouch, Tom D. The *Bishop's Boys: A Life of Wilbur and Orville Wright*. New York: W. W. Norton & Co., 1989.

———. *A Dream of Wings: American and the Airplane 1825-1905*. New York: W. W. Norton & Co., 2002.

———. *Wings: A History of Aviation From Kites to the Space Age*. Washington, D.C.: Smithsonian Institution, 2003.

Dalton, Curt. *Dayton*. Charleston, SC: Arcadia, 2006.

———. *With Malice Toward All: The Lethal Life of Dr. Oliver C. Haugh*. Dayton, OH: Create Space, 2013.

DeBlieu, Jan. *Wind: How the Flow of Air Has Shaped Life, Myth, and the Land*. Berkley, CA: Counterpoint, 1998.

Deins, Ann, ed. *Wilbur and Orville Wright: A Handbook of Facts*. Fort Washington, PA: Eastern National, 2001.

Downing, Sarah. *Hidden History of the Outer Banks*. Charleston, SC: The History Press, 2013.

Drury, Augustus. *History of the City of Dayton and Montgomery County, Ohio*. Vol. I. Dayton, OH: S. J. Clarke, 1909.

DuFour, H. R. *Charles D. Taylor: 1868-1956: The Wright Brothers Mechanician*. Dayton, OH: Prime Digital Printing. 1997.

Felleman, Hazel, ed. *The Best Loved Poems of the American People*. New York: Doubleday, 1936.

Fiske-Bates, Charlotte, ed. *Cambridge Book of Poetry and Song*. New York: Thomas Y. Crowell, 1882.

Gibbs-Smith, Charles Harvard. *Aviation: An Historical Survey from its Origins to the End of the Second World War*. London: Her Majesty's Stationery Office, 1970.

―――. *The Rebirth of European Aviation*. London: Her Majesty's Stationery Office, 1974.

―――. *The Wright Brothers: A Brief Account of their Work, 1899-1911*. London: Her Majesty's Stationery Office, 1963.

Hansen, James, R. *First Man: The Life of Neil A. Armstrong*. New York: Simon &

Schuster, 2012.

Heppenheimer, T.A. *First Flight: The Wright Brothers and the Invention of the Airplane*. Hoboken, NJ : Wiley, 2003.

Herlihy, David V. *Bicycle: The History*. New Haven : Yale University Press, 2004.

History of Medina County of Ohio. Chicago : Baskin & Battey, 1881.

Honious, Ann. *What Dreams We Have: The Wright Brothers and Their Hometown of Dayton, Ohio*. Fort Washington, PA : Eastern National, 2003.

Howard, Fred. *Wilbur and Orville: A Biography of the Wright Brothers*. New York : Alfred A. Knopf, 1987.

Howells, William Dean. *Stories of Ohio*. New York : American Book Company, 1897.

Hughes, Thomas P. *American Genesis: A Century of Invention and Technological Enthusiasm, 1870-1970*. Chicago : University of Chicago Press, 2004.

Ingersoll, Robert G. *The Works of Robert G. Ingersoll*. Vol. 1. New York : Dresden Publishing Company, 1901.

Jakab, Peter L. *Visions of a Flying Machine: The Wright Brothers and the Process of Invention*. Washington, D.C. : Smithsonian Books, 1990.

Jakab, Peter L., and Rick Young, eds. *The Published Writings of Wilbur & Orville Wright*. Washington, D.C. : Smithsonian Books, 2000.

Keefer, Kathryn. *The Wright Cycle Shop Historical Report*. Benson Ford Research Library, Henry Ford Museum, Greenfield Village, Dearborn, MI : Henry Ford Library, Summer 2004.

Keenan, Jack. *The Uncertain Trolley: A History of the Dayton, Springfield and Urbana Electric Railway*. Fletcher, OH : Cam-Tech Publishing, 1992.

Kelly, Fred C. *The Wright Brothers: A Biography*. New York : Dover, 1989.

————, ed. *How We Invented the Airplane: An Illustrated History by Orville Wright*. New York : Dover, 1953.

————, ed. *Miracle at Kitty Hawk: The Letters of Wilbur & Orville Wright*. New York : Da Capo Press, 2002.

Kinnane, Adrian. "The Crucible of Flight." Diss., Wright State University, 1982.

Lilienthal, Otto. *The Problem of Flying*. Washington, D.C. : U. S. Government Printing Office, 1894.

Loening, Grover. *Our Wings Grow Faster*. Garden City, N.Y. : Doubleday, Doran, 1935.

Mackersey, Ian. *The Wright Brothers: The Remarkable Story of the Aviation Pioneers Who Changed the World*. London : Time Warner, 2003.

Marey, Etienne Jules. *Animal Mechanism: A Treatise on Terrestrial and Aerial Locomotion*. New York : D. Appleton, 1874.

Maurer, Richard. *The Wright Sister: Katharine Wright and Her Famous Brothers*. Brookfield, CT : Roaring Brook Press, 2003.

McFarland, Marvin W., ed. *The Papers of Wilbur and Orville Wright: Including the Chanute-Wright Letters and other Papers of Octave Chanute*. Vol. 1, 1899-1905 and Vol. 2, 1906-1948. New York : McGraw-Hill, 1953.

McMahon, Robert. *The Wright Brothers: Fathers of Flight*. Boston : Little, Brown,

1930.

Miller, Ivonette Wright, ed. *Wright Reminiscences*. Wright-Patterson Air Force Base, OH: U.S. Air Force Museum, 1978.

Moolman, Valerie. *The Road to Kitty Hawk*. Alexandria, VA.: Time-Life Books, 1980.

The Ohio Guide. Columbus, OH: Ohio State Archaeological and Historical Society, 1940.

Parramore, Thomas C. *Triumph at Kitty Hawk: The Wright Brothers and Powered Flight*. Raleigh: North Carolina Division of Archives and History, 1993.

Pettigrew, J. Bell. *Animal Locomotion or Walking, Swimming, and Flying, with a Dissertation on Aeronautics*. London, Henry S. King, 1874.

Peyrey, François. *Premiers Les Hommes-Oiseaux*. Paris: H. Guiton, 1908.

Renstrom, Arthur George. *Wilbur and Orville Wright: A Re-Issue of A Chronology Commemorating the 100th Anniversary of the Birth of Orville Wright, August 19, 1871*. Washington, D.C.: NASA, 2003.

Roach, Edward, J. *The Wright Company: From Invention to Industry*. Athens, OH: Ohio University Press, 2014.

Root, A. I. *An Eyewitness Account of Early American Beekeeping: The Autobiography of A. I. Root*. Medina, OH: A. I. Root Company, 1984.

Roseberry, C. R. *Glenn Curtiss: Pioneer of Flight*. Syracuse: Syracuse University Press, 1991.

Selections from The Writings of the Wright Brothers, privately printed for the

Orville Wright Dinner, 1918.

Short, Simine. *Locomotive to Aeromotive: Octave Chanute and the Trans-portation Revolution*. Urbana: University of Illinois Press, 2011.

Sproul, Anna. *The Wright Brothers: The Birth of Modern Aviation*. Woodbridge, CT: Blackbirch Press, 1999.

Stick, David. *An Outer Banks Reader*. Chapel Hill.: University of North Carolina Press, 1998.

―――. *The Outer Banks of North Carolina, 1594-1958*. Chapel Hill: University of North Carolina Press, 1958.

Sweetman, John. *Cavalry of the Clouds: Air War Over Europe, 1914-1918*. Gloucestershire, UK: History Press, 2010.

Tise, Larry E. *Conquering the Sky: The Secret Flights of the Wright Brothers at Kitty Hawk*. New York: Palgrave Macmillan, 2009.

―――. *Hidden Images: Discovering Details in the Wright Brothers Kitty Hawk Photographs*. Charleston, SC: History Press, 2005.

Tobin, James. *To Conquer the Air: The Wright Brothers and the Great Race for Flight*. New York: Free Press, 2003.

Walsh, John Evangelist. *One Day at Kitty Hawk: The Untold Story of the Wright Brothers and the Airplane*. New York: Thomas Y. Crowell, 1975.

Wells, H. G. *The War in the Air*. New York: Penguin, 2007.

Wharton, Edith. *Letters of Edith Wharton*. Edited by R. W. B. Lewis & Nancy Lewis. New York: Charles Scribner's Sons, 1988.

Wohl, Robert. *A Passion for Wings: Aviation and the Western Imagination, 1908-1918.* New Haven: Yale University Press, 1994.

Wolfram, Walt and Natalie Schilling-Estes. *Hoi Toide on the Outer Banks: Story of the Ocracoke Brogue.* Chapel Hill: University of North Carolina Press, 1997.

Wright, Milton. *Diaries 1857-1917.* Dayton, OH: Wright State University Libraries, 1999.

기사

Buist, H. Massac. "The Human Side of Flying." *Flight Magazine*, March 6, 1909 and March 13, 1909.

Coles, Thomas R. "The Wright Boys as a Schoolmate Knew Them." *Out West Magazine*, January 1910.

Delagrange, Léon. "Impressions sur L'Aéroplane Wright." *L'Illustration*, August 15, 1908.

Grimes, E. B. "Man May Now Fly at Will." *Technical World Magazine*, Vol. 5, June 1906.

Kelly, Fred C. "Orville Wright Takes Look Back on 40 Years Since First Flight; Despite Air War, Has No Regrets." *St. Louis Post-Dispatch*, November 7, 1943.

"Leonardo da Vinci as Aviation Engineer." *Scientific American Monthly*, April 1921.

Meader, J. R. "Miss Katharine Wright." *Human Life*, June 1909.

Mouillard, Louis Pierre. "The Empire of the Air: An Ornithological Essay on the Flight of Birds," extracted and translated from a work entitled, *L'Empire de l'Air: Essai d'Ornithologie appliquee a l'Aviation.* G. Masson: Paris, 1881.

Newcomb, Simon. "Is the Airship Coming?" *McClure's Magazine*, September 17, 1901.

Prendergast, James. "The Bicycle for Women." *The American Journal of Obstetrics and Diseases of Women and Children*, August 1, 1896.

Root, A. I. "Our Homes." *Gleanings in Bee Culture*, September 1, 1904 and January 1, 1905.

Ruhl, Arthur. "History at Kill Devil Hill." *Collier's Weekly*, May 30, 1908.

----. "Up in the Air with Orville." *Collier's Weekly*, July 2, 1910.

Saunders, William O. "Then We Quit Laughing." *Collier's Weekly*. September 17, 1927.

Stimson, Dr. Richard. "Paul Laurence Dunbar: The Wright Brothers' Friend." *The Wright Stories*, www.wrightstories.com.

Taylor, Charles E., as told to Robert S. Ball. "My Story of the Wright Brothers." *Collier's Weekly*, December 25, 1948.

Tobin, James. "The First Witness: Amos Root at Huffman Prairie." Presentation at Ann Arbor, Michigan, September 28, 2001.

Vernon. "The Flying Man." *McClure's Magazine*, Vol. 3, 1894.

Weiller, M. Lazare. "De Montgolfier a Wilbur Wright," from a report of the 52nd meeting of La Societe Archeologique le Vieux Papier. December 22, 1908.

Wright, Orville, as told to Leslie Quick. "How I Learned to Fly." *Boys' Life*,
September 1928.

Wright, Orville and Wilbur Wright, "Tribute to Our Mother," *West Side News*, July 3,
1889.

――――. "The Wright Brothers' Aeroplane." *Century Magazine*, No. 5, September
1908.

Wright, Wilbur. "Experiments and Observations in Soaring Flight," Presented before
the Western Society of Engineers, June 24, 1903, *Journal of the Western Society
of Engineers*, August 1903.

――――. "Remarks given by Wilbur Wright," Twenty-Fourth Annual Banquet of the
Ohio Society of New York, January 10, 1910, *Reports of Proceedings, 1910*,
New York: Ohio Society of New York, 1910.

신문 및 잡지

Aero Club of America Bulletin

Aero Club of America News

Aeronautical Journal

L'Aérophile

Albuquerque Journal-Democrat

Atlanta Constitution

L'Auto

The Auto: The Motorist's Pictorial

Autocar

Automotor Journal

Chicago Chronicle

Chicago Daily News

Chicago Examiner

Chicago Inter-Ocean

Chicago Tribune

Christian Science Monitor

Cincinnati Enquirer

Cleveland Plain Dealer

Collier's Weekly

Dayton Daily News

Dayton Evening News

Dayton Herald

Dayton Journal

Dayton Press

Echo de Paris

Evening Item

Flight Magazine

Flyer

Gleanings in Bee Culture

Harper's Weekly

L'Illustration

London Daily Mail

London Times

Le Martin

Medina County Gazette

Milwaukee Journal

Motor Car Journal

New York Evening Sun

New York Evening Telegram

New York Journal

New York Sun

New York Times

New York World

Paris Daily Mail

Paris Herald

Le Petit Journal

Philadelphia Inquirer

San Francisco Chronicle

Scientific American

St. Louis Post-Dispatch

U.S. Air Services

La Vie Au Grand Air

Waco Texas Times-Herald

Washington Evening Star

Washington Herald

Washington Post

Washington Times

West Side News

World Magazine

찾아보기

도판 판권

1-4, 7, 8, 10-12, 14, 17, 20, 22, 35, 39, 41, 49, 56, 57, 59, 61, 62, 68-71, 74, 75, 77, 81: Courtesy of Special Collections and Archives, Wright State University.

5, 6, 18, 24, 27, 31, 33, 34, 36, 38, 44, 48, 54, 63-65, 72, 73, 78: Prints and Photographs Division, Library of Congress.

9: Map Division, Library of Congress.

13: Courtesy Curt Dalton, Dayton, Ohio.

15, 21, 32, 47, 52, 53, 55, 60, 66, 67: Papers of Wilbur and Orville Wright, Library of Congress.

16: From the NCR Archive Dayton History, Dayton, Ohio.

19, 40: Courtesy, Nick Engler, Wright Brothers Aeroplane Company.

23: Local History Room, Dayton Metropilitan Library, Dayton, Ohio.

25, 26, 37, 42, 45, 79, 80: National Air and Space Museum, Smithsonian Institution, Washington, D.C.

28: NASA Langley Research Center.

29: Smithsonian Institution Archives, Washington, D.C.

30: Courtesy of Division of Publications, Harpers Ferry Center, National Park Service, U.S. Department of Interior.

43: Courtesy London Science Museum, London, England.

50: Illustration by Michael Gellatly.

51: Manatee County Public Library Digital Collection, Brandenton, Florida.

58: Author's Collection.

76: Courtesy Edward Roach, Chief Historian, Dayton Aviation Heritage, National Historic

Park, Dayton, Ohio.

라이트 형제

1판 1쇄 인쇄 2017년 2월 10일
1판 1쇄 발행 2017년 2월 20일

지은이   데이비드 매컬로
옮긴이   박중서
펴낸이   황승기
마케팅   송선경
편집   최형욱
디자인   김슬기

펴낸곳   도서출판 승산
등록날짜   1998년 4월 2일
주소   서울시 강남구 역삼2동 723번지 혜성빌딩 402호
대표전화   02-568-6111
팩시밀리   02-568-6118
전자우편   books@seungsan.com
ISBN   978-89-6139-063-7 03990

표지이미지 © Juulijs / Fotolia

값 20,000원

이 도서의 국립중앙도서관 출판시도서목록(CIP)은
서지정보유통지원시스템 홈페이지(http://seoji.nl.go.kr)와
국가자료공동목록시스템(http://www.nl.go.kr/kolisnet)에서 이용하실 수 있습니다.
(CIP제어번호: CIP2017002689)